हिन्दी आलोचना
इतिहास और सिद्धान्त

हिन्दी आलोचना
इतिहास और सिद्धान्त

योगेन्द्र प्रताप सिंह

पूर्व प्रोफेसर तथा अध्यक्ष
हिन्दी विभाग
इलाहाबाद विश्वविद्यालय, इलाहाबाद

वाणी प्रकाशन

वाणी प्रकाशन का 'लोगो'
विख्यात चित्रकार मक़बूल फ़िदा हुसेन की
कूची से

ISBN : 978-81-8143-909-3

वाणी प्रकाशन
21-ए, दरियागंज, नयी दिल्ली-110002
द्वारा प्रकाशित

फोन : 0091#11#23273167, 23275710
फैक्स : 0091#11#23275710
ई-मेलः vaniprakashan@gmail.com
vani_prakashan@yahoo.com
वेबसाइट : www.vaniprakashan.com

प्रथम संस्करण : 2008

मूल्य : 150.00

आवरण : वाणी प्रकाशन
जय भारत प्रिंटिंग प्रेस, दिल्ली-110032
द्वारा मुद्रित

HINDI AALOCHANA : ITIHAS AUR SIDDHANTA
by : **Yogendra Pratap Singh**

मेरी साहित्यिक गतिविधियों को
निरन्तर प्रोत्साहित करने वाले
लोकभारती के पूर्व प्रबन्धक
श्री दिनेश चन्द्र ग्रोवर
को
अत्यन्त आत्मीयता के साथ समर्पित

भूमिका

हिन्दी की व्यावहारिक समीक्षा का प्रारम्भ यदि आनन्द कादम्बिनी पत्रिका में प्रकाशित बद्री नारायण चौधरी 'प्रेमघन' के सन् 1882 के लेख 'संयोगिता स्वयंवर' तथा सैद्धान्तिक समीक्षा का भारतेन्दु हरिश्चन्द्र कृत 'सत्य हरिश्चन्द्र' नाटक की भूमिका (सन् 1876) से माना जाए तो इसके प्रारम्भ के लगभग सवा सौ वर्ष हो रहे हैं। पुस्तक परिचय या पुस्तक समीक्षा से शुरु होने वाली व्यावहारिक समीक्षा तथा भारतीय नाट्य-परम्परा की पुनर्विवेचना से प्रारम्भ होने वाली व्यावहारिक एवं सैद्धान्तिक समीक्षाओं का विकास हिन्दी में बड़ी ही त्वरित गति से हुआ है। इस विकास में हिन्दी पत्र-पत्रिकओं, विशेष रूप से प्रारम्भिक काल में शोध-पत्रिकाओं एवं फिर रचनात्मक लेखन की पत्रिकाओं का एक ओर तो दूसरी ओर सन् 1922 तथा सन् 1924 में क्रमशः काशी हिन्दू विश्वविद्यालय, वाराणसी एवं इलाहाबाद विश्वविद्यालय में स्नातक एवं स्नातकोत्तर कक्षाओं की उच्च शिक्षा के पाठ्यक्रमों में हिन्दी विषय की स्वीकृति, इन दो सदर्भों ने इसके विकास में बहुत बड़ा योगदान दिया है। पश्चिमी साहित्य के सम्पर्क में आने वाले साहित्य प्रेमी भारतीय बुद्धिजीवियों के मन में भी पाश्चात्य साहित्य की व्यापक समीक्षा दृष्टि का भारतीय भाषा साहित्यों में अभाव खटकता था। आचार्य शुक्ल जी स्वयं अपने 'हिन्दी साहित्य का इतिहास' के '**गद्य साहित्य का प्रसार**' शीर्षक के अन्तर्गत समालोचना का आदर्श अंग्रेजी के 'गेले एण्ड स्काट' के ग्रन्थ 'मेथड्स एण्ड मैटेरियल्स आव लिटरेरी क्रिटिसिज़्म' को मानते हुए हिन्दी साहित्य में उसकी प्रणालियों के प्रचार-प्रसार की आकांक्षा व्यक्त करते हैं। कुल मिलाकर, हिन्दी साहित्य के विकास के प्रारम्भिक दिनों में पाश्चात्य समीक्षा प्रणाली के मानकों के आधार पर हिन्दी की व्यावहारिक या सैद्धान्तिक समीक्षा को प्रकाश में ले आने की तत्परता दिखायी पड़ती है। इसी सन्दर्भ में एक तथ्य और भी स्मरण रखना चाहिए कि काव्यशास्त्रीय व्याख्याकारों में एक वर्ग इस युग में उन शास्त्रीय सैद्धान्तिक समीक्षकों का भी था जो परम्परा के भारतीय काव्यशास्त्र के मानकों को काव्य लेखन तथा विवेचन के लिए आवश्यक मानते थे। इस युग के ऐसे परम्परावादी शास्त्रीय सिद्धान्तकारों की एक लम्बी तालिका है, जो हिन्दी की रीतिकालीन परम्परा से अपने को जोड़े दिखायी पड़ते हैं। कन्हैयालाल पोद्दार, जगन्नाथप्रसाद भानु, सीताराम शास्त्री, मिश्रबन्धु आदि कई विवेचकों की लम्बी तालिका इस संदर्भ में दिखायी पड़ती है। हिन्दी की व्यावहारिक तथा सैद्धान्तिक समीक्षा की शुरुआत इतनी सजग-सक्रियता से प्रारम्भ हुई कि सौ-सवा-सौ वर्षों के बीच इसे हमारे विद्वान् समीक्षकों ने शीर्ष पर पहुँचा दिया। सामान्य रूप से हिन्दी समीक्षा के

आज चार युगों की चर्चा की जाती है—(1) भारतेन्दु हरिश्चन्द्र का पुस्तक समीक्षा युग (2) आचार्य महावीरप्रसाद द्विवेदी युग—आलोचना के लिए उपयुक्त भाषिक एवं विश्लेषणात्मक परिवेश का निर्माण युग, (3) आचार्य रामचन्द्र शुक्ल युग अर्थात् कवि और कविता की अन्तः प्रकृति का विवेचन युग (4) समसामयिक समीक्षा अर्थात् सर्जनात्मक समीक्षा युग। व्यावहारिक समीक्षा के इस सौ वर्षों के बीच चार मानक क्रमशः विकसित होकर हिन्दी साहित्य में प्रतिष्ठित हुए हैं। जहाँ तक सैद्धान्तिक समीक्षा का प्रश्न है, इस दिशा में भी पर्याप्त विकास हुआ है। इस क्रम में शास्त्रीय तथा सैद्धान्तिक समीक्षा का पहला युग—परिचयात्मक सैद्धान्तीकरण का है। संस्कृत तथा अंग्रेजी के सैद्धान्तिक मानदण्डों का परिचयात्मक क्रम भारतेन्दु युग से लेकर आचार्य महावीरप्रसाद द्विवेदी युग तक पनपा। दूसरा सन्दर्भ आचार्य शुक्ल युग तक अर्थात् 1940-41 तक दिखाई देता है। इसमें तीन दृष्टियाँ प्रमुख हैं—प्रथम, भारतीय चिन्तन की सामयिक संगति में व्याख्या। द्वितीय, पाश्चात्य सैद्धान्तिक चिन्तनों के प्रति आत्मीयता और हिन्दी में उनकी स्थापना के प्रति आग्रह। तृतीय दृष्टि है—समन्वयवाद की। आचार्य शुक्ल की दृष्टि समन्वयवादी रही है। सैद्धान्तिक समीक्षा के विकास का तीसरा सन्दर्भ आचार्य शुक्ल के बाद से शुरु होता है। इसके सन्दर्भ में भी तीन दृष्टियाँ दिखायी पड़ती हैं। पहली दृष्टि तो सामाजिक परिवर्तन के मतवाद से जुड़ी प्रगतिवादी समीक्षा की है। यह व्यावहारिक एवं सैद्धान्तिक समीक्षा की दृष्टि में आमूल-चूल परिवर्तन चाहती है। पश्चिमी समीक्षा की इस दृष्टि के साथ कई अन्य, इससे भिन्न सैद्धान्तिक दृष्टिकोण हिन्दी में आए, जैसे—शैलीविज्ञानवाद, काव्यभाषावाद, नव आधुनिकतावाद, उत्तरआधुनिकतावाद, संरचनावाद, सौन्दर्यवाद, पाठकीय समीक्षा तथा विखण्डनवाद। इनकी प्रतिबद्धता व्यवहार पर बाद में सिद्धान्त पर पहले है। इसी के साथ-ही-साथ, आचार्य शुक्ल के बाद एक तीसरी सैद्धान्तिक समीक्षा पद्धति हिन्दी में प्रविशिष्ट हुई, वह हिन्दी के अपने शास्त्रीय सैद्धान्तिक चिन्तन की तलाश की है। हिन्दी अनुसन्धान तथा अन्वेषण ने ही नहीं, भारतीय जीवन पद्धति की सामयिक लोकतान्त्रिक व्यवस्था के संविधानवादी बदलाव ने आज साहित्य को पूरी तरह से प्रभावित किया है। हम रूस, चीन, योरोप तथा अरब देशों के निवासी न होकर हजारों-हजारों वर्षों से चली आ रही एक विशिष्ट आध्यात्मिक तथा आज संवैधानिक शैली के अन्तर्गत जीवन यापन करते हैं। साहित्य यदि मानव-जाति के जीवन्त अनुभवों की समग्रता का प्रतीक है, तो उस साहित्य के लिए सैद्धान्तिक एवं व्यावहारिक समीक्षा रूस, चीन, जापान, अमेरिका, फ्रांस तथा योरोप से नहीं आएगी। हम पूरी तरह से अपने संविधान के साथ भारतीय हैं। हमारा साहित्य भारतीय है और हमारी सैद्धान्तिक तथा व्यावहारिक समीक्षा के मूल सूत्र भी भारतीय हैं। हाँ, समाज के विकास के लिए मानवीय चिन्तन को आज आगे बढ़ाना मानव जाति का धर्म है। उसे हम वैसे ही बढ़ा सकते हैं किन्तु हमारी भारतीय अस्मिता अन्ततः

हममें सुरक्षित रहनी चाहिए जो हमारी जीवन व्यवस्था, साहित्य तथा समीक्षा में समान रूप से झलकती मिले।

आज की हिन्दी समीक्षा की शुरुआत यहीं से होती है।

'उत्तर आधुनिकतावाद' तथा 'पाठकीय समीक्षा' से जुड़ी चर्चाओं ने व्यावहारिक समीक्षा के क्षेत्र में अभी कुछ भी नहीं उतारा है। केवल कतिपय पत्र-पत्रिकाओं में कुछ लेखों के अतिरिक्त हिन्दी समीक्षा की ये पश्चिमी अनुकरणात्मक समीक्षाएँ इस क्षेत्र में भाषिक तथा सैद्धान्तिक अराजकता न पैदा करें, यह एक सजगता का विषय है क्योंकि वर्तमान भारतीय जनजीवन के यापन का सन्दर्भ भारतीय है। एक-दो प्रतिशत या पश्चिमी देशों में जीवन यापन करने वाले, विदेशी सामाजिक व्यवस्था को अन्तिम सत्य के रूप में स्वीकार करने वाले जनसमुदाय से भारत की लोकतान्त्रिक व्यवस्था भिन्न है। सम्भव है, वे भी इसी भारतीय गणतान्त्रिक मान्यताओं से जुड़े हों और आज का सारा भारतीय साहित्य संवैधानिक सामाजिक व्यवस्था में जीवन यापन करने वाले हम भारतीयों के प्रकाश में लिखा जा रहा है। संवैधानिक विसंगतियाँ सम्भव है समाज में प्रवेश कर रही हों या कर चुकी हैं—जिनकी जानकारी देना भी साहित्यकार का दायित्व है। ऐसे में, पश्चिमी साहित्य प्रणाली से प्रवेश करने वाली इस उत्तर आधुनिकता को संविधानवाद के दायरे में ले आना होगा। साहित्य में अभिव्यक्त भारतीय जीवन एवं जीवनमूल्यों की पहचान कराना हमारी समीक्षा की पहली शर्त होनी चाहिए।

संविधानवादी साहित्य की पहली शर्त है, भारतीय जीवन में समाजवादी मान्यताओं की ईमानदारी से नाप-जोख। हम साम्यवाद की भाँति अच्छे या बुरे किसी भी साधन से अच्छे सामाजिक लक्ष्यों को प्राप्त करने के पक्षपाती नहीं हैं। हम भारतीय समाजवाद में श्रेष्ठतम मानवीय साधनों से सामाजिक समानता, न्याय, अभिव्यक्ति की स्वतन्त्रता तथा देश के साधनों का श्रेष्ठतम विकास और उनका उपयोग चाहते हैं। हमारा संविधान, हमारी सांस्कृतिक धरोहरें, हमारी वर्तमान सामाजिक अवधारणाएँ, सामाजिक चिन्तक तथा राजनीतिक विचारधाराएँ सभी इसी से सम्बद्ध हैं। विकृतियाँ दूर होंगी, दुर्व्यवस्थाएँ सुधरेंगी, समय लगेगा। हमे प्रगतिवाद नहीं चाहिए, भारतीय गणतंत्रात्मक समाजवाद चाहिए और भारतीय साहित्य इसकी ओर उन्मुख हो चुका है—किन्तु हम समीक्षकों की इधर दृष्टि नहीं जा रही है। भारत की प्रत्येक भाषा के साहित्य की नई व्यवहारिक तथा सैद्धान्तिक समीक्षा-दृष्टि इसी साहित्य के क्रम में आनी चाहिए।

हिन्दी की शुरुआत फोर्ट विलियम कॉलेज से सन् 1800 से हुई। हिन्दी साहित्य का 1922 तथा 1924 में काशी तथा इलाहाबाद में केन्द्र बना। फिर, तीसरे चरण में आगरा, कानपुर, लखनऊ, पटना, जयपुर, जोधपुर, दिल्ली आदि नगर साहित्यिक एवं शैक्षणिक गतिविधि के केन्द्र बने। आज हिन्दी भाषा पूरे देश की गौरवमयी भाषा है। तमिल, तेलुगु,

मलयालम, कन्नड़, गुजराती, मराठी, उड़िया, असमिया, बँगला आदि देश की समस्त भाषाओं से जुड़े विश्वविद्यालयों में उच्चशिक्षा के स्तर पर हिन्दी का अध्ययन-अध्यापन जोर-शोर से चल रहा है। हिन्दी मुक्तविश्वविद्यालय वर्धा-विश्वस्तर पर हिन्दी का प्रचार-प्रसार कर रहा है। हिन्दी साहित्य सम्मेलन, प्रयाग, भारतीय भाषा परिषद, कलकत्ता, नागरी प्रचारिणी सभा, काशी, आदि-आदि कितनी संस्थाएँ आज हिन्दी के प्रचार-प्रसार में लगी हैं। देश भर में 100 से अधिक साहित्यिक एवं अनुसंधान पत्रिकाएँ प्रकाशित हो रही हैं। देश में कोने-कोने में हिन्दी के विद्वान् बिना किसी लोभ और भय के हिन्दी में श्रेष्ठ साहित्य लेखन का कार्य कर रहे हैं जो देश के गौरव का विषय है। यहीं एक खेद का भी विषय है कि हम हिन्दी साहित्य में लेखक के रूप में केवल उन्हीं की चर्चा करते हैं जो हमसे जुड़े हैं। हिन्दी राष्ट्र की भाषा है। इसके साहित्य और इसकी समीक्षा में सम्पूर्ण भारत के गण्यमान साहित्यकारों एवं समीक्षकों को प्रकाश में ले आना हमारा प्राथमिक दायित्व है—अन्यथा जो भी विशेष कार्य साहित्यिक समीक्षा के अन्तर्गत पूरे देशभर में हो रहा है, उससे हम अपरिचित रहेंगे और साहित्य के सम्यक् मूल्यांकन की समस्या पर भी इसका असर पड़ेगा। हिन्दी साहित्य के मूल्यांकन एवं समीक्षा का कार्य यह भी है कि देशभर की उससे जुड़ी प्रतिभाओं को प्रकाश में लाया जाए।

प्रस्तुत समीक्षात्मक कृति का भी यही मन्तव्य है कि राष्ट्रभाषा हिन्दी की सामयिक समीक्षा के व्यावहारिक तथा सैद्धान्तिक पक्षों को सामने ले आकर वर्तमान पाठक में उसकी गम्भीरता तथा व्याप्ति दोनों के प्रति रुझान उत्पन्न किया जाये ताकि हिन्दी के कुछ सीमित समीक्षकों तथा कुछ सीमित क्षेत्र की भाषा तथा साहित्य तक बंधे होने की गलतफहमी दूर हो सके।

इस पुस्तक की पाण्डुलिपि को व्यवस्थित करने में युवा साहित्यकार डॉ. कीर्तिकुमार सिंह, प्रवक्ता, डॉ. श्यामाप्रसाद मुखर्जी, संघटक डिग्री कालेज, इलाहाबाद विश्वविद्यालय का विशेष योगदान रहा है।

आषाढ़स्य प्रथम दिवसे—
19.6.08

—योगेन्द्र प्रताप सिंह
सम्पर्क सूत्र—15/6, स्टैनली रोड
सिविल लाइन्स, इलाहाबाद

विषय-सूची

आलोचना का अर्थ और स्वरूप : भारतीय तथा पाश्चात्य संदर्भ

(1)

भारतीय काव्य चिन्तन की प्रक्रिया में 'आलोचक' शब्द का प्रयोग नहीं मिलता। यहाँ भावक, सहृदय, पाठक, सामाजिक, प्रेक्षक, दर्शक आदि शब्द कविता तथा नाटक के सम्पर्क में आने वाले सहृदयों के लिए प्रयुक्त हैं। कवि की भाँति भावक या सहृदय भी भारतीय संदर्भ में प्रतिभा से सम्पन्न माना जाता रहा है। यहाँ कवि को कारयित्री प्रतिभा से सम्बद्ध माना गया है और भावक या सहृदय को भावयित्री प्रतिभा से सम्पन्न। सर्जक अपनी प्रज्ञात्मक प्रतिभा के बल पर सृजन के क्षणों में जिस विषयवस्तु का अन्तर्दर्शन करता है, सहृदय भावक कृति के अध्ययन के क्षण उसी विषय का पुनः अन्तर्दर्शन करके उसका अस्वादन करता है। सर्जक सृजन के क्षणों में जिस प्रति संसार का अवलोकन करके शब्दों आदि के माध्यमों से उसकी प्रस्तुति करता है, पाठक या भावक अपनी भावयित्री प्रतिमा के बल पर उसका तद्वत् पुनः अवलोकन करके आनन्दित होता है। सर्जक और पाठक (भावक) का यह क्रम निरन्तर चलता रहता है। आस्वादन के बाद की प्रक्रिया कृति के सम्बन्ध में भाषिक अभिव्यक्ति या उसके वैशिष्ट्य निरूपण की आती है। विषयवस्तु के अन्तर्दर्शन के फलस्वरूप कृति के सम्बन्ध में सम्पूर्ण भाषिक प्रतिक्रिया आज आलोचना के नाम से जानी जाती है। इस प्रतिक्रिया का एक उदाहरण वाल्मीकि रामायण के दृष्टान्त द्वारा देखा जा सकता है—

क्रौंचवध के बाद वाल्मीकि के मुख से आकस्मिक रूप से अभिव्यक्त होने वाले "**मा निषादप्रतिष्ठांत्वमगमः**" श्लोक के प्रति उनके शिष्य भरद्वाज उस पर प्रतिक्रिया व्यक्त करते हुए कह रहे हैं—

"हमारे गुरुदेव महर्षि वाल्मीकि ने क्रौंच पक्षी के दुःख से दुखी होकर जिस समान अक्षरों वाले चार चरणों से युक्त वाक्य का गान किया था।"

"वह था तो उनके हृदय का शोक, किन्तु अनुव्यावहरण (हृदय की निःसंगता) से संयुक्त होकर वह उच्चरित शोक काव्य बन गया। इसमें तत्पुरुष आदि समासों, दीर्घ गुणादि संधियों, के साथ अर्थ में माधुर्य तथा प्रसाद गुणों की अधिकता है। इसमें प्रकृति प्रत्यय आदि का यथायोग्य निर्वाह हुआ है। किसी कविता के विषय में ये समस्त प्रतिक्रियाएँ शास्त्रीय आलोचक (पाठक, भावक, सहृदय) की हैं।" पाठक या श्रोता की प्रतिक्रिया का यही विकसित स्वरूप आज समीक्षा है।

आचार्य राजशेखर काव्य मीमांसा में पाठक या भावक तथा सर्जक के बीच सम्बन्ध स्थापित करते हुए कहते हैं कि—

> **कश्चिद्वाचं रचयितुं अलं श्रोतुमेवाऽपरस्तां**
> **कल्याणी ते भातिरुभयथा विस्मयम् नस्तनोति।**
> **नध्ये कस्मिन्नतिशयतां सन्निपातो गुणाना-**
> **मेकः सूतेऽकमकमुप्रलस्तत्पर परीक्षाक्षमोऽन्यः॥**

"कोई तो वाणी (कविता) रचना में निपुण है और कोई उसके सुनने में प्रवीण है। दोनों प्रकार की बुद्धि आश्चर्यजनक है—एक में ही अनेक गुणों का समन्वय कठिन है अर्थात्, न भावक सर्जक हो सकता है और न सर्जक भावक। एक पत्थर शिला सुवर्ण उत्पन्न कर सकती है तो दूसरी शिला कसौटी बनकर उसकी परीक्षा करती है, दोनों पत्थर ही हैं। इस प्रकार आलोचक या भावक में भी प्रतिभा है और कवि में भी, किन्तु दोनों के रूप भिन्न हैं। सृजनात्मक प्रतिभा स्वर्ण बनाने वाली शिला है और स्वर्ण के लिए कसौटी बनने वाली शिला उससे भिन्न रूप में है। वह परीक्षण करता है, सहृदय आलोचक है। सोने की कसौटीवाली शिला उसके पास है।

भारतीय काव्यशास्त्र में इन सहृदयों को चार भागों में विभक्त किया गया है—(1) अरोचिकी, (2) सतृणाभ्यवहारी (3) मत्सरी (4) तत्त्वाभिनिवेशी।

"प्रथम को किसी की रचना अच्छी नहीं लगती। द्वितीय, सभी रचनाओं की प्रशंसा करते रहते हैं, उन्हें कोई भी रचना खराब नहीं लगती। तीसरे, आलोचक या भावक हैं, जिन्हें श्रेष्ठ कृतियों से ईर्ष्या होती है और चतुर्थ तत्त्वाभिनिवेशी ही ऐसे सहृदय हैं जो कृति में निहित मूल्यों तथा मानों को केन्द्र में रखकर निष्पक्ष भाव से उसकी व्याख्या करते हैं। तत्त्वाभिनिवेशी ही सच्चा सहृदय है और आलोचना की परिभाषा यहाँ तक सीमित रखें तो तत्त्वाभिनिवेशी को ही श्रेष्ठ आलोचक कह सकते हैं।"

इसी संदर्भ को स्पष्ट करते हुए राजशेखर पुनः कहते हैं—

> **गुणदानपरः कश्चिद्दोषादान परोऽपरः।**
> **गुणदोषहृतित्याग परः कश्चनभावकः॥**

"कोई सहृदय 'काव्य वैशिष्ट्य' को आधार बनाकर उसकी मीमांसा करता है तो कोई दोष को आधार बनाकर। श्रेष्ठ सहृदय तो वह है, जो गुण-दोष का परित्याग करके 'तन्मयीभवन क्षमता' को रचना के विवेचन का आधार बनाता है।"

भारतीय साहित्य में आलोचना कर्म पहले आस्वादन कर्म है—पुनः बाद में विवेचन कर्म। आस्वादन क्रम में सहृदय भावक है किन्तु विवेचन क्रम में वह आलोचक भी है। आचार्य राजशेखर काव्यमीमांसा में इस सन्दर्भ को निर्दिष्ट करते हुए एक श्लोक पुनः कहते हैं—

शब्दानां विविनक्ति गुम्फनविधीनामोदते सूक्तिभिः।
सान्द्रं लोढ़िरसामृत विचिनुते तात्पर्य मुद्रां च य॥
पुण्यै संघटते विवेक्तृ विरहादनर्तमुखं ताम्यता।
केषामेव कदाचिदेव सुधियां काव्यश्रमज्ञो जनः॥

"सच्चे आलोचक सहृदय के अभाव में हृदय में अत्यन्त दुखित होते हुए किसी कवि को बड़े ही पुण्य प्रभाव से काव्य रचना के परिश्रम को जानने वाला विद्वान् सहृदय प्राप्त होता है जो शब्दों की रचनाविधि का भलीभाँति विवेचन करता है, सूक्ति की अनोखी सूझ से आह्लादित होता है, काव्य के सघन रसामृत का पान करता है और रचना के गूढ़ तात्पर्य को ढूँढ निकालता है।"

आज का आलोचक भी आलोचना के अन्तर्गत प्रारम्भिक स्तर पर यही कार्य करता—(1) शब्दों की रचना विधि को बारीकी से समझता है, (2) कवि की कल्पना शक्ति से सृजित सूझ पर आह्लादित होता है, (3) काव्य की मूल संवेदना का भरपूर आस्वादन करता है और (4) रचना के गूढ़ तात्पर्य का अन्वेषण करके उसे लोक के लिए प्रकाशित करता है।

बिना इन चारों तत्त्वों की समझ आए वर्तमान युग में भी आलोचक की सामर्थ्य को स्वीकार करना सम्भव नहीं है। भारतीय काव्यशास्त्र में इस ओर भी ध्यान आकर्षित किया गया है कि सहृदय काव्य विवेचक—कवि का गुरु, मित्र, शिष्य, स्वामी या पुत्रादि न हो अन्यथा तटस्थता बाधित होगी।

संक्षेप में, भारतीय काव्य चिन्तन के अन्तर्गत, भावक सहृदय (आलोचक) के निम्नलिखित तत्त्व निर्दिष्ट किए गये हैं—

1. कवि द्वारा समाधि दशा में विषयवस्तु के दर्शन या चित्तासन्नता की काव्य प्रस्तुति के बाद तद्वत् साक्षात्कार करने की क्षमता। कवि की सृजनगत यह क्षमता 'कारयित्री प्रतिभा' से आती है और सहृदय भावक (आलोचक) में यह शक्ति 'भावयित्री प्रतिभा' से। यदि कवि के विषयवस्तु के तदवत् दर्शन की सामर्थ्य भावक में नहीं है तो वह समर्थ आलोचक नहीं हो सकता।
2. सर्जक द्वारा 'शब्दार्थ' के उपयोग की बारीकियों तथा विशिष्टताओं की वैसी ही समझ।
3. कवि की काल्पनिक सूझ पर आह्लादित होने की शक्ति या तन्मयीभवन योग्यता।
4. रचना के गूढ़ार्थ के अन्वेषण की सामर्थ्य।
5. काव्य के गुणदोष पर विचार तथा उसके सौन्दर्यपरक तत्त्वों को आत्मसात् करके उसकी निष्पक्ष व्याख्या की सामर्थ्य।

इस भारतीय परिवेश में भावक का मूलधर्म काव्यास्वादन तथा कृति के कौशल की पहचान कराना है, किन्तु पश्चिमी काव्य चिन्तन में आलोचक का मुख्य दायित्व अधिक व्यापक रहा है।

(2)

आनन्द कुमार स्वामी ने अपनी प्रसिद्ध कृति 'Dance of Shiva' में आलोचक के विषय में एक टिप्पणी इस प्रकार दी है—

Every Artist discovers beauty and every critic finds it again when he tastes of the same experience through the medium of the external signs."[1]

"जिस सौन्दर्यदर्शन का अन्वेषण एवं उसकी स्थापना सर्जक अपनी कृति में करता है, आलोचक भाषा आदि बाह्य माध्यमों के सहयोग से पुनः उस अनुभव तक पहुँचता है। ये एक प्रकार से भारतीय चिन्तन के परिदृश्य में सर्जक तथा भावक की पारस्परिक चित्त दशाएँ ही हैं।"

आलोचना के सम्बन्ध में एलेक्जेन्डर पोप भी इसी प्रकार की बात कहते हैं—

A perfect judge will read each work of at with the same spirit that its author write.

आलोचना के लिए मुख्य निर्णायक है, आलोचक की प्रतिभा जो इस स्तर की हो कि वह सृजित विषयवस्तु के मूलस्वरूप को तादात्म्य कर सके? यह आलोचक ही नहीं, प्रत्येक कलाकृति के विवेचक की क्षमता है और उसकी विवेचना शक्ति की अनिवार्यता भी है। भारतीय काव्य चिन्तन में इसीलिए सहृदय को कवि सर्जक के समानान्तर ही भावयित्री प्रतिभा (सर्जक जिस विषयवस्तु, उसके स्वरूप, उससे सम्बद्ध संवेदना, उसकी आन्तरिक एवं बाह्य विशिष्टता का चित्रण कर रहा हो तथा जिनसे संयुक्त एवं सम्पन्न बनाया गया है) से युक्त माना गया है। सर्जक की उस सृजितवस्तु तथा उसके कौशल की पुनर्प्रतीति करना आलोचक का पहला धर्म है।

काव्य मूलतः अभिव्यक्ति द्वारा प्रकाश में आता है और इस अभिव्यक्ति के मूल में निहित सर्जक के मन्तव्य एवं उसके लिए प्रयुक्त माध्यमों की उपयुक्तता की व्याख्या समीक्षा है। सर्जन के मूल में निहित संवेदना—जिसे कई आलोचकों ने मूल्य (value) का भी नाम दिया है—यह कवि की अपनी रची-भोगी गई अनुभूति की सर्वथा नवीन, सर्वथा अद्‌भुत, सर्वथा निजी वस्तु है और इसी वस्तु को ग्राह्य बनाने के लिए वह सर्वथा उपयुक्त भाषा, शैली के सौन्दर्यपूरक निजी माध्यमों तथा अपनी रचना सामर्थ्य से गढ़ता है। आलोचक का दायित्व है—**उसके द्वारा अनुभूत एवं सृजित वस्तु तत्त्व के प्रकाश में उसकी सर्जनगत मौलिकताओ की व्याख्या करना ताकि पाठक को उस वस्तुतत्त्व की मौलिकता एवं उसकी सृजितभाषा तथा शैली के माध्यमों की प्रासंगिक उपादेयता की समझ हो सके।** आलोचक का यह व्यावहारिक मूल्यांकन केवल सम्बद्ध कविता तक ही सीमित नहीं है, उस पद्धति का व्यावहारिक उपयोग (अन्यत्र भी अपेक्षित भाव से जितना अपेक्षित

---

1. The Dance of Shive, पृ. 65

हो) किया जा सकता है, किन्तु उसे सार्वभौम मानक या मानदण्ड के रूप में नहीं स्वीकार किया जा सकता क्योंकि कविता की भाँति समीक्षा का तद्वत् पुनर्लेखन सम्भव नहीं है।

समीक्षाशास्त्र के अन्तर्गत मूल्यांकन के कई रूप हमारे सामने हैं। पहला रूप तो गुण-दोष निर्णय के विवेचन का है। प्रारम्भिक स्थिति में ऐसा प्रतीत होता है कि आलोचना का सम्बन्ध कृति के गुण-दोष विवेचन से है। कृति एक सम्पूर्ण अभिव्यक्ति है किन्तु उसकी निर्मिति केवल गुण दोषों पर ही नहीं हुई है।

दूसरे स्तर पर आलोचना का दायित्व कृति की सम्पूर्णता का विश्लेषण है। कृति की सम्पूर्णता का अर्थ है, उसमें निहित मूल्यवत्ता तथा सर्जनात्मक तत्त्वों की संगति के साथ उसके समूचेपन का विश्लेषण। इस विश्लेषण पद्धति में कृतित्व का मूल्यांकन इतना महत्त्वपूर्ण हो उठता है कि वह एक सर्जनात्मक वस्तु के अतिरिक्त कुछ भी नहीं प्रतीत होती। दूसरी ओर कृति का समग्र विश्लेषण सम्भव भी नहीं है क्योंकि कृति भावात्मक प्रक्रिया की उपज है। क्योंकि भावात्मक प्रक्रिया को सम्पूर्णतः ज्ञान द्वारा विश्लेषित नहीं किया जा सकता।

आलोचना का तीसरा पक्ष व्याख्यात्मक आलोचना का है, और यहाँ आलोचक कवि की रुचियों, उसकी सहमतियों-असहमतियों, उसके प्रेरणा स्रोतों तथा मान्यताओं का विश्लेषण करते हुए उसके व्यक्तित्व के साथ कृतित्व के विविध पक्षों को स्पष्ट करता है। इस आलोचना पद्धति के अन्तर्गत मूल्यांकन की समग्रता स्पष्ट नहीं हो पाती क्योंकि कृति की सीमाएँ अज्ञेय होती हैं।

आई.ए. रिचर्ड्स ने सम्पूर्ण कृति को दो भागों में विभक्त किया है—प्रथम, सम्प्रेषण (communication) का पक्ष और दूसरा है, मूल्य का प्रश्न—

The two pillars upon which a theory of criticism must rest are an account of value and an account of communication."

इन दोनों पक्षों की स्थापना के बाद उनका निष्कर्ष है कि आलोचक की अवधारणा मूल्यपरक है, किन्तु वह सम्प्रेषण की अवधारणा को अस्वीकार नहीं करता, फिर भी, आलोचक के दायित्व को वह प्राथमिक रूप से मूल्य से जोड़ता है—"The two of problems "What is Good" and 'What is arts' reflect light upon on another. Neither in fact can be fully answered without the other." To the unravelling of the first we may now proced." The critic concens with value."[1]

मूल्य की स्थिति का संदर्भ दुहरा है, कलागत मूल्य एवं सामाजिक मूल्य और आलोचना का दायित्व कृति में निहित दोनों प्रकार के मूल्यों का विश्लेषण है किन्तु इस पद्धति का दोष यह है कि प्रत्येक कृति के पाठ में सर्जक निर्गुण ब्रह्म की भाँति छिपा बैठा

1. Principles of Literary criticism, पृ. 37''

है—मूल्य तथा आस्वादन प्रक्रिया के सन्दर्भ में कृति में समाहित कृती के व्यक्तित्व की तलाश का पक्ष उपेक्षित होगा।

आलोचना की एक चौथी पद्धति की बात प्रो. रामस्वरूप चतुर्वेदी तथा डॉ. नामवर सिंह आदि ने की है। उनकी मान्यता के अनुसार आलोचना की पद्धति सर्जनात्मक होती है और इसे 'सर्जनात्मक आलोचना' के नाम से पुकारा जाए। डॉ. चतुर्वेदी स्पष्ट करते हुए अपनी कई कृतियों में बताते हैं कि अनेक क्रमिक व्याख्याओं को आत्मसात् करके चलना यह किसी रचना की जीवन्तता और उत्कृष्टता की एक कसौटी है। यह परम्परा, व्यतिगत प्रतिभा और व्यापक गृहीता समाज के अलग-अलग आग्रहों के बीच सन्तुलन लाने की अनवरत कोशिश है जो आलोचना प्रक्रिया में एक नई और साहित्य की संश्लिष्ट प्रकृति के एकदम अनुकूल है—

"यों रचनाकार जीवन के अर्थ का विस्तार करता है, आलोचक रचना का। इस क्रम में आलोचक की आलोचना फिर कहाँ होगी।"

दूसरे शब्दों में, "आलोचना आलोचक की कृति की व्याख्या न होकर उसी का पुनर्सृजन मात्र है।"[1]

प्रो. रामस्वरूप चतुर्वेदी जिसे पुनर्सृजन के नाम से पुकारते हैं, उसका औचित्य क्या है? इसकी संगति मात्र इतनी ही है कि सर्जनात्मक कृतियाँ संश्लिष्ट होती हैं और उनकी व्याख्या देश, काल, इतिहास बोध, परम्परा आदि के संदर्भों में नया अर्थ देती चलती है। गोस्वामी तुलसीदास की व्याख्या सर जार्ज ग्रियर्सन ने की, मिश्रबन्धुओं ने की, बाबू श्यामसुन्दरदास ने की, आचार्य रामचन्द्र शुक्ल ने की, डॉ. माता प्रसाद गुप्त ने की, डॉ. उदयभान सिंह ने की—आदि-आदि और काल-क्रमानुसार आलोचक की सर्जक प्रतिभा के फलस्वरूप विविध संदर्भों के विविध नए-नए अर्थ हमारे सामने आते गए और प्रो. रामस्वरूप चतुर्वेदी इस आलोचक धर्म को सर्जनात्मक आलोचना के नाम से पुकारते हैं।

यह आलोचना आज जहाँ पहुँची है—वहाँ आलोचक को सर्जक मानने का क्रम प्रारम्भ होता है। जैसा कि कहा जा चुका है कि भारतीय साहित्यशास्त्र में कवि और भावक दोनों को अभिन्न, एक वृक्ष की दो समानान्तर डालों की भाँति कारयित्री (कवि) एवं भावयित्री (भावक, सहृदय, पाठक, आलोचक) प्रतिभा से सम्पन्न माना गया है। यह सत्य है कि आज की सामयिक आलोचना प्रक्रिया अपने सर्जनात्मक स्वरूप का विकास करती जा रही है। अपनी प्रतिभा शक्ति से काव्य वस्तु को आत्मसात् करके और अपनी व्याख्या को आगे बढ़ाते चलना ही उसका आलोचना कर्म है और इस व्याख्या के अनुसार—आलोचना न काव्य के गुण-दोषों का विवेचन है, न उसकी व्याख्या है, न कृतित्व का सम्यक्

---

1. प्रो. रामस्वरूप चतुर्वेदी : आलोचना का अर्थ और अर्थ की आलोचना, पृ. 10-11

मूल्यांकन एवं विश्लेषण है—**सर्जक के संश्लिष्ट काव्यपाठ को अपनी व्याख्या से जोड़कर उसे प्रासंगिक अर्थ प्रदान करना ही आलोचना है।** यहाँ यह भी ध्यान देने योग्य है कि डॉ. नामवर सिंह द्वारा रचित **दूसरी परम्परा की खोज** कृति सर्जनात्मक समीक्षा का सबसे बड़ा साक्ष्य है।

प्रो. रामस्वरूप चतुर्वेदी 'सर्जनात्मक आलोचना' की इस प्रकार व्याख्या करते हैं—

"सर्जनात्मक आलोचना का अर्थ यही है कि अर्थ की जो सम्भावनाएँ रचना में निहित हैं, उन सम्भावनाओं का और आगे प्रयोग करना, उपयोग करना तथा उसमें अपनी सम्भावनाओं को जोड़ना है।"[1]

दूसरी ओर वे इस संदर्भ में कहते हैं कि आलोचक अपनी प्रतिभा से अपने आन्तरिक अर्थ तत्त्व को कृति के साथ जोड़कर उसे नया स्वरूप देता है—अर्थात् आलोचक पहले है और कृति बाद में किन्तु यहाँ पहले संदर्भ में यह बताया है कि **"अर्थ की जो सम्भावनाएँ रचना में निहित हैं उन सम्भावनाओं का और आगे प्रयोग करना तथा अपनी सम्भावनाओं को आगे जोड़ना ही सर्जनात्मक आलोचना है।"** यहाँ आलोच्य कृति पहले आती है—आलोचक बाद में।

डॉ. जगदीश गुप्त इस तथ्य के विपरीत अपनी बात कहते हैं—"आलोचना रचना के आश्रित है, रचना आलोचना के आश्रित नहीं है। कलाकार का स्वातंत्र्य आलोचक के स्वातंत्र्य से बड़ा है।"[2] वे आलोचना के धर्म के रूप में निम्नलिखित 8 बिन्दुओं की चर्चा करके इसका सीमांकन करते हैं जो इस प्रकार है—

1. रचना में आस्वाद पक्ष को उभार कर पुनर्रचना की कोशिश
2. नई कसौटियों की खोज इतिहास से भिन्न दिशा अपनाना
3. रूपवाद और संरचनावाद से इतर सामाजिक संदर्भ की मान्यता एवं प्रतिष्ठा
4. रचनात्मकता की सही पहचान अन्तर्वस्तु के विश्लेषण से प्रेरित
5. द्वन्द्वात्मकता तथा अन्तर्द्वन्द्व से अप्रतिहत रचना दृष्टि
6. रचना में युग चेतना की अभिव्यक्ति
7. पाश्चात्य और पौर्वात्य के बीच विश्वसीनय मध्य मार्ग
8. तुलनात्मक समीक्षा की पुनप्रतिष्ठा[3]

यदि इस प्रकार के सूत्रों की तलाश आलोचना के संदर्भ में की जाए तो कितने और सूत्र स्थापित किए जा सकते हैं। कोई भी श्रेष्ठ कृति अनन्त सम्भावना सूत्रों के ऊपर है।

---

1. रचना और आलोचना—इलाहाबाद संग्रहालय, इलाहाबाद, पृ. 4
2. वही, पृ. 26
3. वही, पृ. 29

कलाकृतियाँ भावनात्मक संश्लेषों से निर्मित होती हैं और यदि एक कृति को दस आलोचकों के पास भेजकर उनसे प्रेषित की गई मूल्य दृष्टियों को विश्लेषित करने का आग्रह करें तो वैचारिक समरूपता के स्थान पर उनमें वैषम्य अधिक मिलेगा। आखिर क्यों, क्या उसमें किसी एक के ही विचार-विश्लेषण प्रामाणिक हैं? नहीं सभी हैं—कृति का भाषिक, संरचनागत, वस्तु एवं प्रातीतिक सत्य, संस्कार आदि अनेक तत्त्वों का संश्लेष कुछ ऐसा मिलेगा कि सृजन के अन्तिम शिखर या बिन्दु तक पहुँचना मुश्किल है। विश्लेषण के बाद भी कृति में और कुछ कहने को छूट जाता है और जो आगत काल और प्रतिभा सम्पन्न आलोचक की सामर्थ्य से विवेचित होता है—फिर भी, कुछ-न-कुछ छूटा रहता है। कृति एवं आलोचनात्मक विश्लेषण के बीच का यह रिश्ता एक सार्वभौम सत्य है। फिर प्रश्न उठता है, क्या आलोच्य कर्म सदैव अधूरा रहता है? नहीं, ऐसा नहीं है।

आलोचना की व्याख्या अपने युग से जुड़ती है और कृति युग के बाहर प्रायः शाश्वत् होती है। कालिदास के अभिज्ञान शाकुन्तलम्, तुलसी के श्रीरामचरितमानस, प्रसाद की कामायनी इसके लिए प्रमाण हैं। रचना आलोचना से जुड़कर अपनी सम्भावना समाप्त नहीं करती पुनः एक कदम आगे जाकर खड़ी हो जाती है कि पुनः मुझसे जुड़कर मेरी ग्रंथियों को खोला जाए और इस प्रकार श्रेष्ठ कृति एवं आलोचना के सन्दर्भ एवं सम्बन्ध स्वयं में एक सनातन प्रक्रिया है। यही सनातनता ही दोनों कृति तथा आलोचना की पहचान को बरकरार रखती है।

आलोचना के सम्बन्ध में डॉ. नगेन्द्र की मान्यता भी प्रायः प्रो. रामस्वरूप चतुर्वेदी के समानान्तर है। उनका स्पष्ट कथन है कि—"आलोचना काव्य का आख्यान है और यह आख्यान वस्तु विश्लेषण मात्र नहीं है, यहाँ भी, आख्यान शब्द पुनर्सृजन का ही वाचक है। अन्यथा जीवन का आख्यान है, यह वाक्य अपना अर्थ ही खो बैठता है। आलोचना के संदर्भ में भी आख्यान वस्तु विश्लेषण मात्र नहीं है—यहाँ भी पुनर्सृजन की प्रक्रिया चलती है।"

भेद केवल दो हैं। पहला भेद कारण या साधन का है—अर्थात् कवि के साधनों में भावना और कल्पना का प्राधान्य है। इस सम्बन्ध में वे कहते हैं कि बुद्धि प्रायः संश्लेषण में ही सहायक होती है, जबकि आलोचक के कर्म में मूलतः भावना और कल्पना का सम उपयोग रखते हुए भी बुद्धि अधिक सक्रिय रहती है।"[1]

डॉ. नगेन्द्र इस सन्दर्भ में पुनः अपना अभिमत प्रकट करते हुए कहते हैं कि—**"दूसरा भेद सर्जनाशक्ति के बलाबल का है। कवि जीवन का पुनसृर्जन करता है और आलोचक काव्य का।"**

---

1. हिन्दी आलोचना के आधार स्तम्भ : रामेश्वर खंडेलवाल तथा सुरेश चन्द्र गुप्त, पृ. 10

कवि यदि रमणीय (राग-कल्पनात्मक) अनुभूतियों के माध्यम से आत्माभिव्यक्ति करता है तो आलोचक कवि की इस आत्माभिव्यक्ति के आख्यान के माध्यम से। इसी अर्थ में और इसी कारण से आलोचना को मैं ललित साहित्य का अंग मानता हूँ।''[1]

डॉ. नगेन्द्र के तर्क अपने में नितान्त स्पष्ट हैं और आलोचना को ललित साहित्य की समानान्तर सरणि में रखने का उनका तर्क यही है कि—सर्जनात्मकता की प्रबलता के कारण इसे पूरी तरह से चिन्तन सरणि में रखना भी स्वयं में सर्वथा ग्राह्य नहीं हो पाएगा। नई समीक्षा के प्रसिद्ध पाश्चात्य आलोचक 'क्लीन्थ ब्रुक्स' ने समीक्षा में रचनात्मकता की प्रासंगिकता इस प्रकार बतायी है, **''किसी कलाकृति को सफलतापूर्वक पढ़ने के लिए निःसन्देह काल्पनिक पुनर्रचना की प्रक्रिया अपेक्षित होती है। इस प्रकार एक अच्छा पाठक अनिवार्यतः उस प्रक्रिया का उपयोग करता है, जो लेखक की संरचना प्रक्रिया से सम्बद्ध होती है। यदि लेखक निर्माता होता है तो आलोचक कम-से-कम पुनर्निर्माता होता है।''**[2]

जैसा कि कहा गया है, सर्जक का सृजन संसार कल्पना तथा भावना के संयोग से भावात्मक भाषा द्वारा निर्मित है। उसका सृजित प्रतिसंसार अनुभूति के पर्त-दर-पर्त आवरणों से घिरा रहता है और सम्पूर्ण सन्दर्भ का आधार कविता का पाठ (Text of the poet) ही है। कविता की भाषा बौद्धिक अर्थसंश्लेष के द्वारा कितने रूपों में व्याख्यायित हो सकेगी यह आलोचक की अपनी प्रतिभा एवं सामर्थ्य का विषय है। देश-काल-परिस्थितियों एवं उसके आत्मीय संस्कारों का दबाव पृथक् है और कुल मिलाकर, एक पाठ का जो भी अर्थ बोध आलोचक को होता है—वह एक सीमा तक ही है। इस प्रकार, आलोचना स्वयं में किसी श्रेष्ठ सर्जनात्मक कृति का अन्तिम आख्यान नहीं है। फिर भी, दूसरी ओर यह भी सत्य है कि जितना आलोचक का अनुभूति और अर्थ का क्षेत्र दीप्त हुआ है, वह कृति का ही आख्यान है तथा वह अपनी सीमा में संगत तथा पूर्ण है।

---

1. हिन्दी आलोचना के आधार स्तम्भ : रामेश्वर खंडेलवाल तथा सुरेश चन्द्र गुप्त, पृ. 10
2. वही, पृ. 10

आलोचना के भेद

सामान्य रूप से आलोचना को दो रूपों में विभक्त किया जाता है—(1) **व्यावहारिक समीक्षा** (2) **सैद्धान्तिक समीक्षा**। व्यावहारिक समीक्षा का जन्म कवि के सर्जक मन से होता है क्योंकि वह सर्जक मन सर्जन काल के क्षणों में अपनी प्रस्तुति के प्रति जागरूक रहता है। उसकी यह आन्तरिक जागरूकता सर्जन की व्यावहारिकता से जुड़कर सर्जनात्मक आलोचना के लिए बीज का कार्य करती है। कृति के प्रकाश में आ जाने के बाद व्यावहारिक आलोचना का कार्य पुनः शुरु होता है किन्तु यह प्रक्रिया अधिक स्थिर एवं कृति सापेक्ष्य होकर ही पुनः आगे बढ़ती है। कृति के आन्तरिक एवं बाह्य विश्लेषण से जुड़ी यह प्रक्रिया कवि की भावना एवं कल्पना के फैलाव को पकड़ने का माध्यम बनती है। स्वयं कल्पना, भावना एवं बुद्धि के प्रयोग द्वारा प्रज्ञा की इस प्रबलता के कारण व्यावहारिक समीक्षक को भाषिक तथा भावनात्मक संश्लेष के गहरे सागर में गोते लगाने पड़ते हैं—अर्थ और मन्तव्य के मर्म की पुनर्सृजन जैसी व्याख्या करनी पड़ती है और कवि के साथ पूरी तरह से तादात्म्य स्थापित करके निष्कर्षों से स्वयं को जोड़ना पड़ता है। **किसी कृति के मूल्यांकन का आधार बनने वाली यही प्रक्रिया ही व्यावहारिक समीक्षा है।**

इस व्यावहारिक समीक्षा के साथ-साथ ही उसके मानकों के सैद्धान्तिक संदर्भों की चर्चा शुरू हो जाती है। व्यावहारिक समीक्षा के मूलाधार क्या हैं? इसका प्रश्न सैद्धान्तिक समीक्षा से जुड़ा है। प्रायः इसके दो रूप सामने आते हैं—(1) सामयिक सैद्धान्तिक मानक (2) परम्परागत काव्यशास्त्रीय मानक।

इसका सम्बन्ध काव्य-दर्शन के सिद्धान्तों के अन्वेषण से है और उसी के आधार पर साहित्य में बराबर काव्यगत मूल्यों की व्याख्या की भी चेष्टा की जाती रही है इसके व्यावहारिक स्वरूप को ध्यान में रखकर ही इसे Speculative cricism अर्थात् **श्रेष्ठ कृतियों में सम्भावित मूल्यों के सिद्धान्तों के अन्वेषण का नाम दिया जाता है।**

सैद्धान्तिक समीक्षा का दूसरा स्वरूप काव्यशास्त्रीय चिन्तन का है। काव्यशास्त्र स्वयं में काव्य की मान्यताओं से सम्बद्ध एक निरपेक्ष वस्तुवादी सिद्धान्त है—जो कविता के स्थापत्य के तत्त्वों का सूक्ष्मतम अन्वेषण एवं उनसे जुड़ी समस्याओं पर तार्किक विश्लेषण प्रस्तुत करता है। सिद्धान्तवादी एवं शास्त्रवादी समीक्षा में अन्तर इतना ही है कि एक का स्वरूप पूर्णतया निरपेक्ष शास्त्र विवेचन का है किन्तु सैद्धान्तिक समीक्षा किसी-न-किसी रूप में कृति की व्यावहारिकता तथा जीवन मूल्यों से भी जुड़ी रहती है। सैद्धान्तिक समीक्षा के ये ही दो रूपप्रधान हैं किन्तु इनका उपयोग कभी-कभी आलोचना की प्रणाली के रूप में

भी होने लगता है, तब इनको व्यावहारिक समीक्षा का आधार मान लिया जाता है। यही नहीं, निर्णयात्मक आलोचना पद्धति के लिए यही सिद्धान्त उपयोगी भी बनते हैं। यहाँ विशेष विस्तारपूर्वक इन दोनों विषयों की चर्चा आवश्यक है क्योंकि आलोचना के सैद्धान्तिक तथा व्यावहारिक पक्ष प्रकारान्तर भाव से उसकी समग्रता को समेटे हुए से लगते हैं। दोनों में द्वैतता नहीं, पारस्परिक अद्वैतता है।

(क)

सैद्धान्तिक समीक्षा : अर्थ तथा तत्त्व

व्यावहारिक समक्षा के समानान्तर ही दूसरा बिन्दु सदैव विचारणीय रहा है, जिसे आलोचकों ने **सैद्धान्तिक समीक्षा** के नाम से पुकारा है। सामान्य रूप में भ्रम है कि सैद्धान्तिक समीक्षा व्यावहारिक समीक्षा के लिए आधार का कार्य करती है, दूसरी ओर यह भी भ्रम उत्पन्न किया जाता है कि व्यावहारिक समीक्षा के प्रेरक बिन्दु सैद्धान्तिक समीक्षा के लिए मान का कार्य करते हैं। सैद्धान्तिक तथा व्यावहारिक समीक्षा के बिन्दु दोनों प्रायः समानान्तर भाव से चलते रहे हैं। सामान्यतया सर्जन के क्षणों में सर्जक की भावचेतना में अज्ञात-ज्ञात भाव से अनेक भाषिक, कलात्मक एवं वस्तु तथा उससे सम्बद्ध मूल संवेदना के सैद्धान्तिक बिन्दु टकराते चलते हैं। वह सृजन के स्तर पर स्वयं सैद्धान्तिक तथा व्यावहारिक समीक्षक दोनों है। फिर भी, कृति के समापन के बाद उसका भावक तथा पाठक अपनी बोध शक्ति के द्वारा उसके मर्म का आत्मसात् करता है और उनसे सम्बद्ध उभय पक्षों की आधारशिला को रखने की चेष्टा करता है। कृति से अलग व्यावहारिक एवं सैद्धान्तिक समीक्षा की स्थिति की चिन्ता निरर्थक हैं।

भारतीय काव्य परम्परा में सृजन चिन्तन तथा सिद्धान्त चिन्तन प्रायः दोनों पास-पास दिखाई पड़ते हैं। हमारे शास्त्रों में कवि कर्म की विस्तृत व्याख्या की गई है। सर्जन की आधारभूमि दैवी प्रतिभा शक्ति है जो प्रज्ञा को सृजन की ओर उन्मुख करती है। सृजन की ओर उन्मुख होने के पूर्व सर्जक के लिए कविता का अध्ययन, अनुशीलन एवं अभ्यास आवश्यक है। सम्पूर्ण वैदिक, लौकिक वाङ्मय का सम्यक् अनुशीलन, समस्त विधाओं एवं इतिहास के ज्ञान की अपूर्व दृष्टि यहाँ अनिवार्य बताई गई है। सर्जक परम्परा एवं युग के अनन्त ज्ञान से संपृक्त है। उसका दायित्व निश्चित ही महनीय है।

कर्म की महनीयता के साथ-साथ शास्त्रकर्म की महनीयता का भी उल्लेख भारतीय चिन्तन में मिलता है। विविध ऋषियों ने अपनी एकान्त साधना के बल पर विविध काव्यशास्त्रीय चिन्तनों का अन्वेषण किया। भगवान श्रीकंठ शिव ने काव्य विद्या (काव्यशास्त्र) का उपदेश माता पार्वती तथा बैकुंठ आदि शिष्यों को दिया। द्वितीय बार ब्रह्मा ने भी इसका उपदेश अपने शिष्यों तथा ऋषियों को दिया—उन शिष्यों में **सरस्वती का पुत्र काव्य पुरुष** भी है। इस काव्य पुरुष ने साहित्य विद्या को अट्ठारह भागों में विभक्त करके अपने

शिष्यों को बताया। इन शिष्यों ने अट्ठारह भाग में विभक्त इस काव्यविद्या (शास्त्र) पर पृथक्-पृथक् ग्रंथों की रचना की; जैसे—कवि रहस्य-सहस्राक्ष, औक्तिक, उक्ति गर्भ, रीतिनिर्णय, सुवर्णनाम, आनुप्रासिक प्रचेता, यमक-यम आदि। यहाँ काव्य के अन्य पक्षों की चर्चा इस प्रकार है—

1. कविरहस्य
2. उक्ति
3. रीति
4-10. अनुप्रास, यमक, चित्रकाव्य, शब्दश्लेष, वास्तव्य (स्वभावौक्ति), उपमा, अतिशयोक्ति, अर्थ श्लेष, शब्द तथा अर्थ अर्थात् उभयालंकार
11. विनोदकृति
12. नाट्यशास्त्र
13. रसाधिकारिक
14. दोष
15. गुण
16. काव्य का रहस्य तंत्र (औपनिषदिक) आदि-आदि।

ऋषियों द्वारा प्रणीत एवं काव्यपुरुष (कवि) द्वारा विभक्त ये संदर्भ भारतीय काव्यशास्त्र के विविध सिद्धान्तों की आधारभूमि बने। भारतीय काव्यशास्त्र में ऋषि तथा कवि दोनों को काव्य के सैद्धान्तिक चिन्तन का आधार बनाया गया है। काव्य सिद्धान्त के अट्ठारह भाग अन्ततया मिलकर गुण, रीति, अलंकार वक्रोक्ति, ध्वनि तथा रसादि के रूप में चिन्तन के विषय बने। भारतीय काव्य चिन्तन के कुल सोपान इस प्रकार दृष्टिगत होते हैं—(1) भाषिक वैशिष्ट्य, (2) अर्थगत वैशिष्ट्य, (3) शब्दार्थ वैशिष्ट्य, (4) अभिप्राय (ध्वनि) वैशिष्ट्य, (5) भाव सृजन तथा आस्वादन वैशिष्ट्य।

भारतीय चिन्तन के अनुसार काव्य एक भाषिक संरचना है, जो उसके शब्द, अर्थ, अभिप्राय को आगे बढ़ाती हुई पाठक को भाव वैशिष्ट्य तथा सौन्दर्भानुभूति (आस्वादन) तक पहुँचाती है।

इस सैद्धान्तिक चिन्तन के साथ भाषिक सृजन के अन्य रूपों यथा-कथा, आख्यायिका एवं नाट्य की भी यहाँ परिगणना काव्य के ही रूप में की गई है।

पाश्चात्य सैद्धान्तिक चिन्तन के अन्तर्गत सृजन को संरचना, चिह्न (माध्यम) और मूल्य इन तीनों की एक समन्वित इकाई के रूप में स्वीकार किया गया है। रेन वेलके तथा आस्टिन वारेन साहित्य सिद्धान्त (Theory of literature) (अनुवादक डॉ. वी.एस. पालीवाल) के अन्तर्गत इस मान्यता को स्थापित करते हुए कहते हैं कि—

"संरचना (ढाँचा), चिह्न और मूल्य ये एक ही समस्या के तीन पक्ष हैं और इनको बनावटी ढंग से एक-दूसरे से अलग नहीं किया जा सकता।"[1] इस प्रकार, सैद्धान्तिक समीक्षा के पश्चिम के आधार बिन्दु काव्य की संरचना (ढाँचा या स्थापत्य), ढाँचे की प्रतीति कराने वाले तत्त्व (माध्यम) मूल्य हैं। भारतीय चिन्तन में संरचना तथा माध्यम के बाद आस्वादन (रसास्वादन) की स्थिति आती है। मूल्यबोध की सत्ता आस्वादन के बाद की है। पश्चिमी सैद्धान्तिक चिन्तन में भी आस्वादन एक अपरिहार्य तत्त्व है—किन्तु मूल्य से महत्त्वपूर्ण नहीं है। पश्चिम की उद्योगवादी व्यवस्था मूल्य को सर्वोपरि मानती है किन्तु भारत की आस्थावादी आध्यात्मिक व्यवस्था में ब्रह्मानन्द सहोदर जैसा काव्यास्वाद सबसे आगे है।

पश्चिमी आलोचना सिद्धान्त के अन्तर्गत सबसे महत्त्वपूर्ण प्रश्न उठाया गया है कि कृति की श्रेष्ठता का मानदण्ड क्या है? कृति की कलात्मक सौन्दर्य चेतना या मूल्यवादी अवधारणा। इन दोनों सैद्धान्तिक मूल्यों को विश्लेषित करने के लिए सैद्धान्तिक समीक्षा के आधार व्यावहारिक समीक्षा के मानदण्ड बनते हैं किन्तु सर्जक और पाठक के बीच स्थापित सम्बन्धों की जीवन्त सजगता के बीच ही इन मानदण्डों का विश्लेषण सभीचीन है। इसीलिए सैद्धान्तिक समीक्षा को एक प्रकार से श्रेष्ठतम मूल्यों की खोज से जोड़कर Speculative criticism भी बताया गया है। इस समीक्षा सिद्धान्त का मुख्य संदर्भ, नए सैद्धान्तिक मूल्यों एवं साहित्य दर्शन के अपेक्षित संदर्भों की तलाश है। यह सत्य है कि कला या कविता का सैद्धान्तिक चिन्तन सापेक्षिक ही है, उसका कोई अन्तिम स्वरूप तथा मानदण्ड नहीं बनता क्योंकि सर्जक कवि सैद्धान्तिक मानदण्डों एवं चिन्तन के प्रकाश में सर्जन नहीं करता। मानवीय विकास एवं समझ की उत्तरोत्तर वृद्धि से साहित्य के सैद्धान्तिक नियम निरन्तर परिवर्तित होते रहते हैं। इस प्रकार कविता एवं उसके सैद्धान्तिक स्वरूप का क्रम सामाजिक विकास के साथ उत्तरोत्तर आगे बढ़ता और अपने को बदलता चलता है। इसलिए कविता या कलाओं के सम्बन्ध में स्थायी मूलयों तथा मानों की बात करना निरर्थक है। भारतीय साहित्य में गिनाए गए कला तथा काव्य में सनातन मूल्यों की भी यही स्थिति है।

(ख)

व्यावहारिक समीक्षा : अर्थ तथा तत्त्व

व्यावहारिक समीक्षा एवं कृति सर्जन के बीच परस्पर गृहीता आलोचक की ग्राह्यता का सम्बन्ध है और कृति के होते हुए भी यदि पाठक, भावक, सहृदय एवं आलोचक के सम्पर्क में वह कृति नहीं आती तो सम्पूर्ण लेखन अरण्यरोदन जैसा बन जाता है। राजशेखर कृत काव्यमीमासा में इस सन्दर्भ में एक बड़ा हो महत्त्वपूर्ण श्लोक है—

1. साहित्य सिद्धान्त, पृ. 205

स्वामी मित्रं च मंत्री च शिष्यश्चार्य एव च।
कवेर्भवति हि चित्रं किं हि यद्यन्न भावकः।

"यदि कवि के रचना कर्म के लिए भावक (सहृदय आलोचक) नहीं मिलते तो वह कृति चित्र की भाँति स्पन्दनहीन एवं अछूती पड़ी रहती है।" कृति और उसकी व्यावहारिक समीक्षा दोनों मिलकर निश्चित ही सर्जन प्रक्रिया में जीवन्ततता उत्पन्न करते हैं। इस संदर्भ से जुड़े व्यावहारिक समीक्षा के निम्नलिखित बिन्दु विचारणीय हैं—

1. व्यावहारिक समीक्षा से सम्बद्ध आलोचक के गुणों की चर्चा बराबर की जाती रही है। सर्जक एवं व्यावहारिक आलोचक की प्रतिभा शक्ति में किसी भी प्रकार की सापेक्षिक न्यूनता नहीं है। सर्जक के मन की थाह प्रतिभाशील आलोचक को ही लगती है और वह रचना की आलोचना के क्षणों में कवि की भावुकता, संस्कार, सृजन विलक्षणता, कल्पना सामर्थ्य, भाषिक संरचना आदि तत्त्वों से उसी प्रकार आत्मसाक्षात्कार करता है—जैसे सृजन के क्षणों में कवि ने किया था। कवि में कारयित्री प्रतिमा के साथ व्युत्पन्नता (नव नव नवोन्मेषशालिनी) कल्पना शक्ति है और भावक या आलोचक में भावयित्री प्रतिमा के साथ-साथ काल्पनिक व्युत्पन्नता शक्ति के मर्म के गुह्य में प्रवेश करने वाली प्रज्ञा शक्ति है, जो पल भर में ही समग्र कल्पनाशक्ति को देखते ही परीक्षा कर लेती है। सृजन और समीक्षा की यह टकराहट बराबर चलती रहती है। कृति एवं कृति के सर्जक से नितान्त आत्मीय सम्बन्ध बनाकर रचनाकर उन समस्त सीमाओं को सहज ही खंगाल कर आलोचना के रूप में उपस्थित करने की चेष्टा करता है जो सर्जक के निजी सरोकारों से सम्बद्ध होकर रचना में व्यंजित है। इसलिए व्यावहारिक समीक्षा के सन्दर्भ में सर्जक तथा आलोचक के बीच सबसे बड़ी शर्त यही है कि सर्जक के कृतित्व तथा व्यक्तित्व के बीच भेदभाव रहित आन्तरिक सान्निध्य हो।

   इस प्रकार, आलोचक की आलोचना की सार्थकता का एकमात्र आधार उस सर्जक एवं सर्जन के साथ सम्पृक्ति, आत्मीयता तथा पूरी समझ है, जिसके द्वारा उसकी प्रस्तुत की गई सर्जना आलोचक की ही अभिव्यक्ति के रूप में लगे।

2. कवि तथा आलोचक के बीच व्यावहारिक समीक्षा के उठने वाले सम्बन्धों की और भी विशेषताएँ है। कहा जाता है कि सर्जन के बाद जिन अनुभूतियों के दबाव के बीच मुक्ति पाकर सर्जक कृति को समाप्त करता है—उसके चित्त का वह आवेग पूर्ण क्षण निरन्तर वर्तमान नहीं रहता और दूसरी ओर भावक-आलोचक उस भावात्मक संश्लेषण की ऐसी व्याख्या प्रस्तुत कर देता है कि सर्जक भी उस व्याख्या से आश्चर्यचकित हो उठता है। सर्जक का सृजन क्षण एवं व्यावहारिक समीक्षा में प्रतिबद्ध आलोचक की मानसिक सूझ-बूझ कृति को उसकी वास्तविकता तक ले जाती है। आलोचना की इसी प्रक्रिया को सर्जनात्मक समीक्षा के नाम से पुकारा गया है।

3. आलोचक की व्यावहारिक समीक्षा की तीसरी सीमा कृति में निहित सामाजिक परिवेश, सर्जक की सृजन प्रेरणा पर उनका प्रभाव, परम्परागत सांसारिक मूल्यों की अन्तरंगता आदि की भलीभाँति समझ में है। प्रत्येक सृजन का सम्बन्ध सर्जक के उस अनुभव से जुड़ता है—जिसे उसने लोक में पाया है और जिनके ताने-बाने से वह अपनी सर्जनात्मक व्यवस्था का संसार बनाने में तत्पर रहा है। उसकी कृति का लोक अद्वितीय होता हुआ भी समाज तथा उसके परिवेश के बाहर का नहीं है। रचना में सन्निहित सामाजिक एवं कलात्मक मूल्यों की अभिव्यक्ति उन्हीं के माध्यम से, उन्हीं के बीच तथा उन्हीं रूपों में होती है और आलोचक का दायित्व है—सर्जक एवं कृति के साथ अपनी आत्मीय अंतरंगता जोड़कर मूल्य सम्बन्धी अनुभवों की ताजगी का पाठकों तथा व्याख्याकारों को अनुभव कराए। परिवेश, देशकाल, परम्परा, सर्जक का मनोविज्ञान जैसी संगतियों से स्वयं को जोड़कर तथा उन संदर्भों को सर्जन के बीच से निकालकर साक्षात्कार का विषय बनाना व्यावहारिक समीक्षा का महत्त्वपूर्ण कार्य है। रचना के निहित मूल्यों की सम्पूर्ण सम्भावनाओं को समाज के सामने ले आकर रख देना आलोचक कर्म का दायित्व है और आलोच्य कर्म की सार्थकता भी।

4. व्यावहारिक समीक्षा का संदर्भ किसी वैज्ञानिक तर्कशास्त्र से सम्बद्ध नहीं है क्योंकि सर्जन की अभिव्यक्ति का माध्यम है, भावात्मक भाषा कवि कृत सर्जनात्मक रूप जिसकी विवेचना का कोई अन्तिम निष्कर्ष नहीं है। भाषा के माध्यम से सर्जन के मन्तव्य से जुड़े तथा भाषिकविधान से सम्बद्ध विविध अलंकरण, प्रतीक, बिम्ब एवं मिथक, जो स्वयं में अपनी किसी जागरूक संवेदना को समेटे रहते हैं; एक दूसरी संश्लिष्टता के रूप हैं। यही नहीं उसी के साथ भाषा एवं विधानगत संगठन से जुड़ी सर्जक की कल्पना है जिसके दो छोर हैं—एक है, भाव जगत और दूसरा सृजन के क्षणों में कवि की भोगी हुई अनुभूति का द्वन्द्व। कुल मिलाकर, इन दोनों की व्याख्या किसी वैचारिक संदर्भ से सम्भव नहीं है। इसके लिए पाठक की प्रज्ञा, आन्तरिक बोध एवं उसको विश्लेषित करने की सामर्थ्य जिससे वह कृति एवं कृति में सर्वत्र व्याप्त सर्जनात्मक चेतना के विविध बिन्दुओं की पकड़ करता है—समीक्षा के आधार हैं। सर्जन की निर्भ्रान्त एवं राग-लपेट से मुक्त व्याख्या ही व्यावहारिक आलोचना है और वह पाठक को अपने ढंग से तुष्टि प्रदान करती है। आलोचक की अर्न्तदृष्टि सृजन के विविध बिन्दुओं से जुड़कर उसके बोध को सघन ही नहीं बनातीं वरन् सर्जक के मान्तव्य को आत्मसात् करके उसे पाठकों तक पहुँचाती भी हैं।

5. सामान्य रूप से आलोचना एवं कृति के परस्पर सम्बन्ध सनातन है। एक आलोचक किसी कृति की व्याख्या करके शान्त हो जाता है और फिर आगे आने वाला आलोचक उस कृति एवं आलोचना दोनों के समवेत् सान्निध्य से कृति के ऐसे पक्षों को सामने रखता है जो सर्वथा अनछुआ सा प्रतीत होता है। कृति तो एक ही स्थान

पर स्थिर है किन्तु उसके पाठ की रहस्यमयी जीवन्तता आलोचना को आगे बढ़ाती चलती है। कृति की अव्याख्येय प्रकृति आलोचना प्रक्रिया को समाप्त नहीं होने देती, वरन् उसे निरन्तर आगे बढ़ाती चलती है। द्विवेदी युग से आज तक गोस्वमी तुलसीदास कृत रामचरितमानस पर कम-से-कम पचास के आसपास अच्छी समीक्षाएँ लिखी गई होंगी—किन्तु इसमें कोई भी अन्तिम नहीं है। 16वीं शती में लिखी गई इस कृति की सम्भावनाएँ अभी समाप्त नहीं हुई हैं और आगे इस पर अनेक आलोचनात्मक कृतियाँ लिखी जाती रहेंगी। कृति के भाषिक संश्लेषण एवं उसके संवेदनात्मक स्वरूप तथा उसकी सर्जनात्मक रहस्यमता व्यावहारिक आलोचनात्मकता के विकास तथा फैलाव की अनन्त सम्भावनाएँ लिए रहती है। किसी सर्जनात्मक कृति की व्यावहारिक समीक्षा देश, काल, परिस्थिति, आलोचक की प्रतिभा, सामर्थ्य आदि के प्रकाश में उसका विकास ही नहीं करती, कृति की सम्पूर्णता की समझ के लिए एक विस्तृत आयाम भी देती चलती है। कृति यदि अपनी कालजयता के कारण लोक प्रसिद्ध है तो व्यावहारिक आलोचना उसकी पर्तों को उधेरने के लिए प्रत्येक युग तथा प्रत्येक काल में सजग दिखाई पड़ती हुई, निरन्तर याद की जाती रहती है।

निष्कर्ष रूप से कहा जा सकता है कि व्यावहारिक समीक्षा किसी सर्जक की कृति की भावसर्जना में अन्तर्विष्ट भाषिक संश्लेष एवं कलात्मक प्रस्तुति की परस्पर आत्मसम्पृक्ति की परिपूर्णता की वह व्याख्या है, जिसकी प्रकृति स्वयं सर्जनात्मकता से परिपूर्ण है।

□□

हिन्दी आलोचना : सैद्धान्तिक चिन्तन

हिन्दी साहित्य इस समय पूर्वकालिक भारतीय एवं पाश्चात्य काव्य चिन्तन को अपने मानकों के रूप में स्वीकार करता है किन्तु दोनों पूरी तरह से आज इसकी संरचनात्मक सजगता, मूल्यवत्ता तथा सौन्दर्यबोधशक्ति की व्याख्या करने में सर्वथा असमर्थ हैं। भारतीय सर्जन पश्चिम से अपने को जोड़ रहा है किन्तु पश्चिम की निर्भीक संस्कारबद्धता उसके पास नहीं है। भारतीय, जीवन शैली तथा सामाजिक संस्कार कहीं-न-कहीं अध्यात्मवादी व्यवस्था एवं वर्तमान लोकतांत्रिक परिवेश में हमारे सृजनगत मूल्य या तो इनके समर्थन से जुड़े हैं या इनकी प्रतिक्रियाओं से। पश्चिम की उद्योगवादी संस्कृति का सांस्कारिक सृजन व्यक्तिवादी संदर्भों से जुड़ा है जबकि भारतीय दृष्टि इससे प्रभावित होकर भी पश्चिम की बनते-बनते बिखर जाती है। नैतिक सदाशयता, सामूहिक जीवन यापन के संदर्भ एवं जीवन तथा मूल्यों से जुड़ी गहरी आस्था हमारे चिन्तन की जड़ में है। आज जो भारतीय साहित्य लिखा जा रहा है, वह अपनी अस्मिता एवं अपने संस्कारों तथा पश्चिमी बदलाव से सम्बद्ध होते हुए भी विदेशी संस्कारिक उर्जा से न सम्बद्ध है और न उसके सम्बद्ध होने की कोई निकट भविष्य में परिस्थिति दिखाई पड़ती है। भौतिक व्यक्तिवादी मूल्यों के बावजूद भी अपनी संस्कारिक प्रतिबद्धता इसे समेटे दिखाई पड़ती है। अज्ञेय, नागार्जुन, शमशेर बहादुर सिंह, धूमिल आदि रचनाकार निरन्तर भारतीय संस्कारों से टकराते चलते हैं। कथाकार कमलेश्वर, राजेन्द्र यादव, मार्कण्डेय का साहित्य हमारे बदलते हुए भारतीय संस्कारों के बीच का है। वर्तमान भारतीय परिदृश्य के बीच उभरते अपने साहित्य की व्याख्या हमें अपनी जमीन से जुड़कर करनी पड़ेगी, न कि विदेश की।

सन् 1948 के बाद इस प्रश्न पर कई दिशाओं से चिन्तन सामने आए हैं। पहली धारा तो छायावादी काव्य की प्रतिक्रिया के साथ उभरी और दूसरी धारा मार्क्सवादी चिन्तन से सम्बद्ध। आधुनिकता के वे सारे संदर्भ परम्परावाद के विरुद्ध नये तेवर के साथ खड़े दिखाई पड़ते हैं। इससे सम्बद्ध कतिपय पुस्तकें इस प्रकार हैं—

नई कविता, डॉ. जगदीश गुप्त, नये साहित्य का सौन्दर्यशास्त्र—गजानन माधव मुक्ति बोध, कवि दृष्टि, अज्ञेय, अज्ञेय और आधुनिक रचना की समस्या, प्रो. रामस्वरूप चतुर्वेदी, अज्ञेय की काव्य तितीर्षा, नई कविता और अस्तित्ववाद, डॉ. रामविलास शर्मा, हिन्दी आलोचना का सैद्धान्तिक आधार—डॉ. कृष्णदत्त पालीवाल, अर्धशती का भारतीय काव्य चिन्तन—डॉ. राममूर्ति त्रिपाठी, नये प्रतिमान-पुराने निकष—लक्ष्मीकान्त वर्मा, कविता के नये प्रतिमान, डॉ. नामवर सिंह आदि-आदि।

डॉ. जगदीश गुप्त सामयिक साहित्य पर अंग्रेजी के प्रभाव को केन्द्र में रखकर एक टिप्पणी इस प्रकार देते हैं—

"...और यदि इसमें किसी को इतने के बाद भी अंग्रेजी की गुलामी ही दिखाई दे तो मैं कहूँगा कि उसे अपनी दृष्टि का उचित परीक्षण करना चाहिए।"[1] डॉ. कृष्णदत्त पालीवाल की भी इसी प्रकार की अवधारणा है कि—"यद्यपि एक जागरुक प्राणी की भाँति हिन्दी के लेखक ने विश्व की तमाम आधुनिक विचारधाराओं, शैलियों, साहित्यिकवादों, दार्शनिक उपपत्तियों, सिद्धान्तों आदि के गहरा सम्पर्क स्थापित किया है तथापि उसकी मूल चेतना भारतीय है। नदी की भाँति ऊपर से उसने अपने तटों को चाहे बार-बार तोड़ा-छोड़ा हो-किन्तु उसका तल वही है।"[2] आज हिन्दी की सैद्धान्तिक समीक्षा की निम्नलिखित धाराएँ दिखाई पड़ती किन्तु यह सत्य है कि इनकी स्थापनाएँ अन्तिम नहीं हैं।

(1) परम्परित शास्त्रीयतावाद

(2) नव्य शास्त्रीयतावाद

(3) प्रगतिवादी सैद्धान्तिक चिन्तन

परम्परित शास्त्रीयतावाद का प्रारम्भ—भारतीय काव्यशास्त्रीय सौन्दर्य चिन्तन की परम्परा दो हजार वर्ष से पूर्व की है और आश्चर्य का विषय है कि वह आज तक चली आ रही है। हिन्दी साहित्य के विकास के साथ इस परम्परा से सम्बद्ध अनेक पक्षों पर विचार हुआ है और चेष्टा की गई कि आज के लिए जितना उपयोगी हो, उसे ग्रहण कर लिया जाए। सामान्यतया प्रारम्भ से ही भारतीय काव्यशास्त्र की व्याख्या इस दृष्टि से की जाती रही है कि वह जैसे समूचे सृजन का अब भी मूलाधार हो। कविता की कलात्मक निष्पत्तियों का त्याग करके धीरे-धीरे जीवन एवं समाज की यथार्थपरक समसामयिक व्यावहारिकता से समग्र हिन्दी साहित्य जुड़ता जा रहा है और इस दृष्टि से परम्परा का शास्त्र बौना हो गया है। कलात्मक सृजन के चमत्कारी अवयवों के स्थान पर सामाजिक संदर्भों की गहराई का बोध कराने वाले तत्त्व सृजन की अनिवार्यता से जुड़े साहित्य सिद्धान्त की प्रकृति तथा स्वरूप में परिवर्तन के लिए भिन्न परिवेश बनाने में तत्पर हैं, फिर भी, हमारे प्राचीन मूल्यों के परीक्षण तथा उपयोग की कसौटी का जो भी मूल्यांकन हो सकता था, अवश्य किया गया। इस प्रकरण में रस सिद्धान्त का विश्लेषण आचार्य रामचन्द्र शुक्ल, डॉ. नगेन्द्र, नन्ददुलारे वाजपेयी, डॉ. विद्यानिवास मिश्र आदि के द्वारा विशेष रूप से किया गया है।

1. नई कविता, पृ. 59
2. हिन्दी आलोचना का सैद्धान्तिक आधार, भूमिका, पृ. 5

सृजन की प्रकृति में बदलाव के फलस्वरूप मानकों की सामयिकता एवं प्रासंगिता का सवाल महत्त्वपूर्ण हो उठा है और आज इसीलिए अलंकार, रीति, वक्रोक्ति, ध्वनि की प्रक्रिया एवं परिधि सभी साहित्य के संदर्भ से दूर चले गए हैं। आज का साहित्य जीवन व्यापार की सीमित वस्तुवादी प्रक्रिया से हटकर समाज के व्यापक संवेदनशील विषयगत, आत्मपरक यथार्थ के संवेदनों के समीप पहुँच चुका है अत; ऐसी स्थिति के परम्परित शास्त्रीयतावादी चिन्तन भी प्रायः व्यर्थ लगने लगे हैं।

शास्त्रीयतावाद का प्रथम सोपान—इस संदर्भ में यह भी महत्त्वपूर्ण है कि कतिपय हिन्दी के आलोचक पश्चिमी आलोचना के सिद्धान्तों को हिन्दी साहित्य की सामयिक विधाओं पर कसने की तैयारी में लगे—जैसे अभिव्यंजनावाद, नव-क्लैसिकी, मूल्यवादी चिन्तन, प्रगतिवाद, सम्प्रेषणवाद, निर्वैयक्तिकता आदि-आदि किन्तु ये समग्र पाश्चात्य सिद्धान्त वर्तमान साहित्य के विश्लेषण में अपनी उपयोगिता नहीं सिद्ध कर पाए हैं। सन् 1922 में काशी हिन्दू विश्वविद्यालय तथा 1924 में इलाहाबाद विश्वविद्यालय में हिन्दी विषयों के पृथक् स्नातकोत्तर पाठ्यक्रम में स्वीकृति मिलने के कारण इस क्षेत्र में एक पृथक् परम्परा स्थाप्रित हुई। पश्चिमी दृष्टि से सम्बद्ध युग सापेक्ष्य यथार्थवादी चेतना से जुड़ी साहित्यिक समालोचनात्मक दृष्टि को एक नया वातावरण प्राप्त हुआ। बाबू श्यामसुन्दरदास कृत 'साहित्यलोचन' मूलतः अंग्रेजी समालोचक हडसन के 'इन्ट्रोडक्शन टू द स्टडी आव लिट्रेचर' से प्रभावित था। बाबू श्याम सुन्दरदास का ही भाँति इस दिशा में बाबू गुलाबराय की भी नाम विशेष आदरपूर्वक लिया जाता है। उनके महत्त्वपूर्ण सैद्धान्तिक समीक्षा से सम्बद्ध ग्रंथ—सिद्धान्त और अध्ययन, काव्य के रूप अध्ययन और आस्वाद विशेष महत्त्वपूर्ण हैं। उनकी शेष दो सैद्धान्तिक कृतियाँ 'नवरस' और 'हिन्दी काव्य विमर्श' की चर्चा सैद्धान्तिक कोटि में ही आती है।

इस युग के इन दो सैद्धान्तिक समीक्षकों ने स्नातक तथा स्नातकोत्तर स्तर पर पाठ्यक्रम से सम्बद्ध सैद्धान्तिक समीक्षा के मानकों के परिशीलन द्वारा आचार्य शुक्ल के पूर्व की स्थिति मजबूत की तथा भारतीय काव्यशास्त्रीय चिन्तन के समानान्तर पश्चिमी सैद्धान्तिक समीक्षा के प्रयोग, प्रचार-प्रसार तथा उसकी समसामयिक प्रासंगिकता का वातावरण तैयार किया।

नव्य शास्त्रीयतावाद का दूसरा सोपान—यह आचार्य रामचन्द्र शुक्ल से शुरू होता है। सन् 1948 में चिंतामणि भाग-1, संवत् 2010 में चिन्तामणि भाग-2, संवत् 2006 में 'रसमीमांसा' का प्रकाशन हुआ। शेष उनके सम्पादित ग्रंथ—जायसी ग्रंथावली, बुद्धचरित की भूमिकाएँ एवं हिन्दी साहित्य का इतिहास तथा काव्य में अभिव्यंजनावाद आदि को उनके इस विकसित हिन्दी साहित्य की सैद्धान्तिक मीमांसा से जोड़कर देखा जा सकता है। कुल मिलाकर, इनकी साहित्य चिंतन की चेतना में भारतीयता मूल वृत्ति थी। आचार्य शुक्ल ने

भारतीय काव्य चिन्तन को पश्चिम की सैद्धान्तिक समीक्षा के प्रकाश में तार्किक तथा वैज्ञानिक व्यवस्था दी तथा जो कुछ भी साहित्य सर्जन की दृष्टि से पश्चिम का सिद्धान्त युक्तिसंगत प्रतीत हुआ, उसे स्वीकार करने में हिचक नहीं दिखाई। भारतीय काव्यशास्त्रीय चिन्तन की सूत्रात्मकता को तोड़कर उसे विवेचनात्मक पृष्ठभूमि पर ले जाकर साहित्य एवं जीवन के व्यापक आयामों से जोड़ने का उनका प्रयास हिन्दी साहित्य में निरन्तर स्मरण किया जाता रहेगा।

सैद्धान्तिक समीक्षा का तीसरा सोपान—सैद्धान्तिक समीक्षा के विकास का तीसरा सोपान अधिक जटिल है—कारण यह कि वस्तुवादी परम्परित भारतीय कविता का स्थान आकस्मिक रूप से व्यक्तिवादी कविता ने ले लिया और समाज की व्यावहारिक गतिशीलता एवं जीवनदृष्टि से भिन्न केवल रूढ़ कलावादी मानकों पर आधारित सृजन को अब तक जीवन के यथार्थ ने ग्रहण कर लिया। हिन्दी कविता के सृजन के इतिहास में यह एक ऐतिहासिक और युगान्तकारी परिवर्तन था—विशेषकर इसका प्रभाव सैद्धान्तिक समीक्षा पर पड़ा शुक्ल के बाद कई प्रख्यात आलोचक ऐसे हैं जिन्होंने अपनी व्यावहारिक समीक्षा के अन्तर्गत यथा स्थान सैद्धान्तिक समीक्षा सम्बन्धी टिप्पणियाँ दीं और थोड़ा बहुत विचार भी किया। आचार्य नन्द दुलारे वाजपेयी एवं पण्डित हजारी प्रसाद द्विवेदी, डॉ. रामकुमार वर्मा आदि का संदर्भ इसी वर्ग में है। वे पश्चिम एवं पूरब के संदर्भों में एकरूपता स्थापित करते हुए यथावसर जहाँ जिस संदर्भ की आवश्यकता पड़ी उसका उल्लेख तथा विश्लेषण किया। आचार्य वाजपेयी जी कृत हिन्दी साहित्य बीसवीं शती, नया साहित्य, नये प्रश्न, रस सिद्धान्त नये संदर्भ, आधुनिक साहित्य सृजन और समीक्षा आदि पं. हजारी प्रसाद द्विवेदी कृत विचार तथा वितर्क, कालिदास की लालित्ययोजना आदि-आदि ग्रंथ व्यावहारिक समीक्षा की टिप्पणियों से जुड़े सैद्धान्तिक संदर्भों को स्पष्ट करते हैं। आचार्य नन्ददुलारे बाजपेयी कृत रस सिद्धान्त नये संदर्भ हिन्दी आलोचना के भाव विवेचन एवं कल्पनाविधान की प्रासंगिकता के प्रश्नों के सामान्य निराकरण से सम्बद्ध है—वैसे सम्पूर्ण चिन्तन भारतीय साहित्य शास्त्र का ही है।

आचार्य रामचन्द्र शुक्ल के बाद हिन्दी में व्यावहारिक समीक्षा की बाढ़ सी आ गई और सैद्धान्तिक समीक्षा के विदेशी मानकों को हिन्दी में विवेचित करने की धूम-सी मच गई। अंग्रेजी भाषा का प्रभाव, व्यावहारिक समीक्षा के क्षेत्र में भारतीय काव्य चिन्तन की निःसारता, हिन्दी पाठ्यक्रम से जुड़े आलोचना संदर्भों के माध्यम से उसे उच्चस्तरीयता प्रदान करने का मोह, पश्चिमी ज्ञान-विज्ञान से स्वयं को स्थापित करने की सचेष्टता, वैज्ञानिक तथा तार्किक विश्लेषण शैली की स्थापना आदि-आदि तत्त्वों ने हिन्दी जगत को पश्चिमी सैद्धान्तिक समीक्षा की ओर उन्मुख होने के लिए विवश किया। स्वयं आचार्य शुक्ल के साहित्य में आई.ए. रिचर्ड्स, स्पिंगार्न, आग्डेन, ए.सी. ब्रैडले, क्रोचे, इलिएट, आदि अनेक अंग्रेजी

सैद्धान्तिक समीक्षकों के नाम ही नहीं आए—अभिव्यंजनावाद, सम्प्रेषण सिद्धान्त, प्रतीकवाद, स्वच्छन्दतावाद, प्रभाववाद जैसे अनेक सिद्धान्तों की चर्चाएँ तथा उल्लेख हुए हैं। देखादेखी अंग्रेजी की सैद्धान्तिक समीक्षा एवं समीक्षकों के सिद्धान्तों का रूपान्तरण एवं सैद्धान्तिक विवेचन भी इसी समय शुरू हुआ। श्री लक्ष्मीनारायण सुधांशु के 'काव्य में अभिव्यंजनावाद' की चर्चा आचार्य शुक्ल के कुन्तक के वक्रोक्तिवाद से जोड़कर शुरू की थी जिसका समुचित उत्तर संधाशु जी ने दिया। लीलाधर गुप्त की सन् 1952 में 'पाश्चात्य साहित्य समालोचना के सिद्धान्त, विषय पर पुस्तक प्रकाशित हुई। इसके पश्चात् एस.पी. खत्री कृत आलोचना : इतिहास तथा सिद्धान्त प्रकाशित हुई। डॉ. नगेन्द्र कृत सन् 1957 में 'अरस्तू का काव्यशास्त्र' प्रकाशित हुआ फिर लोंजाइनस का उदात्त तत्त्व प्रकाशित हुआ। उनकी प्रेरणा से डॉ. सावित्री श्रीवास्तव ने **'पाश्चात्य काव्यशास्त्र की भूमिका'** शीर्षक महत्त्वपूर्ण कृति लिखी। इस प्रकार पश्चिमी आलोचना सिद्धान्तों से जुड़ी कृतियों का प्रवाह-सा आ गया। मूल ग्रंथों के अनुवाद भी इसी संदर्भ से जोड़े जा सकते हैं—आई.ए. रिचर्ड्स की कृतियों का हिन्दी अनुवाद इसी कालखण्ड में हुआ। पश्चिमी समीक्षा क्षेत्र की सर्वाधिक महत्त्वपूर्ण समसामयिक सैद्धान्तिक कृति Theory of literature मूल लेखक रेने वेलेक तथा आस्टिन वारेन का हिन्दी रूपान्तर डॉ.वी. एस. पालीवाल ने किया। आई.ए. रिचर्ड्स की प्रसिद्ध कृति "प्रिंसिपुल्स ऑफ लिटरेरी क्रिटिसिज्म" का अनुवाद शम्भुदत्त झा ने किया आदि-आदि।

पाश्चात्य समीक्षा ने भारतीय काव्य चिन्तकों को अपनी ओर तुलनात्मक अनुशीलन के लिए भी प्रेरित किया। हजारों वर्षों से लिखे जा रहे भारतीय काव्य चिन्तन की बुनियाद कविता की मूल समस्या से सम्बद्ध है। विशेषकर, उसके सृजन, सृजनगत संदर्भ एवं आस्वादन पश्चिमी व्यावहारिक समीक्षा के सिद्धान्त इधर 19वीं तथा 20वीं शती में व्यावहारिक समीक्षा से उत्पन्न हुए और इस प्रकार भारतीय रस चिन्तन, साधारणीकरण, ध्वनि एवं व्यंजना सिद्धान्त, काव्यहेतु, काव्यगत सौन्दर्य, सर्जन के मूलाधार आदि समस्याओं का तुलनात्मक अनुशीलन किया गया। इस संदर्भ में डॉ. निर्मला जैन, डॉ. प्रेमकान्त टण्डन आदि के नामोल्लेख किये जा सकते हैं।

हिन्दी की सैद्धान्तिक समीक्षा के विकास के इस चतुर्थ सोपान में भारतीय काव्य चिन्तन के अन्य प्रदेशों से जुड़ी कृतियों का हिन्दी में रूपान्तरण प्रस्तुत किया गया और विशेष रूप से बंगला तथा मराठी कृतियों एवं विद्वानों के सैद्धान्तिक चिन्तकों की मान्यताओं से परिचित कराया गया। डॉ. सुरेन्द्र नाथ दासगुप्त की प्रसिद्ध कृति 'भारतीय सौन्दर्य शास्त्र की परम्परा' एवं मराठी विद्वान् सुरेन्द्र वारलिंगे आदि की कृतियाँ हिन्दी में रूपान्तरित होकर आयीं। इन कृतियों से हिन्दी की सैद्धान्तिक समीक्षा का विकास हुआ।

हिन्दी सैद्धान्तिक समीक्षा के विकास के इसी चतुर्थ सोपान में काव्यकला के सैद्धान्तिक चिन्तन को 'सौन्दर्य चिन्तन' से जोड़कर देखने की परम्परा भी शुरू हुई और इस

दिशा में अनेक कार्य अनुवाद एवं मौलिक दोनों हुए। इस दिशा में सौन्दर्य मीमांसा—मूल लेखक रा. भा. पाटणकर अनुवादक चन्द्रकान्त वन्दीवाबडेकर, रमेश कुन्तल मेध कृत अथातो सौन्दर्य जिज्ञासा, डॉ. नगेन्द्र कृत भारतीय सौन्दर्यशास्त्र, पाश्चात्य सौन्दर्यशास्त्र एवं सौन्दर्यशास्त्र के तत्त्व—डॉ. कुमार विमल, डॉ. निर्मला जैन कृत रस सिद्धान्त और सौन्दर्यशास्त्र और भाषाशास्त्र (मूल लेखक वेनेदत्तों क्रोचे) अनुवादक डॉ. देवेन्द्रनाथ शर्मा आदि उल्लेखनीय कार्य हुए।

पश्चिमी आलोचना सिद्धानत को हिन्दी साहित्य में प्रस्तुत करने के पश्चात् हिन्दी की अपनी सैद्धान्तिक समीक्षा की स्थापना की ओर हिन्दी विद्वानों का ध्यान आकर्षित हुआ। कविता अपने परिवेश तथा प्रवहमान संस्कृति की सांस्कारिक उपज है—अतः उसकी व्याख्या पश्चिम से नहीं हो सकती। यही नहीं, वर्तमान सामाजिक संदर्भों के यथार्थ को भोगने वाला आज का भारतीय समाज अपनी छटपटाहट का विश्लेषण आचार्य भामह तथा कुन्तक के शास्त्र चिन्तन से नहीं कर सकता। आज का भोगा जाता हुआ सामयिक क्षण एवं भावात्मक द्वन्द्वों की छटपटाहट में डूबा हुआ कवि इतिहास के स्थान पर वर्तमान के परिवेश को ही सब कुछ मानता है। अतः आज की हिन्दी कविता के लिए अपना काव्य चिन्तन अपेक्षित है।

इस दिशा में समसामयिक साहित्य चिन्तकों ने दो मार्ग अपनाए हैं—प्रथम, यह कि—आधुनिक हिन्दी सर्जकों का संग्रह तथा अपनी सर्जन प्रक्रिया पर मन्तव्यों की प्रस्तुति। इस दिश में, हिन्दी साहित्य सम्मेलन, प्रयाग का सबसे बड़ा योगदान है। आधुनिक हिन्दी काव्यमाला के रूप में संस्थापित परम्परा के अन्तर्गत अब तक 23 प्रसिद्ध कवि अपने सृजन सिद्धान्त पर अपनी निजी भूमिका दे चुके हैं जो आज हिन्दी की सैद्धान्तिक समीक्षा के लिए महत्त्वपूर्ण आधार हैं। यही नहीं, छायावाद युग से लेकर आज तक कवियों द्वारा लिखी भूमिकाएँ भी इन्हीं के साथ जोड़ी जा सकती हैं।

दूसरा संदर्भ शोध के अन्तर्गत हिन्दी की सैद्धान्तिक समीक्षा के अन्वेषण का है। कविता के अन्तर्गत उसकी परम्परा, धारा, परिवेश एवं सामाजिक यथार्थ सबसे महत्त्वपूर्ण है और इस सत्य को स्वीकार करके हिन्दी की सैद्धान्तिक समीक्षा के अन्वेषण का प्रस्ताव डॉ. धीरेन्द्र वर्मा एवं डॉ. नगेन्द्र ने किया—और इस दिशा में हिन्दी साहित्य के आदिकाल तथा आधुनिककाल के निजी सैद्धान्तिक समीक्षा के मानों के अन्वेषण का कार्य डॉ. सुरेश चन्द्र गुप्त ने तथा हिन्दी वैष्णव भक्ति काव्य के काव्य चिन्तन पर प्रस्तुत लेखक ने कार्य किया है।[1]

1. 'हिन्दी वैष्णवभक्ति काव्य' में निहित काव्यादर्श एवं काव्य शास्त्रीय सिद्धान्त' साहित्य भवन, इलाहाबाद, सन् 1968

सन् 1936 में मार्क्सवादी प्रगतिशील लेखक संघ की स्थापना के बाद एक नई साहित्यिक चिन्तनधारा का सूत्रपात हिन्दी में हुआ—जिसके श्रीगणेश का श्रेय शिवदान सिंह चौहान को जाता है। सन् 1936 में 'विशाल भारत' पत्रिका में "भारत में प्रगतिशील साहित्य की आवश्यकता" शीर्षक लेख प्रकाशित हुआ। सैद्धान्तिक समीक्षा के क्षेत्र में डॉ. रामविलास शर्मा, शिवदान सिंह चौहान, मन्मथनाथ गुप्त, प्रकाशचन्द्र गुप्त, रांगेय राघव के नाम विशेष उल्लेखनीय हैं। इस चतुर्थ बिन्दु की सैद्धान्तिक समीक्षा की विचारधारा का विकास आज भी हो रहा है।

सैद्धान्तिक समीक्षा की नई धारा की शुरुआत 1960 के बाद होती है। अनुसंधान, पश्चिमी काव्य चिन्तन की सन्निकटता, नई कविता पर बहसें, भारतीय तथा पश्चिमी सैद्धान्तिक चिन्तन की पुनर्समीक्षा आदि तत्त्वों ने साहित्य में कुछ नया स्थापित करने के लिए सैद्धान्तिक आलोचकों को प्रोत्साहित किया तथा हिन्दी में शैलीविज्ञान, काव्यभाषा तथा संरचनावाद का दौर शुरू हुआ। आलोचक रवीन्द्रनाथ श्रीवास्तव, शीतांशु तथा रामस्वरूप चतुर्वेदी इस दिशा में आगे आए। सैद्धान्तिक चिनतन की पुनर्व्यवस्था के संदर्भ में डॉ. बच्चन सिंह, डॉ. सुरेश चन्द्र गुप्त, डॉ. भागवत्स्वरूप मिश्र, जगदीश गुप्त, डॉ. कृष्णचन्द्र पालीवाल के नाम लिये जा सकते हैं। लक्ष्मीकान्त वर्मा, नामवर सिंह आदि के नाम आज की सैद्धान्तिक-समीक्षा धारा से सम्बद्ध हैं।

इस संदर्भ में विशेष विस्तार के साथ विचार सैद्धान्तिक समीक्षा के इतिहास के सन्दर्भ में किया जाएगा।

□□

हिन्दी साहित्य में
आलोचना की प्रचलित प्रणालियाँ

हिन्दी साहित्य में प्रमुखतः सैद्धान्तिक एवं व्यावहारिक समीक्षा की ही मूल पद्धतियाँ हैं—फिर भी, व्यवहार एवं प्रचलन में उसके अनेक रूप दृष्टिगत होते हैं। सामान्यतया ये पद्धतियाँ या शैलियाँ अधिकांशतया व्यावहारिक समीक्षा के अन्तर्गत ही दिखाई पड़ती हैं। इसमें मूल दायित्व आलोचक की रुचि का है। इन पद्धतियों एवं शैलियों में कुछ का सम्बन्ध सैद्धान्तिक चिन्तन की विचारधारा से है तो कुछ का सम्बन्ध उनके स्वरूप बोध से। जैसे मार्क्सवादी या प्रगतिवादी समीक्षा एक विचारधारा से जुड़ी है किन्तु ऐतिहासिक समीक्षा का सम्बन्ध मूल्यबोध या काल बोध से है। संक्षेप में, हिन्दी में प्रचलित व्यावहारिक समीक्षा की प्रमुख प्रणालियाँ इस प्रकार हैं—

(1) प्रभावाभिव्यंजनात्मक आलोचना (इम्प्रेशनिस्ट क्रिटिसिज्म) या समीक्षा
(2) तुलनात्मक समीक्षा
(3) निर्णयात्मक समीक्षा
(4) ऐतिहासिक समीक्षा
(5) व्याख्यात्मक समीक्षा
(6) चरितात्मक समीक्षा
(7) मनोवैज्ञानिक समीक्षा
(8) प्रगतिवादी समीक्षा
(9) सौन्दर्यवादी समीक्षा
(10) रूपवादी समीक्षा
(11) पाठकीय समीक्षा

1. प्रभाववादी समीक्षा—यह व्यावहारिक समीक्षा का एक भेद है। इसमें आलोचक किसी कृति के वैशिष्ट्य से जुड़ी अपनी रुचिकर प्रतिक्रियाएँ व्यक्त करता है। इन प्रतिक्रियाओं के मूल में कृति के वे संदर्भ जो उसकी रुचि से जुड़कर उसके चित्त को एक क्षण के लिए विगलित करते हैं—आलोचनात्मक आधार के रूप में स्वीकृत हैं। अरुचिकर संदर्भ भी इस प्रभावात्मक समीक्षा से जुड़कर आलोचक की प्रतिक्रिया के रूप में सामने आते हैं। यदि दूसरे शब्दों में कहना चाहें तो यह प्रभाववादी समीक्षा एक प्रकार की कृति सम्बन्धी आलोचक की प्रीति एवं अप्रीतिकर सर्जनात्मक प्रभावों की प्रतिक्रियाओं की

अभिव्यकित है। यह एक प्रकार से आत्मप्रधान या व्यक्तिप्रधान आलोचना है क्योंकि इसमें न कृति को, न कृतिकार को और न साहित्यिक मूल्यों को वरीयता दी जाती है। इसमें सम्पूर्ण वरीयता लेखक या आलोचक के उस स्वतंत्र एवं स्वच्छन्द व्यक्तित्व को दी जाती है जो सरसता तथा रागात्मकता को आधार बनाकर अपनी प्रतिक्रियाएँ व्यक्त करता चलता है। इस समीक्षा में तीन तत्त्व अधिक प्रधान रहते हैं—(1) लेखक का व्यक्तित्व (2) भाव प्रधानता (3) कल्पना प्रवणता। भावना प्रधान निबन्ध लेखन के समानान्तर इसकी स्थिति निरन्तर भावात्मक प्रतिक्रिया जैसी दिखाई पड़ती है और इसीलिए आलोचना के विषय और शैली से महत्त्वपूर्ण यहाँ आलोचक का व्यक्तित्व हो जाता है। इसकी प्रवृत्ति भावात्मक एवं सर्जनात्मक है। अपनी कल्पना की शक्ति से प्रवाह तथा भावनाभरी शैली का ऐसा रूप आलोचक गढ़ लेता है कि भावात्मक निबन्ध तथा आलोचना में कोई भेद नहीं रहा जाता।

यूरोप में इस प्रभाववादी समीक्षा को कोई महत्त्व नहीं दिया जाता। इसे केवल वाग्जाल की श्रेणी में रखा गया है। आचार्य रामचन्द्र शुक्ल की टिप्पणी इस प्रभावात्मक समीक्षा पर इस प्रकार है—

"इस प्रकार, किसी पाठक के हृदय पर पड़े अच्छे प्रभाव को सुन्दर तथा सरस भाषा में प्रतिक्रियात्मक रूप से व्यक्त कर देना मात्र आलोचना नहीं हो सकती। इस परम्परा के आलोचकों में पद्मसिंह शर्मा, कृष्णबिहारी मिश्र, शान्ति प्रिय द्विवेदी, भगतशरण उपाध्याय भुवनेश्वर मिश्र माधव आदि के नामोल्लेख लिए जा सकते हैं।

इस समीक्षा का एक उदाहरण इस प्रकार है—"वाह रे अन्धे कवि सूरदास? तुमने क्या कमाल किया है। तुमने रस, रूप और भाव सौन्दर्य अपनी बन्द आँखों से देख लिया जो लोग अपनी खुली आँखों से नहीं देख पाते।"[1]

आज हिन्दी में प्रभावाभिव्यंजक समीक्षा का कोई महत्त्व नहीं रह गया है, वैसे भी, हिन्दी आलोचना के प्रारम्भिक युग में इसकी थोड़ी-बहुत मान्यता रही होगी किन्तु आगे चलकर इस प्रकार की समीक्षा प्रवृत्तियाँ पूरी तरह से समाप्त हो गईं।

2. तुलनात्मक समीक्षा (Comparative criticism)—तुलनात्मक समीक्षा का क्षेत्र नितान्त व्यापक है। एक पंक्ति या सूक्ति की तुलना से लेकर विविध कृतियों, उनकी धाराओं, इतिहास दृष्टि, देशी-विदेशी एवं देश की ही विभिन्न भाषाओं में सृजित परम्पराओं की पारस्परिक तुलना एवं उनके आधार पर निर्णयों तक पहुँचना इस समीक्षा प्रणाली की सीमा कही जा सकती है। संस्कृत साहित्य में सूक्ति के रूप में कालिदास एवं भारवि, बाणभट्ट एवं श्री हर्ष की सूक्तिपरक तुलनाएँ मिलती हैं। हिन्दी साहित्य के रीतिकाल से ही 'सूर सूर तुलसी ससी' जैसी तुलनात्मक सूक्ति आज तक प्रचलित है।

---

1. हिन्दी साहित्य का इतिहास, पृ. 385

दो कवियों, दो साहित्यिक धाराओं, भाषा साहित्य की दो परम्पराओं आदि की तुलनात्मक आलोचना में 'साम्य तथा वैषम्य' और फिर उनसे निकले निष्कर्ष का पक्ष महत्तवपूर्ण होता है। एक प्रकार की या विषम तथा विरोधी प्रवृत्ति की रचनात्मक वृत्तियों एवं काव्य सिद्धान्तों को आधार बनाकर परस्पर तुलनात्मक निष्कर्षों की विभिन्न उपधाराओं का निरुपण इस विवेचन की आधारभूमि है।

हिन्दी साहित्य में 'देव और बिहारी' या 'बिहारी और देव' का विवाद इस तुलनात्मक समीक्षा का एक जीवन्त उदाहरण माना जाता है। कृष्ण बिहारी मिश्र की कृति 'देव बिहारी' का उत्तर लाला भगवानदीन ने 'बिहारी और देव' के नाम से दिया। द्विवेदी युग में 'सूर सूर तुलसी ससी' का उत्तर 'सूर ससी तुलसी रवि' के रूप में दिया गया। इस प्रकार की आलोचना की प्रारम्भिक स्थिति अपनी सुरुचि एवं सहृदयता का प्रमाण है।

छायावाद युग में भी इस तुलनात्मक आलोचना की प्रवृत्ति को पर्याप्त बल मिला है। आचार्य नन्ददुलारे वाजपेयी, डॉ. नगेन्द्र आदि समालोचकों को इस श्रेणी में रखा जा सकता है।

आगे चलकर तुलनात्मक अनुशीलन का क्षेत्र अनुसंधानपरक हो गया और भाषा विज्ञान, समीक्षाशास्त्र, सामाजिक तथा धार्मिक प्रवृत्तियाँ आदि दृष्टियों से युग विशेष, भाषा विशेष, युग विशेष के महत्त्वपूर्ण कवियों तथा उनकी प्रवृत्तियों आदि पर तुलनात्मक अनुसंधान कार्य किए गए।

तुलनात्मक आलोचना का क्षेत्र केवल आलोचना तक ही सीमित नहीं है। तुलना का स्वयं में एक व्यापक संदर्भ है और यह परम्परा हिन्दी के व्यापक परिवेश से सन्दर्भित साहित्य, आलोचना एवं अनुसंधान के विकास एवं समझ का महत्त्वपूर्ण आधार है। साहित्य के प्रत्येक क्षेत्र में तुलनात्मक दृष्टि का प्रयोग निश्चित ही स्वयं की अपनी समझ एवं सामर्थ्य के मूल्यांकन एवं विकास के लिए आधार है।

3. निर्णयात्मक समीक्षा—निर्णयात्मक आलोचना (Judicial criticism) समीक्षा का एक प्राचीन मानदण्ड है। इस आलोचना का मुख्य कार्य किसी रचना के गुण-दोष निरूपित करके उसका मूल्य निर्धारित करना है। इस गुण-दोष के निरूपण का आधार साहित्यिक सैद्धान्तिकता या शास्त्रीयता है। साहित्यशास्त्र या सैद्धान्तिक समीक्षा के ऐसे तत्त्व जिनकी साहित्य जगत में प्रतिष्ठा है या मानक के रूप में स्वीकार किए जाते हैं, निर्णयात्मक, समीक्षा के मूल्यांकन के लिए आधार का कार्य करते हैं। यहाँ काव्य सिद्धान्तों का उपयोग साहित्यिक कसौटी के रूप में कृति की मूल्यवत्ता के निर्णय के लिए किया जाता है। निर्णय के मानदण्डों से किसी कृति की श्रेष्ठता का मूल्यांकन आलोचक की रुचि, स्वभाव एवं वैचारिक स्वीकृति से सम्बद्ध है। किसी प्रगतिवादी काव्य चिन्तक का निर्णय अप्रगतिवादी श्रेष्ठ कवि के विरुद्ध हो सकता है। इसे हिन्दी के कालजयी कवि

गोस्वामी तुलसीदास के विषय में उद्धृत रांगेय राघव एवं शिवदान सिंह चौहान आदि की उक्तियों में देखा जा सकता है। भारतीय काव्यशास्त्र परम्परा में अलंकारवाद, रस सिद्धान्त तथा ध्वनिवादियों के मतों के विश्लेषण से निर्णय सम्बन्धी मत वैभिन्न्यों की स्थिति भी इसी संदर्भ में देखी जा सकती है।

निर्णयात्मक समीक्षा के आलोचक का पक्षपात रहित होकर कृतित्व के मूल्यों की श्रेष्ठता की पहचान एवं श्रेष्ठतम मूल्यों को इंगित करने की मर्यादा का ध्यान आवश्यक है। आलोचक के गुणों में तटस्थता, साहित्यिक मूल्यों के निर्णय की विवेकशक्ति एवं मूल्यों की समझ अनिवार्य है। बिना इन गुणों के निर्णयात्मक समीक्षा का औचित्य निरर्थक है। आलोचक की अपनी सुरुचि से जुड़े मूल्यों प्रवृत्तियों, सिद्धान्तों का हठात्-आरोपण निश्चित ही साहित्य के लिए घातक है। साहित्यिक मानदण्डों के प्रयोग काल में वैयक्तिक राग-द्वेष के मानदण्डों से ऊपर उठ जाना-सहृदय का सर्व प्रमुख लक्षण है और एक सीमा के बाद भी हिन्दी आलोचना में ऐसी दृष्टि बनी रही है। आचार्य रामचन्द्र शुक्ल को छायावाद विशेष प्रिय नहीं रहा, दूसरी ओर भक्ति काव्य की आदिकालीन साहित्य विशेष प्रिय रहा और श्रीनन्ददुलारे वाजपेयी की निष्ठा छायावाद में रही है। स्वमत की स्थापना का आग्रह प्रगतिवादी एवं प्रयोगवादी तथा नये कवियों में अधिक दिखाई पड़ती है।

यह सत्य है कि साग्रह एवं संसक्तिपूर्ण निर्णय साहित्य की परम्परा में एक निश्चित सीमा के लिए होता है और उसका मूल्यांकन और पुनर्मूल्यांकन आलोचक के पूर्व निर्णयों की वास्तविकताओं का निरूपण करता चाहता है।

4. ऐतिहासिक समीक्षा (Historical criticism)—यह स्वीकार किया जाता है कि प्रत्येक कृति अपने युग की एक अभिव्यक्ति होती है। कालजयी कृतियों के सार्वकालिक मूल्यों को छोड़कर कोई भी कृति देश-काल से निरपेक्ष नहीं होती। ऐतिहासिक संदर्भ एवं परिवेश, समाज रचना के प्रचलित मूल्य, संस्कार तथा युग विशेष के आयामों से किसी कृति को बाहर रखना सम्भव नहीं है। किसी युग विशेष की सामाजिक, राजनीतिक, आर्थिक, धार्मिक साम्प्रदायिक परिस्थितियों ने कृति तथा कृतिकार को कहाँ तक प्रभावित किया है, इसकी छानबीन रचना के पाठों पर आधारित होकर करना ऐतिहासिक समीक्षा है। इस समीक्षा का मन्तव्य न केवल रचना तथा रचनाकार के वैशिष्ट्य का इतिहास सापेक्ष्य वास्तविक विवेचन तथा विश्लेषण है अपितु यह भी देखना है कि सर्जक एवं युग के बीच कैसा सम्बन्ध रहा है। सर्जक कभी-कभी अपने युग की परिस्थितियों का सीधे-सीधे प्रत्यक्ष रीति से वर्णन करता है, कभी सांकेतिक रूप से। यह आलोचक की विश्लेषण शक्ति और सामर्थ्य है कि सांकेतिक संदर्भों में इतिहास की प्रासंगिकता सामने ला सके। गो. तुलसीदास ने कवितावली एवं हनुमान बाहुक में काशी के ऐतिहासिक यथार्थ का चित्रण किया है जिससे

उस युग की सामाजिक परिस्थिति का बोध होता है किन्तु कलियुग वर्णन एक यथार्थ है और उसमें इतिहास के संदर्भ इंगित किए जा सकते हैं।

रचना तथा कवि के अनेक ऐसे संदर्भ हैं—जिनका वर्तमान के आधार पर मूल्यांकन सम्भव नहीं है। प्राचीन काल के कवियों एवं उनकी कृतियों में कालान्तराल के कारण प्रसंग संदर्भ विलीन हो जाते हैं—जिनकी खोज और उनके वास्तविक अर्थ की समझ इतिहास सापेक्ष्य है। ऐतिहासिक समीक्षा का सबसे बड़ा योगदान है—कृति को सर्जक के इतिहास संदर्भ से जोड़ देना। कभी-कभी प्राचीन कृतियों में युगीन रचना प्रणालियों का प्रयोग भी व्याख्या तथा समीक्षा के स्तर पर जटिलताएँ उत्पन्न करता है, जैसे कवि समय, काव्य रूढ़ियाँ तथा कवि विश्वास आदि। इन सबकी समझ के अभाव में ऐतिहासिक समीक्षा के संदर्भ स्पष्ट नहीं होते। हिन्दी साहित्य के रीतिकाल के अनेक ऐसे कवि हैं जिनके काव्यों का विश्लेषण नायक-नायिका भेद तथा परम्परा की अच्छी समझ के बिना सम्भव नहीं है।

ऐतिहासिक समीक्षा हेतु आलोचक के लिए परम्परा के ऐतिहासिक, सामाजिक एवं साहित्यिक संदर्भों की गहरी जानकारी अपेक्षित है। इन सबके अभाव में यह नितान्त सतही स्तर की होगी।

5. व्याख्यात्मक समीक्षा (Interpritive criticism)—आचार्य रामचन्द्र शुक्ल इस आलोचना पद्धति को स्पष्ट करते हुए कहते हैं कि "व्याख्यात्मक आलोचना किसी ग्रंथ में आई हुई बातों को एक व्यवस्थित रूप में सामने रखकर उनका अनेक प्रकार से स्पष्टीकरण करती है। यह मूल्य निर्धारित करने नहीं जाती है।"[1]

कृति में सन्निहित सर्जनात्मक तत्त्व एवं सामाजिक मूल्य तथा उनको व्यवस्थित अर्थात् क्रमबद्ध तथा तार्किक रूप से प्रस्तुत करके विश्लेषण करना इस समीक्षा पद्धति का मुख्य धर्म है।

सामान्य रूप से कृति, कथ्य एवं शैली संरचना से सन्दर्भित होती है। आलोचक निरपेक्षभाव से बिना किसी रागभय के इन दो तत्त्वों का विश्लेषण करके कृति की सम्पूर्णता की व्याख्या करता है।

इस समीक्षा पद्धति में समीक्षक का व्यक्तित्व विशिष्ट एवं महत्त्वपूर्ण है। उसमें कृति में निहित उसके अन्तवर्ती मूल्यों की समझ तथा उन मूल्यों की प्रायोगिक सार्थकता की अतलस्पर्शी शक्ति के ज्ञान की अपेक्षा की जाती है। संस्कृत साहित्य में जिसे सहृदय कहा गया है—अर्थात् काव्य के निरन्तर अध्ययन, अनुशीलन एवं अभ्यास से जिसकी प्रज्ञा अन्तदर्शिनी हो उठी है—इस व्याख्यात्मक समीक्षा के लिए इसी प्रकार के समीक्षक की आवश्यकता है। कृति में निहित समग्र अन्तवर्ती मूल्यों का अन्वेषण तथा विश्लेषण, ताकि उसकी समग्रता स्पष्ट हो सके, इस समीक्षा का मूल धर्म है।

---

1. हिन्दी साहित्य का इतिहास, पृ. 361

हिन्दी में इस समीक्षा प्रणाली को प्रयोग में लाने तथा विकसित करने का श्रेय आचार्य रामचन्द्र शुक्ल को है। आचार्य शुक्ल कृत गो. तुलसीदास इस समीक्षा का श्रेष्ठ मानक है। सूर तथा जायसी पर भी उनकी व्याख्यात्मक समीक्षा उच्च कोटि की है।

व्याख्यात्मक समीक्षा के लिए कृति ही मानक है किन्तु हिन्दी में कभी-कभी समीक्षक अपने स्वीकृत मानदण्डों के अनुसार कृति की व्याख्यात्मक समीक्षा प्रस्तुत करने लगता है, जो नितान्त दोषपूर्ण है। किसी कृति के तीन संदर्भ हैं—संरचनात्मक मूल्य, रचना कौशल एवं मानवीय मूल्यों की स्थापनाओं का व्यापक परिवेश। सम्पूर्ण मूल्यों में निहित कवि कर्म कौशल की अन्तरंगता तथा मानवीय मूल्यों की अभिव्यक्ति में सर्जनात्मक उदात्तता की व्याख्या यहाँ अपेक्षित है। आलोचक पूरी सह्रदयता के साथ सृजन की मार्मिकता के विविध पक्षों को आत्मसात् करके अपनी अन्तर्वर्ती प्रज्ञा द्वारा ऐसी व्याख्या करता है जैसे वह कृति का पुनर्सृजन कर रहा हो। हिन्दी की इस व्याख्यात्मक समीक्षा का आज पूर्णतः विकास देखा जाता है और प्राय; इस दशक में सृजन और समीक्षा को एक सूत्र में पिरो दिया गया है। आज हिन्दी के आलोचक इस समीक्षा पद्धति की सबसे बड़ी विशिष्टता यह बताते हैं कि ''यदि कृति विषयवस्तु का सृजन है तो आलोचना उस कृति का पुनर्सृजन।'' इस प्रकार, व्याख्यात्मक समीक्षा को अब सृजनात्मकता से जोड़ने का प्रयास हो रहा है।

व्याख्यात्मक समीक्षा की सबसे बड़ी विशेषता यह है कि इसके लिए मूल्य एवं मान बाहरी नहीं हैं।—विवेचना का आधार केवल कृति मात्र है। यहाँ कृति या सर्जक की स्वतः स्वीकृत श्रेष्ठता पर न तो विचार किया जाता है—न किसी पूर्ववर्ती मानकों के आरोपण द्वारा विश्लेषण प्रक्रिया अपनाई जाती है। यहाँ सर्जक की कृति की सृजित विशिष्टता ही विवेचन के लिए आधार है, कोई अन्य आलोचक समीक्षक की अपनी गहरी व्याख्यात्मकता को आधार मानकर भी अपनी अन्तरात्मक प्रज्ञा द्वारा विश्लेषण के लिए उन्मुख हो सकता है। इस आलोचना प्रणाली का आलोचक संस्कृत काव्यशास्त्र में राजशेखर द्वारा निर्दिष्ट 'भावक' ही है—जो कवि की भाँति भावयित्री प्रतिभा (Intrctive faculty) से सम्पन्न सम्पूर्ण व्याप्त मूल्यों को दर्शक की भाँति देखता हुआ उसका विश्लेषण करता है। डॉ. रामस्वरूप चतुर्वेदी आदि सामयिक आलोचक इसी समीक्षा को आलोच्य कृति के पुनर्सृजन के रूप में स्वीकृति प्रदान करते हैं। इसीलिए व्याख्यात्मक समीक्षा युग की सर्जनात्मक संवेदनाओं के साथ निरन्तर विकसित होती चलती है।

आधुनिक युग में यह व्याख्यात्मक समीक्षा हमारी व्यावहारिक समीक्षा के लिए मूलाधार बनी हुई है। इस व्याख्यात्मक समीक्षा के प्रसिद्ध समीक्षकों में आज आचार्य रामचन्द्र शुक्ल, डॉ. नन्ददुलारे वाजपेयी, डॉ. रामविलास शर्मा, डॉ. रामस्वरूप चतुर्वेदी, डॉ. नामवर सिंह आदि के नाम विशेष उल्लेखनीय हैं।

6. चरितात्मक समीक्षा—कोई भी सर्जक अपने देश, काल, परिवेश एवं जातीय संस्कारों से कभी मुक्त नहीं होता और ये प्रभाव उसके सर्जन एवं कृतित्व पर निरन्तर दबाव डालते रहते हैं। किसी कृति की व्याख्या के साथ सर्जक के परिवेश, देश, काल एवं संस्कारों की छानबीन के साथ उसके कृतित्व का विश्लेषण ही चरितात्मक समीक्षा है। हिन्दी में आचार्य हमारी प्रसाद द्विवेदी जैसे आलोचक जब 'कबीर' का विश्लेषण करते हैं तो उनके सर्जन परिवेश तथा उनसे निर्मित उनके सर्जनात्मक व्यक्तित्व की गहरी व्याख्या करते हैं। यह व्याख्या एक ओर कवि के ऐतिहासिक परिवेश, उसकी समसामयिकता तथा जीवनदृष्टि को उकेरती है तो दूसरी ओर कृति के अछूते अंशों को पूर्णता प्रदान करती है। यह समीक्षा पद्धति यह स्वीकार करती है कि किसी सर्जक के व्यक्तित्व की सांगोपांग व्याख्या से कृति की सम्पूर्णता के अध्ययन द्वारा अनेक ऐसे गोपीनय संवर्गों की व्याख्या हो उठती है जो उसके व्यक्तित्व की परिपूर्णता से सम्बद्ध हैं। सामान्य रूप से ऐतिहासिक गवेषणा तथा शोध की प्रविधि का भी प्रयोग इस प्रक्रिया के सन्दर्भ में आवश्यक समझा जाता है। इस आलोचना पद्धति की सबसे महत्त्वपूर्ण विशेषता यह है कि हम इसका उपयोग करके कवि की वैचारिक परम्परा, उसके अनुभवों का ऐतिहासिक स्रोत तथा उसकी रचना प्रक्रिया के प्रभावशील संदर्भों का प्रमाणिक विश्लेषण कर सकते हैं। इस समीक्षा पद्धति के लिए इतिहास सापेक्ष्य समय के लिए प्रामाणिक दृष्टि एवं साक्ष्य की अपेक्षा की जाती है। समीक्षक के प्रयासों द्वारा हम इस समीक्षा पद्धति का उपयोग करके सर्जक के समीप पहुँचते हैं। इस प्रकार, चरितात्मक समीक्षा सर्जक एवं कृति को पाठक की अन्तरंगता से जोड़कर उसके सर्जनात्मक अनुभवों की प्रामाणिकता सिद्ध करने में सहायक होती है।

चरितात्मक समीक्षा के सन्दर्भ में सबसे आवश्यक है, सर्जक के परिवेश की प्रामाणिकता की छानबीन और व्याख्या। इस व्याख्या में थोड़ी-सी विसंगति कभी-कभी आलोचना के लिए विवाद का कारण बन जाती है। प्रायः चरितात्मक समीक्षा के संदर्भ में आलोचक का दायित्व सर्जक के दायित्व से महत्त्वपूर्ण माना जाता है। यही नहीं उसे परम्परागत आस्थावाद एवं आध्यात्मिक संवेदनवाद पर भी किसी प्रकार का विश्वास नहीं है। इन सम्पूर्ण संदर्भों को वह सामाजिक यथार्थ के पलायन के रूप में स्वीकार करते हुए जनवादी भौतिक यथार्थ से साहित्य को जोड़ने का पक्षपाती है। हिन्दी साहित्य में शिवदान सिंह, प्रकाशचन्द्र गुप्त आदि इसी संवर्ग के आलोचक हैं।

7. मनोवैज्ञानिक आलोचना—इस मान्यता के अनुसार कोई भी कृति सर्जक के मन में निर्मित उसकी अवधारणाओं की विशेष अभिव्यक्ति है। विषयवस्तु के स्वरूप की कोई सनातनता नहीं होती। यह सर्जक की मानसिक अवधारणा है कि वह काव्य के वर्णित स्वरूप को कौन-सा रूप दे दे। इस संदर्भ में मनोवैज्ञानिक समीक्षा सर्जक की मानसिक

समझ एवं रूझान के उन संदर्भों की तलाश करने के लिए प्रतिबद्ध होती है—जो सृजन के सापेक्ष्य में अपने प्रभाव से उसकी सम्पूर्णता को अपने अनुकूल परिवर्तित करती है। रचनाकार के व्यक्तिगत जीवन की वे विशिष्ट परिस्थितियाँ जिन्होंने उसे विषयवस्तु को अपनी तरह से ढालने के लिए विवश किया है जैसे संदर्भों की तलाश तथा कृति में उनके अवतरण की व्याख्या मनोवैज्ञानिक समीक्षा है। बीसवीं शती में इस मनोवैज्ञानिक समीक्षा पर विशेष बल दिया जाने लगा था और आज कृति एवं सर्जक के व्यक्तित्व के पारस्परिक सापेक्ष्य में इस मनोवैज्ञानिक समीक्षा का सर्वाधिक महत्त्व स्वीकार किया जाने लगा है।

मनोवैज्ञानिक समीक्षा का महत्त्वपूर्ण संदर्भ फ्रायड तथा युंग के मनोविश्लेषणात्मक विश्लेषण से भी जोड़ा जाता है। फ्रायड कामवासना की अतृप्ति एवं अहम्भाव के संस्थापन से जोड़कर साहित्याभिव्यकित की व्याख्या करता है, वहीं युंग सर्जन को मानव जाति के सामाजिक मनोविज्ञान से जोड़ता है। उसके अनुसार साहित्य सर्जन स्वयं में सर्जक की सामाजिक अभिव्यक्ति का ही एक स्वरूप है और इसके माध्यम से वह सबके समीप आना चाहता है।

यद्यपि हिन्दी समीक्षा में इस पद्धति का अभी तक कोई विशेष उपयोग नहीं हो सका है। फिर भी,सर्जक के कृतित्व विवेचन का यह एक महत्त्वपूर्ण पक्ष है और आज हिन्दी समीक्षा में कवि के व्यक्तित्व के परीक्षण के संदर्भ में थोड़ा बहुत उपयोग आलोचक इस पद्धति का भी करता है।

बीसवीं शती में नये चिन्तन के फलस्वरूप निम्नलिखित समीक्षा पद्धतियाँ प्रकाश में आईं—(1) प्रगतिवादी या मार्क्सवादी समीक्षा, (2) सौन्दर्यवादी समीक्षा, (3) रूपवादी समीक्षा, (4) पाठकीय समीक्षा। ये पद्धतियाँ साहित्य को सर्वथा नये सिरे से विवेचित करने के प्रति प्रयत्नशील दिखाई पड़ती हैं।

8. प्रगतिवादी समीक्षा—कार्लमार्क्स के भौतिक द्वन्द्ववाद के प्रचार के साथ-साथ साहित्य के क्षेत्र में प्रगतिवादी विचारधारा का प्रवेश हुआ और इस विचारधारा के समीक्षक इस प्रगतिवादी समीक्षा को साहित्य के विवेचन के आधार के रूप में स्वीकृति प्रदान करते हैं। इसके अन्य नाम मार्क्सवादी या सामाजिक यथार्थवादी समीक्षा पद्धति है। सन् 1936 के बाद यह समीक्षा पद्धति भारत में प्रचलित हुई। इस प्रगतिवादी समीक्षा की केन्द्रीय धुरी भौतिक द्वन्द्ववाद का सिद्धान्त है और यह द्वन्द्ववाद साहित्य में उपयोगिता से जुड़े यथार्थ एवं कला के सौन्दर्यमूलक संदर्भों के बीच निरन्तर टकराहट से नये संदर्भों का सृजन करता चलता है। हिन्दी साहित्य के विकास को यदि आधार मानें तो आदिकाल का सामन्तवाद भक्तिकाल के लोकवाद में परिवर्तित होता है और इस लोकवाद की प्रतिक्रिया के द्वन्द्व से वह पुनः रीतिकाल जैसे सामन्तयुग में परिवर्तित हुआ। रीतिकाल के प्रति प्रतिक्रिया का भाव लोकवादी भारतेन्दु युग में दिखाई पड़ता है। यह लोकवादी मान्यता धीरे-धीरे द्विवेदी युग के

यथार्थवादी लोकवाद में परिवर्तित हुई और आगे काल्पनिक आदर्शवाद छायावादी और पुनः लोक यथार्थ वाद की (नई कविता तथा प्रगतिवाद) दिशा में परिणत हुईं। हिन्दी साहित्य के इस परिवर्तन का मूलाधार आर्थिक व्यवस्था है या जनरुचि का बदलाव इसका विश्लेषण अपेक्षित है किन्तु मार्क्सवादी समीक्षा इस परिवर्तन की व्याख्या भौतिक द्वन्द्ववाद के विकास को केन्द्र में रख कर करेगी।

मार्क्सवादी आलोचना साहित्य की सामाजिक यथार्थवादी प्रतिबद्धता की खोज तथा उसका विश्लेषण करके यह सिद्ध करना चाहती है कि उसकी उपयोगिता का संदर्भ क्या है? मानव जीवन अपने यथार्थपरक परिवर्तन के साथ उसकी कितनी संगति बैठा रहा है। मार्क्सवादी समीक्षा का महत्त्वपूर्ण पक्ष लोक जीवन के यथार्थवादी सौन्दर्यशास्त्र की व्याख्या से जुड़ता है और इस रूप में वह जनजीवन के दलित एवं शोषित वर्ग की ओर निरन्तर झुकता जाता है। उसका कलावादी सौन्दर्यशास्त्र पर कोई विश्वास नहीं है।

9. सौन्दर्यवादी समीक्षा—साहित्य सृजन अन्य सृजन रूपों की भाँति एक कलात्मक अभिव्यक्ति है और कलात्मक अभिव्यक्ति का सबसे महत्त्वपूर्ण प्रभाव है अपनी कलात्मक क्षमता द्वारा सम्पर्क में आने वाले पाठक, भावक या समीक्षक को अभिभूत करना। इस अभिभूतता के मूल में सौन्दर्यमूलक सर्जन के उपादान, कृति के अनिवार्य धर्म हैं—और उनकी व्याख्या तथा विश्लेषण करना आलोचक का मुख्य धर्म है। पश्चिमी समीक्षा में क्रोचे का अभिव्यंजनावाद इसका प्रेरक रहा है तथा भारतीय काव्य चिन्तन में 'रस सिद्धान्त' का आधार इस समीक्षा दृष्टि से संदर्भित है। कलात्मक अभिव्यक्ति स्वयं स्फूर्त आत्म चैतन्य की निष्पत्ति है और यह अपने प्रभाव द्वारा अपने सम्पर्क में आने वाले पाठकों को आनन्दलोक में प्रतिष्ठित करती है। काव्य के द्वारा अभिव्यक्त यह आनन्द उसकी सौन्दर्य सर्जना की अनन्यतम अभिव्यक्ति है और उसके उपादानों की व्याख्या ही इस समीक्षा का मूलाधार है। कविता में सौन्दर्य रचना के लिए भाषिक उपादानों या शैली के सौन्दर्यपूरक तत्त्वों तथा अलंकार रचना आदि का उपयोग साधन के रूप में किया जाता है। यह समीक्षा पद्धति यह मानकर चलती है कि सर्जना में सौन्दर्य विधान के तत्त्वों का विश्लेषण तथा उससे मिलने वाले आस्वादन की व्याख्या कैसे की जाए और इस रूप में यह शास्त्रीय तथा प्रभावात्मक समीक्षा रूपों से बराबर टकराती चलती है। पश्चिम में कांट तथा वामगार्टन आदि इसके समर्थक हैं।

आज यह सौन्दर्य विश्लेषणवादी समीक्षा पद्धति धीरे-धीरे कमजोर पड़ती जा रही है। हिन्दी साहित्य में छायावादी काव्य की समीक्षा के संदर्भ में महादेवी, प्रसाद एवं पन्त की कविता के विवेचन-विश्लेषण में इस पद्धति का उपयोग किया गया है और इस समीक्षा पद्धति के प्रमुख समर्थक नन्ददुलारे वाजपेयी, इलाचन्द्र जोशी आदि विशेष रूप से देखे जाते हैं। लोक जीवन के यथार्थवादी संदर्भों की अनिवार्यता पर अत्यधिक बल देने के कारण यह

समीक्षा पद्धति अब समाप्त सी है। मार्क्सवादी समीक्षा के प्रचार-प्रसार ने सबसे ज्यादा आघात इसी पद्धति को पहुँचाया है। हिन्दी में सौन्दर्यवादी समीक्षा से जुड़े कई ग्रंथ प्रकाशित हो चुके हैं।

10. रूपवादी समीक्षा—परम्परित शास्त्रीय समीक्षा से भिन्न यह रूपवादी समीक्षा अंग्रेजी साहित्य में बीसवीं शती की देन है। इस समीक्षा का मूल मन्तव्य है, कोई कृति अपने ढाँचे के द्वारा पहचानी जाती है और कृति के ढाँचे की पहचान के लिए उसकी सर्जनात्मक भाषा रचना, उसकी शैली, तथा उसकी प्रतीति कराने वाले उपादान यथा बिम्ब, प्रतीक, रूपक विधान, मिथकीय संदर्भ आदि ऐसे तत्त्व है, जो उसके सर्जनात्मक कलेवर का विधान करते हैं। कृति की निर्मिति ही वह तत्त्व है जो उसे सृजित रूप देने का एक मात्र माध्यम है और इस रूपवादी समीक्षा के संदर्भ में शैलीविज्ञान, काव्यभाषा संरचना तथा काव्यभाषा जैसे सिद्धान्त प्रकाश में आए हैं।

बीसवीं शती के अन्त तक यह समीक्षा पद्धति हिन्दी साहित्य में अवतरित हुई और नई कविता के साथ-साथ इस रूपवादी समीक्षा की प्रणाली साहित्य में आई। भाषिक एवं शैल्पिक संरचना विधान को लेकर हिन्दी में बहुत कन कार्य हुए। इस दिशा में रवीन्द्रनाथ श्रीवास्तव, शीतंशु आदि का नाम लिया जा सकता है, जिन्होंने हिन्दी में शैलीविज्ञान तथा भाषिक संरचना को ध्यान में रखकर सैद्धान्तिक कार्य किया है। व्यावहारिक समीक्षा की दृष्टि से प्रो. रामस्वरूप चतुर्वेदी का इस संदर्भ में उल्लेख आवश्यक है। उनका मध्यकालीन काव्य भाषा शीर्षक ग्रंथ इस व्यावहारिक समीक्षा की दृष्टि से उल्लेखनीय है। यद्यपि यह उनका शोध प्रबन्ध है किन्तु भाषिक विवेचन की प्रवृत्ति व्यावहारिक समीक्षा जैसी है। इस रूपवादी समीक्षा के भाषिक संदर्भ से जुड़ी उनकी सैद्धान्तिक कृति है—सर्जन और भाषिक संरचना। इस रूपवादी व्यावहारिक समीक्षा के संदर्भ में उनके मूल्यांकन का योगदान डॉ. निर्मला जैन के शब्दों में इस प्रकार इंगित किया जा सकता है—

"कुल मिलाकर, डॉ. रामस्वरूप चतुर्वेदी का महत्त्व यही है कि उन्होंने आधुनिक और प्राचीन कवियों की भाषा सम्बन्धी सर्जनशीलता के विश्लेषण द्वारा हिन्दी में नये ढंग की रूपवादी आलोचना का पथ प्रशस्त किया।"[1]

रूपवादी समीक्षा का सबसे बड़ा दोष यह है कि इससे सर्जन की भावात्मक प्रक्रिया एवं आस्वादन पक्ष प्रायः तिरस्कृत होता है।

11. पाठकीय समीक्षा (Text Interpretation)—काव्यभाषा के विवेचक आलोचकों का यह तर्क है कि कोई भी काव्य कृति भाषा के माध्यम से अपनी अभिव्यक्ति प्राप्त करती है अतः भाषा के सर्जनात्मक सामर्थ्य की पहचान एवं विश्लेषण ही समीक्षा है। संरचनावादियों

---

1. हिन्दी आलोचना की बीसवीं शती—डॉ. निर्मला जैन, पृ. 90

का यह तर्क है कि कोई भी काव्यकृति एक निश्चित संरचना में ही बँधकर व्यक्त होती है—अतः कृति की संरचना ही कृति के समीक्षात्मक विश्लेषण का आधार है। इन दोनों के विपरीत पाठकीय समीक्षा का आधार सामने आता है। यह आधार सर्जक कवि या रचनाकार के 'पाठ' का है। कृति की सर्जनात्मक भाषा का अवसान अन्ततया पाठ में ही होता है और उसका सम्पूर्ण ढाँचा भी पाठ पर आधारित है—अतः समीक्षा में काव्यभाषा एवं संरचना के स्थान पर काव्य पाठ को ही क्यों न आधार बनाया जाए। पाठकीय समीक्षा रूपवादी समीक्षा की अन्तिम परिणति है।

सर्जक कविता को जिस भाषा में प्रस्तुत करता है, वह हमें 'पाठ' के रूप में मिलती है। सृजित काव्य पाठ ही कवि के रचनात्मक मन्तव्य का आधार है। 'पाठ' का पाठक उस मन्तव्य की तह में पहुँचने के लिए निरन्तर प्रयत्नशील रहता है। भारतीय काव्य शास्त्र में इस 'पाठक को 'सहृदय' या भावक बताया गया है। उसकी विशेषता इस प्रकार बताई गई है—काव्य के निरन्तर अध्ययन, अनुशीलन एवं अभ्यास से उसके हृदय रूपी दर्पण में अर्थ प्रत्यक्षतः चित्रवत् प्रतिबिम्बित हो उठता है। वह पाठक कविता के अर्थ को समझता नहीं, व्याख्या नहीं करता अपितु प्रत्यक्षतः देखता है। पाठकीय समीक्षा का आधार यही पाठक है—जो सर्जक के द्वारा निर्दिष्ट पाठ के अभीष्ट अर्थ से साक्षात्कार करता है।

पाठकीय समीक्षा इस प्रकार सर्जक के पाठ से जुड़े उसके अभीष्ट मन्तव्य एवं पाठक द्वारा उसके आत्मसाक्षात्कार से परिपूर्ण विवेचन से है।

सर्जन एक भावात्मक प्रक्रिया है और भाषा उस भावात्मक प्रक्रिया के अन्तर्गत प्रायः अपना कार्य प्रतीकात्मक रूप में निभाती है। कभी-कभी काव्य पाठों का ऐसा स्वरूप हो जाता है कि पाठक के हृदय में अर्थ का जो विशिष्ट स्वरूप बनता है—उससे सर्जक को भी आश्चर्य हो जाता है कि कभी-कभी सर्जक जो कहना चाहता है, पाठक की पहुँच वहाँ तक नहीं हो पाती और कभी-कभी यह भी देखा जाता है एक ही पाठ की सांकेतिकता कई अर्थों की व्यंजना करने लगती है। हिन्दी में श्रीरामचरितमानस के पाठ के संदर्भ में कुछ ऐसी ही स्थिति उत्पन्न होती है। इस प्रकार, कृति का पाठ और पाठक द्वारा की जा रही समीक्षा को आधार बनाकर की जाने वाली पाठकीय समीक्षा को रूपवादी समीक्षकों के एक वर्ग ने विशेष महत्त्व दिया है। पाठकीय समीक्षा का आधार सर्जक या सृजनगत दृष्टिकोण एवं उस दृष्टिकोण के आधार पर प्रस्तुत किया जाने वाला पाठ है। इस 'पाठ' का सन्दर्भ कृति की सर्जनात्मक निरन्तरता से जुड़ा रहता है। कवि का कल्पनाशील मानस अपने मन्तव्यों को पाठ के साथ सम्हाल कर रखता चलता है। इस काव्य पाठ का तब तक कोई महत्त्व नहीं है जब तक कि वह पाठक द्वारा या स्वयं कवि द्वारा पढ़ा न जाए। पाठक काव्य पाठ के सम्पर्क में ज्यों ही आता है, वह कवि के रचना संसार में विचरण करने लगता है। पाठक ही वह मूल आधार है जो कवि, कृति, कृति के संदर्भ तथा उसकी अर्थ योजना और

मन्तव्य को प्रकाश में लाता है। पाठक कवि के रचना-संसार, कवि के सर्जक व्यक्तित्व एवं उसके अभिप्राय को सामने ले आकर उसे परिपूर्णतया प्रदान करता है।

इन सबके बावजूद पाठ से सम्बद्ध पाठकीय समीक्षा की अपनी सीमा है। पहली बात तो यह है कि पाठक में पाठ सन्दर्भों को जानने की पर्याप्त सामर्थ्य होनी चाहिए। कालिदास की व्याख्या के संदर्भ में मल्लिनाथ का उल्लेख इसी प्रकरण में किया जाता हे। पाठकीय समीक्षा की दूसरी शर्त है कवि एवं कृति की सीमाओं का आलोचक या पाठक द्वारा उल्लंघन न किया जाना। कृति का पाठ संदर्भ पाठक को अपनी विशिष्ट सीमा में बाँधता है और पाठक अर्थ तथा समीक्षा की डोरी को मनमाने ढंग से नहीं ले जा सकता। पाठकीय समीक्षा क्रमशः पाठ एवं पाठक के औचित्यपूर्ण संदर्भों से जुड़ी है और कृति का पाठ ही इस समीक्षा के लिए मूलाधार है। कवि के सर्जनात्मक मन्तव्य को इंगित करने वाली उसकी कृति का पाठ काव्यभाषा तथा काव्यसंरचना के आधारों को प्रौढ़ तथा सबल बनाता है। अतः समीक्षा के संदर्भ में इस काव्यपाठ के प्रति पूरी सतर्कता समीक्षक के लिए आवश्यक है।

□□

आलोचना की समानान्तर अन्य साहित्यिक विधाएँ

आलोचना के साथ-साथ आज उसके समानान्तर अनेक ऐसी विधाएँ प्रचलन में आ चुकी हैं—जिनके फलस्वरूप पारस्परिक भ्रम की स्थिति का उत्पन्न होना स्वाभाविक है। आलोचना के समानान्तर ही विकसित इन विधाओं का आज स्पष्टीकरण आवश्यक है। समीक्षा के साथ में समान्तर विधाएँ आज साहित्य में इस प्रकार हैं—

(1) आलोचना और अनुसंधान

(2) आलोचना और साहित्येतिहास

(3) आलोचना और रिव्यू

(4) आलोचना और पाठालोचन

1. आलोचना और अनुसंधान—अनुसंधान का मुख्य कार्य है, नये तथ्यों का अनुसंधान या अन्वेषण और दूसरे संदर्भ में नए साक्ष्यों के आधार पर पुराने निष्कर्षों एवं मान्यताओं के स्थान पर नई मान्यताओं की स्थापना। इस शोध के लिए अनुशीलन, अन्वेषण, गवेषणा आदि शब्द भी प्रचलित हैं।

आलोचना का क्षेत्र इस अनुसंधान कार्य से भिन्न है। कृति के विषय में आलोचक का वैचारिक अभिमत आलोचना का मुख्य कार्य है। समीक्षा पूर्णतः समीक्षक के आत्मचिन्तन से सम्बद्ध उसका अपना विश्लेषण है—किन्तु अनुसंधान के अन्तर्गत अनुसंधित्सु कहीं भी स्वतंत्र नहीं रहता। वह तथ्यों का अन्वेषण तथा संकलन करके उनसे निकलने वाले निष्कर्षों का प्रतिपादन करता है और इस निष्कर्षबद्ध प्रतिपादन का आधार प्राप्त या अन्वेषित साक्ष्य हैं—किन्तु इसके विपरीत समीक्षा के अन्तर्गत आलोचक अपनी सैद्धान्तिक दृष्टि, रचनात्मक संस्कार, रुचि तथा चिन्तन को कृति के माध्यम से आगे बढ़ाता है। शोध या अनुसंधान जहाँ अनुसंधानकर्त्ता को अपने साक्ष्यों तथा अन्वेषित तथ्यों से जुड़े निष्कर्षों के साथ बँधे रहने के लिए विवश करता है, वहाँ समीक्षा के सन्दर्भ में आलोचक निर्णय लेने के सापेक्ष्य में पूर्णतः स्वतंत्र रहता है। अनुसंधान की प्रक्रिया पूर्णतः वैज्ञानिक आगनात्मक एवं निगमनात्मक (Inductive या Deductive) पद्धतियों से सम्बद्ध तर्क एवं गणितीय विश्लेषणात्मक प्रक्रिया स जुड़ी साक्ष्य सापेक्ष्य निष्कर्षों से परिपुष्ट होती है, वहाँ समीक्षा या आलोचना इन सबसे मुक्त केवल आधेय कृति से जुड़ी आलोचक के अपने निर्णय से सम्बद्ध है। इस प्रकार समीक्षा का स्वभाव, व्यवहार, प्रकृति एवं कार्य अनुसंधान कार्य

से भिन्न होता है। अनुसंधान का मुख्य कार्य है—ऐसे तथ्यों की तलाश एवं प्रतिष्ठा जो किसी रूप में अज्ञात हैं, किन्तु समीक्षा का कार्य सर्वथा जीवन्त एवं सर्जना की दैनन्दिन की व्यावहारिकता से जुड़ी व्याख्या से है।

कभी-कभी समीक्षा की स्थिति भी सत्यान्वेषण से जुड़कर शोध जैसी दिखाई पड़ती है। समीक्षा के नए तथ्यों का उद्घाटन सर्वथा परम्परा व्यवहार से भिन्न एक नए संदर्भ का सृजन करता है—किन्तु वह अन्ततया समीक्षात्मक गतिविधि के विकास से ही सम्बद्ध है। उदाहरण के लिए—समीक्षा प्रारम्भिक समय में कृति के 'गुण-दोष' के विवेचन से सम्बद्ध रही है। आगे चलकर, इसका सम्बन्ध कृति के सर्वांग निरूपण से जुड़ा और आगे चलकर सम्बद्ध कृति के सर्वांग निरूपण से जुड़ा और आगे चलकर समीक्षा का अर्थ कृति में सर्जक के व्यक्तित्व और सर्जन में अभिव्यक्त उसके जीवन्त संदर्भों की व्याप्ति से जुड़ गया। आज समीक्षा का अर्थ कृति का पुनर्सृजन लगाया जा रहा है।

व्यावहारिक समीक्षा के संदर्भ में आलोचना के अर्थ विकास की यह एक ऐतिहासिक कड़ी है, किन्तु यह अनुसंधान नहीं है। हाँ, यह सच है कि विभिन्न साक्ष्यों एवं तथ्यों के आधार पर अनुसंधान प्रक्रिया के अन्तर्गत इनका अन्वेषण किया जा सकता है, किन्तु प्रकृति आगमनात्मक या निगमनात्मक पद्धति की ही होगी, समीक्षा की नहीं।

आज समीक्षा तथा शोध के विषय में भ्रम-सा उत्पन्न हो उठा है और इस भ्रम का कारण है—विषयों का चयन। आज विशेषकर हिन्दी साहित्य में विषयों का चयन कुछ इस प्रकार से हो रहा है और शोध निर्देशक तथा शोधछात्रों की दृष्टि में अनुसंधान की मूल चेतना के अभाव में जो कुछ लिखा जा रहा है, उस पर नियंत्रण अपेक्षित है, अन्यथा अनुसंधान और समीक्षा के बीच स्थित विभाजक रेखा समाप्त हो उठेगी।

अनुसंधान से निकले निष्कर्ष कभी-कभी शास्त्रीय एवं निर्णयात्मक समीक्षा में पूरी तरह से मदद करते हैं। हिन्दी शोध के निष्कर्ष कृति में निहित सर्जक के व्यक्तित्व एवं सर्जनात्मक सन्दर्भों के प्रयोग के विश्लेषण में प्रायः सहायता करते हैं और शोध तथा समीक्षा के अलगाव का प्रश्न यह नहीं सिद्ध करता कि वे परस्पर एक दूसरे के पूरक नहीं हो सकते। हिन्दी अनुसंधान अन्ततया साहित्यिक प्रक्रिया के विश्लेषण का ही एक रूप है और वह कहीं न कहीं सैद्धान्तिकता एवं समीक्षा से टकराता अवश्य है। समीक्षक के व्याख्यात्मक एवं सैद्धान्तिक संदर्भों से शोध के निष्कर्ष अवश्य जुड़ते हैं और वे समीक्षा की परिपूर्णता में मदद पहुँचाते हैं। इस प्रकार साहित्यिक शोध सैद्धान्तिक तथा व्यावहारिक समीक्षा के क्षेत्र में उपयोगी हो सकता है तथा होता भी है।

नई सैद्धान्तिक समीक्षा के मानदण्डों की तलाश यद्यपि शोध जैसा ही है किन्तु भिन्नता इस बात में है कि वह चिन्तक की अपनी प्रतिभा (Intuition) की उपलब्धि है। भारतीय तथा पाश्चात्य साहित्यशास्त्र में अनेक नवीन सैद्धान्तिक समीक्षा के अन्वेषण तथा

स्थापनाएँ मिलती हैं, उन्हें हम शोध के अन्तर्गत नहीं रख सकते। ये सिद्धान्त प्रतिभाशील सर्जकों की अभ्यान्तर चिन्तन प्रक्रिया से उपजे उनके अपने निष्कर्ष हैं—किसी शोध, खोज या अन्वेषण की आगमनात्मक या निगमनात्मक पद्धतियों से उनका सम्बन्ध नहीं रहा है—अनुसंधान प्रक्रिया तो अज्ञात तथ्यों की सापेक्षिक सामग्रियों के आधार पर अन्वेषण है।

अतः हमें यह भ्रम निकाल देना चाहिए कि सैद्धान्तिक समीक्षा के स्वीकृत मानदण्ड अन्वेषित मान्यताएँ हैं। अनुसंधान की एक निर्धारित प्रक्रिया है और निष्कर्षों की स्थापना के लिए उनका अनुसरण अनिवार्य माना जाता है। अनुसंधान में अनुसंधित्सु का दृष्टिकोण निरन्तर निरपेक्ष एवं तटस्थ दिखाई पड़ता है जबकि समीक्षा में उसकी वैयक्तिकता अपनी रुचि तथा संस्कार के साथ तथ्य के विवेचन से प्रत्यक्षतः जुड़ी रहती है। सैद्धान्तिक समीक्षा भी समीक्षक की अन्तर्वृत्ति, रुचि एवं संस्कारशीलता से किसी भी रूप में मुक्त नहीं होती अतः सैद्धान्तिक समीक्षा के मानदण्डों को अन्वेषण वृत्ति से जोड़ना उपयुक्त नहीं प्रतीत होता।

इस प्रकार, आलोचना तथा अनुसंधान का वैभिन्न्य केवल तकनीक, शैली एवं प्रक्रिया का ही नहीं, वरन् उनके स्वरूप एवं स्वभाव में भी अन्तर वर्तमान है। **आलोचना भावात्मक सृजन संदर्भ से जुड़ी भावक की रचनात्मक प्रक्रिया का अंग है जबकि अनुसंधान साक्ष्यों के आधार पर बौद्धिक प्रक्रिया द्वारा मन्तव्यों की तलाश है।**

2. आलोचना और इतिहास—इतिहास या परम्परा बोध एक सनातन तत्त्व है और यह मानव जाति की विकास यात्रा का अजस्र क्रम है। इस क्रम में मनुष्य जाति अपने ज्ञानात्मक, व्यावहारिक तथा भावात्मक संदर्भों के प्रवाहक्रम में निरन्तर परिवर्तन करता चलता है। प्राचीन को त्यागकर, उससे कुछ नया बनाकर या पूर्णतः नये प्रभावों को लेकर या नया बनाकर सामने आता रहता है। ज्ञानात्मक, व्यावहारिक तथा भावात्मक परिवर्तन की दशाएँ इतिहास का कार्य करती हैं। ज्ञानात्मक एवं व्यावहारिक परिवर्तन की तुलना में भावात्मक जीवन प्रक्रिया का परिवर्तन धीरे-धीरे होता है और समग्र साहित्य अपने बदलाव के क्रम में पहले भावात्मक प्रक्रिया से प्रभावित होता है, फिर ज्ञान तथा लोक व्यवहार का दबाव उस पर पड़ने लगता है।

सामान्यतः इतिहास के विषय में कहा जाता है कि वह बौद्धिक प्रक्रिया द्वारा साधित अन्तस्साक्ष्यों एवं बहिर्साक्ष्यों के निष्कर्ष द्वारा इतिहासबोध की वस्तुपरक तथ्यात्मकता को इंगित करने वाला संदर्भ है। इतिहास क्षण, घटना एवं जाति के समन्वित व्यवहार चक्र का नाम है और साहित्य का इतिहास मुख्यतः मानव की कलात्मक चेतना से जुड़े भावात्मक या संवेगात्मक परिवर्तनों की सांस्कृतिक दृष्टि एवं सर्जनात्मक भाषा की सहबद्धता की गतिशील धारा है। इसकी व्याप्ति को देखते हुए यदि इसके स्वरूप को इंगित करना चाहें तो हम कह सकते हैं कि—

"साहित्य के सृजन कर्म के अन्तर्गत रचना के अभिव्यक्ति तत्त्व, सामाजिक तथा कलात्मक व्यवस्था, उसकी परम्परा, इतिहास तथा कला की धाराओं एवं भाषिक सर्जनात्मकता की सामयिक चेतना के द्वन्द्ववाद से उत्पन्न नई परम्पराओं का उद्‌भव, विकास एवं निरन्तरता की प्रवहमानधारा साहित्य की इतिहास दृष्टि है।"

साहित्य का इतिहास सम्पूर्णतः इतिहास लेखन नहीं है। साहित्य के अन्तःसाक्ष्यों एवं बहिर्साक्ष्यों को केन्द्र में रखकर युग सापेक्ष्य मूल्य, कला तथा भाषिक प्रतिमानों का विश्लेषण एवं धाराओं की उत्पत्ति, विकास एवं समापन की परम्परित मूल्यांकन दृष्टि ही साहित्योतिहास है। रेने वेलक तथा आस्टिन वारेन इस सम्बन्ध में बहुत स्पष्टतापूर्वक बताते हैं कि "साहित्यिक इतिहास की इस अवधारण की माँग यही है कि विगत युग या लुप्त रुचि की कल्पना करने, उसके साथ सहानुभूति जताने, उससे गहरा सौहार्द्र अनुभव करने का यत्न किया जाए। अनेक सभ्यताओं की जीवनदृष्टि, भावनाओं, अवधारणाओं, पूर्वाग्रहों और अन्तर्निहित मान्यताओं का सजीव रूप प्रस्तुत करने के अनेक ऐसे प्रयास हो चुके हैं जिन्हें हम साहित्येतिहास कहते हैं।"[1]

इतिहास की विकासवादी अवधारणा के साथ-साथ जनरुचि एवं उसके भावात्मक स्वरूप तथा भाषिक प्रयोगादि में परिवर्तन होते रहते हैं। इतिहास में घटित परिवर्तन की प्रक्रिया के साथ जुड़ा साहित्य निरन्तर अपने आन्तरिक तथा बाह्य स्वरूप को बदलते हुए चलता रहता है और पारस्परिक जुड़े साहित्य के दो कालखंडों की तुलना का साहित्य विश्लेषण इस अलगाव को स्पष्ट रूप से इंगित करता है। साहित्य के अन्तर्गत क्रिया-प्रतिक्रिया की परम्परा उसकी अपनी प्रकृति से सम्बद्ध है और साहित्य के इतिहास-लेखक का दायित्व है—युगधर्म तथा साहित्य की प्रवहमान धारा—संक्रमण की प्रकृति एवं उसके विकास के स्वरूप को इंगित करते चलना।

यह सत्य है कि साहित्य के अन्तर्गत इतिहास की भाँति एक यथार्थ लोक की प्रस्तुति न होकर प्रातीतिक यथार्थ की अभिव्यक्ति होती है। यह प्रातीतिक लोक यथार्थ कवि की सर्जनात्मक कल्पना, उसके द्वारा देखे गए सत्य, प्रतीकात्मक अर्थ एवं संवेदनात्मक भाषा प्रयोग की स्थिति है और इस प्रातीतिक यथार्थ के माध्यम से वह नये यथार्थवादी (या आदर्शवादी) मूल्यों की प्रतिष्ठा करता है। कवि के देशकाल परिवेश के ये मूल्य आलोचक के लिए एक ओर उसकी ऐतिहासिक समीक्षा के लिए आधार बनते हैं तो दूसरी ओर साहित्य के इतिहास लेखन के साक्ष्य भी बन जाते हैं। इतिहास लेखन के अन्तर्गत जिस प्रकार इतिहास लेखक का लेखन-निर्णय-उसके सांस्कृतिक, धार्मिक, सामाजिक, राजनीतिक, मान्यताओं के निश्चय से जुड़ा रहता है—ठीक उसी प्रकार साहित्य का इतिहास लेखन

1. साहित्य सिद्धान्त, पृ. 55

साहित्य के इतिहासकार की दृष्टि से भी सम्बद्ध होता रहता है। कवि के प्रातीतिक यथार्थ में समग्र लोक यथार्थ की मान्यताएँ अवतरित होकर समाज के लिए भावात्मक प्रेरणा का आधार बनती हैं और कवि अपनी काव्यभाषा, रचनाशैली, अलंकृतिविधान, प्रतीक, मिथक, बिम्बादि द्वारा काव्य के लेखकीय इतिहास संदर्भ को प्रामाणिक बनाता जाता है। साहित्य के प्रातीतिक सत्य की महत्ता को पाश्चात्य आलोचकों ने स्वीकार करते हुए उसे लोक यथार्थ से कहीं अधिक महत्त्वपूर्ण माना है—क्योंकि इतिहास का काल यथार्थ स्वयं में घटित एक प्रवहमान घटना है। किन्तु उसी काल खण्ड के कवि का प्रातीतिक सत्य उसके द्वारा स्थापित दिवास्वप्नों एवं शुभतम मूल्यों की अवधारणाओं से जुड़कर सामने आता है, इसीलिए सैद्धान्तिक समीक्षकों ने स्वीकार किया है कि—

"साहित्य सामाजिक प्रक्रिया का प्रतिबिम्ब ही नहीं वह समग्र इतिहास का सार, सत्त्व एवं निचोड़ है।"[1]

यहाँ इस अवधारणा का अर्थ यह नहीं है कि आचार्य रामचन्द्र शुक्ल जैसे साहित्योतिहासकारों की अवधारणाएँ कि, "साहित्य समाज की संचित् चित्तवृत्त का प्रतिबिम्ब है"—मिथ्या एवं गलत है, वरन् वह सतही तथा सामान्य आधार है। साहित्य युग विशेष का प्रतिबिम्ब नहीं, युग विशेष के लोकेतिहास की अवधारणाओं का निचोड़, सार एवं सत्त्व है और यही उस युग विशेष के साहित्य के इतिहास से जुड़ी मूल्य एवं संरचनावादी मान्यताओं का मूलाधार भी है। कतिपय रूपवादी आलोचक यह स्वीकार कर रहे हैं कि बिना कालक्रम के प्रवाह से जोड़े स्वयं निरपेक्ष रहकर मानकों के आधार पर कृति का विवेचन हो सकता है—और किया भी गया है। रूपवादी या संरचनावादी अध्ययन में इतिहास दृष्टि यह है कि लोकरुचि के परिवर्तनों के कारण समीक्षात्मक मानदण्डों की सैद्धान्तिकता बदलती रहती है और यही बदलाव ऐतिहासिक निष्ठा का साक्ष्य है। हिन्दी रीतिकाल के अन्तर्गत क्लासिक शृंगारिकता की भावना छायावादी कविता में न के बराबर है और उसके रूपवादी विश्लेषण की प्रकृति रीतिवादी शास्त्रीय शृंगार विश्लेषण से भिन्न है।

आलोचना के सैद्धान्तिक मानक, इतिहास दृष्टि तथा व्यावहारिक समीक्षा तीनों की परस्पर एक जुटता से काल की पहचान होती है, फिर भी, इस क्रम में इतिहास दृष्टि की गतिशीलता की पकड़ तेज नहीं होती। दूसरी ओर इतिहास लेखन के संदर्भ में इतिहास की गति तेज रहती है और कलात्मक एवं सामाजिक मूल्यों तथा मानों के संदर्भ पीछे-पीछे गतिशील रहते हैं। सामाजिक परिवर्तनों से बदलती इतिहास दृष्टि और लोकरुचियों के बदलाव से कलात्मक संस्कारों के बदलाव-दोनों भिन्न-भिन्न न एक ही परिवर्तन या प्रवाह के बाह्य एवं आन्तरिक स्वरूप हैं।

---

1. साहित्य सिद्धान्त—रेने वेलेक तथा आस्टिन वारेन, पृ. 126

यह सत्य है कि 'साहित्य और इतिहास' में दो प्रकार की भिन्न-भिन्न अन्तर्दृष्टियाँ रहती हैं। साहित्य अपने कलात्मक मानदण्डों, प्रचलनों, आग्रहों, स्वीकृतियों, सर्जक की प्रतिभा तथा कौशल से शासित है। तथा इतिहास यथार्थ एवं विज्ञानसम्मत यथार्थ का प्रतिनिधित्व करता है वह काल, क्षण तथा घटना के यथार्थमूलक संकलन से व्यवस्थित एक सापेक्ष्य संदर्भ है—जिसे घटाया और बढ़ाया नहीं जा सकता। साहित्य की सृष्टि एवं उसका मूल्यांकन कला के मानकों से सम्बद्ध है और यह स्वयं में कालनिरपेक्ष या कालजयी है। इतिहास एवं कालजयता का अन्तर्विरोध इतिहास एवं काव्यात्मक मानों की शाश्वतता का नहीं—विवेचक की दृष्टि तथा संवेदनात्मक रचना प्रक्रिया से उत्पन्न कृतियों की बहुअर्थगर्भिता का है और इसी बिन्दु पर इतिहास और समीक्षा दोनों परस्पर सम्बद्ध हैं। इतिहास लेखन एवं समीक्षा लेखन की प्रक्रिया में थोड़ा-सा अन्तर अवश्य है। साहित्य के इतिहास लेखन में ऐतिहासिक प्रक्रिया प्रमुख होकर अपने मानकों से साहित्यिक प्रवाह की गतिविधि का मूल्यांकन करती है। उदाहरण के लिए, प्रगतिवादियों का वाद-प्रतिवाद एवं संवाद प्रक्रिया या क्रिया-प्रतिक्रिया प्रक्रिया, या अन्तस्साक्ष्यों एवं बर्हिसाक्ष्यों की संगतियों के द्वारा किसी परम्परा का निर्धारण या व्याख्या है। इन मानकों के आधार पर साहित्य की प्रवहमान धारा का विश्लेषण तथा मूल्यांकन साहित्येतिहास है किन्तु साहित्यिक समीक्षा के लिए इतिहासदृष्टि गौण है। साहित्यिक मूल्यों तथा मानों की प्रमुखता द्वारा काल या लोक व्यवस्था के साथ किसी कृति या साहित्यिक धारा का मूल्यांकन ऐतिहासिक समीक्षा है। मूल्य विवेचन दृष्टि की स्थिरता इतिहास की प्रवाहमयता से यहाँ महत्त्वपूर्ण है। इस प्रकार ऐतिहासिक समीक्षा एवं साहित्येतिहास का लेखन दोनों भिन्न-भिन्न संदर्भों से जुड़े रहते हैं। साहित्य समीक्षा साहित्येतिहास लेखन नहीं है। सामान्य रूप से साहित्येतिहास की दृष्टि को समीक्षा दृष्टि से इस प्रकार भिन्न किया जा सकता है—

साहित्य का इतिहासलेखन काव्य की सर्जनात्मक भाषा में आबद्ध सामाजिक तथा सांस्कृतिक मूल्यों की विकासधारा का क्रमिक विश्लेषण है और यहाँ विश्लेषण इस ढंग से किया जाता है कि कलाधर्मिता एवं लोकानुभूति की ग्राह्यता का विकास क्रम खण्डित नहीं होने पाए। यह दृष्टि इतिहास और परम्परा सापेक्ष्य होती है किन्तु ऐतिहासिक समीक्षा के अन्तर्गत आलोचक की मूलदृष्टि कृति तथा समीक्षा सिद्धान्तों पर निरन्तर टिकी रहती है।

3. आलोचना तथा पुस्तक समीक्षा (रिव्यू)—पुस्तक समीक्षा को अधिकांश विद्वानों ने पर्यालोचन का नाम दिया है—किन्तु 'पर्यालोचन' शब्द के अनेक संदर्भ हैं—जैसे पं. सुमित्रानन्दन पंत ने आधुनिक कवि की भूमिका में 'आत्मसमीक्षा' के लिये पर्यालोचन शब्द का प्रयोग किया है और अपने शब्दों में पुनः अपनी ही समीक्षा करते हैं। 'रिव्यू' इसका अंग्रेजी शब्द है—जिसका अर्थ है, नवीन प्रकाशित कृति की परिचयात्मक

समीक्षा। यह 'पुस्तक समीक्षा' पद्धति भारत में प्रेस तथा प्रकाशन के बाद उन्नीसवीं शती में आयी और संचार के अनेक माध्यमों में इसने अपना स्थान ले लिया है। पत्र-पत्रिकाएँ, रेडियों, टेलीविजन, इन्टरकाम, पोस्टर, बैनर, फिल्म-सूचना आदि के माध्यमों द्वारा यह आज प्रचार में है और भविष्य में भी कृति से सम्बद्ध उसकी व्यापारिक तथा वाणिज्यिक अवधारणाओं के साथ निरन्तर इसका विकास होता रहेगा।

पुस्तक समीक्षा का प्रारम्भिक स्वरूप पुस्तक परिचय मात्र से सम्बद्ध रहा है किन्तु धीरे-धीरे इस समीक्षा पद्धति में विकास होने लगा। आज इस समीक्षा पद्धति के द्वारा न केवल उसकी व्यावसायिक उपादेयता की ही व्याख्या की जाती है अपितु आलोचना के प्रचलित श्रेष्ठतम मानकों के आधार पर वह लघु समीक्षा के रूप में जानी जाती है। आज की प्रकाशित श्रेष्ठ पत्रिकाओं का यह पुस्तक-समीक्षा कार्य प्रायः समीक्षा के स्तर पर पहुँच रहा है। आज की पुस्तक समीक्षाओं में कहीं-कहीं पुस्तक के कृतित्व की व्याख्या इतनी विस्तृत तथा गम्भीर की जाती है कि उससे जुड़े उसके व्यावसायिक पक्ष की क्षति उठानी पड़ती है। आज पुस्तक समीक्षा का अर्थ कृतित्व के रचनात्मक वैशिष्ट्य को उजागर करना है न कि उससे सम्बद्ध व्यावसायिकता को।

'पुस्तक समीक्षा' का प्रारम्भिक अंश पुस्तक-प्रकाशन, लेखक-मूल्य परिचय से सम्बद्ध करके फिर उसके साहित्यिक मूल्यों तथा वर्तमान संदर्भ में उसकी प्रासंगिकता की विवेचना की जाती है। इस समीक्षा पद्धति की मुख्य विशेषता आलोचक की तटस्थता मानी गई है। इसके प्रकाशन का संदर्भ विज्ञापन जैसा होता है किन्तु आज पुस्तक समीक्षा में पुस्तक समीक्षा के साथ व्यक्तित्व की निःसंगता नहीं दिखाई पड़ती। शायद इसका कारण 'पाठक' का बाजार ही है। आज के प्रबुद्ध पाठकों के लिए नवीन प्रकाशित कृति की साहित्यिक विशेषताएँ उनके आकर्षण का कारण बन सकती हैं—इसलिए यहाँ यह स्थिति सामने आती है। कुल मिलाकर, पुस्तक समीक्षा आलोचना के क्षेत्र के बाहर की प्रक्रिया है।

4. आलोचना तथा पाठालोचन (Textual Criticism)—साहित्यिक आलोचना एवं पाठालोचन की प्रक्रियाएँ भिन्न-भिन्न हैं। साहित्यिक आलोचना जहाँ कृति में निहित मूल्यों एवं सर्जनात्मक संदर्भों का विश्लेषण करती है, वहीं पाठालोचन का सम्बन्ध प्राचीन कृतियों के प्रामाणिक पाठ सम्पादन से है। इस प्रामाणिक पाठ सम्पादन की एक प्रक्रिया निर्धारित की गई है—(1) पाठ की खोज (2) पाठों की तुलना (3) पाठ सुधार (4) उच्चतर आलोचना। विश्व में मुद्रण व्यवस्था के पूर्व हस्तलिखित प्रतियों के द्वारा कृतियाँ प्रकाश में आती थीं और भारत जैसे देश में पुस्तकों के हस्तलेखन का एक व्यवसाय रहा है। हस्तलिखित प्रतियाँ व्यक्तियों द्वारा लिखी जाती हैं और जितने प्रति की नकल करके उतारने वाले हस्तलिपिकार हैं, उसी क्रम में पाठ की विकृतियाँ भी बढ़ती जाती हैं।

हस्तलिपि जिस पुस्तक के पाठ से की जाती है, उसे आदर्श पाठ कहा जाता है और उसी परम्परा को सम्बद्ध आदर्श पाठ द्वारा प्रतियों की शाखाएँ पकड़कर पुनः एक अन्य पाठ तक पाठालोचक तक पहुँच जाता है। पाठ की सबसे अनिवार्य विशेषता यह है कि प्रत्येक प्रतिलिपिकर्त्ता के अपने पाठ प्रक्षेप होते हैं और यही पाठ प्रक्षेप पाठों की तुलना के लिए आधार का कार्य करते हैं। प्रक्षेपों की पकड़ के बाद उनकी पाठ परम्परा की पकड़ की जाती है और फिर मूल पाठ तक पाठालोचक पहुँचने की चेष्टा करता है। 'मूल पाठ' मूलतः कवि या सर्जक का वह पाठ है—जिसे उसने स्वयं लिपिबद्ध किया था और आदर्श पाठ वह है पाठ जो प्रतिलिपिकर्त्ता की पाठ-प्रतिलिपि का आधार होता है। पाठलोचक आदर्श पाठ द्वारा कवि के मूलपाठ तक पहुँचने की चेष्टा करता है। पाठभेद और प्रक्षेप इसके लिए प्रमुख आधार होते हैं। 'पाठ संशोधन' अन्तिम पाठ नहीं है और आगे नयी प्रतिलिपियाँ प्राप्त होने पर उनमें पुनःसुधार हो सकता है। इस प्रकार पाठालोचन एक प्रकार से प्राचीन हस्तलिखित ग्रंथों के सम्पादन की एक विधा है—उसका समीक्षा से कोई सम्बन्ध नहीं है। इसके साथ यह भी सच है कि प्राचीन हस्तलिखित प्रतियों के पाठ की प्रामाणिकता एवं अप्रामाणिकता को आधार बनाने पर समीक्षा के संदर्भों पर प्रभाव आ सकता है।

पाठालोचन की अन्तिम प्रक्रिया-उच्चतर आलोचना (Higher criticism) की है। कवि के हाथों द्वारा लिखित मूल प्रति प्राप्त हो जाने के बाद पाठालोचक का दायित्व उच्चतर आलोचना का बनता है—अर्थात् यह उच्चतर आलोचना सर्जक के हस्तलेख में नैसर्गिक रूप से प्राप्त त्रुटियों का सुधार है।

निष्कर्ष रूप से कहा जा सकता है कि पाठालोचन का क्षेत्र समीक्षाविधान से सर्वथा भिन्न है। वैसे यह कहा जा सकता है कि प्रामाणिक पाठ कवि के मर्म तक, प्रक्षिप्त पाठ की अपेक्षा, अधिक खरा के साथ पहुँचता है। विजय देव नारायण साही कृत 'जायसी' की समीक्षा इसका ज्वलंत उदाहरण है।

□□

आलोचक के गुण

भारतीय साहित्य में कवियों के आलोचन एवं परीक्षण के संदर्भ मिलते हैं। राजशेखर कृत काव्य मीमांसा में एक स्थल पर संकेत मिलता है कि—

तत्र यथासुखमासीनः काव्यगोष्ठी प्रंवर्त्तयेत् भावयेत्परीक्षेते अर्थात्—"राजा सभामण्डप में आनन्दपूर्वक बैठा हुआ काव्य गोष्ठी का प्रारम्भ कराए, कवियों की कृतियों का भावन करे तथा उसका परीक्षण कराये।"

भावन का अर्थ सहृदयतापूर्वक समझ तथा आस्वादन एवं परीक्षण का अर्थ समीक्षा है। इस भावन तथा परीक्षण कार्य का दायित्व 'शास्त्रज्ञ भावक' के ऊपर रहता था। आलोचक का अर्थ यहाँ 'भावक' या सहृदय से लगाया गया है।

संस्कृत साहित्य में भावक' को भी भावयित्री प्रतिभा से सम्पन्न बताया गया है। राजशेखर काव्यमीमांसा में बताते हैं कि 'भावयित्री प्रतिभा' भावक या आलोचक का उपकार करती है, यह समीक्षक की प्रतिभा ही कवि को सफल बनाती है। भावक का आलोचक की सबसे बड़ी विशेषता है, कवि के समान ही रसास्वादन तथा पाठ सर्जन की प्रतिभा या समझ। इस प्रतिभा या समझ के बिना न कविता का मर्म स्पष्ट होता है और न रसास्वादन की ही प्राप्ति सम्भव है। इस आलोचक का कार्य है—"उनके हृदय में कृति को पढ़ते हुए उससे सम्बद्ध अप्रकट अत्यन्त गूढ़ एवं विचित्र प्रकार के विचार उत्पन्न होते हैं और उनको कुछ वाणी द्वारा प्रगट करते हैं कुछ हृदय द्वारा कुछ मानसिक और शारीरिक चेष्टाओं द्वारा। कुछ आलोचक रचनाओं के केवल गुणों को ग्रहण करते हैं, कुछ दोषों की छानबीन करते हैं और गुण एवं दोष दोनों को छोड़कर विरले भावक रसास्वादन करने वाले आलोचक होते हैं।

सत्काव्ये विक्रियाः काश्चिन्द्रावस्योल्लसन्ति ताः।
सर्वाभिनय निर्णीतौ सृष्टा नाट्य सृजान याः।।
वाग्भावको भवेत्कश्चित्कश्चिद्धृदयभावकः।
साच्विकैराङ्गिकै कश्चिदनुभावैश्च भावकः।।
गुणादान परः कश्चिद्दोषादान परोऽपरः।
गुण दोषाहृति त्यागपरः कश्चन भावकः।।

राजशेखर ने चार प्रकार के भावकों (पाठकों या आलोचकों) की चर्चा की है—अरोचिकिन्, सतृणाभ्यवहारी, मत्सरी एवं तत्त्वनिवेशी। इन चारों में अरोचिकिन् भावक या

आलोचक सबसे महत्त्वपूर्ण है। वह तटस्थ रहता है, उसे भले बुरे की पहचान होती है और वह सर्वथा विवेकवान् होता है। शेष तीन इसकी तुलना में हीन हैं।

भावक के लिए दूसरा शब्द 'सहृदय' मिलता है। सहृदय के गुणों का उल्लेख करते हुए अभिनव गुप्त ने बताया है कि ''काव्य के निरन्तर अध्ययन, अनुशीलन एवं अभ्यास से जिसकी प्रज्ञा का दर्पण काव्यार्थ के बिम्ब को आत्मसात् करने में नैसर्गिक रूप से निर्मल (स्वच्छ) हो उठा हो-वह सहृदय है।

अर्थात्, भारतीय काव्यशास्त्र में काव्य पाठक (आलोचक) को काव्य का निरन्तर अध्येता, उसका अनुशीलनकर्त्ता एवं प्रयोक्ता बताया गया है। काव्य के संस्कारों से निसर्गतः मण्डित होना भारतीय भावक का मूल लक्षण है।

पश्चिमी आलोचनाशाास्त्र में भी आलोचक के गुणों का विशेष विवरण मिलता है। कुल मिलाकर आलोचक के निम्नलिखित गुणों की चर्चा यहाँ की गई है—

1. सहृदयता—आलोचक केवल तर्क-वितर्क प्रणाली के आधार पर शुष्क चिन्तक ही नहीं है वरन् वह पूर्ण रूप से सहृदय है। संस्कृत साहित्य में भी ऐसे पाठकों की निन्दा की गई है—जो द्वेष, ईर्ष्या, मात्सर्य भाव से प्रेरित होकर समीक्षा के क्षेत्र में प्रवेश करते हैं। संस्कृत साहित्य में सहृदय का जो भी अर्थ बताया गया है, उससे सम्पन्न होना आलोचक की महत्त्वपूर्ण विशिष्टता है—किन्त उसके बावजूद भी सर्जन के प्रति सहज, नैसर्गिक तथा स्वाभाविक लगाव उसकी सबसे बड़ी विशिष्टता है। सहृदय पाठक की सबसे बड़ी विशेषता है, कृति की अन्तराल के साथ सहज साक्षात्कार कर सकने की सामर्थ्य तथा शक्ति और सर्जक के अन्तर्मन की भावात्मक प्रतीति की सामर्थ्य। कृति एवं कृतिकार से बिना आंतरिक अन्तरंगता स्थापित किए समीक्षा का निरपेक्ष एवं तटस्थ दृष्टिकोण नहीं बन सकता। किसी कवि की कृति को समझने के लिए सर्जक जैसी ही भावुकता, उदारता तथा सहृदयता समीक्षक के अन्तर्गत भी होनी चाहिए क्योंकि सर्जक की सर्जना के अन्तर्गत पाठक को आकर्षित करने वाली सहृदयता नैसर्गिक रूप में सन्निविष्ट है। अतः आलोचक का स्वभाव सृजित साहित्य की प्रकृति से सम्बद्ध सहृदयता के अनुरूप होना अपेक्षित है।

2. तटस्थता—आलोचक का दूसरा गुण है, तटस्थता। पाश्चात्य समीक्षकों ने आलोचक की विशेषताओं की ओर ध्यान आकर्षित करते हुए बताया है कि उसे मूल्यों की सम्यक् और सूक्ष्म जानकारी होनी चाहिए, उसे कृति के विवेचन के संदर्भ में तटस्थ होना चाहिए तथा उसमें साहित्यिक सुरुचि या संवेदनशीलता अपेक्षित है।

सामान्य रूप से आलोचक कभी-कभी अपनी निर्णायक भूमिका अपनाने लगते हैं जबकि प्रत्येक स्थिति में उन्हें कृति तथा कृतिकार के विषय में निष्पक्ष रहना अधिक आवश्यक है। निष्पक्षता तथा तटस्थता परस्पर पूरकधर्म हैं। आलोचक की कृति के विश्लेषण के संदर्भ में सम्पूर्ण दृष्टि कृति के रचनात्मक मूल्यों की व्यावहारिक विवेचना पर

होनी चाहिए और इस प्रकार उसके द्वारा निकाले गए निष्कर्ष पूर्णतः निष्पक्ष एवं मूल्यों से सम्बद्ध होंगे। समीक्षक का मूल दायित्व किसी कृति के अन्तवर्ती मूल्यों का विश्लेषण एवं मूल्यांकन हैं और इस विश्लेषण तथा मूल्यांकन द्वारा वह साहित्य की उत्कृष्टतम परम्पराओं के साथ उसकी संगति बैठाता चलता है। आलोचक यदि किसी कृति के विश्लेषण के संदर्भ में अपनी प्रतिबद्ध विचारधारा का आरोपण करता है तो निश्चित ही, कृति की व्याख्या दिशाहीनता की ओर जा सकती है। किसी कृति की व्याख्या के लिए स्वयं कृति के ही मानक, उसकी सामाजिक संरचना, वैचारिक सम्बद्धता, मूल्यबोध, सर्जक की अपनी प्रतिबद्धता आदि विवेचन के आधार हैं—इन सबके ऊपर आलोचक की प्रतिबद्धता का आरोप सर्जन की मूल चेतना को दिग्भ्रमित कर देती है। आचार्य रामचन्द्र शुक्ल का रीतिकालीन साहित्य के कवियों यथा आचार्य केशवदास, बिहारी, देव आदि से सम्बद्ध विवेचन उनकी आलोचनात्मक वृत्ति की तटस्थता के उदाहरण नहीं कहे जा सकते। हिन्दी साहित्य में ''देव और बिहारी'' की तुलनात्मक आलोचना सर्वथा एकांगी रही है। तटस्थ आलोचक पूरी तरह से कृति के संरचनात्मक एवं सामाजिक मूल्यों की छानबीन करता है उन मूल्यों के प्रति उचित/अनुचित, नैतिकता/अनैतिकता की टिप्पणी या अपनी सुरुचि का आरोपण नहीं करता। आलोचक का दायित्व निर्णायक का नहीं, मूल्यों के विश्लेषक का है।

3. बहुज्ञता—प्रायः कवि या सर्जक के विषय में प्रसिद्ध है कि वह सम्पूर्ण विधाओं, कलाओं एवं शास्त्रों का सम्यक् ज्ञान प्राप्त करके रचना में यथासमय तथा यथास्थान उनके उपयोग के लिए तत्पर दिखाई पड़ता है। आलोचक का ज्ञान तथा उसकी समझ सर्जक् को और आगे तक ले जाती है। आलोचक केवल कृति का पाठक ही नहीं होता वह कृति के सम्पूर्ण अन्तर्जगत को खँगालता है और इस प्रक्रिया के लिए उसे इतिहास, परम्परा, राजनीति, मनोविज्ञान, सृजन प्रक्रिया, साहित्यशास्त्र आदि-आदि न जाने कितनी ज्ञानात्मक धाराओं को हृदयंगम करना पड़ता है। कृतित्व का उद्गमस्थान जीवन का चैतन्य एवं लोक की सामाजिक प्रतिबद्धता है और आलोचक का दायित्व है, सर्जक की रचनाधात्री प्रकृति, परिवेश तथा संस्कारों की सही-सही पहचान। कवि कर्म से आलोचक का कर्म अधिक जटिल होता है—क्योंकि सर्जक भावात्मक आवेग के प्रवाह में उसे छोड़कर आगे बढ़ जाता है और वह उस आवेग में स्तम्भित होकर अपने आत्मचैतन्य को विसर्जित न करके पूरी तरह से जागरूक रचनाकार और रचना संसार का परीक्षण और मूल्यांकन करने के लिए निरन्तर तत्पर रहता है। कवि के महनीय दबाव से उसका दबाव अधिक बलवत्तर है क्योंकि वह कवि की संवेदनीय कृति व्यवस्था का भोक्ता ही नहीं, उसका विश्लेषक भी होता है। सामान्य पाठक या भावक तो कृति का आस्वाद लेता है किन्तु आलोचक स्वयं में एक जागरूक आस्वादक है। संवेदनवृत्ति के साथ-साथ उसकी आँखें खुली रही हैं और वह कृति के

समूचेपन को सारी परिस्थितियों के प्रकाश में देखता है, जो सर्जन के मूल तथा भूमिका भाग में वर्तमान हैं।

4. सर्जनात्मकता—आलोचक की सबसे महत्त्वपूर्ण विशेषता है, सर्जनात्मक सामर्थ्य। यदि कृति कवि की सर्जनात्मक अभिव्यक्ति है तो आलोचना उस कृति का पुनर्सृजन है। डॉ. नगेन्द्र के शब्दों में 'काव्य जीवन का आख्यान है, इसी शब्द का प्रयोग करते हुए सीधे तौर पर कहा जा सकता है कि 'आलोचना काव्य का आख्यान है। यहाँ भी स्पष्ट है कि आख्यान विवेचन मात्र का वाचक न होकर पुनः सृजन का ही वाचक है...।''[1] डॉ. रामस्वरूप चतुर्वेदी इसी मत की पुष्टि करते हुए कहते हैं कि, ''भाषा जब स्वयं सर्जनात्मक है तो वह एक प्रकार से आलोचक को प्रोत्साहन देती है कि तुम भी कुछ create करो, सृजन करो.....। भाषा की यह जो सर्जनात्मकता है वह आलोचना को रचना होने का अवसर प्रदान करती है।''[2] समीक्षा के रूप में आलोचक की सर्जनाशक्ति की चर्चा उन्होंने अपनी अन्य कृति-भाषा तथा सर्जन आदि में तर्क और प्रमाणों के साथ की है।

भारतीय काव्यशास्त्र में कवि या सर्जक एवं भावक (पाठक तथा आलोचक) दोनों को नैसर्गिक एवं निर्णायक प्रतिभा से सम्पन्न माना गया है किन्तु एक की प्रतिभा कारयित्री (सर्जनात्मक) है दूसरे की प्रज्ञा भावात्मक अर्थात् रचना में अन्तर्निहित मूल्यों, तत्वों, छुपे रहस्यों की आन्तरिक समझ से सम्पन्न। इस समझ के साथ ही सहृदयता इसका विशेष गुण है और यह भावक जब सर्जन के मर्म का उद्घाटन करने लगता है तो भाषा, अर्थ एवं मन्तव्य के स्तर पर वह कथ्य (आलोचना) सर्वथा नया जैसा हो उठता है। अन्तर केवल इतना है कि कृति का कथ्य कवि की भावात्मक अभिव्यक्ति है और आलोचक इस भावात्मक अभिव्यक्ति के मर्म को नितान्त उदीप्त, स्पृहणीय एवं सामयिक बना देता है। आलोचक की भाषिक सर्जनात्मक शक्ति को सहृदयता या प्रज्ञात्मक समझ के रूप में ही लिया जा सकता है क्योंकि यह उसकी विवेचनात्मक मौलिक सामर्थ्य अर्थ के नयेपन की व्याख्या को उसी प्रासंगिकता के साथ जोड़कर कृति को कालजयता की सामर्थ्य से परिपूर्ण करती जाती है और सामान्य पाठक के लिए आलोचक का यह विश्लेषण तुष्टिदायी होता चलता है।

□□

---

1. हिन्दी आलोचना के आधार स्तम्भ सम्पादक रामेश्वर खंडेलवाल, सुरेशचन्द्र गुप्त, पृ. 10
2. रचना और आलोचना—संग्रहालय प्रकाशन, पृ. 4

आधुनिक सैद्धान्तिक समीक्षा : इतिहास तथा स्वरूप

सामान्यतया हिन्दी साहित्य के अन्तर्गत सैद्धान्तिक एवं व्यावहारिक समीक्षा का इतिवृत्त तथा विश्लेषण, साथ-ही-साथ चलता है। आधुनिक कालखण्ड में प्रो. रामस्वरूप चतुर्वेदी, डॉ. रामेश्वर लाल खंडेलवाल, डॉ. सुरेशचन्द्र गुप्त, डॉ. विश्वनाथ त्रिपाठी, डॉ. नन्दकिशोर नवल आदि कितने व्यावहारिक समीक्षक हैं, जिन्होंने समीक्षा के व्यवहार के साथ सिद्धान्तगत मान्यताएँ, साथ-साथ रखी हैं। यह समीक्षक के विवेचन की विसंगति न होकर व्यावहारिक समीक्षा की अपनी प्रकृति है कि उसे किसी-न-किसी सिद्धान्त का प्रत्यक्ष या अप्रत्यक्ष रूप से हाथ पकड़ कर चलना ही पड़ता है क्योंकि कवि सर्जक के अन्तर्मन की प्रथम सार्वजनिक समस्या कृति की भाषिक प्रस्तुति की है और उसके मन में सृजन के क्षणों में आगे-आगे सैद्धान्तिक तटस्थ समीक्षा चलती रहती है—चेतनभाव से-अचेतन भाव से। यही नहीं, हिन्दी आलोचकों की भी यही दृष्टि है—आचार्य शुक्ल, डॉ. नगेन्द्र, डॉ. रामविलास शर्मा आदि कई ऐसे समीक्षक भी हैं जिन्होंने समानान्तर रूप से सिद्धान्त तथा व्यवहार अर्थात् समीक्षा के दोनों संदर्भों को अपनी सामर्थ्य के अनुरूप स्वीकार किया है। इन समीक्षकों के सैद्धान्तिक चिन्तन कहीं-कहीं इतने प्रबल हो उठते हैं कि उनकी व्यावहारिक समीक्षा के संदर्भ विवेचन के समय सिद्धान्तों के बीच लुप्त से होने लगते हैं।

यही नहीं, समीक्षकों के द्वारा प्रवर्तित सैद्धान्तिक समीक्षा के मानदण्डों को लेकर एक भ्रम और भी वहाँ खड़ा हो उठता है। वह यह कि उन्हीं के समान, ठीक उन्हीं के सामने स्वयं सर्जक कवि सैद्धान्तिक समीक्षा के मानण्डों की स्थापना में तत्पर होकर सामने आता है। आचार्य शुक्ल जी ने छायावादी कविता के मानदण्डों की तलाश करके उसकी व्याख्या की किन्तु पन्त जी ने पल्लव की लम्बी भूमिका एवं हिन्दी साहित्य सम्मेलन से प्रकाशित 'आधुनिक हिन्दी कवि' की भूमिका प्रस्तुत की। निराला ने 'प्रबन्ध प्रतिभा' एवं जयशंकर प्रसाद ने 'काव्यकला तथा अन्य निबंध' एवं महादेवी वर्मा ने भी आधुनिक कवि में अपनी सर्जनात्मक सैद्धान्तिकता की व्याख्या की। कवियों के सैद्धान्तिक चिन्तनों में एवं उस युग की व्यावहारिक तथा सैद्धान्तिक समीक्षा के समान्तर एक दूसरे को रखने में प्रामाणिक किसे माना जाए, इस विकल्प का उठना स्वाभाविक है—कवि को आत्मसृजन का मोह है तथा आलोचक को अपने तटस्थ विवेचन का।

कहने का तात्पर्य यह है कि व्यावहारिक तथा सैद्धान्तिक समीक्षा में निरन्तर इस प्रकार की टकराहट बनी रहती है।

साहित्यिक परम्परा स्वयं में मानव जाति के अनुभवों, संस्कारों, प्रचलनों, मान्यताओं के विकास के साथ-साथ स्वतः चलती रहती है। उसका कोई स्थिर स्वरूप नहीं रहता और सैद्धान्तिक समीक्षा भी उन परिवर्तनों के साथ अपना स्वरूप बदलती चलती है। इस संदर्भ में यदि हम हिन्दी साहित्य की सैद्धान्तिक समीक्षा का मूल्यांकन—अतीत और वर्तमान, भारतीय और विदेशी, आधुनिक और समसामयिक के प्रकाश में, व्यावहारिकता के स्तर पर प्रचलित सृजन की सही तथा विवेकपूर्ण व्याख्या तथा आज की हिन्दी से जुड़ी व्यावहारिक तथा सैद्धान्तिक समीक्षा के स्वरूप से उसकी संगति स्थापित करने का प्रयास करें, तो क्या कोई अन्तिम निष्कर्ष सम्भव है? भारत के दो हजार वर्षों के अतीत से जुड़ी अपनी सांस्कृतिक धरोहर एवं लोक जीवन के संस्कारों को लेकर चली आ रही भारतीय कविता की सैद्धान्तिक समीक्षा के सिद्धान्तों और वर्तमान भारतीय जीवन व्यवस्था की संगति के बीच कोई संगत तालमेल सम्भव नहीं है। 16वीं शती से लेकर अट्ठारहवीं शती के बीच फ्रांस, जर्मनी, ब्रिटेन आदि के विद्वानों ने प्राचीन भारतीय साहित्यिक चिन्तनधारा को जो महत्त्व दिया था, 19वीं शती में फोर्ट विलियम कालेज की स्थापना तथा उसकी विदेशी शिक्षा नीति ने सब को पश्चिमी चिन्तन में परिवर्तन कर डाला। इस नीति ने विज्ञान, तकनीकी साहित्य, वाणिज्य विद्या तथा साहित्य के अध्ययन के दृष्टिकोण को बदला और विशेषकर हिन्दी समीक्षा पर आक्सफोर्ड तथा कैम्ब्रिज विश्वविद्यालयों का फैशन चल पड़ा। व्यापारिक एवं शैक्षिक परिवर्तन के बाद नयी भारतीय जीवन दृष्टि हमारे मध्यमवर्गीय समाज में उत्पन्न हुई और तथाकथित नवजागरण के युग में साहित्य, सृजन, साहित्यिक विधाओं, नई साहित्यिक संदेशात्मक प्रणालियों के साथ-सिद्धान्त चिन्तनों की चर्चा तथा विकास की समस्याएँ आईं। ईस्ट इण्डिया कम्पनी ने सम्पन्न भारतीय कृषि तथा उद्योग व्यवस्था को नष्ट करके एक ओर हमें पूर्णतः परावलम्बी बनाया तथा शिक्षा व्यवस्था ने स्वयं से जुड़ी आजीविका व्यवस्था के द्वारा दूसरी ओर हमारी मानसिकता में पूरी तरह परिवर्तन उपस्थित किया। भारतीय कृषि, ग्रामोद्योग तथा आस्थावादी संस्कृति को परिवर्तित करके उसने पूँजीवादी विचारधारा, वैयक्तिकता केन्द्रित भोगवादी तथा अहम्वादी विचारधारा के जालों में हमें कस दिया और हमारे अन्तःकरण में पाश्चात्य जीवन पद्धति के अंकुर उग आए। उनकी बोई हुई यह अंकुरित सभ्यता अब लहलहाती फसल के रूप में दिख रही है और हमारी संस्कृति, साहित्य तथा विचारधारा की पहचान की भिन्न दिशाएँ बन गई हैं।

आज विश्व बाजारवाद, धन संग्रह की होड़, भ्रष्टाचार, विज्ञान के संसाधनों से जुड़ी जनसंचार, यातायात आदि सुविधाओं के दुरुपयोग की प्रवृत्ति कितनी ऐसी बाते हैं जो हमें अब अपने भारतीय संस्कारों से मिल रही हैं। सन् 1800 में फोर्ट विलियम कालेज की

स्थापना के बाद उत्तर प्रदेश में काशी हिन्दू विश्वविद्यालय में सन् 1922 में तथा इलाहाबाद विश्वविद्यालय में सन् 1924 में हिन्दी विभागों की स्थापनाओं ने अंग्रेजी पैटर्न पर पाठ्यक्रम के संदर्भ से जोड़कर इन नई पाश्चात्य संस्कृति की आंकाक्षाओं की पूर्ति के लिए पश्चिमी जीवन पद्धति से जुड़े काव्य के नये सैद्धांन्तिक चिन्तन की स्थापना की शुरुआत की। बाबू श्यामसुन्दर दास कृत 'साहित्यालोचन' इस दिशा का प्रथम प्रयास है जो सन्,1870 में लिख गया। अपने इस सैद्धान्तिक आलोचनात्मक ग्रंथ की भूमिका में उन्होंने यह स्पष्ट किया है कि अंग्रेजी समालोचक हडसन के ग्रंथ 'इन्ट्रोडक्शन टू द स्टडी आव लिट्रेचर' के आधार पर लिखा गया है। इसी युग में बाबू गुलाब राय की कृतियाँ भी प्रकाश में आयीं। उनके समीक्षा से सम्बन्धित सिद्धान्त और अध्ययन, काव्य के रूप, हिन्दी काव्य विमर्श, अध्ययन तथा आस्वाद ये चार ग्रंथ प्रकाश में आए। इधर, इलाहाबाद विश्वविद्यालय के हिन्दी विभाग में डॉ. धीरेन्द्र वर्मा की प्रेरणा से सन् 1952 में अंग्रेजी विभाग, इलाहाबाद के अध्यापक प्रो. लीलाधर गुप्त के **''साहित्यालोचन के सिद्धान्त''** शीर्षक का प्रकाशन हुआ और फिर उसके दो वर्ष बाद ही सन्1954 में श्री एस.पी. खत्री कृत **'आलोचना : इतिहास तथा सिद्धान्त'** प्रकाश में आया। इसके बाद हिन्दी की सैद्धान्तिक समीक्षा का विकास पाठ्यक्रम से मुक्त होकर सर्जनात्मक सहित्य का अंग बनकर हिन्दी साहित्य में विकसित होना प्रारम्भ हुआ।

हिन्दी की इस नव सैद्धान्तिक समीक्षा के इतिहास का एक दूसरा भी पक्ष है। भारतेन्दु हरिश्चन्द्र युग से प्रारम्भ होने वाली हिन्दी पत्रिकाओं का इस सैद्धान्तिक समीक्षा के विकास में महत्त्वपूर्ण योगदान है।

हिन्दी पत्रिकाओं का व्यवस्थित रूप भारतेन्दु हरिश्चन्द्र कृत कवि वचन सुधा (सन् 1868) से शुरू हुआ। उनकी अपनी पत्रिकाएँ हरिश्चन्द्र मैगज़ीन, बाला बोधिनी क्रमशः 1873 तथा 1874 में आईं। तत्पश्चात् हिन्दी प्रदीप (1877), आनन्द कादम्बिनी (1881), ब्राह्मण पत्रिका (1883) प्रकाशित हुईं। सन् 1900 में पहली बार सरस्वती पत्रिका वाराणसी से प्रकाशित हुई, फिर दूसरे अंक से, यह इलाहाबाद से छपने लगी। पं. महावीरप्रसाद द्विवेदी इसके सम्पादक बने। सन् 1903 में प्रताप पत्रिका गणेशशंकर विद्यार्थी के सम्पादकत्व में कानपुर से आई। सन् 1902 में चन्द्रधर शर्मा गुलेरी ने जयपुर से समालोचक पत्रिका निकाली। इन पत्रिकाओं का एक लम्बा युग तथा इतिहास है और इन पत्रिकाओं ने हिन्दी की नयी समीक्षा प्रणाली को अपने ढंग से विकसित करने का एक वातावरण निर्मित किया।

इन समीक्षात्मक पत्रिकाओं ने हिन्दी की सैद्धान्तिक समीक्षा की दो विशेषताओं को प्रेरित किया—प्रथम, फुटकल सैद्धान्तिक लेख जैसे साहित्य जन समूह के हृदय का विकास है—सन् 1890 में पं. बालकृष्ण भट्ट लिखा गया। दृश्य रूपक व नाटक लेख बदरी

नारायण चौधरी प्रेमधन ने लिखा। हिन्दी की सैद्धान्तिक समीक्षा का सूत्रपात भारतेन्दु हरिश्चन्द्र से समझना चाहिए। बाबू हरिश्चन्द्र जी ने सन् 1876 में सत्य हरिश्चन्द्र की भूमिका में नाटक के सैद्धान्तिक पक्षों का हिन्दी में प्रथम बार विवेचन किया था जिसे बाबू रामदीन सिंह ने सन् 1917 में संकलित कर कई खण्डों में प्रकाशित कराया। भारतेन्दु हरिश्चन्द्र ने उस युग में नाटक के उद्देश्य के अन्तर्गत 'समाज संस्कार एवं देश वत्सलता जैसे सामाजिक संदर्भों की भी उद्भावना की थी।

दूसरे स्तर पर साहित्य की पाश्चात्यधारा के प्रभाव से सैद्धान्तिक समीक्षा की ओर उस युग के रचनाकारों को सममायिक साहित्यिक प्रचार-प्रसार के कारण उन्मुख होना पड़ा। बाबू जगन्नाथ दास रत्नाकर द्वारा पोप के ग्रंथ Essay on cricism का 'समालोचनादर्श' के नाम से रोला छन्द में अनुवाद प्रस्तुत किया जाना, उस युग में प्रचलित पश्चिमी नई काव्यधारा के प्रचार-प्रसार का ही प्रभाव है। आगे चलकर, पण्डित महावीर प्रसाद द्विवेदी की सैद्धान्तिक समीक्षा के ग्रंथ इसी परम्परा से जुड़े। आचार्य द्विवेदी जी के ये ग्रंथ विचारविमर्श, साहित्य सीकर, संचयन तथा आलोचनांजलि आदि हैं।

सैद्धान्तिक समीक्षा से जुड़े इन दोनों तथ्यों पर विचार करने से यह स्पष्ट हो जाता है कि पश्चिमी अंग्रेजी साहित्य एवं उनके द्वारा स्थापित शिक्षा पद्धति के व्यापक प्रचार-प्रसार की अवधारणाओं की प्रेरणा से इस धारा के सैद्धान्तिक ग्रंथ लिखे गए।

इस संदर्भ में तीसरा कारण भारतीय परम्परा की निजता भी है। इस युग में रीतिकाल के प्रभाव एवं दबाव का अच्छा खासा प्रभाव सैद्धान्तिक समीक्षा से सम्बद्ध अपनी भारतीय काव्यशास्त्रीय परम्परा से जुड़ा हुआ दिखायी पड़ता है। उस युग में ब्रजभाषा काव्य एवं शास्त्र दोनों परम्पराओं के प्रचलन के कारण हिन्दी साहित्य से जुड़े विद्वानों का एक बहुत बड़ा संवर्ग परम्परित भारतीय शास्त्रनिष्ठा के प्रति आस्थावान था। सन् 1900 से1940 तक इस परम्परा के अनेक शास्त्रीय ग्रंथ लिखे गए। इस दिशा में लिखे गए ग्रंथों की तालिका इस प्रकार है—

रामदास कृत कवि कल्पद्रुम (सं. 1901), चन्द्रशेखर वाजपेयी कृत रसिक विनोद (सं. 1903), ग्वाल कृत रसिकानन्द (सं. 1936), रससंग (1904), कविराजा मुरारिदान, जसवंत भूषण (1905), महाराज प्रताप नारायण सिंह—रस कुसुमाकर (1951), कन्हैयालाल पोद्दार—रस मंजरी, अलंकार मंजरी, काव्यकल्पद्रुभ (सं. 1983), जगन्नाथ प्रसाद भानु—काव्य प्रभाकर (सं. 1967), लाला भगवान दीन कृत अलंकार मंजूषा (1973), रमाशंकर शुक्ल 'रसाल'—अलंकार पियूष, सीताराम शास्त्री—साहित्य सिद्धान्त (1987), अर्जुनदास केडिया भारतीभूषण, अयोध्यासिंह उपाध्याय हरिऔध रसकलश (संवत् 1998), बिहारी लाल भट्ट-साहित्य सागर (सं. 1994), मिश्रबन्धु—साहित्य पारिजात (1993) व्रजेश-रसरसांग निर्णय (1993) पं. विश्वनाथ प्रसाद मिश्र-काव्यांग कौमुदी आदि। (क) पण्डित बल्देव उपाध्याय कृत भारतीय

साहित्यशास्त्र का इतिहास, रामदहिन मिश्र कृत काव्यालोक, डॉ. लक्ष्मी नारायण सुधांशु कृत काव्य में अभिव्यंजनावाद आदि।

इन ग्रंथों की मूलदृष्टि परम्परागत भारतीय काव्यशास्त्रीय चिन्तन को प्रायः उसी क्रम में विवेचित करने की रही है। इन शास्त्रकारों की प्रवृत्ति शृंगार रस एवं नायिका भेद की ओर उन्मुख नहीं दिखाई पड़ी जो रीतिकालीन काव्य चेतना के मूल में रही है। परम्परित शृंगार-परकता इनमें कहीं-कहीं अवश्य है। अलंकार, रस, एवं ध्वनि विवेचन पर इन ग्रंथों की मूल दृष्टि रही है फिर भी, कुछ ग्रंथ सर्वांग विवेचन से भी सम्बद्ध रहे हैं। यह शास्त्रीय समीक्षा किसी-न-किसी रूप में आज भी हमारे पाठ्यक्रम का अंग बनी हुई है और सैद्धान्तिक समीक्षा के कई बुनियादी प्रश्न आज भी हिन्दी जगत के विद्वानों के बीच परस्पर वाद-विवाद के विषय हैं। इसके अतिरिक्त भी इस युग में परम्परित शास्त्रीय समीक्षा से भिन्न ग्रंथ बाबू श्यामसुन्दर दास या कृत साहित्यालोचन (1922) तथा साहित्य मीमांसा, सूर्यकान्तशास्त्री कृत रहे हैं।

भारतीय सैद्धान्तिक समीक्षा की अपनी मूल समस्याएँ हैं क्योंकि इसका दृष्टिकोण पश्चिमी सैद्धान्तिक समीक्षा से सर्वथा भिन्न प्रकार का है। भारतीय काव्यशास्त्रीय चिन्तन कविता के स्थापत्य और उसकी अन्तरात्मा की व्याख्या उसे वस्तु' के रूप में मानकर करता है और उसके निष्कर्ष भारत की ही कविता नहीं वैश्विक कविता कला तथा आस्वादन की भूमिका से सम्बद्ध हैं। रूढ़िवादिता के कारण हिन्दी के भक्ति तथा रीतिकाल में भारतीय परम्परित साहित्य की पुनरावृत्ति की प्रवृत्ति के स्थान पर आज हिन्दी, संस्कृत, अंग्रेजी, बंगला, मराठी, गुजराती आदि भाषाओं में आचार्य भरत से प्रारम्भ होकर पण्डितराज जगन्नाथ तक चलने वाली अर्थात् 1600 वर्षों के कालान्तराल के बीच की भारतीय मनीषा द्वारा विवेचित इस चिन्तन का विश्लेषण कई रूपों में हुआ है। भारत ही नहीं, विश्व के चिन्तकों का ध्यान आज इस काव्य चिन्तन पर है।

सन् 1920 में आचार्य महावीर प्रसाद द्विवेदीकृत 'रसज्ञ रंजन' प्रकाश में आया और इस कृति में कवि मिल्टन का प्रभाव द्रष्टव्य है। इसके पश्चात् सन् 1922 में इस दिशा में **साहित्यालोचन** की रचना बाबू श्याम सुन्दर दास ने की और उन्होंने भारतीय तथा पश्चिमी समीक्षा मानकों के आधार पर सैद्धान्तिक समीक्षा का सर्वथा व्यवस्थित तथा सन्तुलित दृष्टिकोण रखा। बाबू श्याम सुन्दर दास के बाद सैद्धान्तिक समीक्षा के अन्तर्गत आचार्य रामचन्द्र शुक्ल का उल्लेख आवश्यक है। चिन्तामणि भाग 1 एवं 2 तथा रस मीमांसा उनकी कृतियाँ हैं—जिनके माध्यम से उन्होंने लोक पक्ष से सम्बद्ध व्यापक मूल्यों को मान्यता दी। आचार्य शुक्ल के सृजन काल में ही डॉ. सूर्यकान्त शास्त्री कृत **साहित्य-मीमांसा** का प्रकाशन हुआ और संस्कृत तथा अंग्रेजी की समवेत् दृष्टि के समन्वय के साथ पं. बल्देव उपाध्याय ने **भारतीय साहित्य शास्त्र का इतिहास**, तथा

पण्डित रामदाहिन मिश्र ने '**काव्यालोक**' की रचना की। इस परम्परा में डॉ. भगीरथ मिश्र कृत-हिन्दी के **काव्यशास्त्र का इतिहास** और बाद में '**भारतीय काव्यशास्त्र**' तथा '**पाश्चात्य काव्यशास्त्र**' शीर्षक से दो कृतियाँ प्रकाशित हुई। लक्ष्मीनारायण सुधांशु कृत '**काव्य में अभिव्यंजनावाद**' इसी कालान्तराल में लिखा गया। इसी के साथ-साथ बाबू गुलाबराय कृत **सिद्धान्त और अध्ययन** का प्रकाशन हुआ। उसके बाद उनके द्वारा लिखित कृतियाँ **काव्य के रूप**, **हिन्दी काव्य विमर्श**, **अध्ययन और आस्वाद** एवं **साहित्य समीक्षा** प्रकाश में आईं। बाबू गुलाबराय के लेखन कार्य के आसपास भी शिवनारायण शर्मा कृत '**साहित्य**' तथा शिवनन्दन प्रसाद कृत '**साहित्यालोचन के सिद्धान्त**' प्रकाशित हुए। डॉ. नगेन्द्र कृत '**रीति काव्य की भूमिका**' शीर्षक ग्रंथ इसी समय लिखा गया।

इन सम्पूर्ण समीक्षकों की दृष्टि समन्वयवादी थी। ये पश्चिमी समीक्षा के मानकों को अपनी वैचारिक प्रासंगिता से जोड़कर प्रस्तुत करते हुए भारतीय शास्त्रीय समीक्षा के मानकों को रखने, जोड़ने एवं उसकी संगति बैठाने के लिए बराबर चेष्टारत मिलते हैं। ये यदि रूढ़िवादी होते तो पश्चिमी साहित्य तथा उसकी व्यावहारिक एवं सैद्धान्तिक समीक्षा की मुक्तभाव से प्रशंसा न करते। आचार्य रामचन्द्र शुक्ल के पूर्व या उनके समानान्तर का कालखण्ड इस प्रारम्भिक स्थिति का स्पष्ट परिचय देता है। चिन्तन से जुड़ी अनेक समस्याओं की ओर इनका ध्यान गया है, जिनका विवेचन हिन्दी समीक्षकों के द्वारा किया जाना अपेक्षित है।

यहाँ इस सम्बन्ध में मात्र इतना ही कहना आवश्यक है कि पश्चिमी चिन्तन दृष्टि ने हम भारतीयों के लिए अपने अतीत के कलात्मक शास्त्रीय चिन्तन को पुनर्विवेचित करने का सैद्धान्तिक विश्लेषण का एक वातावरण उत्पन्न किया और हमने सर्वथा अपने ढंग से इस समस्या से जुड़े अपने अतीत का दर्शन किया। इसकी मूल प्रेरणा पाश्चात्य साहित्य चिन्तन की ही है। ऐतिहासिक दृष्टि से सैद्धान्तिक समीक्षा के स्तर पर यह स्मरण कराना आवश्यक है कि सन् 1896 में लिखित **समालोचना** पुस्तक का उल्लेख सर्वप्रथम किया जाता है, जिसके लेखक भी गंगाप्रसाद अग्निहोत्री हैं। इसके पश्चात् अम्बिका दत्त व्यास कृत 'गद्य काव्य मीमांसा' एवं फिर तीसरे स्थान पर जगन्नाथ दास रत्नाकर कृत समालोचनादर्श है।

सैद्धान्तिक समीक्षा के संदर्भ में हिन्दी की तीन पत्रिकाओं का योगदान विशेष महत्त्वपूर्ण है। सन् 1897 में प्रकाशित 'नागरी प्रचारिणी पत्रिका', सन् 1900 में प्रकाशित 'सरस्वती' तथा 1906 में प्रकाशित 'सम्मेलन पत्रिका'। इन पत्रिकाओं में भारतीय तथा पाश्चात्य सैद्धान्तिक समीक्षा सम्बन्धी अनेक लेखों के प्रकाशन ने समीक्षा कार्य को आगे बढ़ाने में मदद दी।

ऐतिहासिक दृष्टि से हिन्दी विषय के अन्तर्गत अनुसंधान कार्य का प्रारम्भ सर्वप्रथम इलाहाबाद विश्वविद्यालय से शुरू हुआ। इस संदर्भ में पाश्चात्य, भारतीय तथा तुलनात्मक सैद्धान्तिक समीक्षा सम्बन्धी अनेक ग्रंथ प्रकाश में आए। बाद में, भारत की अन्य भाषाओं में लिखे गए सैद्धान्तिक समीक्षा सम्बन्धी शोध प्रबन्धों की चर्चा की गई। सन् 1942 में अखिल भारतीय स्तर पर विश्वविद्यालयों एवं डिग्री कालेजों में कार्यरत, हिन्दी अध्यापकों या स्वतंत्ररूप से अनुसंधान करने वाले हिन्दी के विद्वानों की संस्था 'भारतीय हिन्दी परिषद्' प्रयाग की स्थापना हुई और व्यापक स्तर पर हिन्दी के भारतीय तथा हिन्दी काव्यशास्त्र सम्बन्धी सिद्धान्तों के अन्वेषण पर बल दिया गया। भारतीय हिन्दी परिषद द्वारा ही सन् 1944 में अनुसंधान पत्रिका 'हिन्दी अनुशीलन' का प्रकाशन प्रारम्भ हुआ। इसका परिणाम अपने तरह से सामने आया, जिससे प्रायः हिन्दी के विद्वान परिचित हैं। सन् 1936 में भारत में प्रगतिशील लेखक संघ की स्थापना के बाद व्यावहारिक तथा सैद्धान्तिक समीक्षा के स्तर पर अनेक ग्रंथ लिखे गए जिनका प्रगतिवादी चिन्तन से सम्बन्ध है और इसका यह क्रम आज तक बना हुआ है। आधुनिक पश्चिमी आलोचना के विकास के फलस्वरूप अंग्रेजी साहित्य के कई आलोचकों तथा उनकी सैद्धान्तिक कृतियों का अनुवाद हिन्दी में हुआ। साहित्य के प्रमुख सैद्धान्तिक चिन्तक आचार्य शुक्ल जी द्वारा सन् 1939 में **'रस मीमांसा'** लिखी गई और 1949 में प्रकाशित हुई।

इन ग्रंथों की चर्चा बाद में की जाएगी। यहाँ कालक्रम के अनुसार कतिपय सैद्धान्तिक समीक्षकों की चर्चा अपेक्षित है—

बाबू श्यामसुन्दर दास—सन् 1922 काशी हिन्दी विश्वविद्यालय में हिन्दी विषय की स्वतंत्र मान्यता के फलस्वरूप हिन्दी समीक्षा सिद्धान्त के पाश्चात्य संदर्भों को पाठ्य-सामग्री के अन्तर्गत जोड़ने की समस्या ने इस युग के हिन्दी सेवियों को विवश किया कि वे सैद्धान्तिक एवं शास्त्रीय समीक्षा को प्रतिष्ठित करने का प्रयास करें। इस दिशा में काशी में बाबू श्याम सुन्दर दास तथा आचार्य पं. रामचन्द्र शुक्ल ने पश्चिमी सैद्धान्तिक समीक्षा के साथ भारतीय काव्य चिन्तन की मान्यताओं को साथ-साथ रखकर इसे पूर्णता प्रदान करने की चेष्टा की है। आचार्य रामचन्द्र शुक्ल की साहित्यालोचन के विषय में टिप्पणी नितान्त सामान्य है—"इनमें से पहले पुस्तक शिक्षोपयोगी है।" इनके इस ग्रंथ का आधार अंग्रेजी के समीक्षक हडसन की कृति Introduction to the study of Literature है। इस दिशा में दो ग्रंथों की रचना थी—साहित्यलोचन (1922) तथा रूपक रहस्य। डॉ. नगेन्द्र ने साहित्यालोचन कृति पर टिप्पणी करते हुए लिखा है कि "वस्तुतः उस युग के हिन्दी समालोचना साहित्य का जो स्वरूप धरातल था, उसके दृष्टिकोण से साहित्यालोचन सैद्धान्तिक रूप की चरम परिणति कहा जा सकता है।" आचार्य शुक्ल उसे पाश्चात्य पाठ्यक्रम के रूप में देख रहे हैं, जबकि डॉ. नगेन्द्र ने उसे युगसापेक्ष्य संदर्भ में

समीक्षाशास्त्र का उत्कृष्ट साक्ष्य माना है। डॉ. कृष्णदत्त पालीवाल ने सम्भवतया सर्वप्रथमबार श्री श्यामसुन्दर दास की सैद्धान्तिक समीक्षा दृष्टि का विस्तृत मूल्यांकन अपनी प्रसिद्ध कृति **हिन्दी आलोचना का सैद्धान्तिक आधार** के अन्तर्गत किया है।

बाबू श्याम सुन्दर दास ने पश्चिमी सैद्धान्तिक समीक्षा के प्रचलित मानकों की चर्चा करते हुए उनके काव्यचिन्तन को अपनी कृति में स्वीकार किया है। पश्चिम की कलावादी मान्यताएँ, सामाजिक यथार्थवाद, फ्रायड का मनोविज्ञान आदि सिद्धान्तों और भारतीय परम्परा के काव्य चिन्तन के अन्तर्गत काव्य विभाजन, रस सिद्धान्त, अलंकार आदि का विवेचन उन्होंने स्वतंत्र भाव से किया है। आचार्य श्याम सुन्दरदास जी के हिन्दी की सैद्धान्तिक समीक्षा के विकास में योगदान की चर्चा प्रायः न के बराबर की गई है और विशेषकर उनके सहकर्मी तथा सहधर्मी आचार्य रामचन्द्र शुक्ल ने उनका जो भी मूल्यांकन किया है, वह उनके योगदान का सम्यक् विवेचन नहीं है। हिन्दी में व्यावहारिक समीक्षा की प्रणाली के लिए पश्चिमी आलोचना ने जिस प्रकार से सहायता की है, ठीक उसी प्रकार से सैद्धान्तिक चिन्तन की नवीन दिशाओं को स्पष्ट करने के क्षेत्र में भी पश्चिमी सैद्धान्तिक शास्त्रचिन्तन को ही श्रेय दिया जाता है। यह सत्य है कि काव्य सिद्धान्त की भारतीय दृष्टि अपने में स्वयं महत्त्वपूर्ण स्थान रखती है किन्तु विश्लेषणात्मक प्रणाली और सिद्धान्तों की ग्राह्यता को हिन्दी में सर्वप्रथमबार स्थापित करने का श्रेय बाबू श्यामसुन्दर दास को ही है। अनेक पाश्चात्य चिन्तकों के वैचारिक सिद्धान्तों के प्रकाश में दास बाबू ने हिन्दी की सैद्धान्तिक समीक्षा की एक ऐसी नींव डाली है जिसे हम पद्धति क्रम में निरन्तर दुहराते ही नहीं जा रहे हैं, अपने उच्च शिक्षा के पाठ्यक्रमों में स्थान भी दे रखा है। उनकी यह दृष्टि भारतीय तथा पाश्चात्य काव्य चिन्तन के समन्वय के मूलाधार पर निर्मित उनके सैद्धान्तिक आलोचक के स्वविवेक पर आश्रित है।

बाबू गुलाबराय—बाबू गुलाबराय की पाँच सैद्धान्तिक कृतियाँ साहित्यिक समीक्षा के प्रारम्भिक युग में मानक के रूप में स्वीकार की जाती रही हैं। ये कृतियाँ हैं—सिद्धान्त और अध्ययन, काव्य के रूप, हिन्दी काव्य विमर्श, अध्ययन और आस्वाद तथा साहित्य-समीक्षा। बाबू गुलाब राय का मूल दृष्टिकोण हिन्दी की सैद्धान्तिक समीक्षा के अन्तर्गत भारतीय तथा पाश्चात्य मानकों का विशद प्रस्तुतीकरण है। विशेष रूप से उच्चतर शिक्षा जगत में हिन्दी के पाठ्यक्रम की संगति से जोड़कर समीक्षा-सिद्धान्तों की वृहत् रूपरेखा निर्मित करना उनका लक्ष्य है।

भारतीय काव्य चिन्तन की तार्किक संगति के साथ व्याख्या करते हुए बाबू गुलाब राय ने उस समय के प्रचलित पश्चिमी सिद्धान्तों तथा समीक्षा के मानकों की तर्क संगत ढंग से व्याख्या की है। अभिव्यंजनावाद, कलावाद, मूल्यवाद आदि पाश्चात्य सिद्धान्तों की

युक्तिसंगत व्याख्या करते हुए उन्होंने आलोचना के मानदण्डों तथा व्यावहारिक समीक्षा के मानों का तर्क संगत विवेचन किया है।

आधुनिक हिन्दी समीक्षा की सैद्धान्तिक व्यवस्था को आगे बढ़ाने में उनका योगदान उनकी परम्परा के समीक्षकों में किसी भी प्रकार से कम नही है।

आचार्य रामचन्द्र शुक्ल (सन् 1884 से 1941)—सन् 1904 में आचार्य रामचन्द्र शुक्ल ने न्यूमन के Essay on Imagination तथा Literature का हिन्दी अनुवाद क्रमशः '**कल्पना का आनन्द**' एवं '**साहित्य**' के नाम से किया और इसी वर्ष वह '**साहित्य**' शीर्षक से '**सरस्वती**' पत्रिका में प्रकाशित हुआ। '**कल्पना का आनन्द**' 1905 में प्रकाशित हुआ। सन् 1920 में '**कविता क्या है**' लेख छपा और 1930 में प्रकाशित '**विचार वीथी**' सैद्धान्तिक समीक्षा के लेखों से जुड़कर '**चिन्तामणि**' के नाम से 1939 में प्रकाशित हुई। सन् 1945 में 'चिन्तामणि भाग-2' प्रकाशित हुआ। 'कविता क्या है?' तथा 'चिन्तामणि, भाग-1' को संशोधित रूप में पुनः रस मीमांसा में उन्होंने प्रकाशित कराया। सन् 1922 में लोकमंगल की साधनावस्था, साधारणीकरण तथा व्यक्ति-वैचित्र्यवाद लेख चिन्तामणि भाग-1 तथा बाद में रस मीमांसा में छपे।

सैद्धान्तिक समीक्षा से सम्बद्ध इस चिन्तन को अपने जीवन के 30 वर्षों सन् (1910 से 1940 तक) के बीच व्यावहारिक समीक्षा के साथ जोड़कर उन्होंने प्रभावपूर्ण तथा अविचल निष्कर्षों से हिन्दी आलोचना के लिए जो मानदण्ड निर्मित किये, उनकी तेजस्विता उनके देहावसान के 67 वर्षों के बाद आज भी वर्तमान है।

आचार्य नन्ददुलारे वाजपेयी शुक्ल जी की व्याख्या के तीन सूत्रों को इंगित करते हैं। उनके अनुसार यही आचार्य शुक्ल की चिन्तन की रीढ़ हैं।

1. जगत व्यक्त की अभिव्यक्ति है और कविता उस अभिव्यक्त की अभिव्यक्ति है।
2. जीवन की व्यवहार दशाओं में कला का पूर्ण स्फुटन होता है।
3. प्रवृत्ति और निवृत्ति इन दोनों के बीच में एक और भी वृत्ति है वह है, रागात्मक वृत्ति।

इस प्रकार, आचार्य शुक्ल उस अनन्त सत्य के अनिवार्य अंग के रूप में काव्य को लोक सत्ता का स्फुरण मानते हैं।

इन लोक व्यवहार को समग्र अन्वितियों में कला का स्फुरण सहज ही अनिवार्य है और इस प्रकार कलाचेतना लोकचेतना के अनन्त स्फुरणों के साथ स्वयं सम्बद्ध है!

यह कला चेतना लोक को प्रवृत्ति तथा निवृत्ति से मुक्त करके समाज को रागात्मक सम्बन्धों में बाँधती है। 'रस' लोक की इसी रागात्मक सत्ता का प्रतिपादक है। आध्यात्मिकता तथा भौतिकता के बीच स्थित रागात्मकवृत्ति जो दोनों से जोड़ती है, तोड़ती भी है, इनको अपनी रागात्मकता से जोड़कर एक भिन्न प्रकार की विश्रान्ति प्राप्त कराती है। इसी

रागात्मक वृत्ति के कारण साहित्य एक ओर लोक व्यवहार से जुड़ता है तो दूसरी ओर आनन्द से।

डॉ. निर्मला जैन आचार्य शुक्ल की व्याख्या करती हुई बताती हैं कि शुक्ल जी के सैद्धान्तिक समीक्षा के लिए शब्द है—काव्य मीमांसा और संदर्भ इस प्रकार हैं—

1. रस के आधार के लिए विभावन व्यापार की सर्वोत्कृष्टता, जिसके अन्तर्गत वस्तु-विधान, चारित्र्य और दृश्य योजना, प्रमुख हैं।
2. सिद्धान्त के रूढ़ रूप के स्थान पर उसके मूल मन्तव्य तक पहुँचने की चेष्टा
3. रस की लोकोत्तरता के स्थान पर उसे लोकभूमि पर उतारने का प्रयत्न।[1]

डॉ. कृष्णदत्त पालीवाल की आचार्य शुक्ल की सैद्धान्तिक समीक्षा के संदर्भ में निम्नलिखित अवधारणाएँ हैं—

1. "पाश्चात्यवादों तथा भारतीय प्रवृत्तियों पर पूरा विचार"।
2. उन वादों तथा प्रवृत्तियों के सम्पूर्ण परिप्रेक्ष्य को समझने की दृष्टि उत्पन्न करने वाली परिस्थितियों का पूरा परिचय।
3. उनके भीतर जो उपयोगी सत्य उन्हें प्राप्त हुए, उनकी मदद से हिन्दी समीक्षा का मार्ग प्रशस्त किया।"[2]

मेरी दृष्टि से आचार्य शुक्ल के योगदान के निम्नलिखित तीन पक्ष हैं—

1. मूल्यवादी दृष्टि जिसकी स्थापना उन्होंने लोकमंगलवाद के रूप में की।
2. लोकधर्मिता जो लोक जीवन के प्रति समग्र आस्था एवं जीवन्त चेतना से स्पन्दित है, उसे सैद्धान्तिक समीक्षा का आधार प्रदान करना।
3. रसवादी काव्य दृष्टि

लोकमंगल की व्याप्ति लोकधर्मिता से सम्बद्ध है—अतः लोक जीवन का यथार्थ और सृजन द्वारा लोकचित्त में उसकी स्थापना दोनों परस्पर एक दूसरे से जुड़ जाते हैं। आचार्य शुक्ल 'आनन्द' को लोकमंगल की सिद्धावस्था कहकर उसे भी लोकचित्त से जुड़े मूल्य के रूप में स्वीकृति देते हैं किन्तु लोकमंगल की साधनावस्था जीवन की मूल्यवत्ता की श्रेष्ठता से सम्बद्ध है। आचार्य शुक्ल कविता की व्याख्या भावयोग से करते हुए ज्ञानमार्ग तथा संकल्पयुक्त कर्ममार्ग की स्थिति से पृथक् बताते हैं किन्तु यह भावयोग मानव जीवन के यथार्थ का ही एक स्वरूप है। वे प्रकारान्तर से इस रस व्यापार को भी लोकान्वयी सिद्ध करते हैं। उनकी सैद्धान्तिक समीक्षा भावानुभूति एवं मूल्यबोध के विवेचन तथा अनुभूति के स्तर पर लोकभूमि से ही सम्बद्ध है। अतः उनकी साहित्य मीमांसा का आधार लोक जीवन का यथार्थ

---

1. हिन्दी आलोचना की बीसवीं सदी—डॉ. निर्मला जैन, पृ. 33 से 39 तक
2. हिन्दी समालोचना के सैद्धान्तिक आधार, पृ. 206-207।

ही है। लोक की यथार्थवादी अभिव्यक्ति साहित्य सृजन एवं सृजन के परिणाम के रूप में अनुभूत होने वाली उसकी निष्पत्ति का इस लोकानुभूति के अतिरिक्त कोई अन्य भिन्न रूप नहीं बनाती।

इस प्रकार, आचार्य शुक्ल जी की लोकधर्मी काव्य-मीमांसा सिद्धान्त का मंगलवादी मूल्य तथा उसका आस्वादन एवं बोध सब कुछ लोकधर्मी धरातल से ही सम्बद्ध है। डॉ. कृष्णदत्त पालीवाल की मान्यता से वे साहित्य के बीच से उपयोगी तत्त्व को निकालकर शेष रूढ़ि को प्रकारान्तर भाव से पृथक् कर देते हैं, उनके इस निष्कर्ष के लिए यह विवेचन स्वयं प्रमाण बन जाता है। उनके अनुसार "इस प्रकार रसानुभूति ही लोकानुभूति है और यह लोकानुभूति काव्यानुभूति से अभिन्न है। यह काव्यानुभूति मूलतः आनन्दानुभूति न होकर लोक की सुखदुःखात्मक अनुभूति है।"[1]

आचार्य शुक्ल परम्परा में विवेचित रसास्वादन के आध्यात्मिक मन्तव्य को इस प्रकार उसके मूल में जाकर लोक की सुख-दुःखात्मक अनुभूति तक पहुँचा देने में कहीं भी और किसी भी प्रकार का लेशमात्र भी संकोच नहीं करते।

सैद्धान्तिक विवेचन के स्तर पर, इस प्रकार, उनका सृजन, सृजन-प्रक्रिया तथा अनुभूति तीनों सिद्धान्त जीवन तथा यथार्थ जगत से जुड़ी लोकभूमि की अभिन्नता से सम्बद्ध हैं।

डॉ. भगीरथ मिश्र

सैद्धान्तिक समीक्षा के क्षेत्र में डॉ. भगीरथ मिश्र का नामोल्लेख समन्वयवादी समीक्षक के रूप में किया जाता है। इनकी तीन कृतियाँ—हिन्दी काव्यशास्त्र का विकास, भारतीय काव्यशास्त्र तथा पाश्चात्य काव्यशास्त्र विशेष महत्त्वपूर्ण हैं। सैद्धान्तिक समीक्षा के क्षेत्र में ये यद्यपि समन्वयवादी समीक्षक हैं फिर भी इनकी दृष्टि पश्चिमी समीक्षा से अधिक भारतीय काव्यशास्त्रीय चिन्तन से सम्बद्ध है।

भारतीय काव्यशास्त्र और पश्चिमी समीक्षा दृष्टि के विवेचक आचार्यों में कुछ महत्त्वपूर्ण शास्त्रकार और भी हैं, जैसे—डॉ. भोलाशंकर व्यास आदि।

डॉ. नगेन्द्र

हिन्दी की सैद्धान्तिक समीक्षा की परम्परा में आचार्य शुक्ल के बाद डॉ. नगेन्द्र का उल्लेख आवश्यक है। इनका सबसे बड़ा योगदान भारतीय समीक्षा के ऐतिहासिक क्रम से हिन्दी साहित्य के भक्ति तथा रीतिकाल को जोड़ते हुए खड़ी बोली साहित्य में अवतरित इस समीक्षा के संस्कार को एकरूपता प्रदान करना है। सैद्धान्तिक समीक्षा काव्य के अपने जीवन संस्कार के साथ किस प्रकार अपने स्वरूप का परिवर्तन करती रही, इसकी परम्पराबद्ध

1. भारतीय आलोचना के सैद्धान्तिक आधार, पृ. 282

ऐतिहासिक व्यवस्था का वृहत् प्रारूप भारतीय काव्यशास्त्र की परम्परा के रूप में डॉ. नगेन्द्र द्वारा रखा गया। यही नहीं, उन्होंने हिन्दी पाठकों की इस दिशा में ज्ञानवृद्धि के लिए भारतीय काव्य चिन्तकों के सिद्धान्तों का न केवल मूल स्वरूप अपितु हिन्दी अनुवाद के रूप में रखा तथा उन्होंने पश्चिमी समीक्षा के प्राचीन तथा समसामयिक सैद्धान्तिक रूपों से भी हिन्दी जगत का परिचय कराया। उनके तीन ग्रंथ **भारतीय काव्यशास्त्र की परम्परा** (1957), **भारतीय काव्यशास्त्र की भूमिका** (1953), तथा **रस सिद्धान्त** (1964) शास्त्रीय सैद्धान्तिक समीक्षा के मानकीकरण के आधार हैं। डॉ. नगेन्द्र का सबसे महत्त्वपूर्ण योगदान है, हिन्दी साहित्य की सैद्धान्तिक समीक्षा का एक प्रतिबद्ध वातावरण निर्मित करना जिसके प्रकाश में डॉ. निर्मला जैन, डॉ. सुरेशचन्द्र गुप्त, डॉ. ओम प्रकाश, डॉ. सावित्री सिन्हा आदि सैद्धान्तिक समीक्षकों को देखा जा सकता है। आधुनिक आलोचकों ने डॉ. नगेन्द्र को प्रतिक्रियावादी, समन्यवादी, शास्त्रीयतावादी, रसवादी, आनन्दवादी विशेषणों से पुकारा है किन्तु उनके द्वारा हिन्दी की सैद्धान्तिक समीक्षा के क्षेत्र में जो गुरुतर कार्य हुआ है और जिसके प्रति आधुनिक हिन्दी समीक्षकों को कृतज्ञ होना चाहिए, वह है सैद्धान्तिक समीक्षा को खड़ी बोली समीक्षा क्षेत्र में सामान्य प्रचलन का विषय बनाना और उनके इसी प्रयास के फलस्वरूप दिल्ली विश्वविद्यालय का हिन्दी विभाग राष्ट्रीय स्तर पर हिन्दी की सैद्धान्तिक एवं शास्त्रीय समीक्षा का केन्द्र बना। प्लेटा के **काव्य सिद्धान्त** (1964), **काव्य में उदात्त तत्त्व** (1970), **आधुनिक साहित्य : काव्य और मूल्यांकन** (1980), **साहित्य का समाज शास्त्रीय चिन्तन** आदि उनके ग्रंथ पश्चिमी काव्य चिन्तन से उन्हें जोड़ते हैं।

डॉ. निर्मला जैन

दिल्ली विश्वविद्यालय से सम्बद्ध सैद्धान्तिक समीक्षा के इतिहास में डॉ. निर्मला जैन का नाम उनकी चिन्तन दृष्टि एवं तर्क संगत विश्लेषण के कारण विशेष स्मरणीय है। उनकी **रस सिद्धान्त और सौन्दर्यशास्त्र** (1967) आदि कृतियाँ महत्त्वपूर्ण हैं। उन्होंने **हिन्दी समीक्षा बीसवीं शती** के अन्तर्गत सैद्धान्तिक समीक्षा के महत्त्वपूर्ण बिन्दुओं पर प्रकाश डालते हुए आचार्य रामचन्द्र शुक्ल, डॉ. नगेन्द्र, डॉ. रामविलास शर्मा आदि के इस दिशा में दिए गए कार्यों का गम्भीर सैद्धान्तिक मूल्यांकन किया है। उनकी सैद्धान्तिक समीक्षा का आधार है—आधुनिकता बोध के विविध संदर्भ और इस दृष्टिकोण के प्रकाश में सामयिक साहित्य तथा उनके सैद्धान्तिक मानकों को सन्तुलित रखकर चिन्तनगत सचेष्टता का विषय बनाना उनके विश्लेषण का लक्ष्य रहा है।

डॉ. रामस्वरूप चतुर्वेदी

हिन्दी की सैद्धान्तिक समीक्षा के क्षेत्र में प्रो. रामस्वरूप चतुर्वेदी के कार्यों की चर्चा इसलिए आवश्यक है कि उन्होंने नव रूपवादी समीक्षा को काव्य भाषा सिद्धान्त के रचनातंत्र के विश्लेषणात्मक स्वरूप से जोड़कर उसे सर्जक एवं समीक्षक की जीवन्त भावनात्मकता

से सम्बद्ध किया है। पश्चिमी सैद्धान्तिक समीक्षा की परम्परा में काव्यभाषा एक शास्त्रवाद है और चतुर्वेदी ने इस शास्त्रवाद का पूरी तरह से विश्लेषण करते हुए उसे रचनाक्रम में सर्जक के द्वारा प्रयुक्त सर्वथा जीवन्त एवं संवेदनशील उपकरण के रूप में स्वीकृति देकर विवेचन किया है। काव्यभाषा के उनके इस सैद्धान्तिक विश्लेषण का एक सर्वथा मौलिक तथा नया पक्ष हमारे सामने आता है। उनकी प्रसिद्ध कृतियाँ—**मध्यकालीन साहित्य और काव्यभाषा, सर्जन तथा भाषा तथा संवेदन** आदि हैं।

डॉ. राममूर्ति त्रिपाठी

भारतीय शास्त्रीय समीक्षा को पश्चिमी आलोचना के सापेक्ष्य में विचार करते हुए उसे पुनः प्रासंगिकता प्रदान करने वालों में प्रो. राममूर्ति त्रिपाठी का नाम विशेष अग्रगण्य है। उनके प्रमुख सैद्धान्तिक (शास्त्रीय) समीक्षा के ग्रंथ हैं—**व्यंजना और नवीन कविता, भारतीय काव्यशास्त्र : नई व्याख्या, रस विमर्श, साहित्य शास्त्र के प्रमुख पक्ष, सहृदय और साधारणीकरण, तुलनात्मक काव्यशास्त्र, अर्धशती का भारतीय काव्यचिन्तन** आदि। सन् 1950 से हिन्दी कविता के विश्लेषण के लिए पश्चिमी समीक्षा के स्वीकृत मानदण्डों का सीमांकन करते हुए न केवल उसकी अपूर्णताओं का वे विश्लेषण करते हैं, अपितु काव्यभाषा, शैली विज्ञान, बिम्बविधान आदि सिद्धान्तों की व्यावहारिक असंगतियों का निरूपण करते हुए निरन्तर उनकी एकांगिता पर प्रकाश डालते हैं। यहाँ तक कि आचार्य शुक्ल द्वारा प्रतिपादित भारतीय ध्वनि सिद्धान्त की असमर्थता जैसे मतों का खण्डन करते हुए उसकी प्रासंगिकता की वे पुनः स्थापना करते हैं। डॉ. राममूर्ति त्रिपाठी इस प्रकार भारतीय काव्यशास्त्रीय सैद्धान्तिक समीक्षा का व्योरेवार तर्कसंगत ढंग से पुनः विश्लेषण करते हुए उनकी सार्थकता को वर्तमान साहित्य समीक्षा के प्रकाश में नये रूपों में विश्लेषित करते हैं।

डॉ. कृष्णदत्त पालीवाल

आधुनिक नये समीक्षकों में डॉ. कृष्णदत्त पालीवाल की चर्चा आवश्यक है। सैद्धान्तिक समीक्षा के क्षेत्र में उनकी महत्त्वपूर्ण कृतियाँ हैं—**नया सृजन : नया बोध, युनानी तथा रोमी काव्यशास्त्र, हिन्दी आलोचना का सैद्धान्तिक आधार, सृजन की नई भूमिका** आदि। उनके चिन्तन का मूल मन्तव्य है, हिन्दी की व्यावहारिक समीक्षा के लिए नये मानदण्डों की तलाश, क्योंकि इस आवश्यकता की पूर्ति न पाश्चात्य काव्य चिन्तन कर सकता है और न प्राचीन भारतीय काव्यशास्त्र। उन्होंने अपनी सैद्धातिक कृतियों में इस समस्या के कई पक्षों को उभारने का प्रयास किया है और इसके लिए इनके सैद्धान्तिक ग्रंथ स्मरणीय रहेंगे।

□□

आधुनिक कवि और काव्य-चिंतन

यह एक सर्वमान्य तथ्य है कि सृजन के क्षणों में सर्जक की सक्रियता एवं उसकी आन्तरिक सजगता समीक्षा के लिए आधार का कार्य करती रही है। यही नहीं, उसकी सजगता बार-बार अपने सृजन के विधायक सूत्रों को इंगित करने के लिए विवश भी करती है। महाकवि कालिदास से लेकर हिन्दी में गोस्वामी तुलसीदास तथा बाद के भी कवियों में अपने-अपने काव्य सृजन के विषय में सैद्धान्तिक तथा व्यावहारिक टिप्पणियाँ देखी जा सकती हैं। इधर हिन्दी साहित्य में छायावादी कवियों में स्व रचना कर्म के विषय में सैद्धान्तिक सिद्धान्त संदर्भों का लेखन बराबर होता रहा है और विशेष रूप से इसका प्रभाव 'नई कविता' के संदर्भ में भी देखा जा सकता। तार सप्तक के प्रत्येक कवि को अपने सृजन कर्म की सैद्धान्तिकता पर अनिवार्य रूप से विचार करना पड़ा है। छायावाद के कवियों की स्वकाव्य चिन्तन में संदर्भ में तालिका इस प्रकार है—

1. श्री जयशंकर प्रसाद—काव्य कला तथा अन्य निबंध
2. पं. सुमित्रानन्दन पंत—पल्लव की भूमिका,
3. पं. सूर्यकान्त त्रिपाठी निराला—परिमल की भूमिका तथा प्रबंध प्रतिभा
4. महादेवी वर्मा—यामा, दीपशिखा, साहित्यकार की आस्था तथा अन्य निबंध आदि।

इसी संदर्भ में, एक महत्त्वपूर्ण सूत्र हिन्दी साहित्य सम्मेलन के **'आधुनिक कवि'** की शृंखला से जुड़ता है। अब तक 23 कवियों के संकलन इस योजना के अन्तर्गत प्रकाशित हुए हैं। पर्यालोचन या आलोचना के रूप में प्रत्येक कवि ने अपने सृजन के संदर्भ में भूमिका लिखी है, जिसके अन्तर्गत सुमित्रानन्दन पंत, महादेवी वर्मा, डॉ. रामकुमार वर्मा—इन तीन छायावादी कवियों का नाम लिया जा सकता है।

इसी क्रम में हिन्दी की नई कविता परम्परा के कवियों ने भी आलोचना प्रस्तुत की है—जिनमें लक्ष्मीकान्त वर्मा, नरेश मेहता, बालकृष्ण राव आदि प्रमुख हैं। संक्षेप में, आधुनिक हिन्दी कविता से जुड़े कवियों के काव्य चिन्तन सम्बन्धी मतवादों की व्याख्या इसलिए आवश्यक है क्योंकि सर्जनात्मक अनुभूति की प्रक्रिया से गुजरने वाले आत्म-द्रष्टाओं के सृजन सम्बन्धी चिन्तन क्या हैं इसे समझा जा सके। इनके सम्बन्ध में मूल समस्या यह है कि ये भी यहाँ व्याख्याकार के रूप में समीक्षक ही हैं किन्तु अनुभूति की नैसर्गिक प्रामाणिकता और भोगे हुए इनके चिन्तन का पक्ष किस रूप में सत्य से टकराकर हमारे सामने आता है, इससे इसका स्पष्ट ज्ञान हो जाता है।

जयशंकर प्रसाद

छायावादी कवियों में सर्वप्रथम अग्रणी कवि तथा काव्यचिन्तक जयशंकर प्रसाद की मान्यताएँ देखी जा सकती हैं। **काव्य कला तथा अन्य निबंध** कृति में उनका प्रथम चिन्तनसूत्र, **काव्य और कला** है। इस निबन्ध में वे बताते हैं कि "काव्य आत्मा की संकल्पनात्मक अनुभूति है—जिसका सम्बन्ध विश्लेषण या विज्ञान से नहीं है। वह एक श्रेयमयी प्रेय रचनात्मक धारा है।"

आत्मा की संकल्पात्मक अनुभूति को स्पष्ट करते हुए वे कहते हैं कि—

"संकल्पनात्मक मूल अनुभूति कहने से मेरा जो तात्पर्य है; उसे भी समझ लेना होगा। आत्मा की मनन शक्ति की वह असाधारण अवस्था जो श्रेय सत्य को उसके मूल चारुत्व में सहसा ग्रहण कर लेती है, काव्य में संकल्पनात्मक अनुभूति कही जा सकती है।"[1]

प्रसाद जी के अनुसार काव्य संकल्पात्मक अनुभूति (Intutive feeling) है और यह आत्मा की असाधारण मनन शक्ति की श्रेयरूपता का प्रतिफल है।

काव्य सृजन के क्षणों में चित्त की दशा सर्वथा तटस्थ हो उठती है और इस तटस्थता में राग-द्वेष, आत्म और पर आदि की समस्त लोकात्मक वासनाएँ चित्त से अन्तर्लुप्त हो उठती हैं। इन तटस्थता के क्षणों में कवि की सर्जनात्मक प्रज्ञा से स्वयं स्फूर्त वाणी का विधान तंत्र काव्य के रूप में स्फुरित होता है। संकल्पनात्मक अनुभूति का स्वयं की आवेश दशा में स्फुरण प्रकारान्तर से कवि प्रज्ञा का स्फोट है। डॉ. कृष्णदत्त पालीवाल ने इसे "**युगीन आन्तरिकता में अन्तर्ध्वनित सत्य की गूँज**" का नाम दिया है।[2] नन्ददुलारे वाजपेयी जी ने इसका अर्थ **आत्मा का विशुद्ध अक्षय प्रवाह लगाया है।** काव्य का स्फुरण आचार्य शुक्ल के अनुसार चित्त की मुक्तावस्था में भाव योग दशा के बीच वाणी का स्फुरण या वाणी विधान है। इस प्रकार ये सारे विचार संकल्पात्मक अनुभूति (Intutive experience) शब्द के अर्थ से सम्बद्ध हैं और निष्कर्ष रूप में भावयोग दशा की प्रज्ञावस्था का स्वयं स्फुरण ही कविता है।

श्री सुमित्रानन्दन पंत

इसी प्रकार पन्त जी भी पल्लव की भूमिका में कविता को इस प्रकार परिभाषित करते हैं—

वियोगी होगा पहला कवि,
आह से उपजा होगा गान।
निकल कर आखों से चुपचाप
बही होगी कविता अनजान।।

---

1. काव्य कला तथा अन्य निबंध, पृ. 25,26,27
2. हिन्दी आलोचना का सैद्धान्तिक आधार, पृ. 535

विरह की पीड़ा या प्रेम की कष्टमयी आत्मप्रतीति की अनुभूति कविता की पहली शर्त है। कविता की उत्पत्ति के क्षणों में किसी तर्क-वितर्क की आवश्यकता नहीं पड़ती। वह 'आह' की भाँति स्वयं फूटती है और उसकी अभिव्यक्ति का स्वरूप नितान्त नैसर्गिक है—अर्थात्, वह नैसर्गिक अभिव्यक्ति है। इस प्रकार, अनुभूति के शीर्ष क्षणों में स्वयं अभिव्यक्त कविता एक नैसर्गिक अभिव्यक्ति या सृष्टि है। अभिव्यक्ति के शीर्ष क्षण का पंत ने यहाँ एक दृष्टान्त दिया है, वैसे, कवि के हृदय में सौन्दर्यानुभूति के उच्चतम क्षणों की नैसर्गिक अभिव्यक्ति का नाम कविता है। प्रकृति के सुरम्य रूप, सौन्दर्य, अद्‌भुत आनन्दमयी क्रियाएँ सर्जक के चित्त को अभिभूत करके सृजन के आकस्मिक क्षणों के बीच स्वयं प्रेरणा बनकर कविता के लिए उसे विवश कर देती हैं। पंत के काव्य सृजन का यह सिद्धान्त अंग्रेजी कवि शेली के समीप है—"कविता सुन्दरतम क्षणों की सुन्दर वाणी है।" आधुनिक कवि सुमित्रानन्दन पंत की भूमिका में उन्होंने पल्लव की भूमिका जैसी ही बात कही है—

"राग के पंखों की अबाध उन्मुक्त उड़ान से लयमान होकर कविता सान्त को अनन्त से मिलाती है।"

पल्लव की भूमिका में खड़ी बोली कविता की भावात्मक लयात्मकता को निर्मित करने वाले तत्त्वों के प्रति पन्त जी ने चिन्ता प्रकट की है। उनकी इस चिन्ता के मूल में खड़ी बोली के पूर्व और समकालिक स्थित ब्रजभाषा का प्रश्न बड़ी सूझ-बूझ के साथ रखा गया है। खड़ी बोली कविता के भाषिक मार्दव को ले आने के प्रश्न को अनेक तर्कों तथा ब्रजभाषा की पारस्परिक तुलनाओं के द्वारा सामने रखा गया है। 'पल्लव' की कल्पना; भावुकता तथा प्रवाहमयी रागात्मक भाषिक काव्य चेतना को उन्होंने ब्रजभाषा काव्य की मृदुता के ठीक समानान्तर रखा है। उन्होंने नवयुग की कविता की भाषा के सामंजस्य को उसकी रागात्मक अभिव्यक्ति का नाम दिया है और बताया है कि—

"उनकी वीणा से नये गीत, नये छन्द, नये राग, नई रागिनियाँ, नई कल्पनाएँ तथा भावनाएँ फूटने लगती हैं।" पंत जी के काव्य चिन्तन की तीन उपलब्धियाँ महत्त्वपूर्ण हैं—

1. खड़ी बोली कविता को रागात्मक एवं लयात्मक स्वरूप प्रदान करने की चेतना।
2. समसामयिक आधुनिकता के बोध को कविता के विविध संदर्भों से जोड़ने का प्रयत्न।
3. पश्चिम विशेष रूप से अंग्रेजी की रोमैंटिक काव्यधारा को हिन्दी कविता से विशेषकर अपनी छायावादी कल्पनानुप्राणित कविता को जोड़ने का प्रयास।

पंत के साथ-साथ निराला तथा महादेवी का काव्यचिन्तन इस परम्परा क्रम में महत्त्वपूर्ण माना जाता है।

सूर्यकान्त त्रिपाठी 'निराला'

निराला की 'परिमल' की भूमिका तथा प्रबन्ध प्रतिभा, प्रबन्ध पद्म कृतियों के विविध लेखों को निराला के सैद्धान्तिक काव्य चिन्तन के आधार के रूप में स्वीकार किया जाता

हैं। निराला के काव्यचिन्तन की मूल अवधारणा 'परम्परा मुक्ति के द्वारा नवता का सृजन' है। परम्परा का अर्थ रूढ़िवादिता से है और वे काव्य में भाषा सृजन, छन्दव्यवस्था, लयात्मक काव्य निर्मिति, विषय वस्तु की अभिव्यक्ति, लोक संदर्भ आदि को इसी मुक्ति के संघर्ष से जोड़ते हैं। उनकी दृष्टि में साहित्य या कविता का धर्म है—लोक के साथ मानवीय जीवन में परस्पर सामंजस्य निर्मित करना और इसके लिए रूढ़ियों के आधार पर नवीनता और मौलिकता की सृष्टि असम्भव है। इस संदर्भ में वे कविता के लिए 'आत्म चेतना' की स्वयं की स्वीकृति को एक अनिवार्य तत्त्व बताते हैं।

निराला कविता की परम्परा की विधानवादी रूढ़ियों को तोड़ते तथा—वस्तु के चित्रण की विधान-प्रक्रिया में कल्पना अर्थ तथा बिम्बात्मकता आदि की संश्लिष्ट सृजन प्रक्रिया को निरन्तर स्वीकृति देते चलते हैं। वे वस्तु-विषय के तत्त्वों को तोड़-तोड़कर उसका वास्तुरूप नहीं निर्मित करते। वे समग्रता को एक संश्लेष में जोड़कर जिस रूपाकृति को सामने रखते हैं—वहाँ विधान तंत्र तथा अर्थ संरचना की जटिल संस्थिति दिखाई पड़ती है। हिन्दी साहित्य में निराला छन्दमुक्ति के लिए प्रसिद्ध हैं और उनकी यह छन्दमुक्ति लयाश्रित काव्य निर्मिति का आधार प्रस्तुत करती है। किन्तु, निराला की काव्य चेतना वस्तु, विधान, छन्द आदि संदर्भों में सर्वत्र मुक्ति चाहती है और प्रत्येक संदर्भों में उनसे मुक्ति का यह संदर्भ निरन्तर वर्तमान है। वे अपनी समीक्षा में निरन्तर इन तत्त्वों के प्रति जागरूक रहने के लिए सचेष्ट करते हैं। इस दृष्टि से निराला काव्य चिन्तन के दो पक्ष बड़े ही महत्त्वपूर्ण हैं—प्रथम मुक्ति का प्रश्न और द्वितीय सृजन में 'भावात्मक अर्थ संरचना एवं शिल्प' के पारस्परिक संश्लेष द्वारा काव्यनिर्मित का प्रश्न। छायावाद के प्रसाद, पन्त तथा महादेवी में यह सृजन चेतना नितान्त स्वल्प या न के बराबर है। छायावाद के बाद की परवर्ती काव्यविधान प्रक्रिया के सृजन के लिए निराला की यही 'काव्य निर्मिति से सम्बद्ध संरचना' आधार के रूप में स्वीकार की गईं। आधुनिकता के लिए उनका मुक्ति का संदर्भ भी प्रेरणा सूत्र का कार्य करता है।

महादेवी वर्मा

सुश्री महादेवी वर्मा का काव्य चिन्तन 'उनकी कृतियों की भूमिकाओं एवं आधुनिक कवि 'महादेवी वर्मा' की भूमिका में स्पष्ट रूप से देखा जा सकता है। यही नहीं, उन्होंने अपने निबंधों में भी अपनी काव्य सृजन सम्बन्धी मान्यताओं को यत्रतत्र रखा है और इस दृष्टि से **संकल्पिता** तथा **साहित्यकार की आस्था तथा अन्य निबंध** जैसे संग्रहों को देखा जा सकता है।

महादेवी वर्मा का संस्कृत साहित्य और काव्य चिन्तन का एक ओर गहरा अध्ययन रहा है—तो दूसरी ओर आधुनिक कवयित्री के रूप में सृजनबोध की सामयिक व्यवस्था से भी वे पूरी तरह सम्बद्ध हैं।

महादेवी वर्मा काव्य सृजन को सौन्दर्यानुभूति से अपरिहार्य रूप से जोड़कर उसे कवि की अपूर्व निर्माणसक्षमा प्रतिभा का उद्रेक मानती हैं। जीवन का आन्तरिक स्पन्दन और कवि की भाषा के रूप में उसकी आकस्मिक अभिव्यक्ति और यह अभिव्यक्ति सांस्कारिक चेतना से कहीं भी मुक्त नहीं हो सकती। यह सम्भव है कि छायावादी आधुनिकता पश्चिम से आई हो किन्तु भारत की यह कवयित्री महादेवी वर्मा अपने संस्कारों में रचा पचाकर उसे स्वानुभूति और अपनी सांस्कारिक अनुभूति से सम्बद्ध कर देती हैं। इसलिए उनकी दृष्टि में भारत जैसे देश के लिए, जो विभिन्न संस्कृतियों को पचाकर आत्मसात् करके अपने में विलीन करता है—अपना बना लेता है, उसका यह चिन्तन स्वाभाविक संदर्भ है। उसके लिए पाश्चात्य प्रभाव का अर्थ ही क्या रह जाता है? वे जब भारतीय छायावादी काव्य चेतना में स्थित दुःखवाद को बौद्धकरुणा से जोड़ती हैं तो उस पर कोई बहस नहीं खड़ी होती, केवल उनकी कविता के स्वरूप की विलक्षणता का विश्लेषण शुरू होता है। महादेवी वर्मा काव्य-चिन्तन को कई स्तरों पर संस्कृत साहित्य की काव्यशास्त्रीय मान्यताओं के प्रकाश में थोड़ा-बहुत सामयिक परिवर्तन करके देखती हैं। उनकी दृष्टि में रचना की मूल चेतना, रसानुभूति, सौन्दर्यानुभूति, कवि प्रतिभा तथा उसके सृजन के प्रेरणास्रोत आदि संदर्भ भारतीय काव्य चिंतन से जुड़े हैं।

वे समसामयिकता तथा आधुनिकता के सामाजिक संदर्भ को स्वीकार करती हैं किन्तु वह यह मानती हैं कि पश्चिमी आधुनिकता भारतीय संस्कारों में गलकर स्वयं में भारतीय बन जाती है। वे रहस्यवाद को भारतीय परम्परित चिन्तन का प्रतिफल बताती हैं न कि पश्चिम का। आज कतिपय भारतीय विद्वान् यह स्वीकार करने लगे हैं कि पश्चिम में 'रोमांटिसिज्म' जैसा आन्दोलन भारतीय काव्य चेतना के प्रभाव का प्रतिफल है और वे उसके लिए उचित साक्ष्य भी प्रस्तुत करते हैं। उन्होंने कविता के संदर्भ में रागात्मकता, संगीतात्मक तथा लयात्मक प्रवाह के सामंजस्य पर विशेष बल दिया है।

महादेवी की काव्य रचना तक छायावादी मान्यताओं की साहित्य में प्रतिष्ठा हो चुकी थी। अतः उन्हें प्रसाद और पंत की भाँति विवादों में अधिक नहीं पड़ना पड़ा और इस प्रकार सृजन के जिन मूल्यों की उन्होंने स्थापना की है, उनकी व्याप्ति छायावादी काव्य चिन्तन की परिधि तक ही सीमित है।

नई कविता के कवियों का चिंतन

छायावाद के बाद प्रयोगवादी तथा नये कवियों का काव्य चिन्तन शुरू होता है। इस प्रकार के काव्य चिन्तन के अन्तर्गत प्रमुख कवि इस प्रकार है—

1. **अज्ञेय**
2. **गजानन माधव मुक्तिबोध**
3. **लक्ष्मीकांत वर्मा**
4. **डॉ. जगदीश गुप्त**

अज्ञेय

अज्ञेय ने अपनी कृतियों की भूमिकाओं, काव्यदृष्टि, तारसप्तक की भूमिकाओं, चुनी हुई कविताओं की भूमिका आदि में काव्य चिन्तन सम्बन्धी मान्यताओं को पाठकों तथा आलोचकों के समक्ष रखा है।

काव्य क्या है? इस सम्बन्ध में विचार करते हुए उन्होंने स्वीकार किया है कि 'शब्द' ही काव्य है। उनका इस सम्बन्ध में कथन है कि—

"कविता भाषा में नहीं शब्द में होती है। काव्य सर्जना और काव्यात्मक उक्ति का आधार शब्द होता है। यह बात मैं पहले कह चुका हूँ और आज भी मानता हूँ।"

यहाँ 'शब्द' एक विचारणीय तत्त्व है। अज्ञेय 'शब्द' की निर्मिति का सन्दर्भ कविता के स्थापत्य से जोड़ते हैं। कविता बनती है—एक-एक शब्द की सार्थकता-संवेदनात्मकता छन्दात्मकता, लयात्मकता आदि तत्त्वों से जोड़-जोड़कर एक निर्मिति बनाने जैसी जैसे एक-एक ईंट को जोड़कर स्थापत्य का रूप दे दिया जाता है। कविता शब्दों के जोड़ से बनी स्वयं में एक भाषिक तथा लयात्मक निर्मिति है। यह इस प्रकार बनती है कि निर्माण के बाद एकरूपता, रचना निर्मिति, कौशल सब-के-सब एक होकर सामने आते हैं और फिर कविता स्वयं में शब्द निर्मिति के स्थान पर भाषिक निर्मिति दिखने लगती है।

अज्ञेय इस भाषिक निर्मिति के प्रश्न पर बड़ी गम्भीरता से विचार करते हुए कहते हैं कि—

"भाषा की शक्ति के साथ जुड़े हुए इस विस्मय भाव को कविता ने कभी नहीं छोड़ा है और भाषा को लेकर चकित होना मानों अपनी मानवता को लेकर चकित होना है।" अज्ञेय ने बार-बार कहा है कि "भाषा ही वह तत्त्व है जो मानव जो जीव जगत के दूसरे प्राणियों से अलग करती है। मेरे पास भाषा है, मैं अवधारणा कर सकना हूँ, प्रतीक रच सकता हूँ, मैं दूसरे तक पहुँच सकता हूँ। अतः संवाद कर सकता हूँ।"

भाव, भाषा, शब्द, सृजन तथा संवाद अर्थात् सम्प्रेषणीयता अज्ञेय के अनुसार क्रमशः काव्यसृजन की निर्मिति के क्रमिक सोपान हैं, जहाँ कवि भावात्मक सम्प्रेषण का एक आधार तैयार करता है।

कविता के साथ इस भाषिक सम्प्रेषण एवं सर्जक की मनः दशा का अन्तिम बिन्दु है—'भाषा या शब्द का मौन अस्तित्व। अपने चरम बिन्दु पर पहुँच कर भाषा ही नहीं समस्त कलाएँ अव्यारव्येय, अज्ञेय, अकथ्य हो जाती हैं। **'असाध्य वीणा'** शीर्षक कविता का मन्तव्य सृजन के इसी मौनबिन्दु को सम्प्रेषित करना है, जहाँ अनन्त व्याख्याएँ फूटकर भी उस अभिव्यक्ति के अन्तिम क्षण में केवल अनुभव कराती हैं। वह मौन ब्रह्म का अज्ञेय प्रभामय मौन या महाशून्य का अविभाज्य, अनाप्त, अद्रवित, अप्रमेय तत्त्व है; जो सर्वथा अनुभूत होता हुआ भी अकथ्य है।

कलासृष्टि के चरम क्षण के रूप में भावात्मक संवेदन का क्षण केवल अनुभूति का विषय है। यह क्षण चेतना की अनुभूति तादात्म्य से जुड़ता है—अद्वय अनुभूति के रूप में जो ज्ञानात्मक प्रक्रिया की पहुँच के बाहर है।

काव्यभाषा के लयात्मक संगठन के सम्बन्ध में अज्ञेय उसे भाषा का नितान्त व्यावहारिक पक्ष मानते हुए कहते हैं कि "भाषा को काव्य सर्जना का आधार मान लेने का कविता पर जो असर होता हो (और असर हुआ है—जहाँ वह असर अनिष्टकारी दीखा है—वहाँ उसके बचाव के लिए सपाट बयानी बगैरह के सिद्धान्त भी गढ़े हुए हैं।) छन्द पर और लय बोध पर बड़ा गहरा असर होता है।"

अज्ञेय का सिद्धान्त है कि बोलचाल के व्यवहार की भाषा भी धीरे-धीरे 'लयमयी' होकर अपना प्रभाव डालने लगती है। भावात्मक संवेदन की भाषा तो अपनी शुरुआत लय से ही करती है—किन्तु प्रचलित छन्द व्यवस्था इस भाषिक लयात्मकता को संकीर्ण करती है।

अज्ञेय भाषा अर्थात् कविता को अन्ततया मूल्यों से जोड़ते हैं। कविता और आस्वादन, कविता और मूल्य दोनों भाषिक सृजन की अनिवार्यताएँ हैं—और इस अनिवार्यता को स्पष्ट करते हुए वे कहते हैं—

"भाषा की बात समग्र मानव समूह की बात है। उस समूह की इकाई की स्वतंत्रता का मूल उसी भाषा की इकाई शब्द में है—जिसमें मूल्य का अभिनिवेश हो सकता है। प्रारम्भ में शब्द का और शब्द प्रभु का मेरे साथ वैसे कुछ होगा तो मुझे अच्छा लगेगा।"

इस प्रकार, निष्कर्ष रूप से कहा जा सकता है कि—

1. कविता मूलतः 'शब्द' सर्जन है।
2. यह 'शब्द सर्जन' भाषा के रूप में विस्तार लेता है।
3. इस शब्द सर्जन के दो धर्म हैं—आस्वादन एवं मूल्यबोध।

गजानन माधव मुक्तिबोध

मुक्तिबोध कविता के स्वरूप का विवेचन परम्परा एवं सांस्कृतिक बोध से करते हैं और इसे स्पष्ट करने के लिए ज्ञानात्मक एवं भावात्मक प्रक्रिया में अलगाव जैसी व्यवस्था देते हैं। उनके सूत्र संवेदनात्मक ज्ञान (Emotive Experence) और ज्ञानात्मक संवेदन अर्थात् बुद्धिवादी प्रक्रिया की अन्तिम परिणतियों के रूप में क्षोभ, शान्ति, सुख, उद्वेग, असन्तुलन को अलग-अलग करके वे कविता से जोड़ते हैं। वे कविता के लिए 'संवेदनात्मक ज्ञान' शब्द का प्रयोग करते हैं किन्तु आधुनिकता के प्रकाश में विशेषकर पूँजीवादी व्यवस्था से उत्पन्न सामाजिक असन्तुलन एवं क्षोभादि कविता के विषय बनकर आज उससे जुड़े हुए हैं। वे एक ओर कविता की सत्ता और दूसरी ओर उसके लिए सामयिक विषय वस्तु दोनों का संकेत करते हुए कहते हैं कि—

"वैविध्यपूर्ण, स्पन्दनशील, आसपास फैले हुए मानव जगत के मार्मिक पक्षों के वेदनात्मक चित्रण के लिए अभिव्यक्ति सम्पदा भी चाहिए। केवल आत्यन्तिक तीव्र संवेदनाघातपूर्ण मानसिक प्रतिक्रिया करने वाली काव्यशैली को अधिक लचीली, अधिक सक्षम और सम्पन्न बनाना होगा जिससे कि वह कवि हृदय की सूक्ष्म संवेदनाएँ मूर्तिमान कर सके और दूसरी ओर वास्तव जीवन जगत की लहर को हृदयभंग कर उसे समुचित वाणी दे सके।"[1]

मुक्तिबोध कविता या कला के सृजन के क्षणों में चार आत्मिक संघर्षों की चर्चा करते हैं। वे कहते हैं कि—

"कला वस्तुतत्त्व अन्तर्तत्त्व का ही एक पक्ष है। वे ऐसे अन्तर्तत्त्व हैं जो बाहर के धक्कों से उद्वेलित अर्थात्—

(1) तरंगायित (2) मानसिक दृष्टि के सम्मुख उद्‌घाटित (3) जीवन मूल्यों तथा पूर्वतर अनुभवों से आन्दोलित (4) अभिव्यक्ति के लिए आतुर हो उठते हैं।"[2]

उनकी दृष्टि में कविता की सर्जनात्मक प्रक्रिया का प्रारम्भ कवि के भावात्मक उद्वेलन से होता है। बाह्यजगत में व्याप्त वस्तुतत्त्व कवि के अन्तर्जगत को उद्वेलित करके उसे सृजन के लिए विवश करता है। इस प्रकार कविता स्वयं में कवि के उद्वेलित हृदय की विवशता है जो बाहर के धक्कों से फूट कर वाणी के रूप में अभिव्यक्त होकर सामने आती है। कविता मूलतः इसी भावोत्तजन की अभिव्यक्ति है।

यह भावोत्तेजन क्या है? इसकी व्याख्या करते हुए मुक्तिबोध कहते हैं कि यह एक प्रकार की सामाजिक घटनाओं का आवेगात्मक संघात् है। "बेचैनी, ग्लानि, अवसाद, विरक्ति" आदि तत्त्वों के रूप में यथासमय सर्जक के विश्वात्मक चित्त पर आघात् पहुँचाकर उसे सर्जन के लिए विवश करते हैं।

मुक्तिबोध सर्जक के सृजन क्षण की मानसिकता के संदर्भ को विश्वात्मक चित्त के नाम से पुकारते हैं। विश्वात्मक चित्त का अर्थ है—सृजन के क्षणों में सर्जक की आत्मा स्वात्म एवं परात्म सम्बन्धों से मुक्त होकर तटस्थ हो उठती है। उनके अनुसार सर्जक के चित्त की यह तटस्थात्मकता 'विश्वात्मक चित्त' है जो लोक सम्बन्धों के वासनात्मक रूपों से सर्वथा असंपृक्त हो उठती है।

इस प्रकार, उनके अनुसार सृजन का आधार जीवन और उसके कतिपय भावात्मक उद्वेग भरे क्षण हैं जो सर्जक को सृजन के लिए विवश कर देते हैं।

संक्षेप में, मुक्तिबोध के काव्य चिन्तन के संदर्भ में कह सकते हैं कि सर्जन के तटस्थ (विश्वात्मक) चित्त में सामाजिक परिवेश से उत्पन्न आवेगात्मक क्षणों का उद्वेलन ही

---

1. नई कविता का आत्म संघर्ष तथा अन्य निबंध, पृ. 12
2. वही, पृ. 13

काव्याभिव्यक्ति का कारण है। भारतीय परम्परा में वे कविता की निष्पत्ति के लिए "वाल्मीकि-क्रौंच एवं काव्य की क्रूरता' जैसे संदर्भ को प्रस्तुत करते हैं। उनकी दृष्टि में कविता का सम्बन्ध पहले भावात्मक संवेदन से है और उसके बाद ज्ञानात्मक संवेदन से। आलोचक ज्ञानात्मक संवेदन से जुड़कर कवि के भावात्मक संवेदनात्मक ज्ञान की व्याख्या के लिए अग्रसर होता है।

इस प्रकार, मुक्तिबोध सृजनशीलता और सामाजिक प्रतिबद्धता के बीच कार्य-कारण का सम्बन्ध स्थापित करते हैं।

लक्ष्मीकान्त वर्मा

ये नई कविता के सशक्त कवि एवं सैद्धान्तिक समीक्षक हैं। सैद्धान्तिक समीक्षा से जुड़ी उनकी कृतियाँ—**कविता के नये प्रतिमान, नये प्रतिमान पुराने निकष, आधुनिक कवि लक्ष्मीकान्त वर्मा की भूमिका** आदि हैं।

इनका मत है कि कविता एक प्रकार का वैयक्तिक यथार्थ है—जो सर्जक कवि के आत्मसंघर्ष का प्रतिफल है। जीवनानुभूति से कविता को भिन्न नहीं किया जा सकता क्योंकि वैयक्तिक यथार्थ (Subjective Realism) द्वारा चैतन्य रहकर कवि उसे भोगता है। उसकी तीव्रता, सघनता, तनाव, पीड़ा, आनन्द आदि सबका 'सहभोग' करके अपनी बौद्धिक भावुकता द्वारा सृजन की ओर गतिशील होता है। इस गतिशीलता के कारण उत्पन्न उसके चित्त का आवेग महत्त्वपूर्ण है जो प्रतिक्षण उसी में डूबने के लिए उसे विवश करता है। नई कविता पाठक को कविता की इन सब विवशताओं से मुक्ति देती है क्योंकि उसके निर्माण के तीन सामयिक तत्त्व नई कविता के पूर्व नहीं मिलते—(1) बौद्धिकता (2) भोगे जाते हुए यथार्थ का सद्यः वर्तमान क्षण (3) वैज्ञानिक दृष्टि। कविता भावावेग में बहती हुई नदी की धारा नहीं है जो पाठक को निरन्तर तन्मयीभूत करती चलती है। कविता 'सहभोग' की उस सृजन शक्ति से समन्वित है जो प्रेषणीयता के साथ-साथ ज्ञानात्मक समझ को निरन्तर बरकरार रखती है। रागात्मक संवेदन तथा समझ (बौद्धिकता) दोनों मिलकर आज कविता का निर्माण करते हैं—अतः 'आवेगात्मकता और समझ" दोनों परिस्थितियों द्वारा कविता का आधार निर्मित किया जाता है। 'लघु मानव' की समस्या को वर्तमान पूँजीवादी सामाजिक समस्या से जोड़कर देखना-काव्य चिन्तन की नितान्त वैयक्तिकता को आधार के रूप में स्वीकार करना है। आज का मनुष्य नितान्त 'स्वार्थपरस्त और वैयक्तिक' हो चुका है और उसकी यह वैयक्तिकता उसके व्यक्तित्व को अति सीमित, एक कैप्सूल जैसा, बना दे रही है, कि वह समाज में केवल अपने परिवार को, अपने परिवार में केवल अपने को, और अपने में केवल अपने वर्तमान को और अपने वर्तमान में केवल अपने वर्तमान के भोगे जाते हुए क्षण मात्र को सर्वोपरि मान रहा है। परम्परा का उदात्त मानव अपने निजीपन के भोगे जाते हुए क्षणों के यथार्थ में प्रविष्ट कैप्सूल जैसा लघु मानव हो चुका है और फिर उसका

सामाजिक संदर्भ केवल निजता से जुड़ा हुआ सामने आ रहा है। नितान्त वैयक्तिकता, अहम्, स्वयं के प्रति प्रतिबद्धता, नग्न यथार्थवाद, जैसे मूल्य लक्ष्मीकान्त वर्मा की आधुनिकता और प्रकारान्तर भाव से उनके काव्य सृजन के संदर्भ हैं।

लक्ष्मीकान्त वर्मा बताते हैं कि कवि की रचना में व्याप्त रचना संसार को जाने बिना कवि के सृजन की कोई जानकारी नहीं हो सकती है। यह उसका संसार निजी और उसकी प्रत्येक कविता के साथ पृथक्-पृथक् रूप में वर्तमान एवं विशिष्ट अर्थात् सर्वथा उसी का है, किसी अन्य का नहीं और इस संसार को उसने सामाजिक संदर्भों से जुड़े जीवनानुभूतियों से प्राप्त किया है। वह लोक तत्त्वों को लेकर अपना रचना संसार बनाता है। अतः उसका रचना संसार लोक से भिन्न नहीं है—किन्तु उसे वह जिस 'कौशल' से बनाता है, यह उसका, उसकी प्रतिभा का सांस्कारिक संदर्भ है। लक्ष्मीकान्त वर्मा के ही शब्दों में यह सांसारिक संदर्भ उसके स्वयंभू होने के संदर्भ से जुड़ता है। उनके अनुसार कवि और कविता की शर्त है—

"लोक का सत्य, रचना संसार का सूक्ष्म दर्शन, उदात्त का संस्पर्श इन तीनों को कौन संभाल सकता है। स्पष्ट है, इन तीनों तत्त्वों का एक साथ जीना और उपलब्धि को इष्ट और शब्द को मंत्र बनाने के लिए कवि का ऐसा व्यक्तित्व चाहिए जो अनुभव क्षणों में भी रागात्मकता को निःसंगभाव से भोग सके।"

इस रागात्मकता से सम्बद्ध निःसंगता को स्पष्ट करते हुए वे पुनर्सृजन प्रक्रिया के संदर्भ में संकते करते हैं कि—

"रचना व्यक्ति के स्तर पर अपने अद्वैत को द्वैत की सापेक्षता में प्रस्तुत करने से जन्मती है और जब वह जन्मती है तो दूसरे के द्वैत को अपने अद्वैत के साथ मिलाती चलती है।"[1]

सामाजिक परिवेश या लोक का परिपार्श्व तथा सृजन के क्षणों की वैयक्तिक निःसंगता, साथ-ही-साथ जगत के बाह्य स्वरूप की आत्मानुभूति की अद्वैतता से उसे जोड़ना, उनके अनुसार कवि की रचना प्रक्रिया है और इस रचना प्रक्रिया की पहचान कवि की निजता से है, जो निरन्तर सृजन से जुड़कर शाश्वत् बनी रहती है। नये प्रतिमान-पुराने निकष में उन्होंने काव्यानुभूति को 'सौन्दर्यानुभूति' के रूप में देखने की चेष्टा की है किन्तु उसे वे स्पष्ट नहीं कर सके हैं। उनका भाव एवं सौन्दर्याभूति का सम्प्रेषण सिद्धान्त 'सहभोग' के रूप में सामने आता है किन्तु वह इतना सीमित आस्वादन क्षण है कि उसे सम्प्रेषण जैसा स्वरूप नहीं दिया जा सकता।

उनके अनुसार सृजन की सर्जनात्मक आकांक्षा 'निःसंगता' की है और इससे निःसंगता के क्षणों में कवि लोक के द्वैत भाव को अपनी आत्मानुभूति से जोड़कर सृजन करता है।

---

1. आधुनिक कवि : लक्ष्मीकान्त वर्मा, भूमिका, पृ. 23

चूँकि यह सृजन लोक से सम्बद्ध है, अतः समसामयिक यथार्थ, बौद्धिकता, वैयक्तिकता, वैज्ञानिक दृष्टि इन सबसे मिला सामयिक जीवन नई कविता का विषय बना हुआ है— जो पूर्ववर्ती काव्यसृजन में नहीं था और उसका इसका परिवेश एक होने के कारण उस काव्य का आस्वादन 'ज्ञान और भावात्मकता' दोनों के समवेत् सामंजस्य से 'सहभोग' के द्वारा होता है। उनका यह 'सहयोग' व्यापार इसलिए स्वीकार्य नहीं है क्योंकि यह मनोवैज्ञानिक असतय है—जबकि प्राकृतिक नियम है। आस्वादन के क्षणों में ज्ञानात्मक सत्ता समाप्त हो जाती है और ज्ञानात्मक अनुभूति के क्षणों में भाव की सत्ता तिरोहित रहती है।

जगदीश गुप्त—डॉ. जगदीश गुप्त नई कविता के प्रमुख कवि तथा शास्त्रीय काव्य-चिन्तक के रूप में प्रसिद्ध सैद्धान्तिक समीक्षक हैं। 'नई कविता' पत्रिका के सम्पादन काल में उन्होंने काव्य चिन्तन से जुड़े अनेक प्रश्नों तथा समस्याओं के सैद्धान्तिक पक्षों का विवेचन किया है, जिसे लोकभारती, इलाहाबाद से प्रकाशित "नयी कविता : सैद्धान्तिक पक्ष : खंड 1" में देखा जा सकता है।

कविता क्या है? इसे परिभाषित करते हुए डॉ. जगदीश गुप्त कहते हैं कि—

"कविता सहज आन्तरिक अनुशासन से युक्त वह अनुभूतिजन्य लयात्मक शब्दार्थ है—जिसमें 'सह' अनुभूति' उत्पन्न करने की यथेष्ठ क्षमता निहित रहती है।"[1]

इस परिभाषा में तीन तत्त्व निर्दिष्ट हैं—

(1) सहज आन्तरिक अनुशासन से युक्त अनुभूतिजन्यता

(2) लयात्मक शब्दार्थ

(3) सह-अनुभूति उत्पन्न करने की यथेष्ट क्षमता

1. सहज आन्तरिक अनुशासन—डॉ. जगदीश गुप्त कविता को परिभाषित तो कर देते हैं किन्तु उसे स्पष्ट नहीं करते। सहज आन्तरिक अनुशासन से युक्त होने का अर्थ सर्जन के क्षणों की तटस्थता एवं तन्मयीभूतता से लगाया जा सकता है क्योंकि 'आन्तरिक अनुशासन' शब्द भावात्मक तथा संवेदनात्मक सृजन प्रक्रिया की शब्दावली नहीं है। मुक्तिबोध का उन्होंने इस प्रकरण में अवश्य संदर्भ दिया है किन्तु वे भी 'सहज अनुशासन' शब्द का प्रयोग न करके इसके लिए 'विश्वमयता' शब्द का प्रयोग करते हैं और इसे तटस्थता से व्यापक बताते हैं किन्तु वह तटस्थता ही है। 'सहज' शब्द की व्यंजना यहाँ ऐसी ही निकती है। इस संदर्भ में आन्तरिक अनुशासन से सम्बद्ध अनुभूति, आंतरिक अनुशासन से सम्बद्ध भावपक्ष का सर्जनक्षणों की दशा का 'पूर्वानुमान और पश्चानुमान' सम्भव नहीं है क्योंकि ज्ञान के द्वारा अनुमान ही किया जा सकता है। 'अनुभूति का स्वयं में नियंत्रित रहना' जैसा एक अर्थ निकल सकता है किन्तु सृजन के

1. नयी कविता : सैद्धान्तिक पक्ष, खण्ड-1, पृ. 66

क्षणों की भाववृत्ति के बीच कवित्व का 'बीज वपन' सृजन का चित्तासन्न तन्मयीभूत क्षण है न कि भावात्मक अनुशासन का।

2. अनुभूतिजन्य सघन लयात्मक शब्दार्थ—यह कविता का मूलाधार शब्द है, फिर अर्थ से जुड़कर वह शब्दार्थमयी, फिर वाक्यमयी और अन्तिम स्वरूप उसके भाषामयी होने का है। कविता स्वयं में एक सहज अभिव्यक्ति है अपितु वह कवि के सर्जक चित्त द्वारा भाषा से गढ़ी जाती है और इस प्रकार कविता की भाषा सदैव रची हुई भाषा है, गढ़ी हुई भाषा है जो पूर्णतः क्रियेटेड है। अनुभूतिजन्य सहज लयात्मक शब्दार्थ निश्चित ही काव्यभाषा का लक्षण है, जो पुरानी तथा नई कविता सब पर समान रूप से घटित है।

3. सह-अनुभूति उत्पन्न करने की यथेष्ट क्षमता—'सह-अनुभूति' का अर्थ है ज्ञानात्मक एवं भावात्मक अनुभूतियों को एक बिन्दु पर एक साथ अनुभव का विषय बनाना। यह 'सह अनुभूति' शब्द लक्ष्मीकान्त वर्मा के 'सह-भोग' के समानान्तर गढ़ा हुआ शब्द है। यह सम्भावना, सर्वप्रथम, इसलिए उनकी कविता विषयक मान्यता में सम्भव नहीं है क्योंकि अनुभूतिजन्य सघन लयात्मक शब्दार्थ (काव्य भाषा) पाठक को तादात्म्यीकृत करती है—सह-अनुभूति तन्मयीभूत नहीं करती। दूसरी बात यह है कि मनोविज्ञान यह नहीं स्वीकार करता है कि मानव मन एक ही बिन्दु पर 'ज्ञान तथा भाव' दोनों चेतनाओं को साथ-साथ अनुभूति का विषय बना सकता है। यदि वे अनुभूति के विषय होंगे तो पृथक्-पृथक् होंगे।

इन दृष्टियों को ध्यान में रखकर विवेचन करने पर डॉ. जगदीश गुप्त की काव्य विषयक सैद्धान्तिक मान्यताओं में संगति नहीं आ पाती। आधुनिक काव्य चिन्तन के संदर्भ में विजय देव नारायण साही, शमशेर बहादुर सिंह, मलयज, कुँवर नारायण, रघुवीर सहाय, केदारनाथ सिंह, अशोक वाजपेयी, प्रभाकर माचवे, रामधारी सिंह दिनकर आदि ने विचार किया है और कविता की समसामयिक सृजनभूमि के अनेक नये पक्ष विवेचित होकर सामने आए हैं किन्तु यहाँ इससे अधिक विवेचन सम्भव नहीं है।

□□

समीक्षा के मानदण्ड : आचार्य रामचन्द्र शुक्ल और शुक्ल का परवर्ती युग

आचार्य शुक्ल युग की आलोचना के केन्द्र में सामान्यतया स्वीकृत आचार्य **नन्ददुलारे वाजपेयी**, पं. शान्तिप्रिय द्विवेदी, आचार्य हजारी प्रसाद द्विवेदी तथा डॉ. नगेन्द्र जैसे समीक्षकों को केन्द्र में रखकर बात की जाए तो आलोचकों की अन्तर्दृष्टि की व्याप्ति, सजगता तथा समझ को विशेष महत्त्व मिल सकता है। व्यावहारिक समीक्षा पद्धति की सबसे बड़ी विशेषता है—आलोचक के अपने व्यक्तिगत दृष्टिकोण, किसी रचना के प्रति उसकी अपनी समझ तथा इन सबसे सर्वथा भिन्न उसकी निजी विश्लेषण प्रवृत्ति है। किसी विशेष युग के व्यावहारिक आलोचकों को ही, किसी एक निश्चित प्रवृत्ति में नहीं बाँधा जा सकता। आचार्य नन्ददुलारे वाजपेयी के साथ-साथ डॉ. नन्दकिशोर नवल ने 'हिन्दी आलोचना का विकास' शीर्षक अपनी कृति में आचार्य शुक्ल के युग से जुड़े इन तीनों आलोचकों को 'समन्वयवादी' कहा है। उनके अनुसार आचार्य नन्ददुलारे वाजपेयी में भौतिकवाद तथा भाववाद का समन्वय है, डॉ. नगेन्द्र में अभिव्यक्ति और निर्मिति, आनन्द और कल्याण आदि का समन्वय है और डॉ. हजारी प्रसाद द्विवेदी के समन्वय की बात वे एकाध-दो स्थलों पर अवश्य करते हैं किन्तु द्विवेदी जी की व्यावहारिक समीक्षा का समन्वय सूत्र क्या है? स्पष्ट नहीं करते—"जहाँ तक आलोचक के रूप में उनकी प्रवृत्ति का प्रश्न है, वे भी समन्वयवादी ही हैं लेकिन वाजपेयी और नगेन्द्र से वे इस दृष्टि से भिन्न हैं कि उनकी मूल्य दिशा प्रतिक्रियावादी न होकर प्रगतिशील हैं।"[1]

आचार्य शुक्ल के उत्तरवर्ती और उन्हीं के कालखण्ड में समीक्षा का प्रारम्भ करने में आलोचक न सैद्धान्तिक दृष्टि से और न ही व्यावहारिक समीक्षा की दृष्टि से समन्वयवादी हैं।

आचार्य शुक्ल के व्यक्तित्व की सबसे बड़ी कमी थी, उसकी हठवादिता और भारतीय तथा पाश्चात्य समीक्षा मानकों में जिस समन्वयवाद को वे आधार बना चुके हैं, उनकी सार्थकताओं को हिन्दी के विविध काल खण्डों पर लागू करने के लिए उनकी प्रतिबद्धता। इस दृष्टि से उनका समीक्षात्मक चिन्तन नया होते हुए भी स्वभाव से निर्णयात्मक प्रवृत्ति का बन जाता है। उनके समन्वयवादी चिन्तन की सार्थकताएँ उन्हें केवल भक्तिकाल में ही दिखाई पड़ती हैं। उनके युग में प्रगतिवादी आन्दोलन पूरी तरह से प्रकाश में आ चुका था, उसकी कहीं भी चर्चा उन्होंने नहीं की। रोमांटिक कविता का आन्दोलन छायावाद एवं रहस्यवाद के रूप में प्रचलित होकर उनकी तीक्ष्ण दृष्टि का शिकार बना था। आचार्य शुक्ल जी ने यथार्थवाद की चर्चा नहीं की है। मूल्यवादी कविता का वह पक्ष जो कल्याण तथा आनन्द से जुड़कर

1. हिन्दी आलोचना का विकास : नन्द किशोर नवल, पृ. 158,181,201

विश्रान्तिदायिनी बन सके, आचार्य शुक्ल के लिए अभीष्ट था। आचार्य शुक्ल के युग के ये तीनों समीक्षक उनकी उस मान्यता के विपरीत साहित्य और आलोचना कर्म को जीवन्त भाव से देखने के पक्षधर थे। आचार्य नन्ददुलारे वाजपेयी पश्चिमी प्रभाव से उत्पन्न भारतीय जीवनानुभूति की नई हलचल और उसके बदलाव के समर्थक हैं। इस नई विचारधारा के बीच लिखे जा रहे स्वच्छन्दावादी जीवनानुभूति तथा उसकी सामाजिक निष्ठामयी अभिव्यक्ति, उनकी समीक्षा का आधार है। उन्होंने आचार्य शुक्ल के भारतीय तथा विदेशी परम्परावाद से अपने को भिन्न करके समसामयिक परिवेश एवं जीवनानुभूति से कविता और उसकी व्याख्या दृष्टि को जोड़ने की चेष्टा की है। पंत और कामायनी का विश्लेषण करते हुए डॉ. नगेन्द्र की दृष्टि कृतिसापेक्ष्य थी। मूल्यबोध की परम्परा दृष्टि से तो उन्होंने अपने को पृथक् रखा और कृतित्व के सापेक्ष्य में ही मूल्यबोध को एक गौण प्रश्न बनाकर समीक्षा में उतारा। आचार्य शुक्ल की मूल्यबोध दृष्टि जहाँ कृतित्व को दबाती है, वहीं डॉ. नगेन्द्र की मूल्यबोध दृष्टि कृतित्व की अन्तर्वर्ती समस्याओं की अन्तरंगता के साथ चलती दिखाई पड़ती है। आचार्य शुक्ल के अन्तर्मन में निर्णयात्मक समीक्षा के मानदण्ड उनकी प्रगतिशीलता के बाद भी वर्तमान दिखाई पड़ते हैं। इस युग में आचार्य हजारीप्रसाद द्विवेदी को छोड़कर किसी समीक्षक की दृष्टि भारतीय परम्परा से जुड़ी अपनी जातीय या निजी अस्मिता की ओर नहीं गई। जातीय परम्परा के संस्कार, उनकी सांस्कृतिक अवधारणाओं की प्रवहमान निरन्तरता और वर्तमान निर्मिति में उसकी अपनी सार्थकता पर समीक्षक की दृष्टि इसलिए आवश्यक है क्योंकि कोई भी सर्जनात्मक अभिव्यक्ति देश, काल, परम्परा, जातीय संस्कृति एवं संस्कार से कटकर नहीं देखी जा सकती। पश्चिमी स्वच्छन्दतावाद से जुड़े छायावाद एवं रहस्यवाद में प्रमुख कवियों ने ही अन्त में परम्परावाद के जातीय चिन्तन से अपनी इस नई काव्यधारा को जोड़ने की चेष्टा की। महादेवी ने अपनी कविता को महात्मा बुद्ध के करुणावाद से जोड़ा, प्रसाद ने शैवागम आनन्दवाद से तथा निराला ने अद्वैत वेदान्त से। इन आचार्यों में पं. हजारीप्रसाद द्विवेदी के कृतित्व के विश्लेषण के लिए जिन मानकों की तलाश करते हैं, वे विश्लेषण के स्तर पर सर्वथा नए, उनके स्वात्म चिन्तन या रवीन्द्रनाथ ठाकुर आदि बंग भाषी चिन्तकों के साथ प्रमुखता से जुड़े एवं इतिहास तथा वर्तमान के जातीय संस्कारों, चिन्तकों के प्रभावों से सम्बद्ध एवं इतिहास तथा वर्तमान के जातीय संस्कारों, साथ ही, देशकाल परिस्थिति के सहयोग या सर्जक की प्रतिक्रिया के प्रतिफल हैं। आचार्य हजारीप्रसाद द्विवेदी आचार्य रामचन्द्र शुक्ल की मान्यताओं के विपरीत अधिक मौलिक, स्वचिन्तन से अनुशासित तथा सर्जक की रचनाओं में व्याप्त उसके जातीय अन्तर्वर्ती मूल्यों के पक्षधर हैं और उनकी व्यावहारिक समीक्षा निरन्तर इन्हीं मानकों से परिशासित है। उनकी व्यावहारिक समीक्षा से जुड़ी कृतियाँ 'कबीर', सूरसाहित्य, आदिकाल की भूमिका' इसके लिए श्रेष्ठतम साक्ष्य हैं। डॉ. नामवर सिंह ने अपनी प्रसिद्ध कृति 'दूसरी परम्परा की खोज' 'के अन्तर्गत इन तथ्यों पर नितान्त स्पष्ट रूप से विचार किया है। इन समस्त तथ्यों को ध्यान में रखकर हम शुक्लयुगीन समीक्षा के प्रमुख संदर्भों को निम्नलिखित सूत्रों में रख सकते हैं—

1. शुक्लयुगीन समीक्षा की सबसे महत्त्वपूर्ण प्रवृत्ति रचना की अन्तरंगता में प्रवेश और महत्त्वपूर्ण पक्षों की पहचान एवं विश्लेषण है। शुक्ल जी की समीक्षा सामान्यतया रूपवाद एवं समीक्षा के निर्णयात्मक मानदण्डों से टकराती है, फिर भी, वह आलोचक की अपनी नवीन धारणाओं से सम्पृक्त होकर, लोक परम्पराओं तथा सामाजिक अनुभवों की जीवन्तता के साथ जुड़कर कलात्मक चैतन्य के साथ चलती रहती है। समीक्षा और विशेषकर व्यावहारिक आलोचना के क्षेत्र में नयेपन के आग्रह को स्थापित करने की दृष्टि यहाँ सबसे महत्त्वपूर्ण है।

2. इस युग की दूसरी विशेषता नवीन मूल्यों के अन्वेषण की है। विशेष रूप से व्यावहारिक समीक्षा के अन्तर्गत युग विशेष की कृतियों को जातीय परम्परा एवं सांस्कृतिक जीवन दृष्टि से जोड़ कर एक सर्वथा नये समीक्षात्मक मानदण्ड की सम्भावना को स्थापित करना, इस युग की अपनी विशेषता है। सम-सामयिकता की व्याख्या परम्परा की संगति से जोड़कर व्यावहारिक समीक्षा के नये मानदण्ड की स्थापना इस युग की आलोचना का धर्म है। समीक्षा के साक्ष्य, कृति और उससे जुड़े परिवेश तथा परम्परा के मानक और कृति के विवेचन के संदर्भ में उपादेयता का प्रश्न नितान्त महत्त्वपूर्ण है। परम्परा तथा कृति के बीच निहित सर्जनात्मक अन्तरंगता की छानबीन तथा खोज आलोचना का दायित्व है। इस जातीय परम्परावाद में परस्पर निषेध तथा ग्राह्यता दोनों के संदर्भ वर्तमान हैं।

3. शुक्लयुगीन व्यावहारिक समीक्षा का तीसरा मानदण्ड समसामयिकता तथा कृति में अभिव्यक्त समसामयिक मूल्यों की पकड़ एवं विश्लेषण दोनों पक्षों की प्रस्तुति अपेक्षित है। छायावादी कविता के बदलते हुए मानों के सामाजिक कारणों की पकड़ और वैयक्तिक या आत्मिक रोमानियत के प्रति रुझान के कारणों के विविध पहलुओं तथा उसके कारणों के सामाजिक संदर्भों की छानबीन विशेष रूप से छायवादी या रहस्यवादी कविता के सापेक्ष्य में विश्लेषण इस युग की प्रमुख समीक्षाधारा है। कविता एवं समसामयिक सामाजिक संदर्भों की सम्पृक्ति और साहित्य पर पड़ने वाले उसके प्रभावों की दृष्टि एवं विश्लेषण कलात्मक या सामाजिक विचारधारा के साथ जुड़कर प्रकाश में आया। अंग्रेजी शासन तथा उनकी व्यवस्था के फलस्वरूप उत्पन्न नई पूँजीवादी सोच, समाज में रोमानियत का खुलापन, शिक्षा प्रणाली, आचार-व्यवहार, मशीनीकरण, जीवनशैली का जो भी प्रभाव भारतीय जीवन एवं सम्बद्ध साहित्य पर पड़ा, उसका विश्लेषण क्रम इस युग में व्यावहारिक समीक्षा के मानदण्डों से जोड़ा गया। कुल मिलाकर, उस युग में साहित्य और जीवन की अभिन्नता का एक साहित्यिक सिद्धान्त सर्जनशील साहित्य एवं समीक्षा दोनों क्षेत्रों में स्थापित लिया गया।

4. आचार्य शुक्ल युग में ही साहित्य के इतिहास लेखन, साहित्य कृतियों पर समीक्षात्मक अनुसंधान एवं पाठालोचन की नई परम्पराओं का विकास हिन्दी साहित्य में हुआ। हिन्दी साहित्य का प्रथम व्यवस्थित इतिहास स्वयं आचार्य रामचन्द्र शुक्ल ने हिन्दी शब्द सागर की भूमिका के रूप में उच्च स्तरीय कक्षाओं के पाठ्यक्रम पर तैयार किये गए 'नोट्स' के आधार पर लिखकर सन् 1929 में प्रकाशित कराया और इसी के एक वर्ष बाद 1930 में बाबू श्याम

सुन्दर दास का भी इतिहास ग्रंथ प्रकाश में आया। बनारस हिन्दू विश्वविद्यालय से पहला शोध प्रबन्ध डॉ. पीताम्बर दत्त बर्थवाल का प्रकाश में आया और विषय था—**हिन्दी काव्य में निर्गुण सम्प्रदाय** और ठीक इसी के समानान्तर इलाहाबाद विश्वविद्यालय से डॉ.बाबूराम का सक्सेना का पहला डी. लिट्. का शोध प्रबन्ध 'अवधी का विकास' स्वीकृत हुआ। शोध की यह परम्परा इस युग से शुरू होकर हिन्दी समीक्षा को प्रत्यक्षतः प्रभावित करती रही और यह क्रम आज तक बना हुआ है। शुक्ल युग में तीसरी परम्परा प्राचीन कृतियों के पाठ सम्पादन की है। स्वयं आचार्य शुक्ल ने जायसी ग्रंथावली का सम्पादन पाठालोचन के सुधारवादी सिद्धान्तों के आधार पर किया और फिर जायसी भी कृतियों पर एक विस्तृत व्याख्या लिखी जो उनके युग की व्यावहारिक समीक्षा के आधार स्तम्भ के रूप में स्वीकार की गयी। परवर्ती काल में डॉ. वासुदेवशरण अग्रवाल ने इस पाठ पर अनेक आपत्तियाँ उठाईं और अन्तिम रूप से पद्मावत आदि जायसी की कृतियों का प्रमाणिक पाठ डॉ. माताप्रसाद गुप्त ने इलाहाबाद विश्वविद्यालय के हिन्दी विभाग से प्रस्तुत किया। इन्हीं पाठों ने भी विजयदेव नारायण साही जैसे कवि चिन्तक को पद्मावत पर व्यावहारिक समीक्षा लिखने की प्रेरणा दी और यह व्यावहारिक समीक्षा परम्परा की श्रेष्ठतम कृति है। आगे चलकर, डॉ. माताप्रसाद गुप्त तथा डॉ. पारसनाथ तिवारी ने इस परम्परा को आगे बढ़ाया है।

शुक्लयुग में हिन्दी की कई प्रामाणिक संस्थाएँ तथा शोधपत्रिकाओं के प्रकाशन का क्रम शुरू हुआ। सन् 1900 में नागरी प्रचारिणी सभा तथा उसकी शोध पत्रिका नागरी प्रचारिणी पत्रिका, सन् 1906 में हिन्दी साहित्य सम्मेलन एवं उससे प्रकाशित शोध पत्रिका सम्मेलन पत्रिका, हिन्दुस्तानी एकेडमी से सम्बद्ध हिन्दुस्तानी, भारतीय हिन्दी परिषद (1942) तथा उससे प्रकाशित शोध पत्रिका हिन्दी अनुशीलन प्रकाश में आए।

5. आचार्य रामचन्द्र शुक्ल के ही युग में हिन्दी साहित्य की समीक्षा में प्रगतिवादी विचारधारा से सम्बद्ध एक नयी आलोचना धारा का जन्म हुआ। आचार्य शुक्ल का देहावसान् सन् 1941 में हुआ और प्रगतिशील समीक्षा की शुरुआत सन् 1936 से ही प्रगतिशील लेखक संघ से शुरू हो चुकी थी। प्रकाशचन्द्र गुप्त, शिवदान सिंह चौहान, रांगेय राघव, डॉ. रामविलास शर्मा आदि इसी परम्परा के आलोचक रहे हैं। आचार्य शुक्ल से शुरू होकर इस विचारधारा ने सर्वथा परम्परा से पूर्णतः भिन्न मानदण्डों को आधार बनाकर अपने सैद्धान्तिक तथा व्यावहारिक आलोचनात्मक कर्म को आगे बढ़ाया और साहित्य तथा सामाजिक प्रतिबद्धता को स्वीकार करते हुए इन आलोचकों ने कृति एवं रचनात्मक मूल्यों की नये ढंग से व्याख्या की।

कुल मिलाकर, आचार्य रामचन्द्र शुक्ल की सैद्धान्तिक तथा व्यावहारिक समीक्षा दोनों का समापन लगभग 1940 के आसपास हो जाता है और सन् 1960 तक हिन्दी साहित्य के समीक्षा के विकास का नया दौर प्रारम्भ होता है। हिन्दी के प्रमुख केन्द्र वाराणसी एवं इलाहाबाद के हिन्दी साहित्य के सृजन तथा आलोचना के संदर्भ क्षीण होने लगे और आगरा, पटना, लखनऊ, दिल्ली, कलकत्ता, जयपुर, जोधपुर जैसे नगरों में हिन्दी ने अपना केन्द्र

बनाना शुरू किया। सन् 2000 तक सम्पूर्ण भारत के विश्वविद्यालयों में हिन्दी विभाग की स्थापना हो गयी। हिन्दी सेवी संस्थाओं के अधिवेशन एवं आयोजित कार्यगोष्ठियों से समीक्षा का दबाव बढ़ता गया। केरल, मद्रास, उस्मानिया, हैदराबाद, पुणे, बम्बई, गोआ, पंजाब, श्रीनगर, जम्मू, गढ़वाल, शिमला आदि क्षेत्रों में हिन्दी समीक्षा का सराहनीय कार्य किया गया और इन कार्यों को देखकर यह नहीं कहा जा सकता है कि देश का कोई भी राज्य या प्रदेश उच्चतर हिन्दी अध्ययन की साहित्यिक परम्पराओं से अछूता एवं सामान्य रह गया। हिन्दी अनुसंधान एवं समीक्षा ने सन् 1940 से लेकर इस सन् 2000 तक अपना जो विकास सम्पूर्ण भारत में सप्रयास कर लिया वह निश्चित ही स्पृहणीय है किन्तु खेद का विषय है कि अभी तक इन कार्यों की हम सन् 1968 के बाद की कोई प्रामाणिक सूची (तालिका) भी नहीं तैयार कर सके हैं।

व्यावहारिक समीक्षा एवं हिन्दी अनुसंधान में किये जा रहे समीक्षात्मक समस्याओं से जुड़े संदर्भों में पुनरावृत्ति आ रही है और हिन्दी समीक्षा एवं अनुसंधान के बीच अलगाव नहीं हो पा रहा है। हिन्दी साहित्य में अनुसंधाताओं एवं अनुसंधान के निर्देशकों तथा पर्यवेक्षकों एवं विश्वविद्यालयों में इस विषय में सचेष्टता अपेक्षित है।

आज समीक्षा के संदर्भ में एक प्रश्न और भी विचारणीय है। पश्चिम की नई व्यावहारिक समीक्षा जिसका प्रवेश 1940 के बाद 1960 के आसपास हुआ है, उसकी सर्जनात्मकता एवं समीक्षात्मकता की पड़ताल के लिए साहित्य का व्यावहारिक स्वरूप एवं व्यावहारिक समीक्षात्मक संदर्भों के प्रत्यक्ष मानक उपेक्षित है। पश्चिम से उधार लेकर सौन्दर्यवादी समीक्षात्मक दृष्टि से जुड़ी व्यापक सैद्धान्तिकता की हम चर्चा तो कर रहे है किन्तु उससे सम्बद्ध व्यावहारिक समीक्षा का कोई ग्रंथ प्रकाश में नहीं आया है। हम किसी कृति को लेकर उसके सौन्दर्यशास्त्रीय पक्ष को विश्लेषण का आधार बना सकते हैं किन्तु इस सिद्धान्त पर क्या वह कृति खरी उतरती है इससे सम्बद्ध व्यावहारिक समीक्षा सामने नहीं आ रही है। आज यह एक ज्वलन्त समस्या है। समीक्षा का सिद्धान्त तो है, किन्तु वह व्यवहार में कहीं नहीं है। आज की पाठकीय समीक्षा की भी यही स्थिति है। पश्चिम के आज कई नये काव्य सिद्धान्त हिन्दी साहित्य में प्रचलित हो चुके हैं किन्तु उससे सम्बद्ध व्यावहारिक समीक्षा विधि की इस समय कोई संगति नहीं बन पा रही है।

इस समय एक नई समीक्षात्मक व्यवहार प्रणाली तेजी से विकसित हो रही है, वह है, जायसी, सूर, कबीर, तुलसी, बिहारी, केशवदास, भारतेन्दु, हरिश्चन्द्र, आचार्य महावीरप्रसाद द्विवेदी, प्रसाद, पंत, निराला, महादेवी, अज्ञेय आदि पर विवेचन की। इसी प्रकार अन्य महत्त्वपूर्ण कृतियों को भी आधार बनाकर आलोचनात्मक ग्रंथ लिखे जा रहे हैं। नये कवि एवं नई रचनाओं का भी विवेचन संदर्भ इसी से जुड़ा है। इन आलोचनाओं में पुनरावृत्तियों, प्रभाव एवं विश्लेषण तकनीकी की बार-बार आवृत्ति से बचाव अपेक्षित है अन्यथा कृति और कृतित्व की पहचान में भ्रम उत्पन्न होने की सम्भावना बन सकती है जो साहित्यिक चिन्तन की दिशा में विवाद का कारण बन सकता है। □□

हिन्दी की नई समीक्षा : मूल्य एवं मान

नई समीक्षा का जन्म शुक्लयुगीन समीक्षा के बाद स्वीकार किया जाना चाहिए क्योंकि इस नये युग में आरोपित मूल्यों के स्थान पर कृति की वस्तु संरचना कृति में निहित नियामक आधार एवं रचनाकार के अन्तर्वर्ती मूल्य एवं आलोचक की व्युत्पन्नता से उभरी सर्जक की सर्वथा सर्जनात्मक मीमांसा जैसे प्रमुख धर्म व्यावहारिक समीक्षा में उभर कर सामने आए हैं। इस आलोचना कर्म की सबसे महत्त्वपूर्ण विशेषता है कवि कर्म के वैशिष्ट्य की भाँति ही आलोचक के आलोचना कर्म की निजी पहचान। इस नई पहचान में आलोचक की भावक प्रतिभा (रचना के मर्म को अपनी अन्तर्दृष्टि से पकड़ लेने की सामर्थ्य) तथा उसकी इस प्रकार से व्याख्या कि वह सर्जक के रचना कर्म की भाँति आनन्द प्रदान करने में सहायक हो सके। यदि कृति विषयवस्तु की सर्जना है तो आलोचना उस सर्जना की सर्जना है इस परम्परा की प्रसिद्ध व्यावहारिक समीक्षा श्री नलिन विलोचन शर्मा (दिनकर और उनकी कविताएँ) डॉ. रामविलास शर्मा (निराला की साहित्य साधना, भाग-1-2-3), गजनानन माधव मुक्तिबोध (कामायनी : एक पुनर्विचार), नामवरसिंह (दूसरी परम्परा की खोज), विजय देव नारायण साही (जायसी), रामस्वरूप चतुर्वेदी (कामायनी का पुनर्मूल्यांकन, इतिहास और आलोचक दृष्टि, अज्ञेय, आचार्य रामचन्द्र शुक्ल : आलोचना का अर्थ और अर्थ की आलोचना) मलयज (रामचन्द्र शुक्ल) आदि ग्रंथ है। परम्परित समीक्षात्मक प्रक्रिया का बदलाव इस आलाचेना धारा की प्रमुख विशेषता है।

इस युग की एक और भी महत्त्वपूर्ण प्रवृत्ति रही है। किसी भी प्रमुख कृति का बार-बार विश्लेषण अनेक ज्ञात तथा अज्ञात कारणों से इस काल खण्ड में होता रहा है। प्रसिद्ध कवि मलिक मुहम्मद जायसी, गोस्वामी तुलसीदास, सूरदास, बिहारी, आचार्य केशवदास, आदि कवियों पर इस युग में बार-बार समीक्षा लिखी गई। इसमें व्यवहारिक आलोचना से सैद्धान्तिक समीक्षा के मानकों को जोड़कर देखने का कार्य अधिक किया गया। उदाहरण के लिए गोस्वामी तुलसीदास के डॉ. माता प्रसाद गुप्त, डॉ. उदयभान सिंह, डॉ. राजपति दीक्षित, डॉ. चन्द्रबली पाण्डेय, वचनदेव कुमार, डॉ. जय प्रकाश, डॉ. रामरतन भटनागर, डॉ. छोटे लाल दीक्षित, डॉ. बल्देव प्रसाद मिश्र, डॉ. इन्द्रनाथ मदान, डॉ. सभापति मिश्र, डॉ. लल्लन राय, डॉ. जगदीश्वर प्रसाद, श्री नारायण सिंह आदि अनेक आलोचक हैं। प्रस्तुत लेखक ने भी गोस्वामी तुलसीदास पर चार आलोचनात्मक कृतियाँ लिखी हैं। गोस्वामी तुलसीदास पर लिखी गई इन आलोचनात्मक कृतियों के मानदण्ड निर्णयात्मक, शोधपरक, आन्तरिक संरचना-प्रधान तथा सर्जनात्मक सब हैं और ऐसी ही स्थिति अन्य व्याख्याओं में प्राप्त होती

है। इन समीक्षा मानकों में सामयिक व्यावहारिक समीक्षा की दृष्टि से रूपात्मक मानों को अधिक महत्त्व एवं मान्यता मिली है। सर्जनात्मक अन्तरंगता तथा उसके सापेक्ष्य में कृतित्व का सकारात्मक विश्लेषण इस कालखण्ड की महत्त्वपूर्ण विशेषता है जो समीक्षा एवं अनुसंधानमूलक व्याख्या दोनों संदर्भों में प्राप्त है।

इस कालखण्ड की व्यावहारिक समीक्षा की एक और भी विशेषता है। कतिपय पश्चिमी समीक्षा के नये मापदण्डों के आधार पर कृति की व्यावहारिक समीक्षा की प्रस्तुति। उदाहरण के लिए शैली वैज्ञानिक, काव्यभाषापरक, काव्यसंरचनात्मक एवं पाठकीय समीक्षा के मानदण्डों को आधार बनाकर अनेक प्रमुख कृतियों तथा कवियों की व्याख्याएँ इस युग में की गईं। शैलीवैज्ञानिक समीक्षा का सूत्रपात डॉ. रवीन्द्र नाथ श्रीवास्तव ने किया और इस क्रम में शीतांशु शुक्ला, प्रो. सियाराम तिवारी आदि आलोचकों के नामोल्लेख आवश्यक हैं।

जहाँ तक काव्यभाषापरक समीक्षा का प्रश्न है, इसके अन्तर्गत दिग्भ्रमित शोध प्रबन्ध एवं समीक्षाएँ अधिक लिखी गईं। इस रूपात्मक सिद्धान्त पर शोधकार्य अधिक हुए हैं किन्तु उनका आधार कविता की व्याकरणिक संरचना रही है। इस व्याकरणिक संरचना से मुक्त काव्यभाषा संरचनापरक प्रसिद्ध समीक्षक प्रो. सियाराम तिवारी, प्रो. शीतांशु, प्रो. रामस्वरूप चतुर्वेदी आदि उल्लेखनीय हैं। आज इस दिशा में प्रो. रामस्वरूप चतुर्वेदी का नामोल्लेख विशेष महत्त्वपूर्ण है।

संरचनावाद से सम्बन्धित सैद्धान्तिक, व्यावहारिक एवं शोध समीक्षाएँ इधर दो दशक पूर्व प्रकाश में आई हैं। इस चिन्तनधारा के व्यावहारिक तथा सैद्धान्कि समीक्षकों की सूची इस प्रकार है—डॉ. पाण्डेय शशिभूषण सीतांशु, डॉ. वीरेन्द्र सिंह, डॉ. संजय कुमार सिंह आदि।

पाठकीय समीक्षा का सूत्रपात डॉ. गोपीचन्द नारंग ने किया और इस दिशा में अभी तक एकाध शोध प्रबंध प्रकाश में आए हैं।

उत्तर आधुनिकतावाद और उत्तर संरचनावाद इधर दो-तीन दशकों से प्रचलन में है और इस समीक्षा को हिन्दी में ले आने का श्रेय **डॉ. सुधीर पचौरी** को दिया जाता है। डॉ. गोपीचन्द नारंग ने भी इस विधा पर कार्य किया है। उत्तर आधुनिकतावाद के सन्दर्भ में ही आधुनिकतावादी समीक्षा की चर्चा की जाती है, जिसके सम्बन्ध में विस्तारपूर्वक चर्चा की जाएगी।

अस्तित्ववादी एवं विखण्डनवादी सिद्धान्तों की सामान्यतया चर्चाएँ अवश्य हुई हैं किन्तु विशेष गम्भीर मन्तव्य अभी इस दिशा में अपेक्षित है।

कुल मिलाकर, सामाजिक सन्दर्भ में दो ही महत्त्वपूर्ण सिद्धान्त इस समय सैद्धान्तिक एवं व्यावहारिक समीक्षा में अधिक प्रचलित हैं, वे हैं—शैली विज्ञान तथा काव्यभाषा। इन दोनों की संक्षिप्त रूपरेखा इस प्रकार है—

शैली विज्ञान

समयिक समीक्षा के संदर्भ में एक स्थिति शैली विज्ञान या रीति विज्ञान की है और इसके अन्तर्गत यह स्वीकार किया जाता है कि सर्जन की काव्यभाषा की निष्पत्ति व्यवहार भाषा से ही होती है किन्तु सर्जन के बाद व्यवहार भाषा की प्रकृति में बदलाव आ जाता है क्योंकि वह भाषा कला या सर्जन की भाषा बन जाती है जो अपनी काव्यागत रीति, परम्परा या शैली के सापेक्ष्य में समझी तथा विवेचित की जाती है। इस भाषा का मूल्यांकन लोकभाषा से न होकर सृजन के मानकों द्वारा होता है और सौन्दर्य के उन भाषिक साक्ष्यों की तलाश की जाती है जो सम्प्रेषण में सहायक होते हैं। डॉ. रवीन्द्रनाथ श्रीवास्तव, डॉ. विद्यानिवास मिश्र, डॉ. नगेन्द्र, डॉ. कृष्णकुमार शर्मा, डॉ. भोलानाथ तिवारी, सुरेश कुमार आदि समीक्षकों ने इस दिशा में विशेष कार्य किया है किन्तु सैद्धान्तिक समीक्षा का ही संदर्भ इस चिन्तन में अधिक मिलता है। काव्यभाषा की प्रकृति एवं उससे निर्मित कविता शैली का विश्लेषण ही शैली विज्ञान है।

काव्यभाषा

'काव्यभाषा' को केवल समीक्षा का आधार कविता में इसलिए स्वीकार किया गया है क्योंकि वह भाषिक सर्जन के अतिरिक्त और किसके द्वारा प्रतीति का विषय बनती है। काव्यभाषा के प्रख्यात समीक्षक प्रो. रामस्वरूप चतुर्वेदी के अनुसार—"... काव्यभाषा का प्रतिमान ही शेष रह चुका है क्योंकि कविता के संघटन में काव्यभाषा प्रयोग की मूल और केन्द्रीय स्थिति है।" डॉ. चतुर्वेदी ने इस दिशा में कई आलोचनात्मक पुस्तकें लिखी हैं—भाषा और संवेदना, सर्जन और भाषिक संरचना, काव्यभाषा पर तीन निबंध, मध्यकालीन हिन्दी काव्यभाषा। इस दिशा में कार्य करने वाले प्रमुख समीक्षक डॉ. सियाराम तिवारी आदि हैं। डॉ. रामस्वरूप चतुर्वेदी भाषिक सर्जन के विश्लेषण की परिक्वता बिम्ब विधान में देते हैं। उनके अनुसार 'प्रतीक और बिम्ब विधान' काव्यभाषा निर्मिति के प्रमुख तत्त्व हैं। इन दोनों में प्रतीक के ऐन्द्रिक अनुभवों से संश्लिष्ट तथा संयोजित बिम्ब प्रक्रिया भाषा और अनुभूति के अद्वैत रूप में हमारे सामने आती है। भाषा तथा अनुभूति का यह अद्वैत समकालीन कविता के प्रमुख आधार के रूप में हैं।

आलोचना तथा अनुसंधान : अद्यतन संदर्भ

हिन्दी की सैद्धान्तिक समीक्षा का एक पक्ष **हिन्दी अनुसंधान** से भी जुड़ता है और इसका श्री गणेश इलाहाबाद विश्वविद्यालय के हिन्दी विभाग से ही समझना चाहिए। सन् 1937 में **डॉ. रामशंकर शुक्ल रसाल** ने **'हिन्दी काव्यशास्त्र का विकास'** विषय पर यहाँ से पहली बार शास्त्रीय शोध प्रस्तुत किया। सन् 1952में छैल विहारी राकेश ने 'नायक नायिका भेद' पर शोध कार्य करके डॉ. रसाल की परम्परा को आगे बढ़ाया। ये दोनों शोध डी. लिट् की उपाधि से सम्बद्ध थे। आगरा विश्वविद्यालय से ओ.पी. कुलश्रेष्ठ ने पी.एच.डी. के लिए हिन्दी ाहित्य में अलंकार विषय को चुना। **1952 में हिन्दी कविता में श्रृंगार रस**

का अध्ययन विषय पर डा. आर. पी. चतुर्वेदी द्वारा कार्य किया गया। 1955 में **हिन्दी काव्य में करुण रस शीर्षक डॉ. वी.वी. एस. सक्सेना** का शोध प्रबन्ध प्रकाश में आया, **1956 में काव्य में रस** शीर्षक आनन्द प्रकाश दीक्षित द्वारा शोध कार्य किया गया। प्राचीन भारतीय तथा आधुनिक पश्चिमी सैद्धान्तिक समीक्षा एवं सैद्धान्तिक तथा व्यावहारिक दोनों पक्षों पर महत्त्वपूर्ण शोधकार्यों की तालिका इस प्रकार है—

हिन्दी साहित्य में आलोचना का उद्भव और विकास—डॉ. भगवत् स्वरूप मिश्र (1951), हिन्दी साहित्य में विविधवाद—डॉ. प्रेम नारायण शुक्ल (1952), करुण रस—मध्य युगीन हिन्दी काव्य (1956), हिन्दी काव्य में नियतिवाद—डॉ. रामगोपाल शर्मा (1960), आधुनिक हिन्दी काव्य में वात्सल्य रस—डॉ. राजेश्वरा प्रसाद चतुर्वेदी (1962) मनोविज्ञान के प्रकाश में रस सिद्धान्त का अध्ययन—डॉ. राकेश गुप्त (1943), आधुनिक हिन्दी कविता का काव्यशिल्प डॉ. मोहन लाल अवस्थी, आधुनिक हिन्दी काव्य में कवि कल्पना का स्वरूप डॉ. श्रीमती शैल श्रीवासव्त (1962), आधुनिक हिन्दी कवियों के काव्य सिद्धान्त डॉ. सुरेश चन्द्र गुप्त (1959), हिन्दी काव्यशास्त्र में दोष विवेचन—डॉ. रणवीर सिंह (1960), आधुनिक हिन्दी काव्य में रूपविधाएँ, डॉ.निर्मला जैन (1961), इस की दार्शनिक की दार्शनिक और नैतिक व्याख्या—डॉ. तारकनाथ बाली (1962), आधुनिक हिन्दी काव्य में बिम्ब विधानि डॉ. कुसुम लता अग्रवाल (1960), उपमा अलंकार का विवेचन—जयनारायण गौतम, रसाभास की विवेचन प्रशान्त कुमार (1965), निर्गुण काव्य में शानतरस कुसुम लता अग्रवाल (1967), हिन्दी काव्य में वात्सल्य रस आशा शिरोमणि (1961), हिन्दी में अतुकान्त छन्द योजना का विकास—डॉ. चन्द्रकान्त भारद्वाज (1967), हिन्दी में शब्दालंकार विवेचन—देशराज भाटी (1967), हिन्दी काव्य शास्त्र में शृंगार रस का विवेचन—राम लाल शर्मा (1967), हिन्दी काव्य में कल्पना विधान—राम चेतन सिंह (1958), बीभत्स रस और हिन्दी साहित्य—श्री कृष्णदेव (1963), आधुनिक हिन्दी कविता में अभिव्यंजना कला—डॉ. हरिश्चन्द्र बत्रा (1963), मधुरस स्वरूप और विवेचन राम स्वार्थ चौधरी (1964) चित्रकाव्य सैद्धान्तिक विवेचन एवं ऐतिहासिक विकास—डॉ. रामदीन मिश्र (1965), काव्य एवं अन्य ललित कलाओं के प्रमुख तत्त्वों का सौन्दर्यशास्त्रीय अध्ययन—डॉ. विमल सिंह कुमार (1964), भारतीय काव्यशास्त्र में गुणधारणा—डॉ. शोभाकान्त मिश्र (1966), आधुनिक हिन्दी आलोचना पर पाश्चात्य प्रभाव रामचन्द्र प्रसाद (1967), आधुनिक हिन्दी काव्य में मनोविज्ञान उर्वशी सुरती (1962), आधुनिक हिन्दी काव्य में ध्वनि—डॉ. कृष्ण लाल शर्मा (1962), हिन्दी काव्यरूपों का उद्भव और विकास—डॉ. शकुन्तला दुबे—(1955), हिन्दी में महाकाव्य का स्वरूप विकास, शम्भुनाथ सिंह (1955), आधुनिक आलोचना—डॉ. रामदरश मिश्र (1957), हिन्दी साहित्य और आलोचना—डॉ. नरसिंहचारी—एस.टी. (1961), नायिका भेद—उद्भव और विकास—डॉ. कृष्ण नन्दन दीक्षित पीयूष, भारत की आधुनिक नाट्यशास्त्र की देन सुरेन्द्र नाथ दीक्षित, हिन्दी कल्लड़ अलंकार शास्त्र का तुलनात्मक अध्ययन—डॉ. कृष्ण स्वामी अयंगर, हिन्दी

काव्यशास्त्र में रस सिद्धान्त—डॉ. सच्चिदानन्द चौधरी (1963), ध्वनि सम्प्रदाय और उसके सिद्धान्त—डॉ. भोलाशंकर व्यास (1952), आधुनिक हिन्दी कविता में प्रतीकवाद के प्रकार—डॉ. चनुकला (1954), हिन्दी काव्यशास्त्र का इतिहास—डॉ. पुत्तूलाल शुक्ल (1954), हिन्दी काव्य में करुण रस—डॉ. तारा कपूर (1958), आधुनिक हिन्दी कविता में अलंकार योजना—डॉ. देवेश चन्द्र (1961), भक्तिकालीन काव्य में राग और रस—डॉ. दिनेश चन्द्र गुप्त (1963), साधारणकिरण शास्त्रीय अध्ययन—डॉ. रामलखन शुक्ल, आचार्य शुक्ल के समीक्षा सिद्धान्त—डॉ. रामलाल सिंह (1957), हिन्दी में सैद्धान्तिक समीक्षा का विकास—डॉ. रामधार शर्मा (1961), आधुनिक हिन्दी साहित्य में कला विषयक विवेचन के तत्त्व और उपकरण डॉ. चन्द्रभूषणतिवारी (1962), हिन्दी और मलयालम के भक्ति के भक्तिकालीन काव्य में वात्सल्य रस डॉ. रमन नायर एन (1963), हिन्दी वैष्णव भक्ति काव्य में निहित काव्यदर्शन तथा काव्य शास्त्रीय सिद्धान्त—डॉ. योगेन्द्र प्रताप सिंह (1964), साधारणीकरण और सौन्दर्यानुभूति के प्रमुख सिद्धानत डॉ. प्रेमकान्त टण्डन (1967) अभी इसी तालिका में आज के चालीस वर्षों का लेखा जोखा अप्राप्त है।

सामान्यता देखने पर ज्ञात होता है कि समीक्षा का यह संदर्भ जो आचार्य शुक्ल (1941) तक अपने क्रम में विकसित होता रहा है, उसको दिशा देने में सम्पूर्ण देश के हिन्दी विश्वविद्यालयों तथा हिन्दी विभागों के शोधकार्यों का महत्त्वपूर्ण योगदान रहा है। यहाँ सैद्धान्तिक, शास्त्रीय, रूपात्मक या सर्जनात्मक, सौन्दर्य मूलक, मूल्यपरक समीक्षा रूपों का जो क्रम दिखाई पड़ता है, उसे देखकर यह स्पष्ट है कि हिन्दी की प्रायः समग्र सर्जनात्मक एवं सैद्धान्तिक समीक्षा की पृष्ठभूमि का निर्माण कार्य शुरू ही नहीं किया गया, उस दिशा में पर्याप्त विकास भी हुआ है। यह केवल प्रगतिवादी व्यावहारिक तथा सैद्धान्तिक समीक्षा से ही सम्बद्ध नहीं है। प्रगतिवाद से भिन्न विचारधाराओं के विविधि दृष्टिकोणों पर व्यापकता और गहराई दोनों दृष्टियों से विचार किया गया है। सैद्धान्तिक एवं तुलनात्मक समीक्षा के क्षेत्र में प्रायः दक्षिणभारत के सभी राज्यों में अच्छा कार्य हुआ है और मलयालम, कन्नड़, तमिल, तेलुगु, मराठी, गुजराती, बंगला आदि में हिन्दी के आलोचकों ने अच्छा कार्य किया है। जहाँ तक सैद्धान्तिक समीक्षा के शोध पक्ष का प्रश्न है, इन राज्यों में हिन्दी भाषा से जुड़े अनेक कार्य सम्पन्न हुए हैं और भविष्य के लिए भी योजनाएँ बन रही हैं।

❑❑

सैद्धान्तिक समीक्षा की विकास धारा : आचार्य शुक्ल से सन् 2000 तक

आचार्य रामचन्द्र शुक्ल के बाद सैद्धान्तिक समीक्षा का नया दौर शुरू हो चुका था। आचार्य शुक्ल सन् 1941 में दिवंगत हुए, तब तक हिन्दी साहित्य में प्रगतिवादी एवं प्रयोगवादी विचारधाराओं की नींव सुदृढ़ हो चुकी थी। लक्ष्मीनारायण 'सुधांशु' जैसे लेखक आचार्य रामचन्द्र शुक्ल की धारणा कि अभिव्यंजनावाद आचार्य कुन्तक की वक्रोक्तिवादी मान्यता का विलायती उत्थान है, इसका जमकर खण्डन कर चुके थे। प्रगतिवादी समीक्षकों में भी शिवदान सिंह चौहान, डॉ. प्रकाशचन्द्र गुप्त आदि पूरी तरह से प्रकाश में आ चुके थे। संक्षेप में, आचार्य शुक्ल के पश्चात् हिन्दी की सैद्धान्तिक समीक्षा में निम्नलिखित चिन्तनधाराओं का विकास देखा जा सकता है—

1. प्रगतिवादी साहित्य चिन्तन की सैद्धान्तिक समीक्षा धारा
2. नई कविता की चिन्तन की धारा
3. सैद्धान्तिक समीक्षा तथा कवि चिन्तन
4. परम्परावादी भारतीय काव्यशास्त्रीय चिन्तन
5. सौन्दर्यवादी काव्य चिन्तन परम्परा
6. पाश्चात्य काव्य चिन्तन अनुवाद तथा अन्य संदर्भ
7. हिन्दी के स्व काव्य चिन्तन की बुनियाद

प्रगतिवादी चिन्तनधारा के थोड़े से ही वर्षों बाद हिन्दी में प्रयोगवादी कविता का दौर शुरू हो गया और प्रायः 1968 के आसपास प्रयोगवादी अर्थात् नई कविता का दौर समाप्त हो चुका था। सैद्धान्तिक रूप में डॉ. रामस्वरूप चतुर्वेदी सन् 2004 तक इस नई कविता के चिन्तन की बात करते रहे, किन्तु परिमल संस्था की समाप्ति, नई कविता के प्रकाशन का बन्द होना, 'नई कविता' के प्रमुख कवियों तथा समीक्षकों के देहावसान, लेखन-परम्परा में बदलाव आदि अनेक कारण हैं जिनके फलस्वरूप प्रायः इस चिन्तन का पहला दौर समाप्त हुआ। सन् 1968-70 के आसपास इस परम्परा पर व्यावहारिक तथा सैद्धान्तिक समीक्षा लिखने की पुनः शुरुआत हुई है किन्तु सक्रियता एवं तीव्रगामिता दोनों में कमी दिखायी पड़ती है। प्रगतिवादी साहित्य चिन्तनधारा इधर 10 वर्षों के अन्तर्गत बहुत तेजी से बढ़ी है। संक्षेप में, आचार्य शुक्ल के बाद हिन्दी समीक्षा के सैद्धान्तिक चिन्तन का विकास क्रम क्रमशः इस प्रकार रहा है—

1. प्रगतिवादी साहित्य चिन्तन की सैद्धान्तिक समीक्षाधारा—सामाजिक यथार्थ से जुड़ा प्रगतिवाद भारत में सन् 1934 में आया। सर्वप्रथम एक राजनीतिक पार्टी के रूप में इसकी संस्थापना 1934 में हुई थी। भारत में 1936 में 'प्रगतिशील लेखक संघ' की स्थापना हुई। सज्जाद जहीर एवं मुल्कराज आनन्द यहाँ इसके संस्थापक रहे हैं। प्रगतिशील लेखक संघ की स्थापना के बाद लखनऊ में आयोजित इसकी प्रथम संगोष्ठी में प्रेमचन्द्र इसके अध्यक्ष बनाये गए थे और शिवदान सिंह चौहान ने सन् 1936 में 'विशाल भारत' में सैद्धान्तिक समीक्षा से सम्बद्ध एक लेख लिखा—"भारत में प्रगतिशील साहित्य की आवश्यकता।" छायावाद के रोमांटिक तथा प्रगतिवाद के यथार्थवादी दृष्टिकोण की विषमता का प्रभाव हिन्दी साहित्य पर तत्काल पड़ना शुरू हुआ और कितनी कविताएँ छायावाद के संदर्भ के विलोम में प्रकाशित होकर आईं। छायावादी कविता के टूटने का बहुत कुछ कारण प्रगतिशील यथार्थवाद है। प्रगतिवाद की सैद्धान्तिक तथा व्यावहारिक समीक्षा पद्धति आज तक चल रही है। पहले की अपेक्षा उसका वर्तमान स्वर अधिक मुखर एवं प्रबल है। प्रारम्भ में शिवदान सिंह चौहान ने इस समीक्षा पद्धति पर विशेष कार्य किया। उनके निबन्धों का संकलन 'प्रगतिवाद' नाम से प्रकाशित है। उनके बाद, इलाहाबाद विश्वविद्यालय के अंग्रेजी विभाग के प्राध्यापक श्री प्रकाशचन्द्र गुप्त का नाम आता है। इनकी कृतियाँ हैं—हिन्दी साहित्य एक दृष्टि—(1952), हिन्दी साहित्य की जनवादी परम्परा (1953), साहित्य धारा (1956)। इस सैद्धान्तिक समीक्षा की दो महत्त्वपूर्ण कृतियाँ और हैं—(1) प्रगतिशील साहित्य के मानदण्ड—रांगेय राघव और (2) प्रगतिवाद : एक समीक्षा—डॉ. धर्मवीर भारती। 'रांगेय राघव' स्वयं में प्रगतिवादी हैं जबकि दूसरी कृति 'प्रगतिवाद : एक समीक्षा' के लेखक डॉ. धर्मवीर भारती—नई काव्यधारा से जुड़े हैं। इसके बाद, इस परम्परा में डॉ. रामविलास शर्मा का नामोल्लेख किया जाता है। इनके प्रमुख ग्रंथों की सूची इस प्रकार है—आचार्य रामचन्द्र शुक्ल और हिन्दी आलोचना, नई कविता और अस्तित्ववाद, परम्परा का मूल्यांकन आदि। इसी प्रगतिवादी परम्परा में गजानन माधव मुक्तिबोध का भी स्मरण किया जाता है—"नई कविता का आत्मसंघर्ष और अन्य निबंध" तथा "नये साहित्य का सौन्दर्य शास्त्र" दो पुस्तकें विशेष महत्त्वपूर्ण हैं। आधुनिक युग में इस समीक्षा परम्परा में डॉ. नामवर सिंह का नामोल्लेख विशेष महत्त्वपूर्ण है। कविता के नये प्रतिमान, इतिहास और आलाचेना, वाद-विवाद संवाद, आदि इस सिद्धान्त से सम्बद्ध इनकी प्रमुख कृतियाँ हैं। इन कृतियों के माध्यम से उन्होंने निरन्तर सामाजिक बदलाव के बीच बेसहारा वर्ग के अस्तित्व की चिन्ता तथा नई लोक व्यवस्था की स्थापनाओं के प्रति सचेष्टता दिखायी है। हिन्दी के सामयिक मार्क्सवादी चिन्तकों की एक लम्बी सूची है, जिसमें प्रमुख समीक्षकों का उल्लेख इस प्रकार है—जनेश्वर शर्मा, हंसराज रहबर, नलिन विलोचन

शर्मा, चन्द्रबली सिंह, विश्वम्भर नाथ उपाध्याय, परमानन्द श्रीवास्तव, धनंजय वर्मा, विश्वनाथ त्रिपाठी (नई दिल्ली), विश्वनाथ तिवारी (गोरखपुर) आदि।

2. नई कविता की चिन्तन धारा—छायावादी काव्य चिन्तन के प्रति असन्तोष छायावाद युग के उत्कर्ष काल में ही शुरू हो चुका था। रोमांटिक कविता से स्वयं मुक्ति लेकर आध्यात्मिकता की ओर इन कवियों का रुझान स्वयं इसका प्रमाण है। महादेवी वर्मा तथा निराला की दृष्टि का क्रमशः बौद्ध दर्शन के करुणावाद तथा अद्वैत वेदान्त से जुड़ने का प्रकरण भी इसी संदर्भ से सम्बद्ध है। पं. सुमित्रानन्दन पंत का प्रगतिवाद परिवर्तन स्वयं में इसी तथ्य का ही प्रमाण है। प्रगतिवादी साहित्य में आन्दोलन की मुखरता ने छायावादी रोमांटिक प्रवाह को दबाने में मदद पहुँचाई है। बाद में, निराला की भी 'कुकुरमुत्ता' आदि कई कविताएँ प्रगतिवादी धारा से जुड़ीं।

इन दोनों के विपरीत योरोपीय साहित्य की उद्योगवादी विचारधारा के बीच फ्रांस, इटली, अमेरिका, इंग्लैण्ड आदि योरोपीय देशों में द्वितीय महायुद्ध के बाद जीवन यथार्थ, बौद्धिकता, विज्ञानवादी समझ के आधार पर सामाजिक संदर्भों का निर्माण, नितान्त वैयक्तिकता, अहंवादिता जैसी मान्यताओं के विकास ने सामयिक जीवनशैली में पर्याप्त रूप से बदलाव किया। इस परिवर्तन का प्रभाव विश्व चिन्तन पर पड़ा और हिन्दी साहित्यकारों का एक वर्ग इस नये चिन्तन से प्रभावित हुआ और यह वर्ग इस नयी योरोपीय आधुनिता के साथ साहित्यिक एवं वैचारिक संगति के लिए यथेष्ट तत्पर दिखायी पड़ने लगा। प्रगतिवादी मान्यताओं के विरुद्ध पश्चिम की पूँजीवादी व्यवस्था से उत्पन्न नवीनता लाने के पक्षपाती इस साहित्यिक वर्ग ने हिन्दी में प्रयोगवाद, बाद में नई कविता के नाम से आन्दोलन की शुरुआत की जिसकी रूपरेखा लक्ष्मीकान्त वर्मा कृत 'नयी कविता के प्रतिमान' एवं नये 'प्रतिमान पुराने निकष' जैसी कृतियों में देखी जा सकती है। अज्ञेय ने अपने काव्य विषय और नये प्रतिमानों की व्याख्या 'तार सप्तक' की भूमिका में की और उनकी कृतियाँ भी इसके लिए अपनी भूमिकाओं का विशिष्ट साक्ष्य देती हैं। **'काव्य दृष्टि'** के नाम से प्रकाशित उनके इन दस्तावेजों का संकलन विशेष महत्त्वपूर्ण है।[1] वैसे, इस प्रकरण में, उनकी कृति **''हिन्दी साहित्य एक आधुनिक परिदृश्य''** में भी उनके काव्य चिन्तन का रूप देखा जा सकता है। डॉ. रामस्वरूप चतुर्वेदी कृत **'हिन्दी नवलेखन'** तथा डॉ. रघुवंश कृत **साहित्य का नया परिप्रेक्ष्य** का नई कविता की समीक्षाधारा में विशेष महत्त्वपूर्ण स्थान है। छायावादी एवं नई कविता की केन्द्रीय धुरी इलाहाबाद होने के कारण परिमल संस्था तथा यहाँ से प्रकाशित 'क ख ग', 'नये पत्ते' तथा 'नई कविता' शीर्षक पत्रिकाओं का इस सैद्धान्तिक समीक्षा के विकास में बड़ा योगदान रहा है। 'नई कविता' में विवेचित समग्र

---

1. लोकभारती प्रकाशन, इलाहाबाद

सिद्धान्त पक्ष का संकलन कृति के रूप में लोकभारती प्रकाशन इलाहाबाद से हो चुका है और इससे समग्र रूप से 'नई कविता' की अवधारणाओं से जुड़ी समीक्षा का विवेचन—विश्लेषण किया जा सकता है।

नई कविता के समीक्षक प्रो. रामस्वरूप चतुर्वेदी का स्थान आज इस दिशा में अग्रगण्य है। उन्होंने अपनी समीक्षा की शुरुआत भाषा तथा कथा साहित्य से की और समापन काव्यभाषा के शीर्ष एवं जीवन्त मानदण्डों की स्थापना के साथ किया। उनकी यह समीक्षा रूपवाद के समीप अवश्य आती है किन्तु आलोचक की सर्जनशक्ति तथा चैतन्य की स्थापना जो पाठक में अपनी सर्जनात्मक आलोचना शक्ति से स्फूर्ति प्रकट करती है, रूपवाद से उन्हें अलग कर देती है। उनकी प्रमुख कृतियाँ **नई कविताएँ एक साक्ष्य, सर्जन और भाषिक संरचना, इतिहास और आलोचक दृष्टि, मध्यकालीन काव्य भाषा** आदि हैं।

इस नई कविता की सैद्धान्तिक समीक्षा के अन्तर्गत भारतीय शास्त्रीय चिन्तन के सम्बन्ध में कई प्रश्न उठाए गए। पहला प्रश्न, कविता के परम्परित स्वरूप पर है, दूसरा महत्त्वपूर्ण प्रश्न विधानकौशल पर, तीसरा प्रश्न कविता के भाषिक लयात्मक विधान एवं रागात्मकता को लेकर आया है, चौथा प्रश्न आस्वादन प्रक्रिया और रस सिद्धान्त के संदर्भ में है। हिन्दी साहित्य के अन्तर्गत लगभग तीस वर्षों तक इस प्रकरणों पर विवाद चलता रहा और परम्परागत भारतीय काव्यशास्त्रवाद एवं पश्चिमी काव्य तथा आलोचना की परम्परा से जुड़े, नई कविता के समीक्षकों के धीरे-धीरे समापन के साथ इस समय समीक्षा का यह वैचारिक द्वन्द्व कुछ देर के लिए थम्ह तो अवश्य गया गया किन्तु प्रगतिवादी समीक्षा की बौछारें अभी भी यह भारतीय काव्य चिन्तन की धारा झेल ही नहीं रही है, उसका जवाब भी दे रही है।

सन् 1943 से चली राहों की यह अन्वेषी धारा प्रयोगवाद तथा नई कविता में बदली तथा उसके सैद्धान्तिक समीक्षक डॉ. जगदीश गुप्त, डॉ. रामस्वरूप चतुर्वेदी, अज्ञेय, लक्ष्मीकान्त वर्मा आदि अब नहीं रहे हैं। आज एकाध, डॉ. रघुवंश जैसे आलोचक चिन्तक शेष हैं। नई कविता अब पूरी तरह से 'समसामयिक कविता' के रूप में अपना कलेवर बदल चुकी है और समसामयिक कवि, हिन्दी कविता के व्याख्याता—'अशोक वाजपेयी' जैसे कवि एवं अपनी कविता के सैद्धान्तिक समीक्षक भारतीय संविधानवादी लोक चेतना के साथ जुड़ी जनता की आकांक्षाओं के साथ कविता की और सैद्धान्तिक समीक्षा की ही संगति बैठा रहे हैं। नई कविता के साथ जुड़ी सैद्धान्तिक समीक्षा अब ऐतिहासिक धरोहर बनती जा रही है।

आज के सर्जक तीन मनुष्यों की खोज कर रहे हैं—(1) भारतीय जनतांत्रिक व्यवस्था का मनुष्य (2) सत्ता एवं सुविधा का मनुष्य (3) अन्तर्राष्ट्रीय मनुष्य।

साहित्य एवं सर्जन में इन मनुष्यों को स्थापित करना एवं पाठक के लिए प्रतीति का विषय बनाना हमारे सर्जकों के लिए मूल प्रश्न है। इस 'नई कविता' से जुड़ी सैद्धान्तिक समीक्षा के जिन बिन्दुओं को उठाया गया था, वे भी आज जीवित हैं। प्रमुख बिन्दु हैं—पूँजीवादी व्यवस्था के मानव जीवन में व्याप्त मूल्यों की निरन्तर अस्थिरता, अतिशयबौद्धिकता के साथ निर्णय के संदर्भ का आग्रह, वैयक्तिक निजता जिसकी पराकाष्ठा—अहम्वाद में है, वैज्ञानिक दृष्टि तथा समसामयिक भोगे जाते हुए यथार्थ के तथ्य की स्वीकृति तथा पाठक के स्तर पर कविता का आस्वादन नहीं—भावात्मक घुमड़न-सह-अनुभूति या सह-भोग का प्रश्न।

आधुनिक हिन्दी कविता का सीमांकन अभी तक नहीं हुआ है किन्तु सन् 2000 के बाद के साहित्य को **समसामयिक सृजन** के रूप में स्वीकार किया जाना चाहिए क्योंकि नई कविता हिन्दी का एक काव्य आन्दोलन था और यह अब समाप्त हो चुका है। उस नई कविता के साथ आज को जोड़कर अनेक सैद्धान्तिक समीक्षा के कार्य हुए हैं—**आधुनिकताबोध और आधुनिकीकरण—डॉ. रमेश कुन्तल मेघ, आधुनिकता बनाम समकालीन कविता—डॉ. चन्द्रशेखर, नई कविता के सात अध्याय—डॉ. देवेश ठाकुर, नई कविता मूल्य मीमांसा—डॉ. बैजनाथ सिंहल, नई समीक्षा—अमृतराय** आदि की कृतियाँ नई कविता के संदर्भों से जुड़कर आज की समसामयिकता का स्पर्श करती हैं। आज भारत की सामाजिक संरचना संविधानवादी अवधारणा से जुड़ी है। अतः साहित्य और हमारी सर्जनात्मक चेतना का धीरे-धीरे झुकाव इस ओर होना शुरू हुआ है। वह नई कविता का आन्दोलन जो पश्चिमी नई समीक्षा-धारा से सम्बद्ध था, उसका झुकाव समसामयिक भारत की विविध यथार्थवादी अवधारणाओं की ओर होता जा रहा है और उसने अब क्रमशः लोकवादी तथा संविधानवादी अवधारणाओं की ओर अपना रुख घुमा लिया है। अब समीक्षा कविता के साथ-साथ कहानी, उपन्यास, रेखा चित्रों आदि से भी सीधे जुड़ चुकी है और सुदृढ़ आधार बनती जा रही है—**भारतीय संविधानवादी जीवनदृष्टि**।

3. सैद्धान्तिक समीक्षा तथा कवि चिन्तन—छायावादी कविता के सन्दर्भ में कवियों को अपनी रचनात्मक दृष्टि तथा सृजन सिद्धान्त की स्पष्टता की आवश्यकता इसलिए पड़ी कि परम्परा से भिन्न खड़ी बोली हिन्दी कविता में इन्होंने सर्वथा नई काव्यधारा का श्रीगणेश किया था। सृजन के समान्तर अपनी कविता के कथ्य तथा सर्जनात्मक स्वरूप का विवेचन इन्हें इसलिए भी आवश्यक प्रतीत हुआ कि छायावाद के रूप में प्रारम्भ किए गए इस काव्य सन्दर्भ में विश्लेषण के लिए अभी तक कोई आधारभूमि नहीं थी। छायावादी कविता तथा उसके सैद्धान्तिक विश्लेषण दोनों को स्पष्ट करके इस युग के प्रमुख कवियों ने हिन्दी काव्य परम्परा की सुदृढ़ नींव रखीं—ताकि किसी भी स्तर पर इस कविता के प्रति दुष्प्रचार का आधार न बन सके। उस युग के प्रमुख आलोचक आचार्य रामचन्द्र शुक्ल जैसे

चिन्तक ने भी इस कविता के उन तत्त्वों को स्वीकृति नहीं प्रदान की जिनका सम्बन्ध अतिशय कल्पना, मानवीकरण, स्वच्छन्दता एवं कल्पित रोमानियत से था।

हिन्दी के कवियों में सर्वप्रथम जयशंकर प्रसाद ने 'काव्य कला तथा अन्य निबन्ध' के अन्तर्गत अपनी कविता की पृष्ठभूमि की व्याख्या की। उनके बाद पं. सुमित्रानन्द पन्त कृत 'पल्लव' की भूमिका का उल्लेख किया जाता है। स्वच्छन्दतावादी अवधारणा को प्रकृति की नैसर्गिक उन्मुक्तता से जोड़कर हिन्दी कविता में एक नये आन्दोलन की शुरुआत करने का श्रेय पन्त जी को जाता है और उनकी पल्लव की भूमिका इस दृष्टि से नई काव्यधारा का पहला दस्तावेज माना जाता है। महादेवी वर्मा का इस दिशा में कम योगदान नहीं है। साहित्यकार की आस्था तथा अन्य निबन्ध एवं यामा एवं दीपशिखा की भूमिकाएँ उनकी सैद्धान्तिक समीक्षा के सन्दर्भ को स्पष्ट करती हैं। निराला कृत प्रबन्ध प्रतिभा गीतिका की भूमिका, प्रबन्ध-पत्र, चाबुक तथा उनकी अनय कृतियों की भूमिकाएँ भी इस दृष्टि से महत्त्वपूर्ण हैं।

नई कविता के परिवेश में अज्ञेय के तार सप्तक की भूमिकाओं का भी विशेष महत्त्व है। इसमें प्रकाशित सभी कवि अपनी सर्जनात्मक अवधारणा द्वारा सामयिक सन्दर्भ में नई कविता के औचित्य और उसकी सर्जनात्मक सैद्धान्तिकता की व्याख्या करते हैं। इन नये कवियों में लक्ष्मीकान्त वर्मा का नामोल्लेख विशेष महत्त्वपूर्ण है। उनकी दो कृतियाँ— 'नई कविता के प्रतिमान' तथा 'नये प्रतिमान पुराने निकष' की चर्चा नई कविता के विश्लेषण सन्दर्भ के लिए आधारभूमि का कार्य करती हैं।

काव्य में चिन्तन स्वयं कवि की लेखनी द्वारा विवेचित कराने की दिशा में हिन्दी साहित्य सम्मेलन का विशेष हाथ है। अब तक यहाँ से आधुनिक युग के 23 प्रमुख कवियों का "आधुनिक कवि" शीर्षक के अन्तर्गत तेईस संकलन, स्वयं कवि द्वारा चयनित, प्रकाशित हो चुके हैं और इन संकलनों की सबसे बड़ी विशेषता है—इन कवियों द्वारा भूमिका के स्वरूप में अपने काव्य चिन्तन पर प्रकाश डालना। छायावादी काव्य परम्परा में श्रीमती महादेवी, सुमित्रा नन्दन पन्त, रामकुमार वर्मा, नई कविता के प्रतिष्ठित कवि लक्ष्मीकान्त वर्मा, नरेश मेहता, बालकृष्ण राव, राष्ट्रीय आन्दोलन के कवि—माखन लाल चतुर्वेदी, श्याम नारायण पाण्डेय, छायावादी—हरवंश राय बच्चन, प्रगतिवादी—भगवती चरण वर्मा, केदारनाथ अग्रवाल आदि विशेष महत्त्वपूर्ण हैं। शेष कवि कुछ छायावादी पूर्व एवं कुछ छायावादोत्तर काव्य परम्परा के हैं। आधुनिक सैद्धान्तिक चिन्तन की दृष्टि से हिन्दी साहित्य सम्मेलन से प्रकाशित इन कवियों के निम्नलिखित साहित्यिक विचारधाराएँ उनके आत्म चिन्तन से सम्बद्ध सर्वथा प्रामाणिक आत्मकथ्य के रूप में हमारे सामने आती हैं। ये हैं—

(1) हिन्दी साहित्य का छायावादी काव्य चिन्तन

(2) नई कविता का काव्य चिन्तन-समसामयिकता के साथ

(3) राष्ट्रीय आन्दोलन की चेतना का काव्य सिद्धान्त

(4) छायावादी काव्य चिन्तन

(5) प्रगतिवादी काव्य चिन्तन

इस सन्दर्भ में कवियों के आत्मकथ्य के रूप में ये चिन्तन विशेष महत्त्वपूर्ण हैं।

सम्मेलन का काव्य संकलन 'आधुनिक कवि' का प्रारम्भ सन् 1936-37 से हुआ और तब तक छायावाद अपने पूर्णशीर्ष पर पहुँच चुका था। प्रसाद, महादेवी, पन्त, निराला एवं डॉ. रामकुमार वर्मा की काव्यसृष्टि अपने चरम पर स्थिति अपनी सैद्धान्तिक मान्यताओं से हिन्दी समाज में अपनी प्रतिष्ठा पा चुकी थी। आचार्य रामचन्द्र शुक्ल ने अपने 'हिन्दी साहित्य का इतिहास' में इसे आधुनिक खड़ी बोली कविता के तृतीय उत्थान के रूप में विश्लेषित किया और पन्त, प्रसाद, महादेवी एवं डॉ. रामकुमार वर्मा इन चारों कवियों ने जिन छायावादी मान्यताओं को स्थापित किया है, वह इस काव्य परम्परा के साथ प्रारम्भ से चल रही थी—प्रच्छन्न आध्यात्मिक दृष्टि, स्वच्छन्द प्रेम, वैयक्तिकता, अन्तर्मुखता, कल्पना विधान की अतिशयता तथा आत्मानुभूति की सद्यः नवीनता। इन सभी अवधारणाओं में एक ओर परम्परित हिन्दी कविता से सर्वथा पृथक् होने का भाव था, दूसरी ओर परम्परित दार्शनिक अवधारणाओं की भावात्मक सम्पृक्ति (बौद्धवाद, अद्वैतवेदान्त आदि से) थी। तीसरी दृष्टि से पश्चिमी रोमानियत से मेल-मिलाप तथा संगति बैठाने का मोह वर्तमान था।

इसी चिन्तन के साथ-साथ नई कविता एवं प्रगतिवादी काव्य चिन्तन का परिवेश अपनी गति से हिन्दी में प्रवेश करता है। अज्ञेय तथा उनके सहयोगी कवियों का काव्य चिन्तन तार सप्तक एवं उस युग की सैद्धान्तिक कृतियों के साथ स्थापित होना शुरू हो जाता है। पहले सप्तक में प्रयोगवाद तथा नई कविता एवं प्रगतिवादी अवधारणाओं का साथ-साथ अवतरण होता है किन्तु दूसरे सप्तक से नई कविता का सैद्धान्तिक पक्ष साफ-साफ सामने आने लगता है। इसी के आसपास लक्ष्मीकान्त वर्मा की कृति 'नई कविता के प्रतिमान' प्रकाश में आती है। कुछ ऐसे भी कवि हैं, जो द्विवेदी युगीन प्रतिबद्धता या उत्तर छायावादी मान्यताओं से सम्बद्ध हैं, अतः उनके विषय में विशेष रूप से विचार करने की आवश्यकता नहीं है।

4. परम्परावादी भारतीय काव्यशास्त्रीय चिन्तन—परम्परावादी भारतीय काव्यशास्त्रीय चिन्तन पर पुनः नये ढंग से विचार विवेचन—डॉ. नगेन्द्र के रस सिद्धान्त से शुरू हुआ। इस दिशा में मराठी भाषा में अधिक कार्य हुआ जिसका प्रभाव निश्चित ही हिन्दी साहित्य पर पड़ा है। परम्परावादी भारतीय चिन्तन का आधुनिक दृष्टियों से अधिक विवेचन हुआ है। प्रथम दृष्टि तो यह रही है कि सामयिक सन्दर्भ में विश्वस्तर पर विवेचित काव्य चिन्तन के सापेक्ष्य में भारतीय चिन्तन की प्रासंगिता की तलाश की जाए। पश्चिमी देशों में भी इस दिशा में कार्य हुआ है और विशेषकर अमेरिका में। आनन्द कुमार स्वामी का कार्य अधिक प्रासंगिक कहा जा सकता है। इस दिशा में उनकी महत्त्वपूर्ण कृतियाँ इस प्रकार हैं—

आर्ट एण्ड स्वेदशी, द डांस आव शिवा, हिस्ट्री आव इंडियन एण्ड इन्डोनेशियन आर्ट, इन्ट्रोडक्शन टू इंडियन आर्ट, द ट्रांसफार्मेशन आव नेचर इन आर्ट, विश्वकर्मा, यक्ष आदि।

इनकी सम्पूर्ण कृतियों में जिन भारतीय कला चिन्तन तथा प्रयोग की दृष्टियों का विश्लेषण हुआ है, उनसे सम्पूर्ण विश्व भारतीय काव्य तथा कला चिन्तन के सिद्धान्तों के प्रति आकर्षित हुआ।

इसी सन्दर्भ में, प्राचीन भारतीय काव्यशास्त्रीय चिन्तन के अध्ययन के सन्दर्भ में ऐतिहासिक चिन्तन की सामयिका के प्रकाश में पुनर्स्थापना हुई। इस दिशा में दक्षिण के विद्वानों ने अधिक कार्य किया है। पश्चिमी विद्वानों में रेगिरियों लोनी की कृति "द एस्थेटिक एक्सपीरियंस—एकार्डिंग टू अभिनव गुप्त" प्रकाशित हुई। यद्यपि यह कृति आचार्य शुक्ल के पूर्व लिखी जा चुकी थी किन्तु भारत में इसका प्रकाशन 1985 में हुआ। इसी प्रकार, मराठी विद्वानों में श्री सुरेन्द्र एस. वारलिंग की पुस्तकों की चर्चा की जाती है। हिन्दी में अनूदित उनकी महत्त्वपूर्ण कृति **भारतीय सौन्दर्य सिद्धान्त की नई परिभाषा (2002)** परम्परागत रस सिद्धान्त की महत्त्वपूर्ण व्याख्या है। इस दिशा में अंग्रेजी भाषा में लिखी गई अनेक पुस्तकें हैं—जिनका प्रभाव प्राचीन भारतीय काव्यशास्त्रीय मान्यताओं के पुनर्विवेचन में हिन्दी के लेखन को प्रभावित कर रही हैं।

आचार्य शुक्ल के बाद अन्य भारतीय भाषाओं तथा अंग्रेजी भाषा में हुए प्राचीन काव्य चिन्तन के विश्लेषण एवं प्राचीन भारतीय सांस्कृतिक अस्मिता बोध आदि से प्रेरित कई कार्य हिन्दी साहित्य में हुए, जैसे— डॉ. नगेन्द्र कृत रस सिद्धान्त, डॉ. निर्मला जैन कृत रस सिद्धान्त और सौन्दर्य शास्त्र, रामलखन शुक्ल कृत भारतीय सौन्दर्यशास्त्र का तात्त्विक विवेचन एवं ललित कलाएँ, गणपति चन्द्र गुप्त कृत रस सिद्धान्त का पुनर्विवेचन, रस और रसास्वाद—डॉ. हरद्वारी लाल शर्मा कृत अर्धशती का भारतीय काव्य चिन्तन, डॉ. राममूर्ति त्रिपाठी कृत रस विमर्श, काव्यतत्त्व विमर्श, भारतीय काव्यशास्त्र के नये क्षितिज, सहृदय और साधारणीकरण। इसी सन्दर्भ में प्रस्तुत लेखक की भी कतिपय पुस्तकें हैं—भारतीय काव्यशास्त्र, भारतीय काव्यशास्त्र की भूमिका, अलंकार रचना एवं काव्यभाषा की समस्याएँ, लीला एवं भक्ति रस, सर्जन एवं रसास्वादन : भारतीय पक्ष, काव्यभाषा : भारतीय पक्ष आदि।

5. सौन्दर्यवादी समीक्षा की नई परम्परा—भारतीय भाषाओं में विशेष रूप से बंगला तथा मराठी में पश्चिमी दर्शन तथा काव्य चिन्तन के प्रभाव से, साहित्य के विवेचन का सन्दर्भ सौन्दर्यशास्त्र से जुड़ा। सन् 1906 में बाबू रवीन्द्रनाथ टैगोर ने अपनी पहली पुस्तक 'सौन्दर्य बोध' नाम से लिखी और सन् 1920 में उन्होंने अपना एक विस्तृत लेख 'द आर्ट' के नाम से प्रकाशित कराया। बंगला भाषा में डॉ. सुरेन्द्र नाथ दासगुप्त की कृति 'सौन्दर्य तत्त्व' का हिन्दी अनुवाद उनकी पत्नी सुरमा दासगुप्त की सहायता से डॉ. आनन्द प्रकाश दीक्षित ने किया है। इसी तरह से महाराष्ट्री सौन्दर्य शास्त्रियों की एक सम्पन्न परम्परा

मिलती है। मराठी भाषा में वारलिंगे द्वारा सृजित एक महत्त्वपूर्ण कृति का सौन्दर्य तत्त्व और काव्य सिद्धान्त नाम से अनुवाद डॉ. मनोहर काले ने किया।

हिन्दी में सौन्दर्य शास्त्र पर लिखी गई पहली पुस्तक डॉ. हरद्वारी लाल शर्मा की है। डॉ. हजारीप्रसाद द्विवेदी कृत प्राचीन भारत के कलात्मक विनोद एवं नन्द लाल बसु द्वारा लिखित 'शिल्प कला' प्रकारान्तर भाव से भारतीय कला एवं सौन्दर्य दृष्टि से जुड़ते हैं। 1962 में पाश्चात्य सौन्दर्यशास्त्र का इतिहास—डॉ. राजेन्द्र प्रताप सिंह ग्रंथ छपा। सन् 1957 में आगरा से समालोचक पत्रिका का सौन्दर्यशास्त्र विशेषांक—छपा, जिसके सम्पादक डॉ. रामविलास शर्मा थे। डॉ. नगेन्द्र की कृति भारतीय सौन्दर्यशास्त्र भी इस परम्परा में अपना महत्त्वपूर्ण योगदान रखती है। साहित्य अकादमी, दिल्ली से प्रकाशित रा. भा. पाटणकर की कृति 'सौन्दर्य मीमांसा' का अनुवाद सन् 1990 में डॉ. चन्द्रकान्त बांदिवडेकर ने किया और पहली बार काव्य सर्जन की विविध समस्याओं के सौन्दर्यमूलक विवेचन की पृष्ठभूमि का सूत्रपात हुआ। इसी प्रकार चद्रकान्त बांदिवडेकर द्वारा सौन्दर्य तत्त्व और काव्य सिद्धान्त मूल मराठी लेखक श्री सुरेन्द्र वारलिंग का उल्लेख किया जाता है। सौन्दर्य सौन्दर्यानुभूति एवं रसानुभूति के तुलनात्मक सापेक्ष्य में डॉ. निर्मला जैन की कृति 'रस सिद्धान्त और सौन्दर्य शास्त्र' की हिन्दी साहित्य जगत में विशेष चर्चा रही है और इसी क्रम में, शान्ति निकेतन (पश्चिम बंगाल) से किए गए प्रेमकान्त टण्डन के शोध कार्य साधारणीकरण और सौन्दर्यानुभूति की चर्चा का केन्द्रीय विषय ही रस निष्पत्ति की प्रक्रिया एवं आस्वादन से सम्बद्ध है। सन् 2001 में प्रकाशित भी हेमन्त शेष की सम्पादित कृति **''सौन्दर्यशास्त्र के प्रश्न''** में साहित्य की विविध समस्याओं के सैद्धान्तिक विवेचन की पृष्ठभूमि निर्मित की गई है। डॉ. गोविन्द चन्द्र पाण्डेय, श्री कैलानाथ शास्त्री, राममूर्ति त्रिपाठी, डॉ. रामलखन शुक्ल तथा डॉ. जगदीश गुप्त, डॉ. हरद्वारी लाल शर्मा, डॉ. शिवराम बालक, डॉ. चन्द्रकला माटा आदि द्वारा सौन्दर्य शास्त्र एवं उसके कलात्मक सृजन की विविध सैद्धान्तिक समस्याओं पर विचार चिन्तन देखकर यह प्रतीत होने लगा है कि सौन्दर्यवादी व्यावहारिक समीक्षा के युक्ति संगत विवेचन की पृष्ठभूमि बन चुकी है। सौन्दर्यशास्त्र के समीक्षकों में डॉ. कुमार विमल का विशेष नाम लिया जाता है। उनकी कृति सौन्दर्यशास्त्र के तत्त्व इस सन्दर्भ में आलोचकों के बीच चर्चा का विषय है। डॉ. रमेश कुन्तल मेघ की कृति 'अथातो-सौन्दर्य जिज्ञासा' का भी उल्लेख यहाँ हिन्दी की सैद्धान्तिक समीक्षा के मूल्यांकन के संदर्भ में आवश्यक है।

सौन्दर्यशास्त्र के अतिरिक्त कई समीक्षक साहित्य के इतिहास के सैद्धान्ति पक्ष को ऐतिहासिक समीक्षा के नाम से पुकारते हैं। इस साहित्येतिहास के सैद्धान्तिक पक्ष से जुड़े कतिपय ग्रंथ जैसे इतिहास दर्शन—डॉ. नलिन विलोचन शर्मा, साहित्येतिहास दृष्टि—डॉ. मैनेजर पाण्डेय, इतिहास दर्शन और हिन्दी साहित्य के इतिहास की समस्याएँ—प्रस्तुत

लेखक आदि हैं। इस दृष्टि से इतिहास लेखन की सैद्धान्तिकता की व्याख्या सैद्धान्तिक साहित्य चिन्तन के अतिरिक्त किए जाने में कोई आपत्ति नहीं होनी चाहिए।

इसी प्रकार, एक महत्त्वपूर्ण समस्या शोध की खड़ी हो गई है और इसके अन्तर्गत सैद्धान्तिक एवं व्यवहारिक समस्या से सीधे जुड़े गई ग्रंथ हैं—जैसे हिन्दी आलोचना उद्‌भव और विकास—डॉ. भगवत् स्वरूप मिश्र, आधुनिक आलोचना की प्रवृत्तियाँ डॉ. रामदरश मिश्र, आधुनिक हिन्दी साहित्य में समालोचना का विकास डॉ. वेंकर शर्मा, हिन्दी की सैद्धान्तिक समीक्षा—डॉ. रामधार शर्मा आदि ग्रंथ शोध से जुड़े होने के कारण सैद्धान्तिक समीक्षा की ही सरणि में आते हैं। इन ग्रंथों का मुख्य कार्य अनुसंधान के माध्यम से समीक्षा की दिशाओं का निर्देश तो है ही साथ ही, साथ उन तथ्यों पर भी प्रकाश डालना भी इनका लक्ष्य है जिनसे समीक्षा की समृद्धि एवं विकास सम्भव हो सके।

6. पाश्चात्य काव्य चिन्तन : अनुवाद तथा अन्य संदर्भ—जैसा कि इंगित किया गया है, इस दिशा में सर्वप्रथम कार्य इलाहाबाद विश्वविद्यालय से शुरू हुआ। द्विवेदी-युगीन अंग्रेजी की कृतियों के आलोचना अध्ययन के बाद हिन्दी समीक्षा में सर्वाधिक महत्त्वपूर्ण कार्य डॉ0 लीलाधार गुप्त का है। इनके द्वारा लिखा गया पाश्चात्य साहित्य के सिद्धान्त 1952 में प्रकाशित हुआ। इसके पश्चात् एस. सी. खत्री की कृति **आलोचना : इतिहास तथा सिद्धान्त** प्रकाश में आई। इस परम्परा में तीसरी पुस्तक डॉ. सावित्री सिह्ना की है—पाश्चात्य काव्यशास्त्र की परम्परा। डॉ. निर्मला जैन की कृति—नई समीक्षा के प्रतिमान 1992 में प्रकाशित हुई। डॉ. देवेन्द्र नाथ शर्मा के कुशल नेतृत्व में भारती भवन पटना से शम्भुदत्त झा द्वारा 'रिचर्ड्स के आलोचना सिद्धान्त तथा मनोविश्लेषण और भाषा शास्त्र', मनोविश्लेषण और 'साहित्यालोचन' जैसे ग्रंथ प्रकाशित हुए। इसी क्रम में राधाकृष्ण प्रकाशन से 'पाश्चात्य साहित्य चिन्तन' भी सन् 1990 में डॉ. निर्मला जैन एवं कुसुम बाँसिया के संयुक्त लेखन में प्रकाशित हुआ। इसी के पाश्चात्य काव्यशास्त्र' में डॉ. भगीरथ मिश्र की भी पुस्तक रखी जा सकती है।

पाश्चात्य एवं भारतीय काव्यशास्त्र के तुलनात्मक अध्ययन पर इस समय अनेक ग्रंथ आ रहे हैं, जैसे—पाश्चात्य काव्यशास्त्र : अधुनातम सन्दर्भ, डॉ. सत्यदेव मिश्र, पाश्चात्य कव्य दृष्टि—डॉ. पुष्पा बंसल। पाश्चात्य काव्य शास्त्र के तुलनात्मक अनुशीलनों को भी इसी सरणि में रखा जा सकता है। भारतीय एवं पाश्चात्य काव्य सिद्धान्त डॉ. गणपति चन्द्र गुप्त, भारतीय एवं पाश्चात्य काव्यशास्त्र की रूपरेखा—डॉ. रामचन्द्र तिवारी, पाश्चात्य एवं भारतीय काव्यशास्त्र डॉ. अर्चना श्रीवास्तव, पाश्चात्य एवं भारतीय काव्यशास्त्र, डॉ. सभापति मिश्र आदि-आदि अनेक ग्रंथों की तालिका इस प्रकरण में देखी जा सकती है।

7. हिन्दी के स्व काव्य चिन्तन की बुनियाद—भारतीय हिन्दी परिषद, प्रयाग के अधिवेशनों में में डॉ. धीरेन्द्र वर्मा तथा डॉ. नगेन्द्र ने 'हिन्दी के अपने निजी काव्यशास्त्र' का

प्रश्न रखा था और अपनी दृष्टि से यह आवश्यक भी था। कारण स्पष्ट है कि हिन्दी की भाषा, काव्य तथा उसका सामाजिक परिवेश न पश्चिम से जुड़ा है, और न प्राचीन भारतीय संदर्भों से। हिन्दी का जातीय स्वरूप और उसका साहित्य भिन्न है। अतः आज हिन्दी साहित्य की व्याख्या न पश्चिमी सैद्धान्तिक साहित्य चिन्तन से सम्भव है और न भारतीय काव्यशास्त्रीय परम्परा से। इसके लिए हमें नये सैद्धान्तिक चिन्तनों की तलाश करनी पड़ेगी जो हिन्दी भाषा और उसकी जातीय संस्कृति से जुड़ी संवेदनाओं की व्याख्या कर सकें। आधुनिक समीक्षकों में डॉ. कृष्ण दत्त पालीवल तथा डॉ. बच्चन सिंह आदि के विचार इसी प्रकार के हैं। प्रारम्भिक हिन्दी शोध संदर्भ में इसी चिन्ता से प्रेरित कई कार्य किए गए। जिनमें डॉ. रमाशंकर शुक्ल 'रसाल' कृत हिन्दी काव्यशास्त्र का विकास सन् 1947 में प्रकाशित हुआ, डॉ. भगीरथ मिश्र ने भी इस दिशा में कार्य किया। सन् 1942 में डॉ. छैलबिहारी गुप्त राकेश ने मनोविज्ञान के प्रकाश में इस सिद्धान्त का समालोचनात्मक अध्ययन शोध प्रबन्ध प्रस्तुत किया। डॉ. नगेन्द्र जी की प्रेरणा से डॉ. सुरेश चन्द्र गुप्त ने आधुनिक हिन्दी कवियों के काव्य सिद्धान्त की मान्यताएँ प्रकाश में रखीं और इसी प्रकार डॉ. धीरेन्द्र वर्मा की प्रेरणा से प्रस्तुत लेखक ने भी सन् 1963 में 'हिन्दी वैष्णव भक्ति काव्य में निहित काव्यदर्श तथा काव्यशास्त्रीय सिद्धान्त' शीर्षक शोध प्रबन्ध इलाहाबाद विश्वविद्यालय से प्रस्तुत किया। इसी दिशा में डॉ. सूर्य प्रसाद दीक्षित के अनेक लेखकों के सहयोग से सन् 1997 में 'हिन्दी का अपना काव्यशास्त्र' शीर्षक ग्रंथ लखनऊ विश्वविद्यालय के हिन्दी विभाग से प्रकाशित कराया। वैसे, डॉ. सुरेशचन्द्र गुप्त ने भी पृथक् रूप से आदिकालीन एवं भक्तिकालीन हिन्दी साहित्य के काव्यशास्त्रीय सैद्धान्तिक चिन्तन को प्रकाश में लाने का प्रयास किया। आधुनिक नई कविता के संदर्भ में अज्ञेय तथा श्री लक्ष्मीकान्त वर्मा ने हिन्दी कविता के सृजनात्मक एवं सैद्धान्तिक प्रश्नों को बड़े ही तटस्थ भाव से रखा है, किन्तु उनसे उन्हीं की कविताओं का विश्लेषण सम्भव नहीं है।

यह सत्य है कि मराठी में अपना सैद्धान्तिक या काव्यशास्त्रीय चिन्तन अपनी कविता के विश्लेषण के लिए निर्मित है किन्तु खेद का विषय है कि हिन्दी में अभी तक कुछ वैसा नहीं हो पाया है।

❑❑

व्यावहारिक समीक्षा : इतिहास तथा प्रयोग

व्यावहारिक (Practical) समीक्षा का प्रायोगिक संदर्भ अत्यन्त व्यापक है। समीक्षक की प्रतिभा, वैचारिक दृष्टि, कवि से सम्बन्धित व्यक्तिगत एवं सामाजिक स्रोतों का ज्ञान, मूल्यबोध तथा संरचना, कृति का वैशिष्ट्य, सम्बन्धित दृष्टि आदि कितनी बातें हैं—जिनके द्वारा एक ही कवि की व्यावहारिक समीक्षा के संदर्भ अनेक आलोचकों के सापेक्ष्य में बदल जाते हैं। जैसा कि, बताया जा चुका है, भाषिक सर्जनात्मक कृतियाँ स्वयं अर्थविधान की अस्पष्ट, सांकेतिक एवं गूढ़ छायाओं द्वारा निर्मित होती हैं और आलोचक की अपनी सर्जनात्मक भावयित्री प्रतिभा स्वयं में विशिष्ट अर्थ संस्थापन की प्रक्रिया निर्मित करती चलती है। श्रेष्ठ एवं कालजयी कवियों की कृतियों की व्याख्याएँ कभी-कभी जैसे आलोचकों के लिए परीक्षा बन जाती हैं। उदाहरण के लिए जयशंकर प्रसाद कृत कामायनी को ही ले लें। उसके एक व्याख्याता डॉ. नगेन्द्र हैं, दूसरे व्याख्याता गजानन माधव मुक्तिबोध और तीसरे डॉ. रामस्वरूप चतुर्वेदी हैं। ये तीन व्याख्याएँ, तीन कोणों से लिखी गई हैं—अतः व्यावहारिक समीक्षा समीक्षक की विचारधारा, युग एवं और सर्जक की सर्जनात्मक प्रतिभा और कौशल के प्रकाश में अपना स्वरूप बदलने लगती है।

सामान्यतया व्यावहारिक समीक्षा का आधार सैद्धान्तिक समीक्षा है और स्वयं व्यावहारिक समीक्षा अपने विवेचन संदर्भों में सैद्धान्तिक समीक्षा के मानकों का निर्माण और तिरस्कार दोनों करती चलती है। व्यावहारिक समीक्षा मूलतः सिद्धान्तों के आयामों से निकलकर पुनः नये सिद्धान्तों का आवरण अपने ऊपर डाल लेती है और इस प्रकार वह सैद्धान्तिक समीक्षा के प्रकाश में साहित्यिक चिन्तन की धारा से स्वयं जुड़ती और बिछड़ती चलती है। इस प्रकार, व्यावहारिक एवं सैद्धान्तिक समीक्षा जैसा दिखने वाला भेद एक क्षण के लिए समाप्त और दूसरे क्षण के लिए बनता चलता है।

व्यावहारिक समीक्षा के संदर्भ में प्राचीन भारतीय साहित्य में टिप्पणियाँ, भाष्य, टीकाएँ आदि की चर्चा है, किन्तु जिस अर्थ में आज हम व्यावहारिक समीक्षा शब्द का प्रयोग करते हैं, उसका श्रेय पश्चिमी साहित्य को है। अंग्रेजी साहित्य के व्यापक प्रचार-प्रसार के साथ हिन्दी में पत्रिकाओं की शुरुआत हुई और विशेष रूप से भारतेन्दु युग को हिन्दी की साहित्यिक पत्रिकाओं के प्रकाशन का श्रेय जाता है। आज साहित्य के अन्तर्गत जिस नई समीक्षात्मक चेतना का संदर्भ हमें दिखाई पड़ता है—इसके दो प्रेरणास्रोत हैं—

1. प्रारम्भिक हिन्दी पत्रिकाओं में पुस्तक समीक्षाएँ

2. विदेशी शोधकर्ताओं द्वारा हिन्दी कवियों पर लिखे गए आलोचनात्मक लेख तथा पुस्तकें।

भारतेन्दुयुगीन पत्रिकाओं में हरिश्चन्द्र चन्द्रिका, कवि वचन सुधा, आनन्द कादम्बिनी, हिन्दी प्रदीप आदि पत्रिकाओं में प्रकाशित पुस्तकों के परिचय से हिन्दी आलोचना की शुरुआत मानी जाती है। हिन्दी में समीक्षकों तथा इतिहासकारों ने सैद्धान्तिक समीक्षा की शुरुआत पं. बालकृष्ण भट्ट द्वारा सम्पादित 'हिन्दी प्रदीप, जुलाई 1881 लेख "साहित्य जन समूह के हृदय का विकास है" से माना है। इसी वर्ष अर्थात् सन् 1881 में ही, प्रेमघन ने आनन्द कादम्बिनी में ही 'दृश्य, रूपक व नाटक' विषय पर चर्चा की।[1] भारतेन्दु हरिश्चन्द्र द्वारा सत्य हरिश्चन्द्र की भूमिका में प्रकाशित (सन् 1876) में लिखे गए लेख 'नाटक अथवा दृश्यकाव्य' भूमिका का प्रकाशन क्षत्रिय पत्रिका में बाबू रामदीन सिंह ने सन् 1917 में किया था। सैद्धान्तिक समीक्षा का यह प्रथम आधार है।

इसी के साथ-साथ, व्यावहारिक समीक्षा की शुरुआत भी इन्हीं प्रारम्भिक हिन्दी पत्रिकाओं से प्रारम्भ हुई। बालकृष्ण भट्ट के 'हिन्दी प्रदीप' में सन् 1986 में 'सच्ची समालोचना' शीर्षक से लाला श्रीनिवासदास द्वारा लिखित 'संयोगिता स्वयंवर' की पुस्तक समीक्षा छपी और फिर आनन्द कादम्बिनी में उपाध्याय चौधरी बदरी नारायण 'प्रेमधन' ने पुनः इसी नाटक की समीक्षा 'संयोगिता स्वयंवर नाटक' के नाम से की। यही नहीं, हिन्दी प्रदीप में क्रमशः अन्य कृतियों पर भी पुस्तक समीक्षाएँ निकलती रहीं, जैसे भारतेन्दु हरिश्चन्द्र कृत नील देवी, भारत-दुर्दशा आदि। 'हिन्दी प्रदीप' की भाँति 'आनन्द कादम्बिनी' में भी इसी तरह की समीक्षाएँ निकलीं। बालकृष्ण भट्ट के हिन्दी प्रदीप में प्रकाशित 1986 की सच्ची समालोचना के साथ उनकी पुस्तक समीक्षा **'संयोगिता स्वयम्बर'** को हिन्दी के इतिहासकारों ने हिन्दी की पहली व्यावहारिक समीक्षा मानी है।

हिन्दी समीक्षा के लिए आदर्शपूर्ण मानकों के अनुक्रम हमें पाश्चात्य विद्वानों द्वारा की गई हिन्दी कवियों की व्यवस्थित समीक्षा में देखने को मिलते हैं। 'पुस्तक समीक्षा' के सन्दर्भ में व्यावहारिक समीक्षा का यह संदर्भ अधिक महत्त्वपूर्ण है। इस प्रकरण में सर विलियम जोन्स द्वारा प्रतिपादित 'रायल एशियाटिक सोसायिटी' की स्थापना का महत्त्वपूर्ण योगदान है। सन् 1981 में विल्सन का महत्त्वपूर्ण लेख "ए स्केच आव द रेलिजस सेक्टस ऑव द हिन्दूज़" प्रकाशित हुआ और इसी के बाद "तुलसीदास : कवि और सुधारक" लेख सन् 1901, क्या तुलसीदास कृत रामायण अनुवाद है? 1913, तुलसीदास-1921 में सर जार्ज ग्रियर्सन के तुलसीदास विषयक निबन्ध इसी शोध पत्रिका के अन्तर्गत 1885 में छपे थे।

हिन्दी की व्यावहारिक समीक्षा के प्रारम्भिक इतिहास में सरस्वती पत्रिका सन् 1900 का विशेष महत्त्वपूर्ण योगदान है। 1903 में आचार्य महावीर प्रसाद द्विवेदी ने 'सरस्वती

1. देखिए, हिन्दी आलोचना का विकास—नन्द किशोर नवल, पृ. 15-16

पत्रिका' सम्पादक के रूप में जिस नई समीक्षा पद्धति का श्रीगणेश किया, ठीक उसी के समानान्तर पश्चिमी विद्वानों के आलोचनात्मक लेखों से प्रभावित सन् 1915 में शिवनन्दन सहाय कृत श्री गोस्वामी तुलसीदास : (दो खण्ड) जीवनवृत और कला, एक ऐतिहासिक कृति स्वीकार की जाती है। यद्यपि मिश्रबन्धुओं ने सन् 1910 में ही—'कवि की कविता' शीर्षक लेख लिखा, किन्तु इसकी चर्चा न के बराबर है।

इस प्रकार, हिन्दी की व्यावहारिक समीक्षा का श्रेय न केवल भारतेन्दु युग की हिन्दी पत्रिकाओं-प्रयाग प्रदीप, आनन्द कादम्बिनी की पुस्तक समीक्षाओं से जुड़ता है अपितु इसके श्रीगणेश के लिए पाश्चात्य लेखकों की व्यावहारिक तथा ऐतिहासिक समीक्षाएँ भी आधार हैं।

हिन्दी की व्यावहारिक समीक्षा की शुरुआत द्विवेदी युग से स्वीकार की जाती रही है। सरस्वती के सम्पादक के रूप में वे सैद्धान्तिक समीक्षा के आदर्शों एवं उसके परिचालन की कसौटियों को निर्धारित करने की बराबर भूमिका निभाते रहे और 'समीक्षक-शिक्षा' संदर्भों से सैद्धान्तिक समीक्षा को जोड़कर कई सैद्धान्तिक कृतियाँ लिखीं। व्यावहारिक समीक्षा के अन्तर्गत उनके हिन्दी में दो लेखों के नामोल्लेख किये गये हैं—प्रथम है मिश्रबन्धु कृत 'हिन्दी नवरत्न' एवं द्वितीय है "आजकल के हिन्दी कवि और कविता"। अपनी सैद्धान्तिक कृतियों में कवियों, उपन्यासकारों, नाटकों एवं नाटककारों, से सम्बद्ध टिप्पणियाँ स्थल-स्थल पर दी हैं किन्तु हिन्दी के किसी सर्जक कवि, नाटककार एवं उपन्यासकार की उन्होंने व्यावहारिक समीक्षा नहीं की है। उन्होंने कवि शिक्षा की भाँति ही समीक्षक शिक्षा का वातावरण बनाया था और खड़ी बोली हिन्दी के स्वरूप रचना एवं उसमें लिखे जा रहे साहित्य पर अपनी गहरी दृष्टि रखी।

द्विवेदी युग के समीक्षकों में लाला सीताराम, मिश्र बन्धु (पण्डित गणेश बिहारी मिश्र, श्याम बिहारी मिश्र एवं शुकदेव बिहारी मिश्र—तीनों सगे भाई), पं. पद्मसिंह शर्मा, पदुमलाल पुन्नालाल बक्शी, लाला भगवान दीन 'दीनजी' आदि प्रमुख हैं। कई विवेचकों ने बाबू श्यामसुन्दर दास को भी इसी युग की सारिणी में रखा है, किन्तु यह उचित नहीं है।

पं. महावीरप्रसाद द्विवेदी युग की समीक्षा की कुछ महत्त्वपूर्ण पहचान इस प्रकार है। पहली बात तो यह है कि इस युग के समीक्षकों का झुकाव भारतीय शास्त्रवाद की ओर अधिक रहा है। हिन्दी नवरत्न, देव और बिहारी, बिहारी और देव, बिहारी की संजीवनी भाष्य, कालिदास की निरंकुशता (पं. महावीरप्रसाद द्विवेदी) मिश्र बन्धु विनोद प्रायः आलोच्य सामग्री के लिए आधार स्वरूप ग्रंथ रहे हैं और इन ग्रंथों की दृष्टि सामाजिक एवं लोक जीवन की विविधताओं से न जुड़कर शास्त्रीय चेतना से सम्बद्ध दिखाई पड़ती है। बिहारी तथा देव से जुड़ी रचनाएँ पूरी तरह से रीतिकालीन शास्त्रनिष्ठा के मानकों से सम्बद्ध हैं। महावीरप्रसाद द्विवेदी जी की दृष्टि में साहित्य लोक रंजन का सर्वप्रथम माध्यम है।

सामाजिक सौहार्द्र या उपदेश भी उसी से सम्बद्ध तत्त्व है। यही कारण है कि मध्ययुगीन रीतिनिष्ठा और ब्रजभाषा काव्य की शास्त्रीय दृष्टि इस युग की कविता में पनपती रही।

इस युग की समीक्षा को हिन्दी के परवर्ती आलोचकों ने प्रायः निर्णयात्मक रूप में स्वीकार किया है। रीतिकालीन शास्त्रीय मानदण्डों को आधार बनाकर किसी कृति की श्रेष्ठता या हीनता का निर्णय लेना ही इनकी आलोचना दृष्टि का मूल मन्तव्य रहा है। काव्य के अलंकारविधान, कला विधान की बारीकियों—शृंगार तथा नायिका भेद की सूक्ष्मातिसूक्ष्म गतिविधियों का विवेचन, दोषों का अन्वेषण एवं गुण-गणना आदि इनकी प्रवृत्तियाँ वर्तमान जीवन-मूल्यों से जुड़े साहित्यिक संदर्भों से बहुत दूर हैं। इन आलोचकों की मूलदृष्टि गुण-दोषों की गणना तथा उसके आधार पर निर्णय लेने की प्रवृत्ति से जुड़ी दिखाई पड़ती है।

इन सबके होते हुए भी पंडित महावीरप्रसाद द्विवेदी की साहित्यिक निष्ठा, भाषा सुधार एवं कविता की ग्राह्यता के मूलाधारों की सुदृढ़ स्थापना ने हिन्दी आलोचना के विकास का मार्ग प्रशस्त किया। द्विवेदी जी का हिन्दी आलोचना के क्षेत्र में सबसे बड़ा योगदान है, उसके लिए उपयुक्त भाषा का निर्माण करना।

□□

आचार्य शुक्लपूर्व व्यावहारिक समीक्षा

भारतीय कोशों में आलोचन या आलोचना शब्द दोषमीमांसा के सन्दर्भ में भी प्रयुक्त था और इसीलिए हिन्दी की व्यावहारिक आलोचना के लिए कई आलोचक प्रारम्भ में इसका प्रयोग दोष दर्शन के अर्थ में करने लगे थे। अंग्रेजी में 'क्रिटिसिज़्म' शब्द का अर्थ 'अलग किया हुआ' और 'क्रिटिक' का अर्थ 'अलग करना' है, जैसे—साहित्यिक प्रयोग के सन्दर्भ में 'क्रिटिसिज़्म' शब्द कृति की व्याख्या का पर्यायवाची बना, उसी प्रकार 'क्रिटिसिज़्म' का हिन्दी अनुवाद 'आलोचना' तथा बाद में चलकर 'समीक्षा' हुआ। भारतीय सन्दर्भ में 'आलोचना कर्म' का स्वरूप आचार्य शुक्ल के पूर्व भारतेन्दु युग में प्रारम्भ हुआ, इसके बाद वह क्रमशः आगे बढ़ा।

भारतेन्दु युग के व्यावहारिक समीक्षकों में जो नाम लिए जाते हैं वे हैं—पं. बद्रीनाथ चौधरी प्रेमघन, लाला श्री निवासदास, बालकृष्ण भट्ट, पं. प्रताप नारायण मिश्र आदि। इस युग के गिने-चुने समीक्षक हिन्दी समीक्षा के उद्‌भव काल अर्थात् भारतेन्दु युग से द्विवेदी युग तक अर्थात् सन् 1843 से सन् 1923 तक सक्रिय रहे।

इस कालखण्ड की हिन्दी आलोचना का प्रारम्भिक स्वरूप निश्चित ही विचारणीय है क्योंकि हिन्दी समीक्षा की नींव इसी युग में पड़ी है। डॉ. निर्मला जैन ने हिन्दी समीक्षा की मूल उद्‌भावना के लिए प्रारम्भिक चार आधारों की चर्चा की है, जो इस प्रकार हैं—

(1) सैद्धान्तिक ग्रन्थ और निबन्ध

(2) विद्वत्तापूर्ण शोध निबन्ध

(3) साहित्येतिहास ग्रन्थ

(4) पुस्तक समीक्षाएँ

इस सन्दर्भ में पाँचवीं बात भी विचारणीय है। वह है—रायल एशियाटिक सोसायिटी आदि में गीब्स, ग्रियर्सन जैसे विद्वानों के अंग्रेजी लेख तथा पुस्तकें जिन्होंने हिन्दी लेखकों के लिए प्रेरणा का कार्य किया था।

इस प्रारम्भिक कालखण्ड में हिन्दी आलोचना की नींव पड़ रही थी और हिन्दी समीक्षा के जो सूत्र आधार के रूप में सामने आ रहे थे, वे इस प्रकार हैं—

1. हिन्दी आलोचना का प्रारम्भिक स्वरूप 'गुण-दोष' दर्शन के रूप में मिलता है। यह समीक्षा का प्रारम्भिक स्वरूप हिन्दी गद्य के प्रथम उत्थान के अन्तर्गत था। यहाँ 'गुण-दोष' का स्तर भी सतही ही था।

2. हिन्दी समीक्षा के इस प्रारम्भिक युग में 'रिव्यू' या पुस्तक परिचयों की लम्बी परम्परा दिखायी पड़ती है। यह परम्परा हरिश्चन्द्र मैग्जीन से लेकर सरस्वती पत्रिका तक विशेष रूप से चली और आलोचकों के व्यक्तित्व निरूपण की आलोचनात्मक परम्परा को इसने आगे बढ़ाया।

3. इसी युग में समीक्षा लेखों की विशद व्याख्या की शुरुआत पं. बदरी नारायण चौधरी प्रेमघन द्वारा सन् 1986 में लाला श्री निवासदास कृत संयोगिता स्वयंम्बर नाटक के विस्तारपूर्वक दोष निरूपण से शुरू हुई। आचार्य रामचन्द्र शुक्ल के अपने इतिहास में आचार्य महावीरप्रसाद द्विवेदी की प्रारम्भि कृति 'कालिदास की निरंकुशता' तथा लाला सीताराम (बी.ए.) द्वारा उस युग में अनुदित नाटकों की भाषा आदि से सम्बन्धित दोषों की विस्तारपूर्वक चर्चा की गयी है। हिन्दी समीक्षा के प्रारम्भिक आधार हिन्दी गद्य के प्रसार युग से सम्बद्ध हैं। पण्डित बालकृष्ण भट्ट ने भी सन् 1986-87 में 'सच्ची आलोचना' के नाम से श्री निवासदास कृत संयोगिता स्वयंम्बर की समीक्षा की जो प्रेमघन की शैली से भिन्न भावुकता, व्यंग्य तथा परिहास से परिपूर्ण थी। यही नहीं, आनन्द कादम्बिनी में ही 'वंगविजेता' उपन्यास की भी समीक्षा प्रकाशित हुई जिसमें यह प्रयास हुआ था कि उपन्यास विधा के स्वरूप को ध्यान में रखकर समीक्षा लिखी जाए।

4. समीक्षा की पृष्ठभूमि के रूप में ऐतिहासिक ग्रन्थों का भी एक विशेष प्रकार का योगदान रहा है। द्विवेदी युग के पूर्व मिश्र बन्धु 'विनोद' एवं शिवसिंह 'सरोज' जैसे ग्रन्थों की रचना हो चुकी थी। 'गासी का इतिहास' पूरी तरह से विद्वानों के बीच चर्चा का विषय बन चुका था। सर जार्ज ग्रियर्सन का 'माडर्न वर्नाकुलर लिट्रेचर आव नार्दन इण्डिया' भी प्रकाश में आकर एक माड्यूल का कार्य कर रहा था। इन इतिहास ग्रन्थों की विवेचन दृष्टि एक मानक जैसी थी, और इस विवेचनात्मक शैली तथा दृष्टि ने हिन्दी समीक्षा को प्रभावित किया।

5. जहाँ तक विद्वत्तापूर्ण शोध निबन्धों का प्रश्न है—ये निबन्ध उस युग की पत्रिकाओं में प्रकाशित होते थे। यही नहीं—पाश्चात्य विद्वानों के हिन्दी से सम्बद्ध आलोचनात्मक एवं शोध परक लेखों की अखबारों तथा मासिक पत्रिकाओं में बराबर चर्चा होती थी और ये जन समुदाय के लिए प्रेरणास्त्रोत भी रहे हैं। डॉ. सर जार्ज ग्रियर्सन ने एक लेख वियना की अन्तर्राष्ट्रीय प्राच्य विद्या सभा के अधिवेशन **'हिन्दुस्तान का मध्यकालीन भाषा साहित्य तथा गोस्वामी तुलसीदास'** पढ़ा और यह डेढ़ वर्ष बाद रायल एशियाटिक सोसायिटी में छपा भी। सन् 1917 तथा सन् 1919 में एडविन ग्रीब्स तथा एफ.ई. के इतिहास ग्रन्थ—क्रमशः ए स्केच ऑफ हिन्दी लिट्रेचर तथा ए हिस्ट्री आव हिन्दी लिट्रेचर—क्रमश प्रकाश में आए। सन् 1910 में मिश्र

बन्धुओं का **'हिन्दी नवरत्न'** प्रकाशित हुआ। कवियों को आधार बनाकर उनके मूल्यांकन का साहित्यिक वातावरण निर्मित करना, इस 'हिन्दी नवरत्न' ग्रन्थ का मुख्य लक्ष्य था।

हिन्दी आलोचना के प्रारम्भिक काल या द्विवेदी युग के पूर्व की समीक्षा के सन्दर्भ में कतिपय निष्कर्ष सरलतापूर्वक निकाले जा सकते हैं—

1. साहित्य लेखन में परिचयात्मक प्रवृत्तियों को गुण-दोषों से जोड़कर स्वयं निर्णीत मूल्यों के आधार पर निष्कर्ष निकालना इस कालखण्ड की महत्त्वपूर्ण विशेषता थी।
2. रचनात्मक प्रवृत्तियों की खोज तथा उन्हें प्रकाश में ले आने का आरम्भिक यत्न इन समीक्षात्मक प्रवृत्तियों में देखा जा सकता है।
3. यह सत्य है कि इस युग में रचनात्मक सन्दर्भों की कोई निश्चित व्याख्यात्मक कसौटी नहीं थी किन्तु यह भी सत्य है कि सर्जनात्मक नाटकों, उपन्यासों, कविता आदि के रचनात्मक विधानों में उनकी साहित्य रूपात्मक विशेषताओं की भिन्नताओं को निरूपित करने की प्रवृत्ति मिलती है।

आचार्य पं. रामचन्द्र शुक्ल पूर्व द्वितीय चरण की समीक्षा के नेतृत्व का दायित्व आचार्य पं. महावीर प्रसाद द्विवेदी के ऊपर डाला जाता है। आचार्य द्विवेदी, वैसे सन् 1903 में 'सरस्वती' पत्रिका के सम्पादन के दायित्व को ग्रहण करने के पूर्व, समीक्षा जगत में प्रवेश कर चुके थे। इस युग की व्यावहारिक तथा सैद्धान्तिक समीक्षाओं को प्रस्तुत करने में पुस्तक लेखन का श्रीगणेश हुआ। इसे समीक्षा का विकास ही कहा जाएगा। श्री गंगा प्रसाद अग्निहोत्री कृत समालोचना, अम्बिकादत्त व्यास कृत—गद्य काव्य मीमांसा, आचार्य महावीर प्रसाद द्विवेदी कृत कालिदास की निरंकुशता, नैषध चरित चर्चा, विक्रमांक देव चरित, मिश्र बन्धु कृत मिश्र बन्धु विनोद, हिन्दी नवरत्न, पद्मसिंह शर्म कृत 'बिहारी सतसई', मिश्र बन्धु पं. कृष्ण बिहारी मिश्र कृत 'देव और बिहारी' लाला भगवानदीन कृत 'बिहारी और देव' जैसी कृतियाँ इसी युग में लिखी गईं और उनकी दो ही प्रवृत्तियाँ थीं—निर्णयात्मक एवं तुलनात्मक। मिश्र बन्धु जैसे आलोचकों ने इस तुलनात्मक पद्धति का इतना अधिक प्रचार किया कि, अन्त में, उस युग के समीक्षकों में स्वयं इस प्रवृत्ति से अरुचि उत्पन्न हो उठी।

सन् 1903 में सरस्वती के सम्पादक के रूप में महावीर प्रसाद द्विवेदी द्वारा हिन्दी भाषा, साहित्य और समसामयिकता के प्रकाश में समीक्षात्मक प्रवत्तियों के औचित्य की स्वीकृति, निरंकुशतापूर्वक साहित्यिक कृतियों में संशोधन-सुधार तथा परिवर्तन और इस रूप में सुधारक तथा संशोधन का उनका व्यक्तित्व साहित्य में महत्त्वपूर्ण रहा है। हिन्दी भाषा की प्रकृति के स्वरूप निर्माण तथा व्याकरण शुद्धि उनके सम्पादन का प्रमुख आधार रहा है। उनके योगदान की चर्चा करते हुए हिन्दी खड़ी बोली में 'गद्य तथा पद्य' दोनों के सृजन के एक साथ संकल्प की चर्चा अवश्य करनी चाहिए। इस संकल्प का अर्थ हैं, खड़ी बोली

हिन्दी की नए भारत में समग्रतः एकरूपता की स्थापना जो समसामयिकता तथा ब्रजभाषा की कल्पित तथा भावात्मक रचना रूप के स्थान पर राष्ट्रीय समझ के विकास को प्रेरित कर सके। आचार्य पं. महावीर प्रसाद द्विवेदी की समीक्षात्मक चिन्तन धारा में नैतिकता तथा उपयोगिता ये भी दो तत्त्व हैं और वे बराबर इनके प्रति संकल्पबद्ध हैं। भाषा, विषयवस्तु, विवेचन दृष्टि एवं नैतिक तथा उपयोगितावादी दृष्टि को ध्यान में रखकर यदि हम उनके समीक्षात्मक योगदान की चर्चा करें तो निश्चित ही, उनका कार्य भावी समीक्षा के लिए सम्यक् वातावरण का निर्माण करने में सहायक रहा है। उनके द्वारा सरस्वती पत्रिका में स्थायी रूप से रखा गया 'पुस्तक समीक्षा' कालम तथा निरंकुश भाव से परवर्ती काल में स्वीकृत श्रेष्ठतम कवियों की कृतियों में किए गए भाव एवं भाषा त्रिषमक सुधार ने साहित्यिक स्तरीयता के निर्माण में योगदान दिया है। आचार्य पं. रामचन्द्र शुक्ल अपने इतिहास ग्रन्थ में उनके इस योगदान की बिना किसी राग-लपेट के निःसंकोच भाव से इस प्रकार चर्चा करते हैं—

"यद्यपि द्विवेदी जी ने बड़े-बड़े कवियों को लेकर गम्भीर साहित्य समीक्षा का स्थायी साहित्य नहीं प्रस्तुत किया, पर निकली पुस्तकों की भाषा आदि की खरी आलोचना करके हिन्दी साहित्य का बड़ा भारी उपकार किया। उनके प्रभाव से लेखक सावधान हो गए और जिनमें भाषा की समझ और योग्यता थी, उन्होंने अपना सुधार किया।"

हिन्दी समीक्षा और शुक्ल युग

आचार्य रामचन्द्रशुक्ल युग ने पण्डित महावीरप्रसाद द्विवेदी युग की गुण-दोषपरक निर्णयात्मक समीक्षा से बहुत आगे जाकर साहित्य की मूल्यपरक सर्जनात्मक समीक्षा की शुरुआत ही नहीं की, उसे पर्याप्त रूप से आगे बढ़ाया। इस युग के समीक्षकों ने समीक्षा के पाश्चात्य मानकों तथा भारतीय शास्त्र चिन्तनधारा की मूल दृष्टि को परखने की चेष्टा ही नहीं की, अपितु साहित्य के मौलिक मानो के अन्वेषण में भी रुचि दिखाई। स्वयं आचार्य रामचन्द्र शुक्ल को ही ले लें, उन्होंने पश्चिमी साहित्य की दो कसौटियों—साहित्य की सिद्धावस्था एवं साधनावस्था को साहित्य के विवेचन के आधार के रूप में ग्रहण किया तथा दूसरी ओर भारतीय शास्त्रचिन्तन के रस सिद्धान्त को परखकर उनको इससे जोड़ने की चेष्टा की। उनके आलम्बनत्व के धर्म के साधारणीकरण में नायक के शील एवं शौर्य का निर्माण तथा उसमें निहित श्रेष्ठतम मूल्यों के प्रति सर्जक की प्रतिबद्धता और पाठक की उनके प्रति भावात्मक आत्मीयता अपने आप में इस विश्लेषण के लिए महत्त्वपूर्ण आधार हैं। इस आलम्बत्व के धर्म को भले ही परम्परा के रसशास्त्रचिन्तक साधारणीकरण न स्वीकार करते हों किन्तु शुक्ल जी का शील निरूपण और उसके प्रति पाठक के चित्त की भावात्मक अभिभूतता का संदर्भ असंगत कैसे है? यह समझ में नहीं आता। आज महाकाव्य, खण्डकाव्य एवं गीति तथा मुक्तक ही नहीं लिखे जा रहे हैं। उपन्यास, कहानी, लघुकथाएँ, संस्मरण, एकांकी नाटक आदि की विधाएँ भी हमें पूरी तरह से काव्य साहित्य की भाँति आनन्दित कर रही हैं और शुक्ल जी द्वारा विवेचित आलम्बत्व के धर्म के साधारणीकरण के माध्यम से इन सबकी रसात्मक विवेचना की जा सकती है जिसकी आगे के रसवादी समीक्षकों ने उपेक्षा की। शुक्ल युग अर्थात् सन् 1918 से सन् 1941 तक हिन्दी समीक्षा के स्वरूप में पर्याप्त परिवर्तन हुए और स्वयं आचार्य रामचन्द्र शुक्ल के ही शब्दों में, "इस तृतीय उत्थान में समालोचना का आदर्श भी बदला। गुण दोष के कथन से आगे बढ़कर कवियों की विशेषताओं और उनकी अन्तः प्रकृति की छानबीन की ओर ध्यान दिया गया। तुलसीदास, सूरदास, जायसी, दीनदयालगिरि और कबीरदास की विस्तृत आलोचनाएँ पुस्तकाकार और भूमिकाओं के रूप में भी निकली हैं।"[1]

---

1. हिन्दी साहित्य का इतिहास, गद्य साहित्य की वर्तमान गति, तृतीय उत्थान, पृ. 383

कवियों एवं काव्य कृतियों की रचनात्मक विशेषताएँ तथा रचना एवं रचनाकारों दोनों की अन्तः प्रकृति की छानबीन एवं विश्लेषण की प्रवृत्ति आचार्य शुक्ल के अनुसार उनके युग की समसामयिक समीक्षा प्रवृत्ति है। स्वयं आचार्य शुक्ल जी ने अपने 'हिन्दी साहित्य का इतिहास' के अन्तर्गत इस युग के व्यावहारिक समीक्षकों की इस प्रकार की तालिका दी है—श्रीकृष्णशंकर शुक्ल (केशव की काव्य कला), प्रो. सत्येन्द्र (गुप्त जी की काव्यकला), पं. जनार्दन प्रसाद 'द्विज' (प्रेमचन्द्र की उपन्यास कला, प्रसाद की नाट्यकला), अखौरी गंगाप्रसाद सिंह (पद्माकर की काव्यसाधना), श्री रामनाथ लाल सुमन (प्रसाद की काव्य साधना), पं. भुवनेश्वर नाथ मिश्र 'माधव' (मीरा की प्रेम साधना), डॉ. नगेन्द्र (सुमित्रानन्दन पंत)। प्रो. रामस्वरूप चतुर्वेदी ने इस युग के दो अन्य व्यावहारिक समीक्षकों का नामोल्लेख किया है—वे हैं 'बाबू श्यामसुन्दर दास (शुक्ल जी के सहयोगी) तथा आचार्य नन्ददुलारे वाजपेयी (आचार्य शुक्ल के शिष्य)। इस युग के अन्य व्यावहारिक समीक्षकों में डॉ. बच्चन सिंह, विश्वनाथ प्रसाद मिश्र, विनोदशंकर व्यास तथा डॉ. रामकुमार वर्मा एवं शान्तिप्रिय द्विवेदी आदि को रखते हैं।

आचार्य रामचन्द्र शुक्ल युग की समीक्षा का केन्द्रीय आधार रहा है, कृतियाँ और उनकी अर्न्तवर्ती प्रवृत्ति के आधार पर विश्लेषण। इस विश्लेषण के अन्तर्गत कविपक्ष, कलापक्ष एवं लोकपक्ष इन तीनों पर इनकी दृष्टि गई है। सर्जक के कर्तृत्व को अपनी गम्भीर आलोचनात्मक शक्ति के माध्यम से विश्लेषित करने की प्रवृत्ति का श्रीगणेश इसी युग से हुआ और सच कहा जाए तो हिन्दी की व्यावहारिक समीक्षा की शुरुआत इसी युग से हुई। आचार्य शुक्ल ने इस युग की समीक्षा के विवेचन की केन्द्रीय चेतना को 'कला और साधना' के नाम से इंगित किया है किन्तु कला तथा साधना के अतिरिक्त इस युग की आलोच्य दृष्टि अनुसंधान एवं सर्जन की मूल प्रकृति से जुड़ी विवेचनात्मक प्रज्ञा द्वारा तलाश भी है। इसके लिए साक्ष्य के रूप में आचार्य नन्ददुलारे वाजपेयी कृत कवि निराला, सूरदास आदि कृतियाँ है। उन्होंने इस संदर्भ में स्पष्ट रूप से कहा है कि "काव्य के दोनों पक्षों का—कवि की संवेदना और उसकी अभिव्यक्ति का समन्वित विवेचन ही काव्य समीक्षा के लिए उपादेय हो सकता है।" आचार्य शुक्ल केवल कवि की 'अन्तःवृत्ति कह कर जिसे छोड़ देते हैं—उसको आगे बढ़ाते हुए आचार्य नन्ददुलारे वाजपेयी "कवि संवेदना और उसकी अभिव्यक्ति" को व्यावहारिक समीक्षा का आधार बनाते हैं। यह संदर्भ आगे डॉ. नगेन्द्र में बढ़ता है। उनकी प्रारम्भिक व्यावहारिक समीक्षात्मक कृतियाँ सुमित्रानन्दन पंत (1938), साकेत : एक अध्ययन (1939) आचार्य शुक्ल युग की हैं, और इनमें व्यावहारिक समीक्षा की जो चेतना अपनायी गयी है, वह है, छायावादी काव्य की अन्तश्चेतना, कलात्मक वृत्ति तथा कविता की सामर्थ्य शक्ति।

कहने का तात्पर्य यह है कि आचार्य शुक्ल युग में ही उनकी व्यावहारिक समीक्षा, आन्तरिक विश्लेषण, प्रवृत्तिगत तत्त्वों में गम्भीरता तथा रचना के अन्तवर्ती तथा बाह्य साक्ष्यों

को अन्वेषित करने की प्रवृत्ति और विश्लेषणात्मक ऊर्जा का विकास शुरू हो चुका था। डॉ. रामकुमार वर्मा कृत 'कबीर का रहस्यवाद' इसी संदर्भ से जुड़ा है।

आचार्य शुक्ल का सबसे बड़ा योगदान है, हिन्दी की व्यावहारिक समीक्षा के भावी स्वरूप के निर्माण का मार्ग प्रशस्त करना। सूरदास, महाकवि तुलसीदास एवं जायसी ग्रन्थावली की भूमिका के रूप में हिन्दी की व्यावहारिक समीक्षा की जो प्रवृत्ति आचार्य शुक्ल ने निर्मित की उसको निषेधात्मक एवं भावात्मक पक्षों द्वारा उनके उत्तरवर्ती समीक्षकों ने विकसित किया। आचार्य नन्ददुलारे वाजपेयी और डॉ. नगेन्द्र का योगदान इस दिशा में विशेष महत्त्वपूर्ण है।

आचार्य शुक्ल के बाद आचार्य हजारीप्रसाद द्विवेदी की समीक्षा का अवतरण एक भिन्न विचारधारा के साथ हुआ है। देश, काल, परिस्थिति के साथ परिवर्तित सांस्कृतिक विचारधाराएँ निरन्तर किसी भी राष्ट्र की प्रवहमान चेतना का अंग होती हैं। सांस्कृतिक परम्पराएँ अपने इतिहास बोध के साथ जिन मन्तव्यों को लेकर चलती हैं, वही हमारे विश्लेष्य हैं और इस संदर्भ में कहीं भी छोटे-बड़े, अभिजात्य एवं जन-सामान्य के बीच कोई अन्तर नहीं रहता। आचार्य हजारीप्रसाद द्विवेदी साहित्य बोध के संदर्भ में किसी स्थायी-वृत्ति को केन्द्रीय आधार न मानकर देश, काल तथा परिवेश के प्रकाश में किसी सर्जक एवं साहित्यिक इतिहास-व्यवस्था की चर्चा करते हैं। किसी भी सर्जक का अतीत उसके वर्तमान का अंग है और इस वर्तमान का विश्लेषण हम परम्परा से निरपेक्ष रहकर नहीं कर सकते। इस प्रकार प्रत्येक कवि देश की अपनी सांस्कृतिक परम्परा का अभिन्न अंग है और उसकी व्यावहारिक समीक्षा के लिए उसे इतिहास से जुड़कर सामने आना आवश्यक है। कबीरदास या आदिकाल की भूमिका जैसी उनकी कृतियाँ परम्परा की व्यापक छानबीन तथा युगीन व्यवस्था के साथ जुड़कर हमारे सामने आती हैं। उनके अनुसार कवि की सर्जनात्मक मौलिकता स्वयं में कोई आकस्मिक अभिव्यक्ति नहीं होती।

आचार्य रामचन्द्र शुक्ल के 1941 में देहावसान तक हिन्दी की व्यावहारिक समीक्षा के कई पार्श्व प्रकाश में आ चुके थे। पहली स्थिति हिन्दी अनुसंधान तथा भारत के कई विश्वविद्यालयों में उच्च स्तरीय कक्षाओं में 'हिन्दी विषय' के अध्ययन-अध्ययन से उत्पन्न हुई। इलाहाबाद तथा वाराणसी को छोड़कर उत्तर प्रदेश में आगरा, लखनऊ तथा मेरठ, मध्यप्रदेश में सागर, भोपाल, उज्जैन, भारत की राजधानी दिल्ली में सुख सुविधा तथा केन्द्रीय सेवा के अंग के रूप में विद्वानों का जमाव, विहार में पटना, राजस्थान में जयपुर, जोधपुर, महाराष्ट्र और बम्बई—केन्द्रीय विश्वविद्यालय आन्ध्र प्रदेश, शान्ति निकेतन आदि-आदि उच्च शिक्षा 'केन्द्रों ने हिन्दी के उच्चस्तरीय अध्ययन-अध्यापन की दिशा को गहरी गति दी। अब हिन्दी में केवल इलाहाबाद तथा वाराणसी स्कूल ही नहीं रह गए हैं।

इसी प्रकार, हिन्दी की अनेकानेक संस्थाएँ भी प्रकाश में आईं। 'नागरी प्रचारिणी सभा के अतिरिक्त भारतीय भाषा परिषद्, कलकत्ता, देशभर के डिग्री कालेजों तथा विश्वविद्यालय के हिन्दी अध्यापकों की संस्था 'भारतीय हिन्दी परिषद्, इलाहाबाद' देश के साहित्यकारों को प्रोत्साहित करने वाली शासन एवं व्यक्तिगत प्रयासों से निर्मित संस्थाएँ भारतीय ज्ञानपीठ, दिल्ली, हिन्दी संस्थान लखनऊ, हिन्दुस्तानी एकेडमी इलाहाबाद, हिन्दी साहित्य सम्मेलन प्रयाग आदि के राष्ट्रीय कार्यक्रमों एवं हिन्दी-विकास से जुड़ी सक्रियताओं ने हिन्दी साहित्य के विविध पक्षों से जुड़े चिन्तन को प्रभावित तथा विकसित किया। इसी संदर्भ में आज 'वर्धा' के हिन्दी मुक्त विश्वविद्यालय की चर्चा की जा सकती है।

आचार्य शुक्ल के बाद, हिन्दी जगत से जुड़े दो सन्दर्भों ने इस दिशा में पर्याप्त सजगता पैदा की। प्रगतिवादी आन्दोलन तथा परिमल संस्था की प्रयाग में स्थापना, ये महत्त्वपूर्ण तथ्य हैं। प्रगतिवादी चिन्तन हिन्दी से सन् 1936 से सम्बद्ध है और सन् 1944 में परिमल-संस्था की स्थापना हुई। हिन्दी साहित्य के प्रगतिशील खेमे को लेकर सन् 1943 में 'तार सप्तक' का प्रकाशन हुआ-फिर, प्रगतिशील कवियों से हटकर नये कवि तार तप्तक में आए। तार सप्तक के आगामी अंक इसके बाद इन नए कवियों को जोड़कर प्रकाशित हुए। इन सबके सम्मिलित प्रयास से हिन्दी में व्यावहारिक तथा सैद्धान्तिक समीक्षा के शीर्ष ग्रंथों की बाढ़-सी आ गई। डॉ. नामवर सिंह, डॉ. रघुवंश, डॉ. निर्मला जैन, डॉ. जगदीश गुप्त, प्रो. रामस्वरूप चतुर्वेदी आदि-आदि कितने प्रतिष्ठित आलोचक हिन्दी में आए।

इस संदर्भ में, हिन्दी की व्यावहारिक समीक्षा को विकसित करने का श्रेय 'हिन्दी अनुसंधान' को भी जाता है। विभिन्न कवियों से सम्बद्ध व्यावहारिक समीक्षा के सौ से अधिक ग्रंथ प्रकाश में आए और इन ग्रंथों से व्यावहारिक समीक्षा अधिक सम्पन्न हुई। डॉ. पीताम्बर दत्त वर्थवाल-कृत निर्गुण सम्प्रदाय के हिन्दी कवि, डॉ. माता प्रसाद गुप्त कृत तुलसीदास, डॉ. ब्रजेश्वर वर्मा कृत सूरदास, पण्डित विश्वनाथ प्रसाद मिश्र कृत विहारी की वाग्विभूति आदि अनेक शोधग्रंथ व्यावहारिक समीक्षा के मानकीकरण के लिए इस युग में आदर्श बन चुके हैं।

आचार्य शुक्ल के बाद हिन्दी की व्यावहारिक समीक्षा से सम्बद्ध कतिपय धाराएँ विशेष महत्तवपूर्ण हैं। संक्षेप में, इनका स्वरूप इस प्रकार है—

1. प्रगतिवादी धारा—इस प्रगतिवादी धारा के प्रमुख समीक्षक डॉ. रामविलास शर्मा की महत्त्वपूर्ण कृतियाँ निराला की साहित्य साधना तीन खण्ड आचार्य रामचन्द्र शुक्ल और हिन्दी आलोचना, प्रेमचन्द, भारतेन्दु हरिश्चन्द्र, महावीरप्रसाद द्विवेदी और हिन्दी नवजागरण आदि व्याख्यात्मक व्यावहारिक समीक्षा से सम्बद्ध है। इस परम्परा के दूसरे आलोचक डॉ. इन्द्रनाथ मदान हैं। 'प्रेमचन्द्र : एक विवेचन' का उल्लेख इस परम्परा के अन्तर्गत किया जाना आवश्यक है। इसी परम्परा के अन्तर्गत डॉ. नामवर सिंह कृत दूसरी परम्परा की खोज आदि व्यावहारिक

समीक्षा से जुड़ी समीक्षात्मक कृतियों का मूल्यांकन सर्जक तथा सामाजिक व्यवस्था के आदर्शों पर आधारित है।

2. नई कविता से सम्बन्ध समीक्षाधारा—कृति में निहित सर्जनात्मक मूल्यों की पकड़ और उसी को व्यावहारिक समीक्षा के मानक के रूप में स्वीकार करके सम्बद्ध विविध समस्याओं का व्यवस्थित विवेचन इनका मानदण्ड है। डॉ. रामस्वरूप चतुर्वेदी कृत 'कामायनी : पुनर्मूल्यांकन', अज्ञेय और 'आधुनिकता की समस्या', आचार्य रामचन्द्र शुक्ल : 'आलोचना का अर्थ और अर्थ की आलोचना', नन्द किशोर आचार्य कृत 'अज्ञेय की काव्य तितीर्षा', दूधनाथ सिंह कृत 'निराला : आत्महन्ता आस्था', विजय देवनारायण साही द्वारा समीक्षित जायसी आदि व्यावहारिक समीक्षा से सम्बद्ध महत्त्वपूर्ण सामयिक कृतियाँ हैं।

3. भारतीय एवं पाश्चात्य मानकों की मिश्रित समीक्षाधारा—आचार्य शुक्ल की भाँति मानक बनाकर भारतीय तथा पाश्चात्य काव्य सिद्धान्त के मानकों से समन्वित करके हिन्दी समीक्षा के शुक्लयुगीन आलोचक आगे आये। डॉ. नगेन्द्र एवं राममूर्ति त्रिपाठी का नामोल्लेख इस दिशा में विशेष महत्त्वपूर्ण है। यह समीक्षा क्रम अब भी किसी-न-किसी रूप में वर्तमान है। डॉ. राममूर्ति त्रिपाठी कृत 'सूर विमर्श' त्तथा नन्ददुलारे वाजपेयी जैसी कृतियाँ इस दृष्टि से विचारणीय हैं।

4. पाश्चात्य मानकों की समीक्षाधारा—आधुनिक समीक्षा में पश्चिमी सिद्धान्तों से प्रभावित सौन्दर्यशास्त्रीय, समाजशास्त्रीय, शैलीवैज्ञानिक तथा काव्यभाषा एवं संरचनावादी, समाजशास्त्रीय व्यावहारिक समीक्षा की भी इतस्ततः कृतियाँ दिखाई पड़ती हैं। हिन्दी शोध के अन्तर्गत विविध कवियों तथा काव्य धाराओं से जुड़े व्यावहारिक समीक्षा के रूप में अनेक ग्रंथ इस सरणि में रखे जा सकते हैं।

इस संदर्भ में, यह विशेष रूप से द्रष्टव्य यह है कि आचार्य शुक्ल के बाद हिन्दी की सैद्धान्तिक समीक्षा का विकास व्यावहारिक समीक्षा से अधिक हुआ।

□□

आचार्य शुक्ल की व्यावहारिक समीक्षा की विसंगतियाँ

आचार्य शुक्ल और शुक्लोत्तर समीक्षा का तुलनात्मक अध्ययन दो दृष्टियों से किया जा सकता है—प्रथम आचार्य शुक्ल के समय की सीमाओं एवं सम्भावनाओं की दृष्टि से और दूसरा हिन्दी की व्यावहारिक समीक्षा के विकास की दृष्टि से।

आचार्य शुक्ल का युग हिन्दी की व्यावहारिक समीक्षा का भारतेन्दु तथा द्विवेदी युग का विकसित रूप था और इसे समीक्षा का प्रारम्भिक युग कह सकते हैं। प्रारम्भिक युग इस अर्थ में कि यहाँ साहित्यिक मानदण्डों एवं सृजन के अन्तवर्ती मूल्यों के पारस्परिक सम्पर्कों के बीच आलोचकों में सम्बन्ध संस्थापन की संशयात्मक स्थिति बनी हुई थी। आचार्य शुक्ल, बाबू श्याम सुन्दर दास आदि इस युग के प्रमुख समीक्षक थे। आचार्य शुक्ल के युग में भारतीय तथा पश्चिमी मानों के बीच कृति के मूल्यों को सचेष्ट या निश्चेष्ट भाव से जोड़ने एवं विश्लेषित करने की दृष्टि दिखाई पड़ती है। गोस्वामी तुलसी का विवेचन करते हुए शुक्ल जी स्वयं भाव दशाओं, शील दशाओं एवं अभिव्यंजना कौशल के भारतीय संदर्भों तथा अलंकार आदि की चर्चा करते हैं किन्तु विश्लेषण दृष्टि एवं वैचारिकता में पाश्चात्य प्रभाव लक्षित है। 'लोकमंगल' शब्द भारतीय है किन्तु उससे जुड़ी समीक्षा पद्धति पाश्चात्य है। यह भी सत्य है कि उनकी दृष्टि यहाँ निर्णयवादी समीक्षा से नहीं जुड़ती फिर भी मानदण्डों तथा सिद्धान्तों के संदर्भ में वह उनके चिन्तन में वर्तमान हैं। हिन्दी साहित्य के इतिहास लेखन में वे एक सैद्धान्तिक आधार बनाते हैं, साहित्य मानव जाति की चित्तवृत्ति का प्रतिबिम्ब है और स्थल-स्थल पर जहाँ आवश्यक समझते हैं—प्रत्यक्ष एवं परोक्ष रूप से उसकी ओर इंगित भी करते हैं। आचार्य शुक्ल की भाँति उनके युग के अन्य समीक्षकों ने जिन व्यावहारिक समीक्षा दृष्टि को आधार के रूप में स्वीकार किया है, यह प्रच्छन्न भाव से निर्णयात्मक मानदण्डों की व्यावहारिकता है—जिसमें आलोचक की दृष्टि प्रखर हो कर सामने आता है और कवि का अपना कथ्य आलोचक के मन में स्थिर मानदण्डों के अनुरूप विवेचित होता रहता है।

यहाँ हिन्दी की व्यावहारिक समीक्षा का प्रारम्भिक युग कहने का तात्पर्य मात्र इतना ही है कि इस प्रारम्भिक स्थिति की समस्या उद्‌भव दशा से है, न कि समीक्षा के गुण-दोष विवेचन की निर्णयात्मक शैली से, वरन् उसके आगे चलकर कृति के मूल्यों एवं आलोचक के मन में वर्तमान साहित्यिक मानदण्डों के बीच सामंजस्य स्थापित करके रचना की विवेचना

करने से है। समीक्षा मानक समीक्षा के सूत्रों को न बढ़ाकर सर्जक की सर्जनात्मक मौलिक निष्पत्तियाँ ही यहाँ व्याख्यात्मक समीक्षा के लिए आधार बनी हुई हैं और इस प्रकार कृति के अन्तर्वर्ती मूल्यों की सही पकड़ एवं कृति के सापेक्ष्य में उनकी समुचित व्याख्या ताकि सर्जक के मान एवं कृति की मौलिकता के सूत्र विश्लेषित हो सकें। यही आधुनिक व्यावहारिक समीक्षा का मूलाधार है। आचार्य शुक्ल की व्यावहारिक समीक्षा सर्जक की दृष्टि से टकराने के लिए आलोचक के श्रेष्ठतम मानों से जुड़ती हैं। कवि की भावुकता के लिए उसके सृजित संसार में मर्मस्थलों की पहचान जरूरी है और ये मार्मिक स्थल रसास्वादन से जोड़ने के लिए विवश हैं। तुलसी के संदर्भ में आचार्य रामचन्द्र शुक्ल कवि के व्यापक कर्म क्षेत्र की पहचान के मानक बनाते हुए उनकी समीक्षा का ताना बना बुनते हैं। पद्मावत की व्याख्या के संदर्भ में आचार्य शुक्ल जी 'मर्मस्पर्शी काव्य स्थलों की पहचान' को तुलसी की ही विवेचना की भाँति यहाँ भी चुनते हैं और ऐसा लगता है कि आचार्य शुक्ल की दृष्टि में मर्मस्पर्शी स्थल प्रबन्ध काव्य के रचनात्मक स्रोत हों और प्रचलित कथानकों में उनकी रूढ़ियाँ पहले से बन चुकी हों। यही नहीं, उनके अनुसार समस्त कवियों में प्रकृति के मार्मिक आलम्बन तथा उद्दीपन रूप का एक चित्रात्मक एलबम रचनात्मक सम्भावनाओं के अनुरूप काव्य में विवेचन तथा व्याख्या का आधार बन सकता है।

शुक्ल जी की समीक्षा का सबसे कमजोर पक्ष उनका आग्रहवादी दृष्टिकोण रहा है। रीतिवादी कविता उन्हें प्रिय नहीं है क्योंकि लोकमंगल की व्यापक सम्भावनाओं से हटकर उनके लिए वह केवल कला की बाजीगरी का काव्य मात्र है। छायावाद उन्हें प्रिय नहीं क्योंकि उसे लोक जीवन के धरातल से मुक्त केवल कल्पना की उड़ान से जोड़ा गया है और उनके अनुसार सम्पूर्ण छायावादी कविता केवल प्रेम तथा रोमानियत से सम्बद्ध संकीर्ण जीवनभूमि तक सीमित है। आचार्य शुक्ल जी के मन में कविता के जो भी निश्चित मानदण्ड हैं— अपनी श्रेष्ठता सिद्ध करने के लिए किसी भी कविता को उसके मूल में ढलकर आना होगा और उनका इस प्रकार का चिन्तन किसी न किसी रूप में निर्णयात्मक समीक्षा से सम्बद्ध है। सर्जक की प्रतिष्ठता सर्जन और उस संदर्भ में उसकी आन्तरिक प्रातीतिक संगति से है— जिसके सम्पर्क में आकार आलोचक उसे लोक का सत्य मानने लगता है। वाल्मीकि की क्रौंचवध की पीड़ा की सर्जनात्मक अभिव्यक्ति लोकानुभूति के सार्वभौम सत्य से सम्बद्ध है न कि क्रौंची की पीड़ा का आख्यान है या न क्रौंच की। सृजन एक तटस्थ, निरपेक्ष, लोक की अनुभूति का सार्वभौम सत्य है और कवि उससे अपनी कलात्मक निष्ठा का अभिन्न सन्दर्भ जोड़कर सामने आता है। बिहारी की कविता इसलिए हीन नहीं है कि जीवन के उपयोगी तथा मंगलमयी लोकनिष्ठा का अभाव तुलसी जैसे कवियों की तुलना करने पर वहाँ दिखाई पड़ता है। कला लोकानुभूति सृजनात्मक संवेदन को आधार बनाकर नाना रूपों में व्यक्त होती है और उसकी श्रेष्ठता जीवन मूल्यों से नहीं कलात्मक मानकों से निर्धारित की

जाती है। अतः उपयोगी तथा उपादेय प्रतिबद्धता उसके लिए उतनी महत्त्वपूर्ण नहीं है, जितनी काव्यसृजन की प्रतिबद्धता। बिहारी सतसई के सात सौ सात दोहों में क्या कोई ऐसा भी दोहा है जो लोकानुभूति की सर्जनात्मक संपृक्ति से भिन्न हो? 'जीवन तथा जगत' की ओर कविता के बढ़ने की जो व्याख्या आचार्य शुक्ल जी करते हैं—वह केवल काल तथा प्रतिबद्धता सापेक्ष्य है। यह सत्य है कि काव्यकला एवं जीवनानुभूति के मानकों में परिवर्तन होता रहता है किन्तु कवि की पाठकीय चेतना में जो जीवन व्याप्त है, उसको बिना राग-लपेट के उसको अभिव्यक्ति की संगति और सार्थकता के साथ लोक के सामने ले आने का श्रेय समीक्षक को है। आचार्य शुक्ल की व्यावहारिक समीक्षा के आधार ग्रंथ गोस्वामी तुलसीदास, पद्मावत की भूमिका—दोनों इन्हीं दृष्टियों पर आधारित हैं। सूरदास का सम्यक् विवेचन इन उक्त दो कृतियों की अपेक्षा कम महत्त्वपूर्ण है।

आचार्य रामचन्द्र शुक्ल की आलोचक दृष्टि का आधार उनकी लोकधर्मी दृष्टि है। यह दृष्टि उन्हें परम्परा के कल्पनावादियों तथा कलावादी आलोचकों से भिन्न करती है। वे आजीवन मूल्यवादी और उसके भी आगे आदर्शवादी काव्य चेतना के समर्थक रहे हैं। यही इनकी व्यावहारिक समीक्षा के लिए वैशिष्ट्य का कार्य करता है और साथ-साथ यही ही परम्परित कलावादी या सामयिक प्रेम तथा रोमांस मण्डित कल्पनावादी स्वच्छन्दतावाद प्रकारान्तर भाव से छायावाद के विरोध का भी कारण बनता है। आचार्य शुक्ल की यह काव्य दृष्टि हटकर उन्हें एक ओर तुलसी जैसे कवि की मार्मिकता के विश्लेषण में मदद का कार्य करती है तो दूसरी ओर बिहारी एवं केशवदास या जयशंकर प्रसाद तथा महादेवी वर्मा के विवेचन में अवरोधक भी हैं। कृति की समीक्षा सर्जक के अन्तर्वर्ती मूल्यों के विश्लेषण है न कि आलोचक की स्वीकृत अवधारणाओं की अभिव्यक्ति। फिर भी, आचार्य शुक्ल की कृतिवर्ती अभ्यान्तर विश्लेषण शक्ति तथा स्वयं के मानकों से जुड़ी अन्तवर्ती मूल्यों की गहन व्याख्या एवं छानबीन हिन्दी के उस युग के समीक्षकों में उन्हें शीर्ष स्थान पर बैठाती है। आचार्य शुक्ल की समीक्षा परम्परा को आगे बढ़ाने वाले आलोचकों में डॉ. नन्ददुलारे वाजपेयी, आचार्य हजारी प्रसाद, द्विवेदी, डॉ. नगेन्द्र आदि विशेष महत्त्वपूर्ण हैं।

□□

खड़ी बोली हिन्दी : प्रसिद्ध व्यावहारिक समीक्षक

व्यावहारिक समीक्षा को आधार बनाकर उसके श्रेष्ठतम मानकों की तलाश से जुड़े तथा उसकी प्रक्रिया की जीवन्तता को आगे बढ़ाने वाले प्रसिद्ध समीक्षकों की उपलब्धियों का विवेचन अपेक्षित है। आचार्य महावीर प्रसाद द्विवेदी जिनके लेखन का प्रारम्भ सन् 1900 के आसपास या थोड़ा बहुत सामान्य कालान्तराल से शुरू हुआ माना जाता है, से लेकर सन् 2000तक अर्थात् हिन्दी समीक्षा के सौ वर्षों के प्रमुख व्यावहारिक समीक्षकों एवं समीक्षाकाल का स्पष्ट रेखांकन तथा विकास की मौलिकताओं को यहाँ चिह्नित मूल लक्ष्य है। द्विवेदीयुगीन समीक्षा गुण दोष विवेचन, भाषा शुद्धिवाद एवं सामान्य शास्त्रीय मूल्यांकन से शुरू होती है। यहाँ किसी केन्द्रीय समीक्षा प्रवृत्ति के रचनात्मक मानदण्डों की तलाश का प्रश्न ही नहीं उठता। हिन्दी समीक्षा के विकास का द्वितीय सोपान—आचार्य शुक्ल से दिखाई पड़ता है। कवियों की 'अन्तः प्रकृति' की छानबीन एवं विशेषताओं का अन्वेषण करने वाली आलोचक-प्रवृत्ति का श्रीगणेश इनके द्वारा किया गया।

आचार्य शुक्ल के युग के साथ-साथ उनके बाद आचार्य हजारी प्रसाद द्विवेदी, श्री नन्द दुलारे वाजपेयी, एवं डॉ. नगेन्द्र इन तीन समीक्षकों का स्थान आता है। भारतीय सांस्कृतिक इतिहास परम्परा का सांस्कारिक स्वभाव और वर्तमान से उसका सामंजस्य, समसामयिक यथार्थ से उत्पन्न आधुनिकता के सामाजिक सन्दर्भों की स्वीकृति तथा परम्परागत शास्त्रवाद तथा पश्चिमी सिद्धान्तवादी साहित्यिक मूल्यों के तार्किक समन्वय से आवेषित समीक्षा सिद्धान्त के मानक व्यावहारिक समीक्षा के आधार रहे हैं। इस समीक्षा पद्धति पर विचार करने से यह स्पष्ट हो जाता है कि सर्जक की निजता की भाँति ही व्यावहारिक समीक्षक के चिन्तन की निजता एक अपरिहार्य तत्त्व है और दूसरी बात यह भी स्पष्ट हो उठती है कि सर्जक के व्यावहारिक विश्लेषण के निष्कर्ष सर्जक के देश, काल, परिवेश, व्यक्तित्व एवं चिन्तन किसी कृति से जुड़े उसके सार्वभौम सत्य का विश्लेषण अन्तिम रूप से नहीं करते। न केवल सर्जनात्मक कृतियाँ अपने देश काल के सापेक्ष्य में अपनी भंगिमाओं को बदलती रहती हैं, वरन् समीक्षक की वैयक्तिकता भी अपने भिन्न-भिन्न रूपों में कृति के व्यक्तित्व से साक्षात्कार और समीक्षा करती हुई आगे बढ़ती रहती है। यह हिन्दी की व्यावहारिक समीक्षा के विकास का तीसरा सोपान रहा है।

परवर्ती समीक्षकों में गजानन गाधव मुक्तिबोध डॉ. रामविलास शर्मा, डॉ. रामस्वरूप चतुर्वेदी, डॉ. नामवर सिंह, डॉ. बच्चन सिंह एवं श्री विजय देव नारायण 'साही' की चर्चा है। यहाँ तक आकर हिन्दी समीक्षा ने अपने स्वरूप को पर्याप्त रूप से विकसित कर लिया।

कृति की समीक्षा कृति की भाँति स्वयं में एक सर्जनात्मक प्रक्रिया है। यदि कृति जीवन की पुनर्व्याख्या है तो समीक्षा उस पुनर्व्याख्या की सर्जनात्मक पुनर्व्याख्या कही जाएगी जो उसे नया अर्थ और नई शक्ति एवं समृद्ध दे करके अगली पीढ़ी के लिए उसे आगे बढ़ा देती है।

प्रगतिवादी समीक्षक गजानन माधव मुक्तिबोध प्रगतिवाद सैद्धान्तिकता के अद्यतन प्रकाश में नए मूल्यों की तलाश करके व्यावहाकिर समीक्षा को नया आयाम देते हैं किन्तु वह आयाम सार्वभौम न होकर उन्हीं तक सीमित हो उठता है। समाज के अनुभव से सम्पृक्त तथा सामाजिक परिवर्तनों के साथ जुड़े और गतिशील साहित्य के स्थायीमान केवल औपचारिक होते हैं।

प्रगतिवादी समीक्षक डॉ. रामविलास शर्मा तथा डॉ. नामवर सिंह की आलोचना दृष्टि भिन्न-रूपों में है। डॉ. शर्मा अपनी निजी जातीय ऐतिहासिक परम्परा में प्रगतिशील तत्त्वों की तलाश करके उसे सर्वोपरि स्थान देते हुए उसमें निहित प्रगतिवादी समीक्षा सूत्रों को चिन्तन में आगे बढ़ाने की चर्चा करते हैं ताकि प्रगतिशीलता की यह गति अपने को आगे बढ़ाती हुई व्यापक और अन्तिम रूप से एकमात्र शक्ति बन सके दूसरी ओर डॉ. नामवर सिंह इतिहास तथा परम्परा में बुर्जआ को छोड़ते और वह जो पीछे है, उसे आगे बढ़ाने की बात करते हैं। आचार्य हजारीप्रसाद द्विवेदी की व्यावहारिक समीक्षा उनकी सर्जनात्मक समीक्षा दृष्टि का प्रतिफल है और वहाँ इतिहास अर्थात् सृजित कृति सृजनकर्त्ता को आगे ले आकर सम्पूर्ण सन्दर्भों को नया-सा बना देती है जो उनके आलोचक व्यक्तित्व की सर्जनात्मक शक्ति का जीवन्त साक्ष्य है। सर्जनात्मक समीक्षा को 'काव्यभाषा' के विश्लेषणात्मक सन्दर्भों के माध्यम से व्याख्यायित करने वाले प्रो. रामस्वरूप चतुर्वेदी का चिन्तन स्वयं में नितान्त प्रासंगिक एवं श्लाघ्य इसलिए है कि वे सर्जक और समीक्षक दोनों की कर्तृत्त्व सामर्थ्य को स्वीकृति देते हुए समीक्षा को रचनात्मक कृति की पुनर्सर्जना मानकर तथा उसे स्थिर-जड़ प्रक्रिया न कहकर निरन्तर विकसनशील चेतना के रूप में देखते हैं। व्यावहारिक समीक्षा की यह सर्वथा नई दृष्टि है।

इसी सन्दर्भ में दो व्यावहारिक समीक्षक डॉ. बच्चन सिंह तथा श्री विजय देव नारायण साही की भी चर्चा आवश्यक है। डॉ. बच्चन सिंह कृतित्व के मूल्यांकन के लिए कृति में निहित मानकों की तलाश करके उसे कवि व्यक्तित्व से जोड़कर उसकी समीक्षा करते हैं तो श्री साही जी पाठ परम्परा की प्रामाणिकता की तलाश में कविता से जुड़े अनर्थकारी प्रक्षेपों को तोड़कर प्राचीन पाठों की शुद्धि द्वारा कृति को सर्वथा प्रामाणिक, सर्वथा नया, सर्वथा ग्राह्य अर्थ देने की तर्कसंगत चेष्टा में रत दिखाई पड़ते हैं। वैज्ञानिक पाठानुसंधान और प्राचीन कृतियों की प्रामाणिक समीक्षा उनकी समीक्षा दृष्टि का आधार है।

कुल मिलाकर, निष्कर्ष यह निकलता है कि आचार्य शुक्ल का यह सिद्धान्त कि कृति की अन्तः प्रकृति की जाँच और विश्लेषण व्यावहारिक समीक्षा का आधार है, यह कोई

शाश्वत् निर्णय नहीं बन सकता है और न आज की समीक्षा इस सिद्धान्त में कोई संगति देखती है। समीक्षक की भावयित्री एवं विश्लेषणात्मक प्रतिभा, व्युत्पन्नता तथा उसकी साहित्यिक सर्जनात्मकता की समझ उसकी आलोचनात्मक दृष्टि का निर्माण करती है और यह प्रत्येक समीक्षक में एक साँचे जैसा नहीं है। इस चिन्तन के प्रकाश में, 100 वर्षों की हिन्दी की व्यावहारिक समीक्षा के इतिहास—विकास को ध्यान में रखते हुए निम्नलिखित व्यावहारिक समीक्षकों का विश्लेषण यहाँ अभीष्ट है—

(1) आचार्य महावीरप्रसाद द्विवेदी
(2) आचार्य रामचन्द्र शुक्ल
(3) आचार्य हजारीप्रसाद द्विवेदी
(4) श्री नन्ददुलारे वाजपेयी
(5) डॉ. नगेन्द्र
(6) डॉ. रामविलास शर्मा
(7) डॉ. रामस्वरूप चतुर्वेदी
(8) श्री गजानन माधव मुक्तिबोध
(9) डॉ. नामवर सिंह
(10) डॉ. बच्चन सिंह
(11) डॉ. विजय देव नारायण साही

□□

आचार्य पं. महावीरप्रसाद द्विवेदी

पं. महावीरप्रसाद द्विवेदी का आलोचक व्यक्तित्व कई संदर्भों में महत्त्वपूर्ण है। उन्होंने हिन्दी समीक्षा की नींव रखकर उसे प्रोत्साहित करने में जितना बड़ा कार्य किया है, उतना हिन्दी के किसी अन्य समीक्षक ने नहीं। वे पूरी तरह से पश्चिमी विशेष रूप से अंग्रेजी साहित्य की समीक्षा पद्धति के कतिपय तत्त्वों को न तो स्वीकार करते हैं और न भारतीय काव्यशास्त्र के वक्रताविधानवादी काव्यार्थ व्यवस्था को प्रश्रय देते हैं। उन्होंने अपनी समीक्षा के जो मानक निर्मित किये हैं, वे उनकी कृति 'रसज्ञ' रंजन, में देखे जा सकते हैं।

रसज्ञ रंजन में वे कविता के उन गुणों की हिन्दी कविता में प्रतिष्ठित करने की बात करते हैं—जिन्हें अंग्रेजी कवि मिल्टन ने अंग्रेजी साहित्य में रखने की बात की थी।

"सादगी असलियत तथा जोश "यदि ये तीनों गुण कविता में हों तो कहना ही क्या है? परन्तु बहुधा अच्छी कविता में भी इनमें से एकाध गुण की कमी पाई जाती है।"

इन तीनों तत्त्वों में उनका 'असलियत' पर विशेष ध्यान है और इसी प्रकरण में वे पुनः कहते हैं कि—

"कभी-कभी सादगी और जोश पाए जाते हैं, असलियत नहीं। परन्तु बिना असलियत के जोश का होना कठिन है। अतएव कवि को असलियत का सबसे अधिक ध्यान रखना चाहिए।"

'असलियत' शब्द आज के सामाजिक यथार्थ के सन्दर्भ में प्रयुक्त शब्द है। कविता का 'प्रति संसार' सामाजिक यथार्थ के अभाव में टिक ही नहीं सकता और द्विवेदी जी उसकी वास्तविकता को साहित्य में अनिवार्यता के रूप में स्थापित करते हैं। बिना सामाजिक यथार्थ के सर्जनात्मक साहित्य का कोई संदर्भ नहीं बनता।

द्विवेदी जी साहित्य के सन्दर्भ में **नैतिकता या नैतिक मूल्यों** को सर्वोपरि स्वीकार करते हैं। इस नैतिकता का आधार है—भारतीय सामाजिक आदर्श और साहित्य कलात्मक मूल्यों के स्थान पर नैतिक मूल्यों को स्थान देना। निश्चित ही, द्विवेदी जी के अनुसार सामाजिक कल्याण की प्रतिबद्धता साहित्य से सम्बद्ध है और लोक द्वारा ही वह ग्राह्य है।

यद्यपि द्विवेदीयुगीन समीक्षक पद्मसिंह शर्मा, मिश्र बन्धु आदि ने सर्वथा अलग हटकर कलापक्ष से अधिक कविता के भावपक्ष पर दिया है और यही परवर्ती समीक्षा के लिए आधार भी रहा है। सामान्य रूप से सभीक्षकों ने आचार्य शुक्ल की समीक्षा को सर्वथा नवीन या

साहित्यिक उत्कर्ष का मौलिक रूप स्वीकार किया है किन्तु आचार्य महावीरप्रसाद-द्विवेदीयुगीन धारणाओं का यह कई अर्थों में पूर्ण विकास सा लगता है। नैतिकता, यथार्थ एवं रस दृष्टि आचार्य द्विवेदी की समीक्षा के मूलाधार रहे हैं। उन्होंने अंग्रेजी साहित्य की समीक्षा के प्रचलित मानदण्डों की पर्याप्त चर्चा की है और भारतीय कलावाद को अल्प रुचि एवं निष्ठा के साथ-साहित्य में आश्रय दिया है। डॉ. भगवत् स्वरूप मिश्र की टिप्पणी इस संदर्भ में नितान्त उचित एवं संगत है—

"यत्र तत्र का शास्त्रीय विवेचन, काव्य के तत्त्वों की दृष्टि से परीक्षा का प्रयास, रचना सौन्दर्य पर मुग्ध होना, काव्य की नैतिक उपादेयता पर मुग्ध होना, काव्य की नैतिक उपादेयता पर विचार करना आदि कुछ प्रौढ़ तत्व शुक्ल जी से पूर्व की समीक्षा में भी मिल जाते हैं—पर इनमें समीक्षा की गरिमा के दर्शन नहीं होते।.... इन्हीं विभिन्न धारणाओं तथा उनके मिश्रण के प्रमाणों एवं अनुपातों का निर्वचन ही हिन्दी समीक्षा का इतिहास है। शुल्क जी की समीक्षा इस विकास की वह कड़ी है, वह प्रथम भूमि है, जहाँ समीक्षा अपने पूर्ववर्ती तत्त्वों का आकलन करती है।"[1]

आचार्य शुक्ल युग की इस समीक्षा दृष्टि तथा शैली के निर्माण में आचार्य महावीरप्रसाद द्विवेदी का बहुत बड़ा योगदान है। आचार्य द्विवेदी जी की दृष्टि में समीक्षा साहित्य के परिचालन, व्यवस्थापन एवं नियंत्रण का कार्य करती है। उनकी सैद्धान्तिक एवं व्यावहारिक समीक्षा से जुड़ी कृतियाँ निश्चित ही महत्त्वपूर्ण हैं। उन्होंने परम्परा से युक्त होकर समसामयिकता के प्रकाश में अनेक सिद्धान्तों, ज्ञान-विज्ञान, प्राचीन साहित्य के आलोचनात्मक संदर्भों एवं समीक्षात्मक मानदण्डों की चर्चा इन कृतियों में की है। ये इस प्रकार हैं—

समालोचना समुच्चय (1930) रसज्ञ रंजन, विचार विमर्श (सन् 1925), साहित्य सीकर (1948), संचयन (2006), आलोचनांजलि (सन् 1928)। उन्होंने सैद्धान्तिक समीक्षा से सम्बन्धित अनेक समस्याओं को इन कृतियों में उठाया है। कविता क्या है, कविता का उद्देश्य, स्वरूप, प्रयोजन, सामाजिक औचित्य, नैतिकता, रस आदि विषयों पर अपने युग के अनुसार गूढ़ तथा गम्भीर टिप्पणियाँ भी दी हैं और कवि सर्जकों तथा साहित्यकारों को उन मानकों के प्रकाश को देखकर प्रतीत होता है कि उन्होंने भारतीय काव्यशास्त्र का गम्भीर अध्ययन किया था, इसके बावजूद भी उन्हें स्थिर, रूढ़ तथा परम्पराबद्ध सिद्धान्त मान्य नहीं थे। उनका इस संदर्भ में सन् 1901 में लिखा गया तथा प्रकाशित **'कवि कर्त्तव्य'** शीर्षक ग्रंथ महत्त्वपूर्ण प्रमाण है।

द्विवेदी जी के चिन्तन की सबसे बड़ी विशेषता है—कि वे अपने युग में लिखे जा रहे तथा प्रकाशित साहित्यिक विधाओं तथा सैद्धान्तिक एवं व्यावहारिक समीक्षाओं पर कड़ी

---

1. हिन्दी साहित्य, भाग-3, पृ. 598

दृष्टि रखते हैं। कोई पक्षपात नहीं, कोई रूढ़िगत मान्यता नहीं, कोई अपना-पराया नहीं, निर्भीक तथा अडिग भाव से उनकी दी गई टिप्पणियाँ उस युग के साहित्य में मानदण्ड का कार्य करती रही हैं। वे व्यावहारिक साहित्य की अन्तर्मानसिकता से निरन्तर प्रेरित होकर सैद्धान्तिक समीक्षा में आए थे और यही कारण है कि सरस्वती पत्रिका में सन् 1904 में पुस्तक समीक्षा का एक 'कालम' रखा था जो बीस वर्षों तक लगातार चलता रहा। इस दृष्टि से, उन्हें औचित्य समर्थक एवं साहित्यिक अनुशासन के लिए एक अग्रणी आलोचक के रूप में स्मरण किया जाता है।

आचार्य द्विवेदी भारतीय काव्य चिन्तन का निषेध नहीं करते वरन् उसमें निहित अतिशय वस्तुनिष्ठ शास्त्रीयता एवं रूढ़िवादिता उन्हें मान्य नहीं है। काव्य की आत्मा के प्रश्न पर वे भारतीय काव्यशास्त्रीय चिन्तन को एकदम नकार देते हैं और आज की भाषा में मूल्य तथा यथार्थ को वे सर्वोपरि महत्त्व देते हैं। रस चिन्तन पर वे विस्तारपूर्वक चर्चा करते हैं और यह विस्तार मनोरंजन तक चला जाता है किन्तु विभावानुभाव को वे स्वीकार न करके मानवमन एवं रचनाव्यापार के आनन्द से उसे जोड़ते हैं। वे परम्परित शास्त्रवाद के संदर्भ को अधिक प्रश्रय देते हैं। रसज्ञ रंजन के अन्तर्गत उद्धृत वाक्यों का साक्ष्य देकर वे बताते हैं—

"शिक्षित कवि की उक्तियों में चमत्कार का होना परमावश्यक है। यदि कविता में चमत्कार नहीं, विलक्षणता नहीं तो उससे आनन्द की प्राप्ति नहीं हो सकती।"

इस प्रकार, द्विवेदी जी सामाजिक यथार्थ के साथ-साथ कविता में उन तत्त्वों के समर्थक रहे हैं जो कलात्मक आनन्द या आस्वादन को समृद्ध करे।

द्विवेदी जी के आचार्यत्व एवं उनकी समीक्षात्मक दृष्टि का प्रमाण है, उनके द्वारा सन् 1903 से 'सरस्वती' पत्रिका के प्रकाशन की स्वीकृति। इस प्रकाशन के बाद उन्होंने धीरे-धीरे उसके कलेवर तथा स्वरूप को बदलना शुरू किया तथा चार वर्षों के भीतर वह नागरी प्रचारिणी पत्रिका (1893) वाराणसी की अनुसंधान पत्रिका के समानान्तर हो गई। इस संदर्भ में उनकी भाषा निष्ठा का जो साहित्यिक आदर्श हमें प्राप्त होता है, इसमें संदेह नहीं कि आज की वर्तमान हिन्दी के स्वरूप निर्माण में उसका सबसे बड़ा योगदान रहा है।

आलोचकों का कहना है कि द्विवेदी युग अंग्रेजी साहित्य की दृष्टि से 'पोप-जानसन' युग कहा जा सकता है। भाषिक संरचनाविधान एवं शुद्धि तथा स्तरीयता की दृष्टि से डॉ. हर्ष नारायण इस विषय पर टिप्पणी देते हुए कहते हैं—

"पोप तथा जानसन युग की भाषा कृत्रिम तथा आलंकारिक थी जबकि द्विवेदी युग की भाषा अपनी सादगी और व्यावहारिकता के लिए प्रसिद्ध है।"

जो कुछ भी हो, हिन्दी गद्य भाषा के प्रतिमानीकरण के लिए द्विवेदी जी ने जो प्रयास किए हैं, आज सरस्वती पत्रिका इसके लिए प्रमाण है। ज्ञान, विज्ञान, भौतिकशास्त्र, ज्योतिष,

काव्यशास्त्र आदि-आदि विषयों के द्वारा द्विवेदी जी ने हिन्दी साहित्य तथा उसकी भाषा शक्ति के सामर्थ्य-विकास का एक नया साक्ष्य अपनी कृतियों तक लेखों द्वारा प्रस्तुत किया। परिणामतः हिन्दी केवल साहित्य की भाषा नहीं, ज्ञान-विज्ञान की भाषा बनने की ओर उन्मुख हुई। इतिहास, भूगोल, राजनीति, धर्मशास्त्र, दर्शन आदि क्षेत्रों में हिन्दी भाषा का प्रवेश तथा उसका रूपनिरूपण द्विवेदी जी के ही प्रयास का फल है और सरस्वती पत्रिका के माध्यम से उन्होंने हिन्दी की भाषिक जटिलता को व्यावहारिकता की ओर मोड़ा।

हिन्दी की व्याकरणिक शुद्धि के उनके मानक सरस्वती पत्रिका के अंकों में आज भी देखे जा सकते हैं। उनका हिन्दी भाषा विषयक यह योगदान निश्चित ही, हिन्दी साहित्य में निरन्तर स्मरण किया जाएगा।

आचार्य महावीरप्रसाद की व्यावहारिक समीक्षा का मूल्यांकन उनके द्वारा सम्पादित 'सरस्वती' पत्रिका के संदर्भ में भी करना आवश्यक है।

भारतेन्दुयुगीन गुण-दोषपरक समीक्षा को आगे बढ़ाने का उपक्रम हिन्दी समीक्षा के क्षेत्र में महावीर प्रसाद द्विवेदी युग में किया गया और वे स्वयं इस युग के प्रमुख समीक्षक रहे हैं। आचार्य द्विवेदी जी ने पूर्व प्रचलित गुण दोषात्मक समीक्षा को 'विशेषतापरिचायक शैली' में परिवर्तित किया। उनकी विशेषतापरिचायक आलोचना शैली नई समीक्षा के श्री गणेश के लिए आधार है।

आचार्य द्विवेदी जी ने अपनी समीक्षा शैली का प्रयोग संस्कृत के श्रेष्ठतम कवियों एवं ग्रंथों पर किया है। कालिदास की निरंकुशता, नैषधचरित चर्चा, विक्रमांक देव चरित आदि के माध्यम से वे शायद हिन्दी समीक्षा के मानकों की तैयारी के लिए संस्कृत के उत्कृष्टतम ग्रंथों की समीक्षा का एक आदर्श समाज के सामने रख रहे थे।

आचार्य महावीर प्रसाद द्विवेदी की समीक्षा का विकास सन् 1903 में सरस्वती पत्रिका के सम्पादन के प्रारम्भ से मानना चाहिए क्योंकि उन्हें हिन्दी की भाषा तथा साहित्य में विकास के लिए एक बड़ा मंच प्राप्त हुआ।

द्विवेदी जी ने समीक्षा के क्षेत्र में पहला कार्य हिन्दी भाषा के स्वरूप निर्माण तथा समीक्षात्मक गद्य भाषा की संरचना की बनावट के संदर्भ में किया। इस दिशा में कविता की भाषा ब्रज तथा गद्य की भाषा खड़ी बोली के द्वैत को समाप्त करके गद्य-पद्य की एक भाषा के निर्माण का उनका संघर्ष सफल रहा।

जैसा कि कहा जा चुका है, 'गद्य भाषा' की प्रौढ़ता के लिए उन्होंने 'सरस्वती' पत्रिका में 'पुस्तक परिचय' का एक नया 'कालम' शुरू किया। हिन्दी की व्यावहारिक समीक्षा के विकास में इस 'कालम' का बहुत बड़ा योगदान रहा है। भाषा सुधार सम्बन्धी कार्य के संदर्भ में उनका स्मरण हिन्दी साहित्य में बराबर होता रहेगा। भाषा की वाक्य रचना, पद रचना शब्दविन्यास, पर्यायवाची शब्दों आदि की व्याकरणिक स्थिति पर जितना कड़ा

नियंन्त्रण सरस्वती पत्रिका के संपादक द्विवेदीजी में देखा जाता है, इसके पूर्व तथा बाद में, कहीं भी नहीं दिखाई पड़ता। उनके सहयोगी लेखक कामता प्रसाद गुरु, बदरीनाथ भट्ट आदि भी आचार्य द्विवेदी जी की चिन्तन दिशा में निरन्तर लगे रहे। सामान्य रूप से सरस्वती पत्रिका में पाँच रूपों की समीक्षा देखने को मिलती है—

(1) संस्कृत की काव्यशास्त्रीय प्रणाली से जुड़ी समीक्षाएँ
(2) अन्वेषण एवं अनुसंधानपरक समीक्षाएँ
(3) विशेषतापरक समीक्षाएँ
(4) पुस्तक परिचय (समीक्षा)
(5) तुलनात्मक समीक्षा

1. संस्कृत की काव्यशास्त्रीय प्रणाली से जुड़ी समीक्षा—भारतेन्दु की इस समीक्षा पद्धति के साथ गुण-दोष युक्त निर्णयात्मक शैली की समीक्षाएँ द्विवेदी युग में दिखाई पड़ती हैं। पद्मसिंह शर्मा, मिश्रबन्धु आदि समीक्षक इस युग में तथा विशिष्ट रूप से सरस्वती पत्रिका में ऐसे लेखों को छपने के लिए भेजते रहे हैं। यह समीक्षा पद्धति आगे विकसित नहीं हो सकी।

2. अन्वेषणपरक समीक्षाएँ—स्वयं द्विवेदी जी इस समीक्षा पद्धति पर विशेष बल देते थे। उनकी 'कालिदास की निरंकुशता' इसी कोटि की समीक्षा रही है। 'सरस्वती पत्रिका' में ही द्विवेदीजी का लेख 'कवियों की उर्मिला विषयक उदासीनता' छपा था।

3. विशेषतापरक समीक्षाएँ—गुण दोष के स्थान पर कवियों की विशेषताओं के परिगणन की प्रणाली द्विवेदी युग की समीक्षा की महत्त्वपूर्ण प्रवृत्ति है। बाद में, इसका विकास आचार्य शुक्ल युग में यथेष्ट रूप से हुआ। 'सरस्वती पत्रिका' द्वारा विशेषतापरक समीक्षा की पं. महावीरप्रसाद द्विवेदी जी के माध्यम से नींव डाली गई और और कवि और कविता, बोलचाल की हिन्दी में कविता, सम्पादकों, समालोचकों तथा लेखकों के कर्त्तव्य जैसे महत्त्वपूर्ण पक्ष सामने आये।

उत्थान की इस आलोचना शैली ने भावी समीक्षा के विकास में भाषा ही नहीं प्रवृत्ति के विकास में भी महत्त्वपूर्ण योगदान दिया है।

4. पुस्तक परिचय—आचार्य द्विवेदी जी की निर्भीक पुस्तक परिचयशैली एवं भाषा सम्बन्धी शुद्धि तथा कृति के विषयवस्तु से जुड़ी मूल संदर्भ की छानबीन ने हिन्दी की भावी समीक्षा का मार्ग प्रशस्त किया। जुलाई, 1904 से सरस्वती ने नियमित रूप से आचार्य द्विवेदी जी के नियंत्रण में यह दायित्व स्वीकार किया और अपने कार्यकाल तक इस कार्य को वे हिन्दी भाषा के प्रति समर्पित तथा निष्पक्ष भाव से करते रहे है। आचार्य द्विवेदी ने हिन्दी के नये लेखकों के मार्गदर्शन का कार्य सफलतापूर्वक किया।[1]

---

1. सरस्वती का योगदान (प्रथम बीस वर्ष)—डॉ. सन्तबख्श सिंह, पृ. 58 से 69 तक

5. तुलनात्मक समीक्षा—यद्यपि द्विवेदी जी ने तुलनात्मक समीक्षा के प्रति कोई विशिष्ट रुचि नहीं दिखाई और न कोई तुलनात्मक समीक्षा ही लिखी—किन्तु युग के प्रभाव के कारण सरस्वती पत्रिका में तुलनात्मक समीक्षा से जुड़े लेखों का प्रकाशन अवश्य मिलता है। बदरीनाथ भट्ट, जनार्दन भट्ट, रामचन्द्र गोविन्द काठे, अक्षयवट मिश्र आदि के द्वारा लिखित तुलनात्मक समीक्षाएँ अवश्य प्रकाशित हुईं किन्तु उनके प्रति अधिक उत्साह उस युग के समीक्षकों में नहीं दिखाई पड़ता। उस युग के आलोचक पद्मसिंह शर्मा और लाला भगवानदीन के 'देव-बिहारी' के तुलनात्मक विवाद के कारण इस तुलनात्मक समीक्षा को बल अवश्य मिला था और बाद में इसका प्रभाव 'सूर और तुलसी' पर भी पड़ा किन्तु इस तुलनात्मक समीक्षा का विवाद धीरे-धीरे समाप्त-सा हो गया।

कुल मिलाकर, पुस्तकपरक समीक्षा, विशेषतापरक तथा अन्वेषण एवं अनुसंधनपरक समीक्षा की प्रवृत्तियों ने इस युग की उत्थानवादी आलोचना के वातावरण के निर्माण में मदद की। अंग्रेजी समीक्षा विशेषकर मिल्टन के प्रभाव से समीक्षा के मानकों की निर्मिति तथा भाषासुधार सम्बन्धी जो कार्य द्विवेदीजी ने किया वह हिन्दी के विकास में सहयोगी रहा है। इस सम्बन्ध में उनकी तीसरी दृष्टि-साहित्य ही नहीं ज्ञान, विज्ञान, इतिहास, भूगोल आदि जैसे उपयोगी विषयों को हिन्दी भाषा में लिखे जाने की रही और इसके लिए उन्होंने जो भी वातावरण निर्मित किया—उसने आगे हिन्दी भाषा के विकास में पूरी तरह से मदद पहुँचाई है। विशेषकर, हिन्दी साहित्य की समीक्षा में उनकी दृष्टि 'पुनरुत्थानवादी' रही है और वे लोक मानस के बीच हिन्दी साहित्य के अध्ययन, उसके स्वरूप के अपेक्षित निर्माण तथा विकास, प्रस्तुति के लिए विवेक सम्मत एवं सन्तुलित दृष्टिकोण तथा लोक जीवन के नैतिक मूल्यों से उसे प्रतिबद्ध करने के प्रति विशेष सजग थे। साहित्य रचना तथा उसी के समानान्तर समीक्षा एवं भाषा के सन्तुलित प्रयोग के प्रति उनकी सजगता का ही परिणाम है कि हिन्दी साहित्य के अन्तर्गत परवर्तीकाल में शुक्लयुगीन समीक्षा के विकास का प्रतिफल हमें प्राप्त हुआ है।

□□

आचार्य रामचन्द्र शुक्ल

हिन्दी आलोचकों में सम्भवतया आचार्य रामचन्द्र शुक्ल पर सर्वाधिक चिन्तन हुआ हैं—कारण है, हिन्दी आलोचना के उस संक्रमण काल के वे आलोचक हैं—जब उसकी सही पहचान-दृष्टि का उदय हो रहा था। भारतीय समीक्षा के रूप में हिन्दी आलोचना को पश्चिम से मुक्त करके उसे अपने निजी चिन्तन, देशकाल एवं परिवेश के साथ जोड़ने की उन्होंने चेष्टा की है। डॉ. रामस्वरूप चतुर्वेदी ने आचार्य शुक्ल को समीक्षा की मुक्ति के संदर्भ से सम्बद्ध करने की चेष्टा की है। समीक्षा मुक्ति का संदर्भ है—**''सबको छोड़कर, अपनी हिन्दी और अपनी हिन्दी समीक्षा।''**

आचार्य रामचन्द्र शुक्ल की समीक्षा दृष्टि पर स्वतंत्र रूप से अब तक अनेक पुस्तकें आ चुकी हैं।

चन्द्रशेखर शुक्ल कृत रामचन्द्र शुक्ल (जीवन और कृतित्व), डॉ. रामलाल सिंह—आचार्य शुक्ल के समीक्षा सिद्धान्त, रामचन्द्र तिवारी कृत आचार्य रामचन्द्र शुक्ल, डॉ. रामविलास शर्मा कृत आचार्य रामचन्द्र शुक्ल और हिन्दी आलोचना, डॉ. सिद्धेश्वर प्रसाद कृत विश्व आलोचना को आचार्य रामचन्द्र शुक्ल की देन, मलयज कृत रामचन्द्र शुक्ल (भूमिका-लेखक-डॉ. नामवर सिंह), रामकृपाल पाण्डेय-आचार्य शुक्ल के साहित्य सिद्धान्त, प्रस्तुत लेखक कृत आचार्य रामचन्द्र शुक्ल : निबन्ध संरचना और काव्य चिन्तन, नीलकान्त—रामचन्द्र शुक्ल, प्रो. रामस्वरूप चतुर्वेदी—आचार्य रामचन्द्र शुक्ल : आलोचना का अर्थ और अर्थ की आलोचना, खगेन्द्र ठाकुर—आचार्य रामचन्द्र शुक्ल (मूल्यांकन और मूल्यांकन)।

आचार्य शुक्ल की इतिहास दृष्टि को केन्द्रित करके डॉ. बच्चन सिंह कृत आचार्य शुक्ल का इतिहास पढ़ते हुए तथा समीक्षा ठाकुर कृत 'आचार्य रामचन्द्र शुक्ल के इतिहास की रचना प्रक्रिया' ये दो पुस्तकें लिखी गईं।

आचार्य शुक्ल पर दो कोशों की भी रचना हुई है—(1) अजित कुमार—आचार्य शुक्ल विचार कोश तथा डॉ. रामचन्द्र तिवारी कृत आचार्य शुक्ल आलोचना कोश।

आचार्य शुक्ल शताब्दी के आसपास शुक्ल जी से सम्बन्धित शोध पत्रिकाओं में विशेषांकों के भी प्रकाशन हुए हैं, जिनमें हिन्दुस्तानी एकेडमी का हिन्दुस्तानी विशेषांक तथा हिन्दी साहित्य सम्मेलन की सम्मेलन पत्रिका का आचार्य शुक्ल विशेषांक।

आचार्य रामचन्द्र शुक्ल पर अब तक कई शोध कार्य भी हो चुके हैं—जिनमें डॉ. जयचन्द्रराय कृत आचार्य शुक्ल एक अध्ययन (1958) आगरा विश्व०, डॉ. रामलाल सिंह आचार्य शुक्ल के समीक्षा सिद्धान्त (1857) : सागर विश्व० आदि-आदि।

आचार्य शुक्ल पर समय-समय पर हिन्दी आलोचना के अन्तर्गत अनेक समीक्षाएँ पक्ष-विपक्ष में लिखीं गईं जो उनके श्रेष्ठ आलोचक होने के गौरवबोध से ही किसी-न-किसी तरह से जुड़ती है—चाहे वह विधिरूप हो या निषेध रूप।

आचार्य शुक्ल की सैद्धान्तिक समीक्षा के तीन बिन्दुओं की चर्चा की जाती है—

1. मूल्यवादी दृष्टि और उनकी लोकमंगल की स्थापना
2. लोकधर्मिता जो लोक जीवन के प्रति समग्र चेतना तथा आस्था के साथ स्पन्दित है।
3. रसवादी काव्यदृष्टि

आचार्य शुक्ल की सैद्धान्तिक विचारधारा की प्रथम दृष्टि से यह निष्कर्ष निकाला जा सकता है कि उनकी प्राथमिकता ऐसे साहित्य के प्रति थी जो सामाजिक प्रतिबद्धता से सम्बद्ध हो। साहित्य की सामाजिक प्रतिबद्धता से जुड़े कई चिन्तन इस समय मिलते हैं जैसे मूल्यवादी प्रतिबद्धता, लोकवादी चेतना से जुड़ी मार्क्सवादी प्रतिबद्धता आदि। आचार्य शुक्ल साहित्य की जिस प्रतिबद्धता से अपने सैद्धान्तिक चिन्तन को जोड़ते हैं, वह है—लोकहित से जुड़ी नैतिक मूल्यवादी प्रतिबद्धता। समग्र भारतीय एवं पश्चिमी साहित्य की कलावादी धारणा को भी कलावादी प्रतिबद्धता जैसा नाम दिया जा सकता है किन्तु यह आचार्य शुक्ल को अस्वीकार्य है। हिन्दी साहित्य के रीतिकाल तथा रीतिकालीन निष्ठा के कवि, छायवादी कविता की आत्ममोहग्रस्त वैयक्तिकता, पश्चिमी देशों की कला कला के लिए जैसी अवधारणाएँ, अभिव्यंजनावादी सिद्धान्त आदि शुक्ल को स्वीकार्य नहीं हैं। इस अस्वीकृति के मूल में उनकी सामाजिक प्रतिबद्धता ही आधार तत्त्व है। आचार्य नन्ददुलारे वाजपेयी ने उनके विषय में लिखा है—"**जिस नीतिवाद, व्यवहारवाद अथवा आदर्शात्मक बुद्धिवाद का द्विवेदी युग प्रतीक है उसे पराकाष्ठा पर पहुँचा देने का श्रेय शुक्ल जी को है।**"

आचार्य वाजपेयी जी शुक्ल जी को द्विवेदी युग का शीर्ष संवाद (Thesis) बताते हैं जबकि आलोचना के क्षेत्र में आचार्य द्विवेदी युग की आलोचना के सबसे बड़े प्रतिवाद (Antithesis) आचार्य शुक्ल जी ही हैं।

यदि ध्यानपूर्वक देखा जाए तो स्वयं आचार्य महावीर प्रसाद द्विवेदी पश्चिमी समीक्षा के सम्पर्क में उसके नये संदर्भों का बीजवपन अपने युग के संवाद के प्रतिकूल कर रहे थे। यहाँ प्रतिकूलता का अर्थ है—संक्रमण काल की प्रतिसंवादता। दूसरी ओर भारत के अतीत गौरव के प्रति अंधास्था, भावात्मक आग्रह आदि के विरुद्ध आचार्य शुक्ल का सैद्धान्तिक चिन्तन विश्वस्तरीय दृष्टि से समन्वित सार्वभौम मानदण्डों के तलाश की आकांक्षा एवं उसकी स्थापना में तत्पर दिखाई देता है।

उनकी यह दृष्टि मूलतः मूल्यवादी प्रतिबद्धता से सम्बद्ध लोकमंगल की चेतना से जुड़ी है। जैसा कि कहा गया है—वे योरोप तथा भारत के समग्र कलावादी चिन्तन को

अस्वीकार करते हुए आई.ए. रिचर्ड्स तथा डंटन का समर्थन करके मूल्य को कला की अन्तिम प्रतिबद्धता या शक्ति एवं ऊर्जात्मक मनोभावों को आगे ले जाने वाली रचनात्मक संवेदनाओं को कविता की अन्तश्चेतना से जोड़कर देखने के पक्षपाती हैं। उनके चिन्तन के अनुसार काव्य का सर्वोच्च लक्ष्य कविता में मंगलवाद की स्थापना है।[1] आचार्य शुक्ल अपने इस मंगलवाद के लिए अपनी समीक्षा में आई.ए. रिचर्ड्स का निरन्तर साक्ष्य देते रहे हैं। यह लोक मंगल धार्मिक, नैतिक तथा आदर्शमूलक अवधारणा न होकर समाज रचना की मानव जाति के बीच स्थित वह शक्ति या ऊर्जा है—जो प्रतिपल मूल्यों को जोड़ती-तोड़ती, परिवर्तित करती उसे शक्तिमयी निष्ठा के रूप में बढ़ाती चलती है। आचार्य रामचन्द्र शुक्ल ने भी आई.ए. रिचर्ड्स की भाँति इसे लोकमंगल के नाम से पुकारा है और बताया है कि कविता और मूल्य परस्पर सापेक्षिक शब्द हैं—क्योंकि जीवन जीने का जो अनुभव मनुष्य समाज के बीच नैसर्गिक रूप से संस्कारों के माध्यम से प्राप्त करता है—वह अन्ततया कवि के लिए भी अनिवार्य है—क्योंकि कवि की प्रतिबद्धता मानवीय समाज तथा उसकी सत्ता से भिन्न नहीं हो सकती।

आचार्य नन्ददुलारे वाजपेयी ने आचार्य शुक्ल की समीक्षा दृष्टि पर जो आरोप—"हिन्दी साहित्य बीसवीं शती" ग्रंथ में लगाए हैं, उनसे आचार्य शुक्ल की इस मंगलवादी काव्य की सैद्धान्तिक अवधारणा पर कोई प्रभाव नहीं दिखाई पड़ता।

आचार्य शुक्ल किसी कृति के विवेचन के संदर्भ में लोकधर्मिता को आधार बनाते हैं। यहाँ 'लोकधार्मिता जीवन से जुड़े वे मूल्य हैं—जो समाज को स्थायित्व प्रदान करते हुए उसे शक्ति देते हैं। अपने इसी स्वभाव के कारण वे समाज में नैतिक मूल्य के रूप में जाने जाते हैं। आचार्य शुक्ल भारतीय साहित्यिक संदर्भ में उसकी अनिवार्यता इसलिए मानते हैं क्योंकि हमारा समाज हजारों वर्षों से मानव जाति की रक्षा, संयमन एवं शक्ति अर्जन के लिए इन्हीं मूल्यों की व्यवस्था पर बल देता रहा है। आचार्य शुक्ल अपनी व्यावहारिक समीक्षा के संदर्भ में लोकधर्मी मूल्यों की अनिवार्यता पर बल देते हैं और उनकी दृष्टि में मानवीय समाज रचना तथा साहित्य की मूल चेतना का जन्म परस्पर अभिन्न भाव से इन्हीं मांगलिक मूल्यों से सम्बद्ध है।

आचार्य शुक्ल व्यावहारिक समीक्षा के लिए अपनी रसवादी दृष्टि का वैज्ञानिक, विश्लेषणात्मक तथा मनोवैज्ञानिक। आचार्य शुक्ल कविता की जिस भावदशा की मुक्तावस्था के लिए वाणी विधान को कवि कर्म कहते हैं—उसकी अन्तिम 'पाठक के चित्त तथा कृति की भाव संयोजना' के रूप में भाषाद्वैत ही है—और यह भारतीय चिन्तन का वर्तमान सापेक्ष्य में वैज्ञानिक निरूपण भी है। कला के अस्वाद की प्रक्रिया को इंगित करने के लिए वे जिस

---

1. चिन्तामणि : भाग-2, काव्य में अभिव्यंजनावाद।

तरह कविता को परिभाषित कर रहे हैं—उसकी अन्तिम निष्पत्ति रसास्वादन ही है। उनके अनुसार रस की कई कोटियाँ हैं और भावाद्वैत इसमें पूर्ण सिद्ध रस दशा है। यही नहीं, आचार्य शुक्ल इस व्यवस्था के संदर्भ में एक दूसरा पक्ष रखते हैं ताकि वह कृति की व्यावहारिक समीक्षा के लिए उपयोगी हो सके। यह स्थिति है, शीलनिरूपण की—जहाँ आस्वादन का आधार शील दशा से सम्बद्ध है। आचार्य शुक्ल की हिन्दी साहित्य की व्यावहारिक समीक्षा के क्षेत्र में यह सबसे बड़ी देन है और इस चिन्तन से उपन्यास, कहानी, रेखाचित्र आदि सर्जनामक साहित्य रूपों की भावात्मक व्याख्या की जा सकती है और आचार्य शुक्ल ने व्यावहारिक कोटि के विविध रूपों की व्याख्या की भी इसी दृष्टि से है। यद्यपि संस्कृत साहित्य में रसध्वनि के अन्तर्गत भावदशाओं की विविध अवस्थाओं एवं दोष प्रकरण में रस दोषों की चर्चा मिलती है किन्तु शुक्ल जी ने सबको एक साथ मिलाकर उसे नया तार्किक स्वरूप प्रदान किया है।

इसके अतिरिक्त भी आचार्य शुक्ल ने व्यावहारिक समीक्षा के लिए 'काव्यभाषा विधान' को भी इतस्ततः आधार बनाया है—लेकिन, उनकी व्यावहारिक समीक्षा के प्रमुख आधार तीन ही हैं—मूल्य, लोकधर्मी संदर्भ, आनन्द तथा आस्वादन की विविध दशाएँ। इस संदर्भ में उनकी तीन कृतियाँ साक्ष्य के रूप में रखी जा सकती है—गोस्वामी तुलसीदास, सूरदास तथा जायसी की भूमिका।

गोस्वामी तुलसीदास की व्यावहारिक समीक्षा के मानकों का वर्गीकरण निम्नलिखित रूपों किया जा सकता है।

भूमिका

सामाजिक राजनीतिक एवं ज्ञान, उपासना, कर्म एवं भक्ति का लोकधर्मी कथ्य और हिन्दू जाति की लोक कल्याण की प्रयत्नशीलता (मंगलाशा)

तुलसी का कथ्य (समन्वयवाद)

लोकनीति और मर्यादावाद, शील साधना और भक्ति (शील और भक्ति का समन्वय) ज्ञान और भक्ति (समन्वय), लोकधर्म

तुलसी की कविता : वस्तु तत्त्व—

तुलसी की काव्य पद्धति—अनुकृतरूप (इमीटेटिव) या प्रकृति (रियलिस्टिक), **अतिरंजित** (एक्जैजरेटिव) या प्रगीत रूपात्मक (लिरिकल)।

कवि की भावुकता—(मार्मिक स्थलों की पहचान, मानव मूल्य—**नीति, स्नेह, शील, विनय इत्यादि**)

पुत्र-पुत्री, माता-पिता, पति-पत्नी आदि के लोक सम्बन्ध—शील निरूपण और चरित्र चित्रण।

कलात्मक मानदण्ड

1. वाह्य दृश्यवर्णन
2. अलंकारविधान, उक्तिवैचित्र्य, काव्यभाषा (सामान्य गुणदोष)

श्रेष्ठता का कारण

आचार्य शुक्ल तुलसी की व्यावहारिक समीक्षा के इन आधारों के पाँच पक्ष सामने आते हैं—

1. कवि की सर्जनात्मक पृष्ठभूमि
2. कविता की अन्तः प्रकृति का अन्वेषण
3. कविता के सृजन के मानदण्ड : अनुकृत रूप या प्रातीतिकरूप
4. सत्यता का आधार (Initative form)—शील निरूपण और चरित्रविधान
5. कलात्मक मानदण्ड—दृश्य वर्णन, अलंकारविधान, उक्तिवैचित्र्य, काव्यभाषा

मूल्यांकन का निष्कर्ष : श्रेष्ठतम प्रबन्ध पटुता

आचार्य शुक्ल की व्यावहारिक समीक्षा का विधानतंत्र इस प्रकार से द्विवेदीयुगीन व्यावहारिक समीक्षा का विकास है।

जैसा कि निर्दिष्ट किया गया है, कवि की दृष्टि सर्जक के उस वातावरण से सम्बद्ध है, जिसके बीच उसकी समझ, संस्कार तथा उसके चिन्तन का विकास हुआ है। कुल मिलाकर, सृजन एवं सर्जक का वैयक्तिक वातावरण और उसका विश्लेषण इसलिए अपेक्षित है क्योंकि बिना उसके कवि के सृजन के मूलाधार को नहीं समझा जा सकता। देश; काल, परिवेश के बीच कवि सर्जक की मान्यताओं की समझ व्यावहारिक समीक्षा के लिए आधार है। उनके पूर्व किसी व्यावहारिक समीक्षक ने इतने विस्तार तथा इतनी गम्भीरता से तुलसी या अन्य किसी हिन्दी के कवि की सर्जनात्मक पृष्ठभूमि का विश्लेषण आवश्यक नहीं समझा था।

आचार्य शुक्ल ने तुलसी की व्यावहारिक समीक्षा का दूसरा आधार उनकी चिन्तनधारा को बनाया है। सामाजिक मूल्यों को कविता में स्थापित करने के लिए तुलसीदास प्रतिबद्ध हैं। उनकी दृष्टि में इस प्रतिबद्धता के मूल्य हैं—लोकनीति, मर्यादावाद, शीलसाधना, भक्ति की स्थापना, लोकधर्म तथा ज्ञान एवं भक्ति का समन्वय। अपने प्रबन्ध काव्य में जिन सामाजिक व्यवस्थाओं को स्थापित करना चाहते हैं—आचार्य शुक्ल उसे व्यावहारिक समीक्षा का दूसरा तत्त्व बताते हैं।

व्यावहारिक समीक्षक के रूप में आचार्य शुक्ल जी काव्य के अनुकृत स्वरूप द्वारा मानस की मीमांसा करके तुलसी के कवि हृदय एवं सामाजिक-नैतिक मूल्यों के चिन्तक की धाराओं का समन्वय करते हैं। कवि हृदय एवं लोकमूल्यों के बीच अद्वैत की प्रतिष्ठा तुलसी

के मानस का मूल्य वैशिष्ट्य है—इस तथ्य को इंगित करके वे उनकी सर्जनात्मक श्रेष्ठता का मानक निर्मित करते हैं।

'तुलसी की भावुकता' का विवेचन उनके रस चिन्तन की आधारशिला है किन्तु भारतीय परम्परा में यह क्रम बिना विभावानुभाव आदि के नहीं बनता। शुक्ल जी रस की चर्चा बिना भारतीय शास्त्रवाद के करते हैं—मानव, मनोविज्ञान तथा कला के आस्वादन सिद्धान्त के आधार पर। लोक सम्बन्धों के साथ जुड़ी मानवीय भाव संसक्ति एवं नैतिक दृष्टि का चारित्रिक यथार्थ कवि इन दोनों को बराबर साथ-साथ रखता है। सामान्य रूप से रस चिन्तन का विश्लेषण उसके आधुकिकीकरण के रूप में शुक्ल जी करते हैं। चरित्र निरूपण एवं शील की व्याख्या भी वे इसी संदर्भ में करते हैं।

उनकी व्यावहारिक समीक्षा के लिए अन्तिम आधार तुलसी की कलात्मक विश्लेषण सामर्थ्य है। मानस की कलात्मक सामर्थ्य विश्लेषण के लिए वे आधार बनाते हैं—बाह्यदृश्य वर्णन, अलंकार विधान, उक्ति वैचित्रा तथा काव्यभाषाविधान।

आचार्य शुक्ल की व्यावहारिक समीक्षा की इन पाँचों दृष्टियों में उनका प्रस्तावना पक्ष प्रबल है किन्तु उसका संदर्भ केवल श्रीरामचरितमानस से ही अधिक जुड़ता है। विनय-पत्रिका, कवितावली, दोहावली, हनुमान बाहुक, बरवै रामायण भी कवि की ही कृतियाँ हैं किन्तु गोस्वामी तुलसीदास के कृतित्व के लिए समीक्षा का आधार है—श्रीरामचरितमानस। सर्जक तुलसी की सम्पूर्णता के लिए समस्त कृतियों के विश्लेषण से निष्पन्न निष्कर्ष महत्त्वपूर्ण हैं—वे केवल मानस के विश्लेषण तक ही सीमित नहीं हैं। अतः उनकी तुलसी विषयक सैद्धान्तिक समीक्षा केवल श्रीरामचरितमानस तक ही सीमित है।

आचार्य शुक्ल की इस व्यावहारिक समीक्षा के लिए चार तत्त्व सामने आते हैं—(1) विचारधारा एवं कवि का लोकधर्मी पक्ष (2) प्रबन्ध योजना का मूल्यवादी एवं चरित्र-विधान का पक्ष (3) भावविधान के रूप में रसात्मक पक्ष और चौथा है—विधान तंत्र का कलात्मक पक्ष।

आचार्य शुक्ल की समीक्षा किसी प्रबन्ध के रचनाविधान के अनिवार्य धर्म के रूप में इन चारों तत्त्वों को एक तंत्रात्मक विन्यासदृष्टि से न जोड़कर भिन्न-भिन्न रूपों में जोड़ती है। यह सत्य है कि सम्पूर्ण तुलसीदास में वे मानस की सृजन दृष्टि को ही केन्द्र में रखते हैं—किन्तु सम्पूर्ण समीक्षात्मक रूप की दृष्टि से वहाँ विखराव है।

तुलसी सर्जक की विचारधारा का प्रतिफल मानस प्रबन्ध की प्रबन्ध-भूमि है। उनकी केन्द्रीय संवेदना क्या है? संवेदना का यह विधायक तत्त्व-मूल्य एवं रचनाफलक की व्याप्ति को स्वरूप कैसे बनाता है? मूल्यों के अन्तर्गत मानव मूल्यों एवं कथायोजना के चरित्रिक विधानों का क्या संदर्भ है? इन सबके निर्माण में भाव योजना की व्याप्ति का सर्जनात्मक स्वरूप क्या है? और संरचनात्मक तत्त्व (कलात्मक मूल्य) प्रबन्धविधान के रचनातंत्र को कैसे प्रभावशाली बनाते हैं? वे इन तत्त्वों पर विस्तारपूर्वक चर्चा नहीं करते।

शुक्ल जी का युग व्यावहारिक तथा सैद्धान्तिक समीक्षा का संक्रान्ति युग था। वे तुलसी ग्रंथावली, जायसी ग्रंथावली और भ्रमरगीत सार की भूमिकाएँ लिखकर व्यावहारिक समीक्षा की नींव डालते हैं और बाद में सूर, तुलसीदास, जायसी पर अपनी कृतियाँ पृथक् कर लेते हैं और फिर त्रिवेणी के रूप में इनका समग्र व्यावहारिक समीक्षात्मक स्वरूप सामने आता है। आचार्य शुक्ल की व्यावहारिक समीक्षा में फैलाव एवं धुरीहीनता अधिक है, विकास की केन्द्रीयता नहीं है। वे भारतीय एवं पाश्चात्य सिद्धान्तों के तीन मानकों लोकधर्म, मानवीय मूल्य एवं रस चिन्तन को तुलसी की व्यावहारिक समीक्षा पर प्रयुक्त करना चाहते हैं, आधुनिकता या नयेपन का संदर्भ देकर। लोकधर्म को वह लोकनीति तथा मर्यादावाद से जोड़ते हैं। मूल्यबोध को व्यापक मानवीय मूल्यों सत्य, निष्ठा, विनम्रता, शील, त्याग आदि से सम्बद्ध करते हैं। रस निरूपण को शील एवं चरित्र विधान तथा तुलसी की भावुकता से जोड़कर देखते हैं।

इन तीन के बाद आचार्य शुक्ल अलंकारविधान, उक्तिवैचित्र्य, रमणीय स्थलों के विधान तथा काव्यभाषा में अपनी भारतीय और पश्चिमी समीक्षा दृष्टि को मिलाते हैं—जो नितान्त सही है—कारण, भारतीय अलंकार एवं उक्तिवैचित्र्यविधान की व्यावहारिक समीक्षा के साथ शुक्ल युग तक कोई विश्लेषणात्मक संगति नहीं बन पाई थी और न पश्चिमी काव्यभाषा एवं रमणीक काव्य के दृश्य विधानों के कलात्मक संदर्भों की विवेचनात्मक पद्धति का ही हिन्दी समीक्षा की प्रक्रिया में विकास हो सका था।

भारतीय प्रबन्ध योजना के अन्तर्गत किसी केन्द्रीय भाव या रस चेतना का विकास अनिवार्य है क्योंकि प्रबन्ध का स्थापत्य बार-बार उसकी व्यंजना द्वारा सहृदय-मानस को उसके सहयोग से एकतान करता है। आचार्य शुक्ल 'तुलसी की भावुकता' द्वारा भाव निरूपण के उन संवेदनात्मक प्रसंगों की कतारें खड़ी करते हैं—जिनसे रसों के बिम्ब तो झलकते हैं किन्तु उसकी केन्द्रीय आस्वादनधर्मिता का कोई स्वरूप सामने नहीं आ पाता—जबकि तुलसी अपनी मानस जैसी प्रबन्ध रचना द्वारा विश्रान्तिदायी प्रीतिमयी दास्य भक्तिरस की केन्द्रीय चेतना को सृजन का आधार बताते हैं औंर उसे पाठकों के सहृदय चित्त में बराबर उतारते रहते हैं।

जैसा कि कहा गया है—पं. आचार्य महावीर प्रसाद द्विवेदी युग के ठीक बाद, भारतीय विश्वविद्यालयों में उच्च शिक्षा के पाठ्यक्रमों में हिन्दी विषय की स्वीकृति के बाद, व्यावहारिक तथा सैद्धान्तिक समीक्षा की आवश्यकता को देखते हुए आचार्य शुक्ल जैसे विद्वानों ने अंग्रेजी भाषा के रचनात्मक ग्रंथों की व्यावहारिक समीक्षा जैसी प्रतिकृति हिन्दी में उतारने की चेष्टा की। इस प्रकार, यह भारतीय साहित्य में सर्वथा एक नई विद्या के प्रवेश का काल खण्ड था और इस नई विद्या के प्रवेश कालखंड में इन कार्यों की प्रशंसा इन आलोचकों की निष्ठा को ध्यान में रखकर की जानी चाहिए। गुणात्मक श्रेष्ठता का आधार बाद में आता है। शुक्ल ने स्वयं कहा है—'समालोचना और काव्य मीमांसा इतिहास के

तृतीय उत्थान में अपनी प्रगति पूरी करती है।' हिन्दी के द्वितीय उत्थान की समीक्षा के विषय में आचार्य शुक्ल पुनः कहते हैं कि "द्वितीय उत्थान के भीतर समालोचना की यद्यपि बहुत कुछ उन्नति हुई, पर उसका स्वरूप प्रायः रूढ़िगत ही रहा। कवियों की विशेषताओं का अन्वेषण और उनकी अन्तः प्रकृति की छानबीन करने वाली उच्च कोटि की समालोचना का प्रारम्भ तृतीय उत्थान में जाकर हुआ।" उन्होंने स्वयं स्वीकार किया है कि इस तृतीय उत्थान के अन्तर्गत उन्होंने तुलसी, सूर, जायसी पर विस्तृत समीक्षाएँ लिखीं।

सूर की व्यावहारिक समीक्षा के मानदण्ड प्रायः गोस्वामी तुलसीदास के ही हैं। प्रेम एवं प्रबन्ध रचना के मानक मूल्यों में जो अलगाव हैं, वही तुलसी और सूर का अलगाव है। उन्होंने 'सूरदास' के द्वितीय संस्करण के परिशिष्ट में सूर विषयक समीक्षा लेखन में इस संदर्भ में एक टिप्पणी दी है, जो इस प्रकार है—

1. "डिडैक्टिक एलिमेंट इन तुलसी : नाट इन सूरदास"
2. टू डिफरेंस न्यू प्वाइंट्स इन पोयट्री (i) लव एण्ड ब्यूटी पोएट्री। (ii) ब्रदर हुड आव मैन। लव द ओनली पोएटिक सेंटीमेंट। आल अदर फीलिंग एण्ड इमोशंस सच ऐज करुणा हैव दियर सोर्स इन लव।"[1]

कृति में उभरे कवि के स्वभाव एवं निर्दिष्ट तथा निर्मित कविता के स्वरूप की चर्चा करना आलोचक की अन्तश्चेतना की सजगता है और यही सजगता जायसी ग्रंथावली के भी काव्य विश्लेषण में मिलती है। शुक्ल जी बताते हैं कि पद्मावत की व्यावहारिक समीक्षा की परीक्षा के लिए उसके दो विभाग बनाए जा सकते हैं—(1) इतिवृत्तात्मक (2) रसात्मक। जो कुछ हो, यह अवश्य मानना पड़ता है कि रसात्मकता के संचार के लिए प्रबन्धकाव्य में जैसा घटनाचक्र चाहिए, पद्मावत का वैसा ही है। चाहे उसमें अधिक जीवन दशाओं को अन्तर्भूत करने वाला विस्तार और व्यापकत्व न हो, पर इसका स्वरूप बहुत ठीक है।"[2]

तुलसी की उपदेशप्रधान, सूर की स्वच्छन्द एवं उन्मुक्त आनन्द तथा प्रेम प्रधान एवं जायसी कृत लौकिक एवं अध्यात्मिक प्रेमरसात्मक शृंगार—ये तीन समीक्षा दृष्टियाँ शुक्ल की अन्तश्चेतना से निकलीं जो काव्य के आत्मसाक्षात्कार से उत्पन्न हैं और इन दृष्टियों पर आधारित गोस्वामी तुलसीदास, सूरदास एवं जायसी की व्यावहारिक समीक्षा प्रकाश में आई। बाद में, उनका एक संक्षिप्त रूप 'त्रिवेणी' के नाम से संवत् 2040 मं नागरी प्रचारिणी सभा काशी से भी प्रकाशित हुआ।

शुक्ल जी समीक्षा के आधारभूत तत्त्व को एक शब्द में इंगित करना चाहें तो इस प्रकार कर सकते हैं "**कृति में निहित कृतिकार की अन्तः प्रकृति की छानबीन हर**

---

1. सूरदास : आचार्य रामचन्द्र शुक्ल, द्वितीय संस्करण, परिशिष्ट
2. जायसी ग्रंथावली, पृ. 53

व्यावहारिक समीक्षा है।'' कृति में कृतिकार की अन्तःप्रकृति की छानबीन से जो सूत्र सामने आते हें, वही आचार्य रामचन्द्र शुक्ल की व्यावहारिक समीक्षा के लिए आधार है। आचार्य शुक्ल के पूर्व व्यावहारिक समीक्षा का अर्थ कृति का विवेचन और उन विवेचनों से सम्बद्ध निर्णयों को आधार बनाया गया है। आचार्य महावीरप्रसाद द्विवेदी युग की इस व्यावहारिक समीक्षा के सूत्र इतस्ततः शुक्ल जी में देखे जा सकते हैं और रीतिकाल तथा हिन्दी के छायावाद के विषय में उनके निर्णयात्मक मूल्य तथा मान उनकी व्यावहारिक समीक्षा के लिए भी आधार हैं। आचार्य शुक्ल की मूल्यांकन दृष्टि उनकी अवधारणाओं से जुड़ी है किन्तु उससे भिन्न व्यावहारिक समीक्षा के लिए वे जो मानदण्ड निर्मित करते हैं, उसके लिए पाँच आधार हैं—जिनकी ओर पहले संकेत किया जा चुका है।

1. कवि की पूर्व परम्परा, इतिहास बोध—संस्कार अर्जन आदि :—तुलसी, सूर तथा जायसी तीनों की व्याख्या के पूर्व आचार्य शुक्ल उस इतिहास परम्परा का अन्वेषण करते हैं जिनके बीच से उत्पन्न होकर ये कवि अपनी कृति सर्जन के लिए सामाजिक, व्यावहारिक, आर्थिक, राजनीतिक, धार्मिक आदि संस्कार प्राप्त करते हैं।

2. कृति में निहित कृतिकार की अन्तःप्रकृति की छानबीन जो अपनी पूर्ववर्ती परम्परा से चलकर कवि के कृतित्व में पल्लवित, पुष्पित एवं फलवती हुई है। तुलसी का मूल्यविधान, सूर की प्रेमाभिव्यंजना एवं जायसी की शृंगारिक रसात्मकता—तीनों कवि, कृति एवं आलोचक की अन्तःप्रज्ञा से एकतान हुए मूल्य हैं, जो उनकी प्रकृतिगत मौलिकता तथा सृजन के वैशिष्ट्य के आधार बनते हैं।

3-4. कविता के सृजन के मानदण्ड—आचार्य शुक्ल का हिन्दी साहित्य में सबसे बड़ा योगदान है—सर्जक एवं कृति की अपनी अन्तर्वृत्तियों के साक्ष्य तथा तर्कानुभूति के आधार पर व्याख्या करना। शुक्ल जी की व्यावहारिक समीक्षा के लिए ये ही तीन आधार हैं—

(क) **कवि की स्थापित मान्यताएँ**

(ख) **रसात्मक बोध के वातावरण की निर्मिति**

(ग) **सृजन के संबद्ध तत्त्वों की अभिव्यक्ति के लिए कलात्मक मानों का उपयोग।**

तुलसी की मूल्यवादी व्याख्या के आधार हैं—तुलसी की कृति में व्याप्त लोकनीति और मर्यादावाद, वैयक्तिक चरित्र की शील स्थापना तथा विकास, भक्ति द्वारा समन्वय, कविता का लोकधर्मीस्वरूप—आचार्य शुक्ल के अनुसार ये तुलसी के रचनात्मक सृजन के मूल्य मानदण्ड हैं। डॉ. रामस्वरूप चतुर्वेदी तो केवल शुक्ल जी द्वारा स्थापित 'तुलसी की भावुकता' को ही उनकी व्यावहारिक समीक्षा का श्रेष्ठतम मानदण्ड बताते हैं। ''तुलसी की भावुकता' यदि आलोचना कृति का हृदय-स्थल है तो हर दृष्टि से उचित है। रामचन्द्र शुक्ल की

आलोचनात्मक क्षमता का सबसे अधिक उद्‌घाटन यहीं होता है।''[1] मूल्यबोध तथा उसकी स्थापना एवं उनकी अभिव्यक्ति का रसात्मक स्वरूप परस्पर एक-दूसरे से सम्बद्ध हैं, पृथक् नहीं हो सकते।

गोस्वामी तुलसीदास की कृति 'श्रीरामचरितमानस' के मूल्य हैं—श्रेष्ठतम सामाजिक संरचना के वे आदर्शतत्त्व जिन पर मानवजाति के अस्तित्व की सम्पूर्ण नींव निर्मित है। सत्याचरण, औदार्य, लोकधर्म का उदात्तीकृत स्वरूप, अहिंसा, आस्तेय, दया, दान, हितैषिता, सद्‌भाव आदि। इनके विरोधी तत्त्वों को कवि ने मानस के उत्तरकांड में सृष्टि के समस्त मानवों का मानस रोग कहा है। मानस रोग से सम्पूर्ण मानव जाति को मुक्ति दिलाने का प्रयास तुलसी कृत 'रामायण' है और आचार्य शुक्ल ने इसकी व्याख्या भी की है और मानव मुक्ति की उदात्तता पर प्रकाश भी डाला है। सम्पूर्ण मानस में श्रीराम के चरित्र की स्थापना इन्हीं महत्तम मानवीय आदर्श मूल्यों पर टिकी है, जो सामाजिक तथा वैयक्तिक दोनों संदर्भों में दीप्तियुक्त है।

जटायु जैसा पक्षी पर-स्त्री अपहरण को देखकर आततायी रावण से निहत्था युद्ध करता है और जानता है कि नैतिक मूल्य श्रेष्ठ हैं, जीवन नहीं और मरणासन्न जटायु को राम पिता-तुल्य स्नेह तथा आदर देते हैं, गोद में लेकर कातर स्वरों से कहते हैं—

जलभरि नयन कहत रघुराई। तात कर्म ते निज गति पाई।
पर हित बस जिनके मन माँही। तिन्ह कहँ कछु दुर्लभ गति नाँही।
तनु तजु तात जाहु मम धामा। देहु काह तुम पूरन कामा।।
सीता हरन तात जनि कहेहु पिता सन जाइ।
जौ मै राम त कुल सहित कहिहि दसानन आइ।।

'परहित' जैसे श्रेष्ठ आदर्शपूर्ण मूल्यों के समर्थन—जो पर-स्त्री अपहरण, एक सर्वथा असहाय महिला का आतंकवादी रावण जैसे राक्षस से सम्बद्ध है—के विरोध में प्राणत्याग की श्रेष्ठता उस युग में कितनी महत्त्वपूर्ण रही होगी, जहाँ बड़े-बड़े नगरों की लूट, पर-स्त्रियों का अपहरण, रोज-रोज की घटना थी। सम्पूर्ण रामचरितमानस ऐसे श्रेष्ठ मूल्यों से भरा पड़ा है। सुग्रीव विभीषण आदि के प्रसंग तुलसी युग के अत्याचारों के घृणित लोकधर्मी अपमूल्यों की मुक्ति से जुड़े हैं, जिनके विरुद्ध भारतीय जानमानस को खड़ा करना तुलसी के मानस का मूल मन्तव्य है।

आचार्य शुक्ल की व्यावहारिक समीक्षा का आधार 'तुलसी की भावुकता' है तो उस भावुकता का केन्द्रीय तत्त्व है, 'मध्यकालीन मानवीय मूल्यों का क्षरण', जो कथा के आधार पर बड़े ही प्रीतिमय रूप में मानस में स्थापित किया गया है।

---

1. आचार्य रामचन्द्र शुक्ल : आलोचना का अर्थ और अर्थ की आलोचना, पृ. 36

आचार्य शुक्ल श्रेष्ठ मानवीय मूल्यों की स्थापना के लिए कला के संवेगात्मक तत्वों की प्रयोगान्वितियों पर निरन्तर बल देते हैं और श्रीरामचरितमानस के ऐसे विविध संदर्भों की ओर पाठकों का ध्यान आकर्षित कराते हैं ताकि उनकी गरिमा की पहचान की जा सके। तुलसी ने सृजन से संबद्ध ऐसे तत्त्वों के पल्लवन एवं पुष्पित होने के लिए सृजन के जिन कलात्मक मानों का जिन रूपों का निर्देश किया है, शुक्ल जी की दृष्टि उधर अवश्य गई है। इसी के अन्तर्गत इनके मानदण्ड में अलंकार एवं उक्ति वैचित्र्य आदि को रखा जा सकता है।

आचार्य शुक्ल का पाँचवाँ मानदण्ड काव्यभाषा के विवेचन का है। सम्भवतः यह मानक उन्हें आई. ए. रिचर्ड्स के काव्यभाषा चिन्तन से मिला हो, जिसकी चर्चा उन्होंने बुद्धचरित के अनुवाद में भी की है। 'तुलसी एवं जायसी' की काव्यभाषा का शुक्ल द्वारा किया गया विश्लेषण सतही, व्याकरणिक एवं परिचयात्मक है।

कुल मिलाकर, आचार्य रामचन्द्र शुक्ल की व्यावहारिक समीक्षा-समीक्षा के तृतीय उत्थान अर्थात् आचार्य महावीरप्रसाद द्विवेदी युग की समीक्षा के परवर्तीकाल में प्रतिवाद से उत्पन्न कृति के मूल्यों तथा मानों के अन्वेषण के संदर्भ में संवाद (Syn-thesis) के रूप में दिखाई पड़ती हैं। यह संवाद है—कविता के मूल्य को लोकधर्म से जोड़कर उसको प्रकाश में लाना तथा उसको शील तथा चरित्रविधान की श्रेष्ठता से सम्बद्ध करना, इस दृष्टि से यह सर्वथा उचित है। दृश्यविधानों की रमणीकता का विश्लेषण जिनके द्वारा सहृदय के हृदय से कवि की भावुकता एवं सहृदयता के प्रकाश में भावाद्वैत की स्थिति उत्पन्न हो सके, श्रेष्ठतम काव्य हैं। आचार्य शुक्ल काव्यविधान के इन तीनों तत्त्वों के समन्वय द्वारा तुलसी जैसे कवियों की श्रेष्ठता का आधार निर्मित करते हैं। वे गीति-काव्यों की उस संवेद्य-शक्ति को जो प्रत्यक्षतः पाठक या श्रोता के हृदय को आनन्द की मुक्तावस्था तक ले जा सके—श्रेष्ठ काव्यों की सरणि में रखते हैं—जैसे सूर का काव्य। किन्तु उसकी श्रेष्ठता लोकधर्मी मंगलवादी भावाद्वैत एवं शील सौन्दर्य से जुड़ी काव्य चेतना से श्रेयस्कर नहीं है। जायसी के प्रकरण में प्रबन्धात्मक रसात्मकता की शुक्ल जी ने चर्चा और व्याख्या की है—और इसे 'पद्मावत' का उपजीव्य माना है।

गोस्वामी तुलसीदास राम के जिस स्वरूप की कल्पना करते हैं उसमें मूल्य बोध, रस बोध एवं कलात्मक निष्पत्ति से सम्बद्ध आनन्दबोध अर्थात् 'शील, शक्ति एवं सौन्दर्य' के तीनों रूप मिश्रित हो उठते हैं। इन तीनों को उनकी व्यावहारिक समीक्षा द्वारा प्रकाश में ले आकर स्थापित कर देना आचार्य शुक्ल का मूल उपजीव्य है।

आचार्य शुक्ल की व्यावहारिक आलोचना पद्धति में कई दोष है—**पहला यह कि** महावीर प्रसाद द्विवेदी युग में प्रचलित निर्णयात्मक समीक्षा के मानदण्डों को अपनी रुचियों से जोड़ते हुए व्यावहारिक समीक्षा के निष्कर्षों से उसे सम्बद्ध करते हैं।

दूसरा दोष यह है कि व्यावहारिक समीक्षा के दौरान काव्य संदर्भों का विश्लेषण करते हुए उसमें अनायास सैद्धान्तिक समीक्षा के मानदण्डों का प्रवेश करा देते हैं।

कविता की कलात्मक सजगता जिसके अभाव में कृतित्व का स्वरूप विखंडित होने लगता है—उसे दृश्यविधान की रमणीकता से न सम्बद्ध करके कवि की भावुकता से जोड़ते हैं। कलात्मक विन्यासों का संदर्भ काव्य मूल्यों की अभिव्यक्ति में स्पष्टता, तेजोमयता, प्रखरता आदि की दीप्ति के लिए किया जाता है। आचार्य शुक्ल उसे महत्त्व नहीं देते, यह उनकी **तीसरी कमी है**।

आचार्य शुक्ल की व्यावहारिक समीक्षा की सबसे बड़ी देन है—कविता की सामाजिक प्रतिबद्धता अर्थात् मूल्य एवं सृजनात्मक संवेदनाओं के बीच भावाद्वैत स्थापित करके अपनी व्यावहारिक समीक्षा को आगे बढ़ाना, जो भावी व्यावहारिक समीक्षा के लिए 'नींव के पत्थर' का कार्य करती है।

उनकी दूसरी विशेषता यह है कि वे एक ऐसे बिन्दु पर सर्जन के विश्लेषण की सिद्धान्त रचना तथा व्यावहारिक समीक्षा को ले आते हैं, जहाँ दोनों के बीच बहुत अलगाव न हो। भारतीय रस सिद्धान्त का जो सैद्धान्तिक विश्लेषण उन्होंने अपने सैद्धान्तिक लेखों तथा रस मीमांसा आदि में किया है, उसकी व्यावहारिक निष्पत्ति हमें 'तुलसी की भावुकता' एवं 'शील निरूपण' जैसे विवेचनों में मिलती है। दूसरी ओर पश्चिमी मूल्यवादी साहित्यिक प्रतिबद्धता को तुलसी जैसे महाकवियों पर उतार कर वाल्मीकि रामायण से जुड़ी परम्परा को हिन्दी साहित्य में वे बड़े गौरव के साथ महिमामंडित करते हैं।

उनकी व्यावहारिक समीक्षा की तीसरी और सबसे महत्त्वपूर्ण दृष्टि है—काव्यभाषा जैसे तत्त्वों को लोकभाषा एवं प्रयोग से भिन्न कवि की सर्जक भाषा से जोड़कर कलात्मक विश्लेषण की समीक्षा के अंग के रूप में उतारना। भले ही, उनकी काव्यभाषा विषयक व्यावहारिक समीक्षा में अपरिपक्वता हो—किन्तु व्यावहारिक समीक्षा के रूप में साहित्यिक विश्लेषण का उनका यह प्रयास भावी समीक्षा के लिए आधार भूमि का कार्य करता है।

❑❑

आचार्य पं. हजारीप्रसाद द्विवेदी

सांस्कृतिक समीक्षा का सैद्धान्तिक स्वरूप कैसे तय किया जाए, यह एक जटिल प्रश्न है क्योंकि पश्चिम और पूरब की स्वीकृत सैद्धान्तिक तथा व्यावहारिक समीक्षाओं में इस प्रकार का कोई शब्द प्रचलन में नहीं है। फिर यहीं, एक प्रश्न यह भी खड़ा होता है कि परम्परागत सांस्कृतिक अवधारणाओं को केन्द्र में रखकर जो समीक्षा की जाए, उसके लिए कौन-सा शब्द प्रयुक्त किया जाए—विशेषकर, हिन्दी साहित्य में आचार्य हजारी प्रसाद द्विवेदी की समीक्षा दृष्टि को हम कौन-सा नाम दें—तथा आलोचना की सैद्धान्तिक तथा व्यावहारिक संगति के साथ उनकी समीक्षा के वर्तमान स्वरूप को किस रूप में विश्लेषित करें?

इस प्रश्न का उत्तर देने के लिए हमें समीक्षा तथा इतिहास के कई पक्षों का विवेचन करना पड़ेगा। प्रथम प्रश्न, यहाँ यह है कि आचार्य द्विवेदी स्वयं साहित्य तथा समीक्षा की किस अवधारणा से अपने को जोड़े हुए चलते हैं। दूसरा प्रश्न यह है कि यदि इसे सांस्कृतिक समीक्षा कहें तो परम्परा की सांस्कृतिक चेतना इतिहास दृष्टि होगी या फिर, उस इतिहास दृष्टि को हम आलोचना के सैद्धान्तिक मूल्य के रूप में स्वीकृति देंगे। तीसरा प्रश्न यह है कि ऐतिहासिक सांस्कृतिक अवधारणाओं के अनेक संदर्भ हैं। आचार्य द्विवेदी की समीक्षा जिन अवधारणाओं से जुड़ी है—क्या उसे सांस्कृतिक मान्यता के अन्तिम रूप में स्वीकार किया जा सकता है? यहाँ इन तीन प्रश्नों के उत्तरों के मध्यम से उनकी सांस्कृतिक समीक्षा की सैद्धान्तिक मान्यताओं पर विचार अपेक्षित है।

आचार्य पण्डित रामचन्द्र शुक्ल के ठीक बाद आचार्य द्विवेदी की समीक्षात्मक मान्यताएँ प्रकाश में आई—ठीक आमने-सामने, एक दूसरे से टकराती हुई। आचार्य शुक्ल की समीक्षा विषयक सैद्धान्तिक अवधारणाएँ तीन तत्त्वों के संयोग से बनी हैं—(1) भारतीय तथा पाश्चात्य शास्त्र चिन्तनों की अपेक्षित मौलिकता में ढालकर उसे अपनी निजता से जोड़ने की चेष्टा (2) साहित्य तथा लोक की भावभूमि में तादात्म्य स्थापित करके लोकानुभूति से जुड़ी मान्यताओं को प्राथमिकता देना, तीसरा तत्त्व है, आनन्दानुभूति की भारतीय रस चिन्तन के परिपार्श्व में देखने की चेष्टा साथ ही साथ भारतीय एवं पाश्चात्य काव्य चिन्तनों के मूल तक पहुँचकर उसके औचित्य का परीक्षण और फिर व्यावहारिक समीक्षा में उन्हें स्थान दिलाना। उनके अनुसार साहित्य का दायित्व है, पाठक को लोक सामान्य की भावभूमि पर

ले आना और आलोचक का दायित्व है उस कवि कार्य की पकड़ और उसका विश्लेषण करके एहसास कराना।

आचार्य हजारीप्रसाद द्विवेदी की सैद्धान्तिक समीक्षा शुक्ल जी के एकदम विपरीत है। आचार्य हजारीप्रसाद द्विवेदी इतिहास दृष्टि, जीवन जीन का परिवेश, संस्कार, सांस्कृतिक परम्परा एवं उसके मूल में विकसित जातीय बोध के विश्लेषण को व्यावहारिक समीक्षा के लिए आधार मानते हैं।

इस आधार पर प्राथमिक स्तर के रूप में सांस्कृतिक समीक्षा के दो प्रमुख पक्ष हमारे सामने आते हैं—प्रथम 'इतिहास या परम्परा' और दूसरा 'समग्र सांस्कृतिक बोध'। आचार्य शुक्ल यद्यपि कलावादी मूल्यों के विरोधी हैं फिर भी, साहित्य सर्जनात्मक संदर्भ में ''मूल्य एवं आस्वादन'' को एक साथ जोड़कर या सैद्धान्तिक समीक्षा के लिए आधार बनाकर प्रच्छन्न भाव से निर्णयात्म्क समीक्षक जैसा आचरण कृतियों के साथ करते हैं। आचार्य शुक्ल की इस प्रतिक्रिया के विरुद्ध हिन्दी के दो आलोचक आचार्य नन्ददुलारे वाजपेयी तथा पंण्डित हजारी प्रसाद द्विवेदी साथ-साथ खड़े हुए किन्तु दोनों की अवधारणाएँ परस्पर एक दूसरे से भिन्न हैं। आचार्य वाजपेयी आधुनिकता के सापेक्ष्य में होने वाले परिवर्तनों से जुड़े साहित्यिक मूल्यों की नवीनतम अवधारणाओं के समर्थक रहे हैं किन्तु आचार्य हजारीप्रसाद द्विवेदी की अवधारणा एकदम भिन्न है। आचार्य द्विवेदी आचार्य रामचन्द्र शुक्ल तथा आचार्य वाजपेयी से भिन्न अपनी साहित्य की अवधारणा इस प्रकार रखते हैं—

''निरन्तर परिवर्तनशील और परिवर्धमान (सांस्कृतिक) सांस्कृतिक उपलब्धियों के लिखित रूप को ही हम सामान्य रूप से साहित्य कहते हैं।''[1]

आचार्य हजारीप्रसाद द्विवेदी की यह साहित्य दृष्टि निश्चित ही सबसे पृथक् है। इतिहास तथा परम्परा के उन संस्कारों को सृजन के संदर्भ से जोड़ना जो किसी जाति के साथ अक्षुण्ण भाव से निरन्तर गतिशील होते रहते है—सांस्कृतिक परम्परा और उसकी सांस्कारिक गतिशीलता, साहित्य के यहाँ दो संदर्भ हैं। सम्भावतया इसीलिए डॉ. रघुवंश सर्वप्रथम इसे 'सांस्कृतिक नव्यालोचन' के नाम से पुकारते हैं।[2] डॉ. रघुवंश के अनुसार सांस्कृतिक नव्यालोचन के तीन तत्त्व हैं—प्रथम परम्परा, द्वितीय मानवीय विकास चेतना और तीसरा परम्परा एवं आधुनिकता के बीच पारस्परिक एकतानता। इधर, डॉ. कृष्णदत्त पालीवाल ने उनकी समीक्षा दृष्टि को ऐतिहासिक एवं सांस्कृतिक कहा है। उनका कथन है कि, ''परम्परा, इतिहास, परिवेश इन तीनों पर उनकी दृष्टि सतर्कता से रहती है। उसे तर्कों और

1. साहित्य में व्यष्टि और समष्टि—निबंध से उद्‌धृत
2. शुक्लोत्तर समीक्षा—सम्पादक डॉ. वासुनन्दन प्रसाद—निबंध शुक्लोत्तर समीक्षा—सांस्कृतिक नव्यालोचन।

विवादों से कसकर नवीन विश्लेषणों में ढालते हैं। यही कारण है कि वे अतीत का वर्तमान से और वर्तमान का अतीत से अनिवार्य संवाद कायम करते हैं।''[1] उन्होंने आचार्य द्विवेदी को एक साथ परम्पराबोध, इतिहास बोध और सांस्कृतिक बोध का आलोचक माना है।

इस प्रकार, सांस्कृतिक समीक्षा का सबसे महत्त्वपूर्ण तत्त्व है, परम्परा या इतिहास और इस रूप में देखने पर उसका मूलाधार है—सांस्कृतिक निरन्तरता और इस सांस्कृतिक निरन्तरता के बीच एक व्यक्ति नहीं, एक वर्ग नहीं, कोई एक विचारधारा नहीं अपितु सम्पूर्ण इतिहास बोध आधार के रूप में सामने आता है। यह विचारधारा मानव जाति द्वारा स्वीकृत एक सांस्कृतिक इतिहास प्रवाह है और इस प्रकार सांस्कृतिक समीक्षा के लिए आधार तत्त्व है, किसी देश की मानव जाति द्वारा स्वीकृत जीवन्त चेतना की प्रवाहमयता। द्विवेदी इस ऐतिहासिक प्रवाहमयता को मानवतावाद से जोड़कर देखने के पक्षपाती हैं। आचार्य शुक्ल जहाँ समाज या शिक्षित जनता की चित्तवृत्ति को साहित्य से जोड़ते हैं— वहीं सांस्कृतिक समीक्षक साहित्य को ऐतिहासिक मानव जाति की जीवन्त चेतना के अक्षुण्ण प्रवाह से सम्बद्ध करते हैं। साहित्य का मर्म, शीर्षक निबंध में वे एक स्थान पर कहते हैं कि ''विवेक, कल्पना, औदार्य, संयम मनुष्यता है और इसके विरुद्ध जाने वाले भाव मनुष्यता नहीं है।''[2] इस मनुष्यता का निर्माण संवेदनात्मक तथा ज्ञानात्मक संदर्भों के समन्वय से होता है। आचार्य द्विवेदी संस्कृति की निर्मिति की चर्चा बार-बार करते हैं। उनके अनुसार, सम्पूर्ण ज्ञान, विज्ञान, भावात्मक चेतना तथा कर्मवाद का सामंजस्य ही सांस्कृतिक निष्ठा हैं। साहित्य इसी सांस्कृतिक निष्ठा का प्रतिफल है। आचार्य हजारी प्रसाद द्विवेदी अपने 'साहित्य का मर्म' शीर्षक सम्भाषण में भारतीय परम्परा के उस प्राचीन रूप को मनुष्य तथा साहित्य की इतिहास धारा से जोड़ते हैं। वे जिस ज्ञान-विज्ञान, संवेदन, नीति, पुरातत्त्व, राजनीति आदि के ज्ञान संदर्भों को मनुष्य से जोड़ते हैं, वह साहित्य और इतिहास दोनों की समानान्तर उपलब्धि है। इस प्रकार, इतिहासधारा, सांस्कृतिक धारा एवं साहित्यधारा तीनों का प्रवाहमान रूप परम्परा से सम्बद्ध है। इस रूप में ये तीनों सम्पूर्ण मानव जाति को प्रकारान्तर भाव से समाज को एक साथ जोड़े रहते हैं। सामयिक संदर्भ में इसी के साथ उपयोगिता का भी पक्ष जुड़ा रहता है और इस प्रवाह में जो उपयोगी नहीं है—उसका त्याग सामयिकता की दृष्टि से अपेक्षित है—इतिहास की दृष्टि से नहीं। इस प्रकार, सांस्कृतिक निरन्तरता सामयिक उपयोगी तत्वों का ग्रहण, अनुपयोगी का त्याग मानव इतिहास चेतना की प्रकृति है। समन्वय तथा रचना इसी सांस्कृतिक विकास प्रक्रिया का एक अनिवार्य रूप है और इसी से प्राचीनता तथा आधुनिकता के बीच तारतम्य भी स्थापित होता रहता है।

---

1. हिन्दी आलोचना का सैद्धान्तिक आधार
2. साहित्य का मर्म, पृ. 38

इस प्रकार, इतिहास मनुष्य के सांस्कृतिक समन्वय का प्रवहमान रूप है और साहित्य उस मनुष्य के मन का अनिवार्य तत्त्व भी है। वह इस सांस्कृतिक प्रवहमानता के साथ निरन्तर फूलता-फलता चलता है। मानव जाति तथा साहित्य के इतिहास का यह युगल प्रवाह स्वयं में एक नैसर्गिक धारा है। द्विवेदी जी ने भक्तिकालीन चेतना तथा साहित्य के इस विकास क्रम को अपने तर्क का आधार बनाया है। वे इतिहास तथा साहित्य की इस अखण्ड सांस्कृतिक धारा के प्रवाह को स्पष्ट करते हुए कहते हैं कि यह उत्तर भारत में ही नहीं भारत के बंगाल, आसाम, उड़ीसा, महाराष्ट्र, गुजरात, सिंध, आन्ध्र, केरल के में भी व्याप्त रहा है। यह सहित्य सम्पूर्ण दक्षिण भारत का समवेत् सांस्कृतिक आन्दोलन भी है और समान रूप से भारत भर में व्याप्त रहा है। इस सांस्कृतिक भारतीय आन्दोलन का सम्बन्ध न मुसलमानी सत्ता के आने से है, न जाने से। यह भारतीय अध्यात्मवाद की सांस्कृतिक परम्परा वैदिक यज्ञवाद, औपनिषदिक अध्यात्मव्वाद, आरण्यक एवं ब्राह्मण ग्रंथों के कर्मकाण्ड के संदर्भ का स्वयं में एक प्रतिफल है और विकास परम्परा के इस प्रवाह को किसी क्षेत्र या जाति से नहीं जोड़ा जा सकता। इस सांस्कृतिक प्रवाह धारा में लिखा गया साहित्य केवल हिन्दी भाषा में नहीं है। यह सम्पूर्ण देश भर में लिखा गया और स्वयं में भारतीय संस्कृति की अस्मिता का अभिन्न अंग है। भक्ति संस्कृति तथा भक्ति साहित्य कोई आकस्मिक अभिव्यक्ति नहीं है। एक देश की सनातन विकास धारा का सचेष्ट रूप है और इस मानवीय चेतना के सांस्कृतिक संदर्भ से साहित्य कैसे पृथक् हो सकता है। इतिहास प्रवाह और बदलती हुई सामाजिक चेतना किसी भी राष्ट्र में स्थित मानव जाति के संस्कारों से भिन्न नहीं की जा सकती और इस प्रकार साहित्यिक विचारधाराओं का जन्म भी उसी मानव चेतना के प्रवाह का अंग है। यह लोक की प्रवहमान चेतना शिक्षित तथा अशिक्षित जनता से न जुड़कर समग्र मानवीयता को अपने में समेटे चलती रहती है। साहित्य समाज का दर्पण नहीं उसकी प्रवहमान सांस्कृतिक विचारधारा का सबसे स्फूर्त, सबसे जागृत तथा सर्वथा समर्थ प्रवाहगति है।

सांस्कृतिक समीक्षा के संदर्भ में सबसे महत्त्वपूर्ण विचारणीय संदर्भ यह है कि संस्कृति से जुड़ा सबसे चे़तन तत्त्व मनुष्य है। वह मनुष्य सांस्कृतिक संदर्भों के साथ अपने अपेक्षित मानों को लेकर निरन्तर विकसित होता रहा है। मनुष्य के बदलाव का मार्क्सवादी चिन्तन भारत पर नहीं लागू होता। हीगेल का द्वन्द्ववाद प्रत्यय मूलक है और कार्ल मार्क्स का द्वन्द्ववाद भौतिकविकासवादी मान्यता से सम्बद्ध हीगेल के ही द्वन्द्ववाद का आरोपण है। कार्ल मार्क्स जिस चरागाह युग से मानवीय सामाजिक व्यवस्था का ऐतिहासिक संदर्भ देते हैं।' वह भारत के इतिहास में कहाँ से शुरू होता है? कोई साक्ष्य नहीं। आर्य संस्कृति के यज्ञवाद एवं अनार्य संस्कृति के कृषिवाद से शुरूआत के बाद भारत में एक ओर अरण्यक, उपनिषद्, ब्राह्मण ग्रंथों की संस्कृति आयी, बौद्ध धर्म एवं जैन धर्म का विकास हुआ। ठीक

इसके समानान्तर सामन्तवादी व्यवस्था शुरू हुई और यह व्यवस्था वैदिक युग में भी थी। भारतीयों ने मनुष्य को व्यक्ति न कहकर 'मानव' बताया है और यह 'मानव' दृष्टि मनुष्य से जुड़ा उसका समष्टि रूप है। मानव या मानव जाति या मानवता को एक संदर्भ में जोड़कर उसे भारतीय चिन्तन ने आध्यात्मिक सूत्रों में बाँधा और यह बंधन ब्राह्मण, वैश्य, सामन्त, ऋषि, गुरु-शिष्य, वणिक, व्यवसायी, विधिक, कर्मकार आदि के लिए एक आधार बना। बौद्ध साहित्य के अन्तर्गत धर्म के सर्वोच्च प्रतीक का उदाहरण एक कसाई को बताया गया है। ब्राह्मणवाद के रूढ़ हो जाने के कारण जातिभेद और कर्मधर्न की शुरूआत हुई। महाभारत काल तक इसका आज जैसा घृणित रूप नहीं था। कार्लमार्क्स के इतिहास के अनुसार विकास का चौथा चरण उद्योगवादी युग का है—जिसमें शोषक-शोषित मध्यवर्ग-निम्नवर्ग की समस्या शुरू हुई। भारत में उद्योगवाद जैसी व्यवस्था ही नहीं रही। मुगलकाल तथा अंग्रेजी शासन में कृषि व्यवस्था के अन्तर्गत भूमि स्वामी तथा कृषक मजदूर तथा कुशल ग्रामीण उद्योग-धंधे अवश्य थे, किन्तु उद्योगवाद की भाँति उनका व्यावसायिक रूप नहीं था। बड़े-बड़े औद्योगिक नगरों में यह समस्या आज अवश्य आ रही है और देश उसका लोकतांत्रिक हल भी निकल रहा है।

आचार्य हजारीप्रसाद द्विवेदी जैसे समीक्षक प्रत्येक मानव को उस देश, देश की व्यवस्था, इतिहास, परम्परा, सांस्कृतिक संस्कार की उपज मानते हैं। भारतीय मानवतावादी संस्कारों से पला मनुष्य योरोप का व्यक्तिवादी एवं भोगवादी चेतना का मनुष्य आकस्मिक रूप से नहीं बन सकता। हजारों-हजारों वर्षों के जीवन्त संस्कारों में पलते-मनुष्य को आज पश्चिमी भोगवादी समर्थक नारों से नहीं बदल सकते। संस्कार और सामयिक परिस्थितियों का द्वन्द्व यदि परिवर्तन का कारण है तो संस्कार नये के बदलाव के साथ परिस्थितियों को अपने में रूपायित कर लेता है। सर जार्ज ग्रियर्सन का 'विरुद्धों का सामंजस्य', जिसकी सराहना आचार्य शुक्ल ने की, आचार्य हजारीप्रसाद द्विवेदी, प्रो. रामस्वरूप चतुर्वेदी तथा हिन्दी से अन्य आलोचक बराबर करते रहे हैं, वह हमारी राष्ट्रीय तथा जातीय अस्मिता का अभिन्न एवं अनिवार्य रूप है। आज हम सामान्य से सामान्य भारतीय मानव का मनोवैज्ञानिक तथा परामनोवैज्ञानिक विश्लेषण करें तो हजारों वर्षों से चले आते हुए चेतन तथा अचेतन संस्कारों का वह एक पुंज के रूप में दिखाई पड़ेगा। किसी देश के एक मनुष्य की कोई आकस्मिक अभिव्यक्ति नहीं है। वह ऐतिहासिक सामाजिकता का धरोहर है और प्रकारान्तर भाव से प्रत्येक देश का नागरिक उसकी ऐतिहासिक परम्परा का साक्ष्य भी है।

संस्कृति और मनुष्य की जातीय सांस्कृतिक परम्परा से जोड़कर देखना मानवीय स्वतंत्रता पर हस्तक्षेप नहीं वरन् उसकी अपनी सांस्कृतिक बनावट है और उस अपनी चिन्तन धारा के बीच वह सर्वथा स्वतंत्र है। उसी परम्परा के साथ वह भाषा, शब्द, अर्थ, मुहावरों, संदर्भों, प्रतीकों, रूपकों, उपमानों तथा कला के मानकों के परिवर्तनों को अपने

साथ जोड़ता विकास करता चलता जाता है। यही मनुष्य समाज देश, मानव जाति की विकसित चेतना आदि सन्दर्भों तथा उसकी संस्कृति के लिए मेरुदण्ड है और यही मनुष्य उनके साहित्य का सर्वस्व भी है। मनुष्य 'मानव' है और उन्हें इस मनुष्य और उसके मनुष्य होने के गौरव का बोध निरन्तर होता रहता है। आचार्य हजारीप्रसाद द्विवेदी 'मनुष्य' एवं 'मानव' के गौरव को इस प्रकार सर्वश्रेष्ठ मानते हैं। यही मनुष्य या मानव राष्ट्र का जातीय विकास एवं सामाजिक व्यवस्था का आधार है, और उससे जुड़े जातीय विकास के मूलाधार को 'मानवतावाद तथा मानववाद' कहा जा सकता है। साहित्य का दायित्व है, इस मानववाद तथा मानवतावाद द्वारा 'मनुष्य के लिए मुक्ति' की परिस्थितियों का निर्माण करना, अनुभव कराना तथा साथ-साथ चलने के लिए प्रेरित कराना तथा साथ-साथ चलने के लिए प्रेरित करना। आचार्य रामचन्द्र शुक्ल की भाँति हिन्दी साहित्य के किसी कालखण्ड की न यहाँ उपेक्षा है और न हर्षातिरेक भाव से आदर। आचार्य द्विवेदी साहित्य के प्रत्येक कालखण्ड को उसकी प्रवहमानता के रूप में एक इकाई जैसा स्वीकार करते हैं। अपने प्रसिद्ध निबन्ध साहित्य में 'व्यष्टि और समष्टि' के अन्तर्गत उन्होंने अपने इस मन्तव्य को भलीभाँति स्पष्ट किया है। व्यक्ति के प्रकाश में उन्होंने दो संसारों की परिकल्पना की है। एक है, व्यक्ति द्वारा अर्जित वैयक्तिकता का तथा दूसरा है, परम्परा या ऐतिहासिक सांस्कृतिक प्रवाह का। उनके अनुसार व्यक्ति के अपने अनुभव तथा संस्कार के जीवन ऐतिहासिक सांस्कृतिक प्रवाह से निरन्तर टकराते हुए उसी में विलीन होते रहते हैं। ऐतिहासिक संस्कारिक प्रवाह एक गतिशील अवधारणा है। कवि या सर्जक या मनुष्य प्रवाह भी एक गतिशील अवधारणा है। कवि या सर्जक या मनुष्य का स्वानुभवनिर्मित संस्कार उसी व्यापक चेतना का अंग है जो बादलों की भाँति समुद्र से उत्पन्न होकर बूँद-बूँद बरस कर फिर नाना रूपों में समुद्र की अखण्ड जलराशि में विलीन होता जाता है। आचार्य द्विवेदी जी का विचार है कि समाज का सर्जन एवं विकास तथा मानव की उसके साथ अविच्छन्न गतिमयता परस्पर मिले-जुले निरन्तर गतिशील होते रहते हैं और इसी से जुड़े सामयिक बोध के वर्तमानकालिक स्वरूपों को वे आधुनिकता कहते हैं। भारत का आधुनिक से आधुनिक कवि इतिहास बोध की आधुनिकता को जोड़ता है और अपने संस्कारों को उसी में समाहित करके नया बन जाता है। धर्मवीर भारती का अंधायुग, नरेश मेहता का महाप्रस्थान, निराला कृत राम की शक्ति पूजा, अज्ञेय कृत असाध्य वीणा, डॉ. ज़गदीश गुप्त कृत शम्बूक वध आदि कृतियों में परम्परा एवं अधुनातनता का एक द्वन्द्व सामने आता है। इतिहास या परम्परा हमारी अजस्त्र सांस्कृतिक चेतना है। यह वृहत्तर मानवतावादी मानदण्डों पर आधारित एक अखण्ड चेतना है जो प्राचीन से जुड़कर आधुनिक होती चलती रहती है। आज पश्चिमी देशों की भौतिक भोगवृत्ति और अर्थ संचय की प्रवृत्ति से उत्पन्न सामाजिक असन्तुलन एवं अस्थिरता का हल नरेश महेता ने, धर्मवीर

भारती ने, निराला ने, अज्ञेय एवं डॉ. जगदीश गुप्त ने, खोजने का प्रयत्न किया है। हमारे चिन्तन के अंग के रूप में बौद्ध धर्म के शून्यवादी विचारकों द्वारा स्थापित अनिर्वचनीयता को न कह सकने वाला मौन अज्ञेय की असाध्य बीणा से जुड़ा है। नरेश मेहता के महाप्रस्थान में मृत्यु के भय से मुक्त उसका सहर्षवरण, अंधायुग में सामयिक महायुद्धों के विनाश से हताश तथा निराश मानव जाति के लिए संदेश आदि-आदि भारतीय परम्परा के प्रवहमान सांस्कृतिक मूल्य आधुनिकता के साथ आन्दोलित होकर हमारे साहित्य से जुड़े हैं। ये भारतीय चिन्तन के ऐतिहासिक मूल्य आज की समसामयिकता से जुड़कर इतिहास-परम्परा एवं आधुनिकता के साथ सन्तुलन बनाए हुए है।

आज का सर्जक सामयिक आधुनिकता के प्रकाश में उन सांस्कृतिक मूल्यों से स्वयं को जोड़कर राष्ट्रीय तथा जातीय संस्कृति की काष्ठ कतरनों की आग जलाकर उन्हें समाज के बीच पुनः आलोकित करता है। उस परम्परित सांस्कृतिक तेज पुंज को समसामयिकता के तेजोमयी रूप में और भी अधिक तेजोमयी रूप प्रदान करता है। यही कारण है कि—परम्परा की इस अजस्त्र अखंडता के कारण हम वर्तमान कवियों को अपनी परम्परा से कहीं-भी पृथक नहीं करते। इस प्रकार, इतिहास बोध अपनी सांस्कृतिक परम्परा से जुड़कर आज सामयिक आधुनिकता के लिए अपरिहार्य अंग बन जाता है।

आचार्य हजारीप्रसाद द्विवेदी की व्यावहारिक तथा सैद्धान्तिक समीक्षा के साथ सांस्कृतिक समीक्षा के पाँच तत्त्व क्रमशः इन रूपों में इंगित किये जा सकते हैं। **प्रथम**, अपनी निजी जातीय या राष्ट्रीय संस्कृति, जिसकी अपनी भिन्न प्रकृति तथा पहचान है। **द्वितीय**, उसका ऐतिहासिक स्वरूप जो अपने ही देशकाल परिवेश से जुड़ा है। **तीसरी प्रवृत्ति है**, उसकी अविरल प्रवाहमानता जो किसी देश की मानव जाति की विकास यात्रा का निजी लक्षण है। **चौथा तत्व है**—उसकी अजेयता और **पाँचवाँ एवं सबसे महत्त्वपूर्ण तत्त्व है**—उसका वर्तमान से जुड़े रहना। डॉ. रघुवंश ने उनकी समीक्षा के तीन ही तत्त्वों की चर्चा की है। ऐतिहासिकता, सांस्कृतिक प्रवाह की गतिशील एवं वर्तमान से उसको जोड़ने की सजगता।

आचार्य द्विवेदी जी के समीक्षा सिद्धान्त को किसी ने **'परम्परावाद'** कहा है और किसी ने उसे **'धारावाहिकता'** के नाम से पुकारा है। एकाध समीक्षकों ने तो उनकी समीक्षा को **'रावीन्द्रिय'** समीक्षा के नाम से पुकारा है किन्तु अधिकांश आलोचकों ने उसे **ऐतिहासिक** समीक्षा के रूप में ही स्वीकृति है।

आचार्य हजारीप्रसाद द्विवेदी द्वारा स्थापित इस सांस्कृतिक समीक्षा को न बंगला का प्रभाव कहा जा सकता है और न ऐतिहासिक समीक्षा का ही। इस समीक्षा प्रणाली पर साहित्य में चकाचौंध उत्पन्न करने वाले न तो विविध वादों, नई आलोचना प्रणालियों और न सौन्दर्यवादी चिन्तनों का प्रभाव है। यह उनकी साहित्य के प्रति अपनी निजी समझ, भारतीय संस्कृति

के प्रति जुड़ी आत्मीय निष्ठा, भारतीय संस्कृति के प्रति जुड़ी अजस्रभाव से उनकी निष्ठा तथा विश्व सभ्यता के कीर्तिशेष अपने भारत देश की निजी राष्ट्रीय अस्मिता की वर्तमान धरोहर की चित्तासन्नता का प्रतिफल है। पश्चिम के चरागाह एवं अंधकार युग से इस भारतीय सांस्कृतिक इतिहास का कोई वास्ता व सरोकार नहीं है।

आचार्य हजारीप्रसाद द्विवेदी की दो समीक्षात्मक कृतियाँ—सूर-साहित्य तथा कबीर हिन्दी साहित्य में उनकी व्यावहारिक समीक्षा के रूप में विशेष चर्चित रही हैं। जैसा कि कहा गया है—उनकी व्यावहारिक समीक्षा के लिए तीन प्रतिमानों की एक सार्थक संगति आगे निरन्तर दिखाई पड़ती है—ऐतिहासिक बोध, सांस्कृतिक प्रवाह की गतिशीलता तथा निष्कर्षों को वर्तमान से जोड़ने की सजगता। साहित्य का ऐतिहासिक बोध उसकी अपनी परम्परा से सर्वप्रथम सम्बद्ध रहे और 'सूर साहित्य' के विश्लेषण की बात जब आचार्य हजारी प्रसाद द्विवेदी करते हैं तो उसका सम्बन्ध राधा-कृष्ण के विकास से जोड़ते हैं। वे कृष्ण के अधिदैवत् के व्यक्तित्व के विकास की चर्चा शतपथ ब्राह्मण के नारायण प्रसंग (ई. पू.) चौथी शती से करते हैं किन्तु राधा के व्यक्तित्व की परिकल्पना बाद की है। वे कहते हैं—

''जिस प्रकार वासुदेव और द्वारकावासी कृष्ण एक ऐतिहासिक व्यक्ति से उठकर परम दैवत आसन पर पहुँचे हैं, राधा में इस प्रकार के ऐतिहाकिस व्यक्तित्व का कोई लक्षण नहीं पाया जाता।'' कृष्ण भक्ति काव्य में राधा की परिकल्पना के मूल में 'तन्त्र तत्त्ववाद' का योगदान रहा है—यह उनकी वह मान्यता है जिसे बंगभाषी विद्वान ने तय कर रखा है—यदि बंगभाषी विद्वानों की बात मान ली जाए तो 'राधा' बंगाल से चलकर उत्तर भारत आईं। जिस प्रकार बंगभाषियों के मतों के अनुसार दक्षिणभारत से चलकर भक्ति उत्तर भारत में आई थी। कश्मीर में लिखे गए आनन्दवर्धनाचार्य कृत ध्वन्यालोक : सातवीं शती के उन राधा विषयक छन्दों को तंत्रात्मक तत्त्ववाद से कैसे जोड़ा जाएगा? छठीं तथा सातवीं शती में प्रतिष्ठानपुर के नरेश शालिवाहन कृत गाथा सत्तसई के छन्दों में आई राधा को छठीं शती के तंत्रवाद की राधा से कैसे जोड़ा जाएगा? यह एक समस्या है, किन्तु सूर के विवेचन की यह मूल समस्या क्या चण्डीदास, चैतन्य महाप्रभु आदि से जोड़कर देखा जाए! तंत्रशास्त्र एवं बंगाल की नारी पूजा का इतिहास सूर कृष्ण काव्य नहीं जुड़ता है। वह जुड़ता है आचार्य वल्लभ तथा भागवत पुराण से जिसकी रचना आठवीं शती में दक्षिणभारत में हुई थी। क्या तंत्रवाद के प्रभाव ने दक्षिण भारत में जाकर स्त्री पूजा को वैशाखी के रूप में भागवत पुराण से बाँध दिया था? बंगाल की परकीया राधा उत्तर-भारत की परम्परा से भिन्न स्वकीया निष्ठामयी पत्नी प्रेयसी रूपों में स्थित है और उस 'राधा' को द्विवेदी जी अपने जिन तथ्यों पर कसते हैं—'स्त्री पूजा की वैष्णवरूपता का जो आधार देते हैं—भागवत पुराण समर्पित भक्ति शायद उसे न स्वीकार करे।

'सूर साहित्य' कृति की सबसे बड़ी विशेषता है—आलोचना के एक ऐसे ऐतिहासिक एवं सांस्कृतिक फलक की निर्मिति जो रचना की व्याख्या के लिए अपने में वृहत्तर परिवेश की रचना कर सके। जयदेव, विद्यापति, चंडीदास ही नहीं—तंत्रवादी, लोकवादी आध्यात्मिक प्रेम व्यवस्था की साहित्यिक तथा साधनात्मक परिवेश की रचना करके सूर की प्रेमाभक्ति तथा 'श्रीराधा-कृष्ण' के प्रणय संदर्भ को द्विवेदी जी विवेचित करना चाहते हैं। वे एक व्यापक फलक के रचना पटल पर सहृदयों तथा पाठकों दोनों के लिए किसी कृति में निहित वृहत्तर मूल्यों की तलाश का वातावरण बनाते हैं जो कवि की सर्जनात्मकता को एक व्यापक परिवेश दे सके। सर्जक के अनुभवों को समझने का सन्तुलित तथा स्पष्ट वातावरण बना सके। साथ ही, परम्परा तथा इतिहास के परिवेश में आई रुकावट का भी समाधान कर सके।

इसीलिए आचार्य द्विवेदी की समीक्षा का लक्ष्य अन्तर्निहित मूल्यों का विश्लेषण तथा सर्जक की प्रतिभा द्वारा उसकी अभिव्यंजना के विविध सर्जनात्मक उपायों की तलाश न होकर मुख्य बिन्दुओं पर उसकी ऐतिहासिकता, सांस्कृतिक परम्परा की छानबीन तथा सामयिक संदर्भ में उसकी प्रामाणिक प्रतीति को विश्वासनीयता एवं समझ का विषय बना देना। यह ऐतिहासिक तथा सांस्कृतिक मूल्यों की तलाश की आलोचनात्मक विधा निरन्तर उपयोगी बनी रहेगी क्योंकि अतीत और वर्तमान के द्वन्द्व से जीवन की सार्थकता का निर्माण होता है और यह समीक्षा प्रणाली इस दृष्टि से भी महत्त्वपूर्ण है कि हम पश्चिमी आवरण से मुक्त होकर अपनी प्राचीन अस्मिता की तलाश करते हुए सर्वथा नए ढंग से अपने निजी नए परिवेश की रचना कर सकें। सूर साहित्य की भूमिका में आचार्य डॉ. द्विवेदी इस मन्तव्य को स्पष्ट करते हुए कहते हैं कि—

'जब पश्चिम के ज्ञान विज्ञान का यह नया युग आया, तब भी हमने अपनी सनातन रीति बदली नहीं अर्थात् जड़ता का आलस्य छोड़ा नहीं। बदला हमने अपने कर्त्ता को। भारतीय शास्त्र गुरु और लोकाचार के सिंहासन पर यूरोप के अथार्टी मत और सिद्धान्त को बिठा दिया। अर्थात् एक राजा गया, दूसरा राजा आया—किन्तु शासन, शोषण, पीड़न और चालन की विधि वही चलती रही।''[1]

इसलिए आचार्य हजारीप्रसाद द्विवेदी की इस समीक्षा पद्धति का आग्रह है कि अपनी परम्पराओं की व्याख्या स्वयं हम करें—भले ही, थोड़ी बहुत असंगति आ जाए किन्तु पश्चिमी लेखकों के भारतीय चिन्तन से वह अधिक प्रामाणिक है।

इसी प्रकार उनके 'कबीर' की विवेचना भी विचारणीय है।

आज हिन्दी समीक्षा की एक महत्त्वपूर्ण समीक्षा है, अपने प्राचीन (आदिकालीन, भक्तिकालीन एवं रीतिकालीन) साहित्य के साक्ष्यों का संकलन तथा उनकी प्रामाणिकता की परीक्षा करना। 'कबीरदास' का साहित्य इस प्रसंग से निरन्तर उलझा रहा है।

---

1. सूर-साहित्य, भूमिका, पृ. 10

डॉ. नामवर सिंह ने 'दूसरी परम्परा की खोज' में दो परम्पराओं का कबीर के सम्बन्ध में उल्लेख किया है—पहली परम्परा तो वह है, जो पूरी रुचि के साथ कबीर साहित्य का संकलन करती है—किन्तु साहित्यिक सर्जक के रूप में उन्हें मान्यता नहीं देती। बाबू अयोध्या सिंह उपाध्याय हरिऔध, बाबू श्याम सुन्दरदास, डॉ. पीताम्बर दत्त वर्थवाल एवं आचार्य रामचन्द्र शुक्ल। ये कबीर को कवि ही नहीं मानते। दूसरी परम्परा आचार्य हजारी प्रसाद द्विवेदी की है—जो उनके व्यक्तित्व के उन भारतीय प्राचीन ऐतिहासिक परिपार्श्वों में विवेचन करते हैं, जिसकी ओर अभी तक हमारी दृष्टि नहीं जा रही थी। आचार्य द्विवेदी अपनी इस दूसरी परम्परा में कबीर के व्यक्तित्व का विश्लेषण करते हैं। योगियों से प्राप्त अक्खड़ता, स्वभाव से मिली फक्कड़ता, प्रेम में भावुकता के स्थान पर तरलता, झकझोर देने वाली भाषा, मस्तमौलापन, भगवत्प्रेम का आदर्श, संसार की नश्वरता, लोक व्यवहारों की निरर्थकता के स्थान पर आध्यात्मिक मूल्यों की संगति आदि-आदि कितनी बातों का वे विश्लेषण करते हैं किन्तु जब कवि कबीर की कविता की बात आती है तो उसे वे उपसंहार के केवल दो पृष्ठों में आध्यात्मिक रस की वाणी के डिक्टेटर का, गोस्वामी तुलसीदास की तुलना का, कुमारी लेडी अन्डरहिल की एक उक्ति का उल्लेख मात्र करके मौन हो जाते हैं।

कबीर की कविता के अध्ययन की एक तीसरी परम्परा बीसवीं शती के अन्त एवं इक्कीसवीं शती की शुरुआत में आई। डॉ. रघुवंश, डॉ. रामस्वरूप चतुर्वेदी, डॉ. विष्णुकान्त शास्त्री तथा प्रस्तुत लेखक की कृति **कबीर की कविता** के चिन्तन के द्वारा कबीर को कवि ही नहीं कहे जाने अपितु कबीर को अद्वितीय कवि के रूप में स्थापित किए जाने की अवधारणा रखी गई है। भारतीय 'अध्यात्मिक कविता' भारत की अपूर्व धरोहर है। कविता, नृत्य, संगीत, वाद्य, स्थापत्य आदि में हजारों-हजारों वर्षों से रची जा रही उसकी तेजोमयी ओजस्विता का गान करने में आज हम भारतीय क्यों हिचक रहे हैं। आचार्य भरत ने 'आठ रसों' की कविता साहित्य में कल्पना की थी। अध्यात्मवादियों ने इसमें शान्तरस को भी जोड़कर उसको विलक्षण स्वरूप प्रदान किया। अभिनव गुप्त पादाचार्य ने 12वीं शती में सम्पूर्ण अध्यात्मिक कविताओं को श्रेणीबद्ध करके उसे 'नौ' रूपों में विभक्त किया—यह इतना विस्तृत साहित्य था कि 'शान्त रस' भी उसके लिए छोटा पड़ने लगा और 16वीं शती में इसकी व्याख्या के लिए 'भक्तिरस' की कल्पना करनी पड़ी। शान्त रस को एक सीमा तक 'भक्ति रस' में मिलाया तथा शेष पूर्ववत् रहने दिया। अद्वैत वेदान्त की भक्ति रस सम्बन्धी कृतियाँ मधुसूदन सरस्वती के अनुसार कुछ भक्ति रस में आईं, शेष शान्तिरस से जुड़ी रहीं। आध्यात्मिक कविता के तीन स्वरूप—लीलासंसक्तिमूलक कविता, आध्यात्मिक आस्वादनमूलक साहित्य, निर्वेद, शम, तृष्णाक्षयसुख मूलक साहित्यिक आस्वादन और इस परम्परा का एक वृहत्तर आयाम—आधुनिक युग के श्रेष्ठ कवियों—जयशंकर प्रसाद, महादेवी वर्मा,

पं. सूर्यकान्त त्रिपाठी निराला अज्ञेय (असाध्य वीणा) नरेश मेहता आदि के साहित्य में भी दिखाई पड़ता है। अब कबीर ही नहीं, सम्पूर्ण आध्यात्मिक साहित्य की भारतीय संस्कृति की इस अप्रतिम एवं अतुलनीय राष्ट्रीय अस्मिता के इन सर्जनात्मक तथा कलात्मक पक्षों का विवेचन फिर से हमारे लिए अनिवार्य हो गया है।

यह सत्य है कि आचार्य हजारी प्रसाद द्विवेदी ने भारतीय आध्यात्मिक अस्मिता से जुड़े कबीर साहित्य का विकास पूर्णतः सही दिशा में किया है—किन्तु तीसरी परम्परा का संकेत करके 'कबीर' शीर्षक कृति में वे मौन रह जाते हैं। इसका विकास तीसरी परम्परा के रूप में हुआ है और इस प्रकार, उनकी कृति 'कबीर' का महत्त्व कबीर जैसे सशक्त तथा प्रतिभा सम्पन्न कवि की सृजनात्मक तथा साधनात्मक परम्परा के अन्वेषण से सम्बद्ध है—जिसने सांस्कृतिक चिन्तन की दृष्टि से सम्पन्न साधकों के विश्लेषण का सही मार्ग प्रशस्त किया है।

❑❑

आचार्य नन्ददुलारे वाजपेयी

आचार्य रामचन्द्र शुक्ल के बाद की हिन्दी समीक्षा को कौन-सा नामकरण दिया जाए, यह विवादास्पद है। कुछ आलोचकों ने स्वीकार किया है कि शुक्लोत्तर तीन वरिष्ठ आलोचकों पर आचार्य शुक्ल का प्रभाव है, अतः उसे शुक्लोत्तर समीक्षा के नाम से पुकारा जाए। आचार्य नन्ददुलारे वाजपेयी, डॉ. नगेन्द्र, आचार्य हजारी प्रसाद द्विवेदी अर्थात् इस युग के प्रमुख आलोचकों पर शुक्ल जी का प्रभाव यदि खोजा जाय तो वह बहुत थोड़ा है—विशेषकर आचार्य नन्ददुलारे वाजपेयी की व्यावहारिक समीक्षा तो शुक्ल की इंगित विसंगतियों के बीच से पनपती है। वाजपेयी जी आचार्य शुक्लयुगीन छायावादी मान्यताओं के ठीक विपरीत उनके सामने खड़े दिखाई पड़ते हैं। अतः आचार्य नन्ददुलारे वाजपेयी, डॉ. नगेन्द्र एवं आचार्य हजारी प्रसाद द्विवेदी, इन तीनों के कालखंड को आचार्य शुक्ल से प्रभावित शुक्लोत्तर समीक्षा युग कहना ठीक नहीं है। यदि शुक्लोत्तर समीक्षा शब्द का प्रयोग किया जाए तो उसका इतना ही अर्थ पर्याप्त होगा कि आचार्य शुक्ल की उत्तरवर्ती समीक्षा।

डॉ. बच्चनसिंह हिन्दी साहित्य के दूसरा इतिहास में कहते हैं—

"वाजपेयी जी को प्रायः छायावादी, स्वच्छन्दतावादी, सौष्ठववादी, रसवादी, अध्यात्मवादी समीक्षक कहा गया है। ये सारे नाम इस बात के सूचक हैं कि उनकी समीक्षा पर किसी वाद का अधिकार नहीं रहा।"[1] अन्यों ने क्रान्तदर्शी, सर्जनशील तथा अनन्य समीक्षक कहा है, कोई उन्हें छायावादी समीक्षक कहता है। डॉ. नन्दकिशोर नवल ने उन्हें समन्वयवादी समीक्षक माना है। वे कहते हैं कि "वाजपेयी जी न भाववादी हैं, न भौतिकवादी, न व्यक्तिवादी हैं और न समाजवादी, वे वस्तुतः समन्वयवादी हैं। लेकिन इस समन्वयवाद के पीछे वस्तुतः उनका प्रतिक्रियावाद स्थित है—जो अनेक बार स्पष्ट हो उठता है।"[2] डॉ. भगवत्स्वरूप मिश्र जी ने इनकी समीक्षा को समन्वयवाद के ही नाम से पुकारा है किन्तु आधार समीक्षा की ऐतिहासिक प्रक्रिया के समन्वय, त्याग को छोड़कर स्वीकार्य को आगे बढ़ाते जाने का है। वे कहते हैं कि—"ऐतिहासिक, प्रगतिवादी, फ्रायडवादी, स्वच्छन्दतावादी, प्रभाववादी आदि सभी शैलियाँ कुछ दूर तक सामान्यतः पृथक् और स्वतंत्र रूप से विकसित होकर मिल रही हैं—इस प्रकार, एक नवीन पद्धति

---

1. हिन्दी साहित्य का दूसरा इतिहास, डॉ. बच्चन सिंह, पृ. 504
2. हिन्दी आलोचना का विकास, पृ. 158,159

विकसित हो रही है—जिसे समन्वयवादी नाम दिया जा सकता है, यही प्रगति का लक्षण है। अन्य पद्धतियों की तरह शुक्ल सम्प्रदाय और स्वच्छन्दतावादी समीक्षा पद्धति का भी सम्मिलन और विकास हुआ। इस समन्वय का बहुत अधिक श्रेय वाजपेयी जी को ही है।''[1] डॉ. नवल एवं डॉ. भगवत्स्वरूप मिश्र के समन्वयवाद में अन्तर प्रक्रिया का है—मिश्र जी हिन्दी समीक्षा के स्वाभाविक प्रवाह में उत्पन्न समन्वय से आचार्य वाजपेयी जी को जोड़ते हैं किन्तु डॉ. नवल का समन्वय वाजपेयी जी की समीक्षा प्रणाली तथा दृष्टि का परिणाम है। डॉ. कृष्णदत्त पालीवाल आचार्य वाजपेयी को स्वच्छन्दतावादी समीक्षकों की श्रेणी में रखते हैं। 'आलोचक नन्ददुलारे वाजपेयी' शीर्षक अपनी कृति की भूमिका में आचार्य राममूर्ति त्रिपाठी ने उनकी समीक्षात्मक दृष्टि एवं नामकरण के संदर्भ में विस्तारपूर्वक विचार किया है—और अन्त में निष्कर्ष निकाला है कि इससे उनके समीक्षक की सीमा का विस्तार ही होता है। ''उन्हें इन सभी विशेषणों को हटाकर केवल **''साहित्यिक समीक्षक''** कहें तो अधिक प्रसन्नता होगी।''[2]

आचार्य वाजपेयी जी की व्यावहारिक समीक्षा के सन्दर्भ में उनकी दो कृतियों को आधार के रूप में स्वीकार किया जा सकता है—प्रेमचन्द्र एक साहित्यिक विवेचन, जयशंकर प्रसाद—'जयशंकर प्रसाद' शीर्षक उनकी कृति सन् 1937 से 1950 तक के उनके विषय में लिखे निबन्धों का संकलन है और ये निबन्ध एक साथ संकलित होकर 1958 (संवत् 2015) में प्रकाशित हुए। प्रकाशन काल में इन्होंने इस कृति की भूमिका लिखी और प्रसाद जी के सन्दर्भ में अपना पक्ष स्पष्ट किया।

इस संकलन में दो निबन्ध उनके व्यक्तित्व तथा कृतित्व के परिचायक हैं। दो निबन्ध कामायनी पर हैं—एक, सृजन की विकास यात्रा से, कंकाल उपन्यास से सम्बद्ध एक तथा शेष नाटकों से सम्बद्ध हैं।

यह कृति उनकी व्यावहारिक समीक्षा से जुड़ी न होकर उनके समीक्षात्मक संदर्भों का लेखाजोखा है।

कवि निराला–1965, महाकवि सूरदास–1976, कृतियाँ क्रमशः प्रकाशित हुईं। इसके अतिरिक्त अपनी कृतियों यथा हिन्दी साहित्य : बीसवीं शती, आधुनिक साहित्य आदि में वाजपेयी जी ने पृथक्-पृथक् रूप से कवियों के सृजन संदर्भों की व्याख्या की है।

आचार्य वाजपेयी की व्यावहारिक समीक्षा के तीन विषय हैं—(1) कृष्णभक्ति काव्य और सूरदास, (2) छायावादी या स्वच्छन्दतावादी कविता तथा जयशंकर प्रसाद एवं निराला, (3) आधुनिक उपन्यासकार प्रेमचन्द्र का साहित्यिक विवेचन। इस प्रकार, भक्तिकाल,

---

1. हिन्दी आलोचना के आधार स्तम्भ—भगवत्स्वरूप मिश्र, पृ. 67
2. आलोचक नन्ददुलारे वाजपेयी, पृ. (क)

छायावाद युग एवं कथाकार प्रेमचन्द्र युग से अपने को जोड़कर वाजपेयी जी अपनी व्यावहारिक समीक्षा लेकर सामने आते हैं।

(1) भक्तिकाल—कृष्णभक्ति काव्य और सूरदास—सूरदास की व्यावहारिक समीक्षा के लिए वाजपेयी जी 19 पृष्ठों की भूमिका का एक मानक तैयार करके प्रगतिवादी, फ्रायडवादी एवं छायावादी समीक्षा कसौटियों से भिन्न मानकों की चर्चा करते हैं। ये मानदण्ड चार रूपों में हैं—ऐतिहासिक वस्तुस्थिति (2) सामाजिक विकास क्रम (3) रचनाकार का व्यक्तित्व और विचारधारा (4) रचना के साथ मनोवैज्ञानिक तथा साहित्यिक उपकरण। ये वाजपेयी जी की व्यावहारिक समीक्षा के चार उपकरण हैं। उनके अनुसार, "नये युग के साहित्यिक अनुशीलन का प्रतिनिधि स्वरूप इन्हीं तत्वों पर आधारित है।"[1] वे इसी के साथ, प्रगतिवादी तथा फ्रायडियन समीक्षा प्रणाली का संदेह के साथ यहीं स्मरण करते हैं—किन्तु उनकी समीक्षा के मूल आधार चार ही हैं।

अपनी व्यावहारिक समीक्षा की उपयुक्त व्यवस्था के प्रकाश में इनकी यह कृति आठ अध्यायों में विभक्त है—

1. भक्ति चिन्तन तथा स्वरूप
2. कविता की भावभूमि तथा दार्शनिक पीठिका, सांस्कृतिक और नैतिक पक्ष। विषयपस्तु का मानकीकरण—लोक जीवन की सांस्कृतिक व्यापकता तथा कथ्य को एक विशिष्ट स्वरूप देकर उसकी सामाजिक व्याप्ति जैसे महत्त्व का मूल्यांकन करते हैं।
3. तीसरा पक्ष-कला का है। प्रतीक योजना तथा काव्य सौन्दर्य इसके दो पक्ष हैं।

यदि कहना चाहें तो इसे इस प्रकार कह सकते हैं। कवि की विषयवस्तु अर्थात् कवि की विचारधारा के प्रकाश में कथ्य (वस्तु) एवं शिल्प का विवेचन ही उनकी व्यावहारिक समीक्षा का आधार है।

आध्यात्मिक काव्य की परम्परा का उल्लेख करते हुए उन्होंने मूल प्रश्न उठाये हैं—सूर की भावभूमि के सर्जन का दार्शनिक एवं नैतिक संदर्भ।

भारतीय साहित्य का एक पक्ष वह भी है, जिसकी व्याख्या न पश्चिम के मूल्यवाद से हो सकती है और न आनन्दवाद से। भारतीय सामन्तवाद के बीच पला काव्यशास्त्रीय चिन्तन भी उसका विश्लेषण कर सकने में असमर्थ है। यह है, भारतीय लीलाभक्ति से जुड़ी कवि की अनुभूति चेतना जो लोकवाद तथा अध्यात्मवाद के द्वन्द्वों से टकराकर या आराध्य श्रीकृष्ण के लीलारूप से जुड़कर लोक जगत को अध्यात्म की व्यंजना से सम्पृक्त करती है। उसके विश्लेषण के लिए व्यावहारिक समीक्षा के किन मानकों की तलाश की जाए। आचार्य रामचन्द्र शुक्ल का लोकधर्म एवं कवि की भावुकता से इसका विश्लेषण सम्भव नहीं है।

---

1. महाकवि सूरदास, भूमिका, पृ. 12

आचार्य वाजपेयी को ही नहीं, भक्ति रस विवेचक रूप गोस्वामी, जीव गोस्वामी, मधुसूदन सरस्वती, आचार्य वल्लभ, निम्बार्क एवं मध्वाचार्य भगवत पुराणकार तथा उसके विश्लेषकों एवं काव्यशास्त्रीय चिन्तकों में अभिनव गुप्तपादाचार्य आदि को इसकी बराबर चिन्ता रही है। आज के युग में विदेशी सौन्दर्य चिन्तकों में आनन्द कुमार स्वामी एवं महर्षि अरविन्द में भी इस साधनात्मक स्वानुभूति एवं सर्जनात्मक रूप से अनुभ्व मात्र से विश्लेषित भारतीय साहित्य की व्याख्या के प्रति चिन्ता दिखाई पड़ती है।

आध्यात्मिक साहित्य के अनुभव के दो पक्ष हैं। एक का सम्बन्ध आत्म-चैतन्य से है, जिसकी अभिव्यक्ति रहस्यवादी कविता के रूप में हुई और दूसरा पक्ष है लीला—जो स्वयं में वस्तु तथा व्यंग्य दोनों रूपों में परस्पर आध्यात्मिक चैतन्य की अद्वैतता से जुड़ जाती है। एक कवि की सीमा है—शब्दार्थ का सम्प्रेषण, वस्तु है—लोक लीला का श्री कृष्णात्मक रूप जिसके नाम, रूप, गुण, क्रिया, स्वभाव, अवस्थाएँ लोक से जुड़कर भी लोक विलक्षण हैं। सूर जैसे लीला कवि की यह सबसे बड़ी विशेषता है कि लीला पुरुष को प्रतिक्षण लीला ब्रह्म एवं लीला ब्रह्म को प्रतिक्षण लीला पुरुष का रूप देते चलते हैं। लीलापुरुष एवं लीला ब्रह्म देखने में द्वैत रूप लगते हैं—किन्तु हैं—अद्वैत। इसलिए सूर के काव्य विवेचन में प्रतीक, रहस्यमयता, विधानतंत्र की सर्वथा भिन्न प्रक्रिया आचार्य वाजपेयी जी अपनाते हैं। कविता की पीठिका के साथ आध्यात्मिक दर्शन एवं नैतिकता की बोधमयी पीठिका भी सूर काव्य के विश्लेषण का दूसरा अनिवार्य धर्म है क्योंकि शब्दार्थ के माध्यम से अनुभूति को रचकर फिर उसमें अनुभूति की अगम्यता की व्यंजना को जिस समीक्षा की भाषा के द्वारा इंगित किया जा सकता है, वह उसके अतिरिक्त और क्या है?

कवि चाहे शब्दार्थ सृजन द्वारा आध्यात्मिक अनुभव से सम्पृक्त वस्तु की भंगिमा व्यक्त कर रहा हो या फिर लोकानुभूति द्वारा, उसके लिए अनिवार्यता है—शब्दों, अर्थोक्त व्यंजनाओं, प्रतीकों, कथा संदर्भों के बीच उनकी व्यंजनात्मक अन्वितियों की बार-बार प्रस्तुति। वाजपेयी जी सूर के संदर्भ में उसके प्रति पूरी तरह से सचेष्ट हैं।

आचार्य नन्ददुलारे वाजपेयी यद्यपि इस आध्यात्मिक कविता के विश्लेषण के लिए समग्र वातावरण निर्मित करते हैं—किन्तु उनके विश्लेषण में विश्लेषणात्मक सघनता का अभाव दिखाई पड़ता है। वे अपनी समीक्षा का आधार कृति के विश्लेषण पक्ष को न बनाकर कथ्य पक्ष को बनाते हैं, जैसे—अध्यापक सूर की कक्षा में इस विषय पर व्याख्यान दे रहा हो। जबकि समीक्षा व्याख्यान या विषयवस्तु के प्रति आलोचक का कथ्य न होकर उसकी पुनर्व्याख्या है या पुनर्विश्लेषण है और इस व्याख्या में प्रतिक्षण उसका चैतन्य रहना अनिवार्य है। हिन्दी में आज यद्यपि आलोचना की एक प्रणाली मौखिक आलोचना भी शुरू की गई है किन्तु वह आलोचक द्वारा स्वयं न विश्लेषित कर सकने या फिर समायोजक द्वारा विशिष्ट महत्त्व दिया जाने का प्रतिफल है। आचार्य वाजपेयी जी की

सूर विषयक यह व्यावहारिक समीक्षा कथ्यपरक तो है किन्तु अपेक्षित गम्भीरता सर्वत्र नहीं दिखाई पड़ती है।

छायावादी दृष्टिकोण के प्रकाश में वाजपेयी जी की व्यावहारिक समीक्षा सम्बन्धी दो कृतियाँ देखी जा सकती हैं—जयशंकर प्रसाद एवं कवि निराला।

जयशंकर प्रसाद की कृति समय-समय पर प्रसाद जी पर उनके लिखे निबन्धों का संकलन है—इसे वाजपेयी जी स्वयं स्वीकार करते हैं। वाजपेयी जी प्रसाद के सर्जनात्मक व्यक्तित्व के दो पक्षों की चर्चा करते हैं—उच्चतम अध्यात्म एवं व्यावहारिकता का यथार्थ रूप। आध्यात्मिक दृष्टि के अन्तर्गत शक्ति तथा आनन्द की उद्भावना उनके काव्य के दो लक्षण हैं। उनकी आध्यात्मिकता के आधार तत्त्व हैं—साम्य, सख्य एवं स्वातंत्र्य। मानव जीवन के बीच उनका समरस सिद्धान्त उनकी आध्यात्मिक निष्ठा का प्रतिफल है और एक ओर आधुनिकता के तनाव से मुक्ति तो दूसरी ओर एकांगी प्रगति एवं संघर्ष से उत्पन्न भौतिक व्यग्रता एवं अशान्ति से मुक्ति देती है। कामायनी शक्ति की रचना है और प्रसाद मानव जाति के विकास को सामाजिक शक्ति का उद्घोष मानते हैं। वाजपेयी जी के चिन्तन का यह संदर्भ बाद के आलोचकों द्वारा स्वीकार किया गया। डॉ. रामस्वरूप चतुर्वेदी जी भी इसी संदर्भ में उनकी कविता को शक्ति की कविता कहते हैं।

वाजपेयी जी ने प्रसाद की रचनाओं को मैथिलीशरण गुप्त के समानान्तर साक्ष्य देकर ये निष्कर्ष निकाले हैं, उनका निष्कर्ष यहाँ द्रष्टव्य है—

"पाठक देखेंगे कि इनमें एक नई कल्पनाशीलता, नूतन जागरूक चेतना, मानसवृत्तियों की सूक्ष्मतर और प्रौढ़तर पकड़, एक विलक्षण अवसाद, विस्मय, संशय और कौतूहल—जो नये चिन्तन का सूक्ष्म प्रभाव है, प्रकट हो रहा है। ये ही काव्य में छायावाद के उपकरण बनकर आये। इस नवीन प्रवर्तन के मूल में एक स्वातंत्र्य लालसा, शक्ति की अभिज्ञता, और सांस्कृतिक द्वन्द्व की एक अनिर्दिष्ट स्थिति देख पड़ती है।"[1]

वाजपेयी जी ने प्रसाद की कृतियों की "शैली, वस्तु संगठन और कथा निर्माण" से जुड़ी समस्याओं का भी स्मरण किया है। इस सम्बन्ध में वे इतना ही कहते हैं कि "क्रमशः प्रसाद जी भाषा के सख्य और भावों के नैसर्गिक निर्माण और उत्कर्ष की ओर बढ़ते गए हैं। कथानक के कलात्मक निर्माण के सम्बन्ध में हम इतना ही कहेंगे कि प्रसाद जी अपने समसामयिक हिन्दी रचनाकारों के समकक्ष हैं।... हमें यह भी नहीं भूलना चाहिए कि प्रसाद जी नई कार्य प्रणाली की अपेक्षा नई भावना और नई चिन्ता के निर्माण कार्य में अधिक संलग्न थे।"[2]

---

1. जयशंकर प्रसाद, पृ. 14
2. वही, पृ. 16

वाजपेयी जी द्वारा रचित 'जयशंकर प्रसाद' जैसा कि कहा गया है—समय-समय पर प्रायः सैद्धान्तिक तथा व्यवहारिक समीक्षा सम्बन्धी निबंधों का संकलन है और यहाँ मूलदृष्टि मिलती है—प्रसाद की रचनात्मक मौलिकता एवं उनके द्वारा अन्वेषित मूल्यों की व्याख्या। कवि, उपन्यासकार एवं नाटककार प्रसाद की विविध कृतियों के माध्यम से उनके सर्जनात्मक व्यक्तित्व के विविध पक्षों को उद्‌घाटित करना यहाँ उनका मूल दायित्व है न कि उनकी व्याख्यात्मक समीक्षा के संदर्भों का उद्‌घाटन करना।

इसी सन्दर्भ में उनकी कृति 'कवि निराला' (प्रकाशन वर्ष सन् 1997) नितान्त आत्मीयता के बीच समीक्षात्मक कृति बनकर पाठकों के सामने आती है। किसी कवि को नितान्त व्यावहारिक आत्मनेपद के प्रसंगों के साथ देखना, उसके व्यक्तित्व का प्रत्यक्ष साक्षात्कार तथा उस कृतिकार के अभाव में कृति में अन्तर्निहित व्यक्तित्व के साथ उसे जोड़ देना इस व्यावहारिक समीक्षा की सबसे बड़ी विशेषता है। निराला के कवि व्यक्तित्व का विकास एवं उनके कृतित्व के बदलते हुए विविध रूपों के साथ-साथ उनकी गम्भीर निष्पत्ति की चर्चा एवं डॉ. रामविलास शर्मा जैसी प्रामाणिकता यहाँ भी देखी जाती है; क्योंकि दोनों आलोचकों ने निराला को अपने-अपने रूपों में अपने-अपने तरीके से भोगा है। फिर भी, निराला के कवि व्यक्तित्व के बदलाव एवं काव्य रूपों की उसके साथ जुड़ी हुई संगतियों की गम्भीर और प्रामाणिक व्याख्या 'निराला की साहित्य साधना' के अतिरिक्त और कहीं नहीं मिलती।

काव्यभाषा और कला पक्ष की निष्पत्तियों पर वे गम्भीरतापूर्वक विचार करते हैं। उनकी कृतियों में प्रयुक्त काव्य भाषा के विविध रूपों की वाजपेयी जी पहचान कराने की निरन्तर चेष्टा करते हैं और बताते हैं कि भाषिक संरचना की कितनी प्रकार की प्रणालियों में उनकी कविता प्रस्तुत की गई है। सामासिक पदावली, हिन्दी संस्कृत मिश्रित पदावली, विशुद्ध खड़ी बोली पदावली, बोलचाल के समीप की भाषा, हिन्दी-उर्दू मिश्रित भाषा तथा प्रयोगात्मक रूपवाली हिन्दी भाषा जैसे प्रयोगों से सजी निराला जी की निराली कविता हिन्दी में तो दुर्लभ ही है—शायद अन्य भाषा कवियों में भी वह न प्राप्त हो। लोकजीवन के सर्वोच्च पंडित वर्ग एवं सम्भाव्य सुरुचिपूर्ण चेतना के बीच से निकलती हुई सामान्य व्यवहार की भाषा लोक जीवन तथा व्यवहारवाद की निम्नतम चेतना का प्रियतम रूप पाठकों के सामने प्रस्तुत करती है।

कलापक्ष की चर्चा करते हुए वे उनको स्वच्छतावादी तथा दार्शनिक मनस् चेतना का कवि मानते हैं और उनकी कलात्मक निष्पत्ति के लिए इसी तत्त्व को उनकी सर्जनात्मक पहचान का कारण भी बनाते हैं। भाषिक अभिव्यंजना, शिल्प की निर्मितियाँ, योजना, शैलीविधान—इन चार माध्यमों द्वारा वाजपेयी जी ने निराला की कलादृष्टि की व्याख्या की है। विविध काव्य रूपों तथा माध्यमों की कलात्मक अभिव्यक्ति की संरचना का निरूपण वे

अधिकांशतः भारतीय काव्यशास्त्रीय कला शैली के उपकरणों द्वारा करते हैं। बिम्ब तथा प्रतीकों की व्याख्या को आधार यद्यपि आलोचक ने बनाया है किन्तु निराला के अर्थविधान और शैलीविन्यास की गम्भीरताएँ इनसे उद्घटित नहीं हो पाई हैं।

निराला की व्यावहारिक समीक्षा के संदर्भ का यहाँ महत्त्व इतना ही है कि कवि और आलोचक की अन्तरंगता कवि को समीप से देखने, सुनने-समझने का माध्यम हो सकती है और उसका उपयोग वाजपेयी ने किया भी है किन्तु सर्जक पक्ष की वह मौलिकता तथा उसकी पहचान जिसके द्वारा कवि के वैशिष्ट्य का परम्परामुक्त मौलिक मूल्यांकन हो सके, वाजपेयी जी नहीं कर पाए हैं।

उनकी अन्तिम व्यावहारिक समीक्षा के से जुड़ी कृति **प्रेमचंद : साहित्यिक विवेचन है।** सेवासदन, प्रेमाश्रय, रंगभूमि, काया, कर्मभूमि, गबन, गोदान—सात बड़े उपन्यासों के साथ तीन उनके छोटे उपन्यास—प्रतीक्षा, निर्मला तथा मंगलसूत्र—की संक्षिप्त विवेचना तथा कहानी कला का विश्लेषण है। आलोचक की केन्द्रीय दृष्टि उनके बड़े उपन्यासों पर है। आलोचक वाजपेयी कृतियों के सर्जनात्मक वैशिष्ट्य से इन कृतियों की व्याख्या न करके के कतिपय निर्धारित व्यवस्थाओं से करते हैं और व्याख्या की इस व्यवस्था के तत्त्व इस प्रकार हैं—कथानक, कथानक समीक्षा, चरित्र चित्रण, विचार विवेचन, कला विवेचन। इस प्रकार उनके द्वारा चुने इस उपन्यास कथा के ये कुछ मूल तत्त्व हैं, जिनसे इनकी शुरुआत होती है। 'हंस' पत्रिका में प्रकाशित 'प्रेमचन्द्र आत्म कथांक' जिसके सम्पादक तथा लेखक स्वयं प्रेमचन्द्र जी ही रहे हैं तथा भारत के सम्पादक वाजपेयी में लम्बा विवाद रहा है और इस विवाद को वाजपेयी जी की कृति 'हिन्दी साहित्य बीसवीं शताब्दी' तथा 'प्रेमचन्द्र एक साहित्यिक विवेचन' में विस्तारपूर्वक देखा जा सकता है।

स्वयं आचार्य वाजपेयी जी ने हिन्दी साहित्य बींसवी शती तथा प्रेमचन्द्र एक साहित्यिक विवेचन दोनों कृतियों में स्वीकार किया है कि प्रेमचन्द्र के विषय में सारी धारणाएँ उनके गोदान के प्रकाशन के बाद बदलीं। वाजपेयी जी का वक्तव्य इस प्रकार है—

"प्रेमचन्द्र का गोदान उपन्यास प्रकाशित हो जाने पर हमारी इस धारणा में परिवर्तन हुआ है।"[1]

वाजपेयी जी की इस व्यावहारिक औपन्यासिक समीक्षा का आधार : कथा, कथानक, चरित्र-विचार, विवेचन एवं कहानी कला है। व्यावहारिक समीक्षा के लिए कतिपय मानदण्ड बनाकर उस पर आरोपित करना—आरोपप्रधान व्यावहारिक समीक्षा है। किसी कृति की जीवन्तता कमी समाप्त नहीं होती और अध्ययन के क्षण उसकी जीवन्तता के उन्मेष पाठक

---

1. हिन्दी साहित्य : बीसवीं शताब्दी, आत्मकथा : एक विवाद, पृ. 81 से 95 तक, प्रेमचन्द : एक साहित्यिक विवेचन, चुने हुए सन्दर्भ, पृ. 134-135

की प्रतिभा से टकराते हैं। सामयिक आलोचकों का कहना है कि यदि कृति वस्तु का सर्जन करता है तो आलोचक उस सर्जन की रचनात्मक व्याख्या। मानदण्डों को ओरोपित करके कृतियों की व्याख्या कृति पर मूल्यों का आरोपण है। प्रत्येक कथात्मक रचना में 'उसकी संवेदना' थीम होती है। वह एक अंकुर है। कवि अपनी प्रतिभा से उस अंकुर को पल्लवित, पुष्पित तथा फलवान बनाकर पाठक को चखने के लिए देता है। किसी औपन्यासिक कृति की सर्जनात्मक व्यवहारिक समीक्षा के स्रोतों का प्रारम्भ उसकी थीम या कलात्मक संवेदना सूत्र से शुरू होता है और इससे कृति की समग्र सचेतनता विश्लेषित हो उठती है। कथा, कथानक, पात्र, कलात्मक संगठन आदि तो संवेदना बिन्दु की प्रकृति, स्वरूप एंव उसमें निहित सर्जक के मन्तव्य से नियंत्रित होते हैं। इस संवेदना सूत्र के नियंत्रित अंगों की व्याख्या इसी के प्रकाश में की जानी चाहिए। आचार्य वाजपेयी की इस प्रकार यह व्यावहारिक समीक्षा उनके द्वारा आरोपित मन्तव्यों से की जा रही है—जो सर्जक की सर्जनात्मक व्यवस्था में बाधक है। यदि वाजपेयी जी प्रेमचन्द्र के आठ बड़े तथा तीन छोटे उपन्यासों का विवेचन करते हुए उनकी संवेदनाओं तथा सर्जनात्मक मन्तव्यों की संक्षेप में चर्चा कर दिए होते तो उनकी समीक्षा के निष्कर्षों में स्पष्टता आ जाती। 'विचार-विवेचन' शीर्षक स्वयं में इसके लिए पर्याप्त था किन्तु उन्होंने इसके अन्तर्गत उपन्यास में चर्चित सामाजिक, व्यवस्थापक, धार्मिक, राजनीतिक आदि वैचारिकताओं को स्पष्ट करने की चेष्टा की है। प्रेमचन्द्र के 'गोदान' जैसे उपन्यास पर टिप्पणी देते हुए वाजपेयी जी कहते हैं कि "'गोदान' में न तो महाकाव्य के से औदात्म्य और उत्कर्ष का समारम्भ आया है और न गहनतम उच्छ्वास का सा सीमित और तन्मयकारी प्रभाव ही व्यक्त हो पाया है। हमारी दृष्टि में वह राष्ट्रीय प्रतिनिधि उपन्यास की उन शर्तों को पूरा नहीं करता जिन्हें टॉलस्टाय का 'वार एण्ड पीस' उपन्यास करता है।"[1] प्रेमचन्दयुगीन टूटते हुए भारतीय किसान की राष्ट्रीय स्तर पर वह टूटन जिनसे आज भी भारत का किसान मुक्त नहीं हो पाया है—उनकी यथार्थ भरी सामाजिक गाथा ही गोदान है और प्रस्तुत व्यावहारिक समीक्षक वाजपेयी जी उसे भिन्न संदर्भों की ओर ले जाकर निष्कर्षबद्ध करते हैं जो निश्चित ही उनकी पूर्वग्राहिता से संदर्भित है, दूसरी ओर व्यावहारिक समीक्षक के लिए 'तटस्थता' एक अनिवार्य गुण है और यह गुण वाजपेयी जी में बहुत कम दिखाई पड़ता है।

आचार्य वाजपेयी जी की व्यावहारिक समीक्षा के सम्बन्ध में डॉ. नन्दकिशोर नवल ने इन तथ्यों को देखकर दो निष्कर्ष निकाले हैं। निश्चित ही ये निष्कर्ष यों ही नहीं हैं। उनका विचार है कि "वाजपेयी जी की आलोचना के इस विवरण से यह स्पष्ट है कि उनकी आलोचना असंगतियों से भरी हुई है और उनकी संकीर्ण मान्यताओं में कैद है। उनमें

---

1. प्रेमचन्द एक साहित्यिक विवेचन, पृ. 92

आलोचनात्मक क्षमता विकसित रूप से देखने को नहीं मिलती। उनकी आलोचना शैली अशास्त्रीय है, पर वह उनमें कोई रूप नहीं ले पाती।''[1]

इसके बावजूद भी आचार्य नन्ददुलारे वाजपेयी के काव्य चिन्तन के पीछे कुछ-न-कुछ तो आधार होने चाहिए। डॉ. बच्चन सिंह ने उनकी व्याख्यात्मक समीक्षा के चिन्तन के दो आधारों की चर्चा की है—(1) भावात्मक निष्पत्ति (2) रूपात्मक सौन्दर्य। ''पाठक की भावात्मक चेतना एवं उसकी सौन्दर्यमूलकवृत्ति किसी सृजन से किस प्रकार प्रभावित होती है? यह वृति के लिए आधार है और आलोचक इन्हीं को कृति के विवेचन के लिए आधार बना सकता है।''[2]

इन दो सूत्रों के प्रकाश में निष्कर्ष रूप से कहा जा सकताहै कि वाजपेयी जी की व्यावहारिक समीक्षा के मूल में सैद्धान्तिक मानदण्डों की केन्द्रीय चेतना दृष्टि का अभाव है। वे भावात्मक एवं रूपात्मक सौन्दर्य बोध के आधारों को केन्द्र में रखकर सूर की समीक्षा करते हैं—जिनके द्वारा कवि की मौलिक अन्तरंगता स्पष्ट नहीं हो पाती। निराला की समीक्षा का भी स्वरूप आरोपवादी है तथा प्रेमचन्द्र की व्यावहारिक समीक्षा उनके पूर्वनिर्मित आग्रहों से ग्रस्त है। यहाँ उनमें समीक्षक की निष्पक्ष तटस्थता नहीं दिखाई पड़ती—फिर भी, उन्होंने अपनी तथाकथित सौष्ठववादी मान्यताओं द्वारा हिन्दी की समीक्षा को आगे बढ़ाने का कार्य किया है, विशेषकर सामाजिक पलायन से जोड़कर देखी जाने वाली स्वच्छन्दतावादी कविता को। छायावादी- रहस्यवादी काव्यधारा को युग सापेक्ष्य का आधार देकर उस युग के विरोधी समीक्षकों को इसे नई दृष्टि से देखने का स्थिर आधार रखा है। इस संदर्भ में भावात्मक निष्पत्ति एवं रूपात्मक सौन्दर्य चित्रण को केन्द्र में रखकर उनकी समीक्षा सामर्थ्य पर पुनर्विचार अपेक्षित है।

□□

---

1. हिन्दी आलोचना का विकास—डॉ. नन्द किशोर नवल, पृ. 180
2. देखिए, हिन्दी साहित्य का दूसरा इतिहास—डॉ. बच्चन सिंह, पृ. 505

डॉ. नगेन्द्र

डॉ. नगेन्द्र का समग्र जीवन हिन्दी साहित्य की सेवा में बीता सन् 1937 में उनका **बनवेला** काव्य संकलन तथा सन् 1938 में उनका समीक्षा ग्रंथ **सुमित्रानन्दन पंत** प्रकाशित हुआ। उनकी अन्तिम कृति 'सन् 1988 में 'इडियन लिट्रेचर' नाम से प्रकाशित हुई। इस प्रकार, उन्होंने अपने जीवन के लगभग इक्यावन वर्षों को हिन्दी साहित्य की सेवा में लगा दिया। उनके द्वारा लिखित तथा सम्पादित कुल पुस्तकों की सूची लगभग 60 के आस-पास है। डॉ. नगेन्द्र की समग्र समीक्षा में उनकी शास्त्रीयता का पक्ष नितान्त प्रबल है और उन्होंने समग्र संस्कृत साहित्य के रस, ध्वनि, रीति, गुण, अलंकार वक्रोक्ति, भक्तिरस विषयक मूल कृतियों का सम्पादन तथा भूमिकाओं सहित उनकी टीकाओं की हिन्दी में अनूदित कराया। रस सिद्धान्त का आत्म-विश्लेषणात्मक ग्रंथ लेखन तथा पाश्चात्य चिन्तन से जुड़ी समसामयिक काव्य चिन्तन की मान्यताओं से सम्बद्ध शैली विज्ञान, मिथक और साहित्य, काव्यबिम्ब, काव्य में उदात्त तत्त्व, जैसी पुस्तकें उन्होंने लिखीं। डॉ. नगेन्द्र का एक दूसरा प्रयोग महत्त्वपूर्ण रहा है। उन्होंने हिन्दी के अनेक कवियों एवं सिद्धान्तों के विषय में अंग्रेजी भाषा में लिखा, ताकि हिन्दी की व्यावहारिक तथा सैद्धान्तिक समीक्षा का प्रसार-प्रचार हो सके। इस दिशा में उनकी प्रसिद्ध कृतियाँ इस प्रकार हैं—लिट्रेरी क्रिटिसिज़्म इन इंडिया, तुलसीदास हिज माइंड एण्ड आर्ट, आचार्य शुक्ल थियरी आव पोयेट्री, सूरदास : ए रिवोल्यूशन आदि-आदि। डॉ. नगेन्द्र के कई ग्रंथों का अनुवाद अंग्रेजी तथा अन्य भाषाओं में हुआ है। उनकी पुस्तकों में 'रस सिद्धान्त' का अनुवाद कई भाषाओं में उपलब्ध है। उनकी यह कृति आधुनिक युग में सैद्धान्तिक समीक्षा के संदर्भ में सर्वाधिक महत्त्वपूर्ण है।

डॉ. नगेन्द्र के चिन्तन का मूल संदर्भ शास्त्रीय समीक्षा का है और इन्हें आलोचकों ने आचार्य रामचन्द्र शुक्ल की परम्परा का आलोचक स्वीकार किया है, जो सर्वथा उचित नहीं है। आचार्य शुक्ल की, शास्त्र और कविता की कलावादी वृत्ति के प्रति पूर्ण निष्ठा नहीं है किन्तु रीतिकाव्य की भूमिका : देव और उनकी कविता में डॉ. नगेन्द्र की शास्त्रनिष्ठा उभर कर सामने आई है। यही नहीं, संस्कृत के काव्य शास्त्रीय ग्रंथों के सम्पादनों की भूमिका में भारतीय काव्य चिन्तन की जितनी विशद व्याख्या सहज आस्था के साथ डॉ. नगेन्द्र जी ने की है, उतनी किसी ने भी नहीं की। वे दिल्ली विश्वविद्यालय, हिन्दी विभाग के शोध अनुभाग तथा भारतीय हिन्दी परिषद के मंच से हिन्दी काव्यशास्त्र

की प्रतिष्ठा के लिए निरन्तर संकल्पशील रहे हैं। भारतीय काव्यशास्त्रीय चिन्तन के प्रति उन जैसी आत्मीयता आचार्य शुक्ल में भी नहीं दिखाई पड़ती है और न शुक्ल जी व्याख्या के स्तर पर उसके प्रति इतने प्रतिबद्ध हैं। डॉ. नगेन्द्र के शास्त्रीय समीक्षा चिन्तन की चर्चा पहले की जा चुकी है। यहाँ संक्षेप में उनकी व्यावहारिक समीक्षा दृष्टि पर विचार अपेक्षित है।

डॉ. नगेन्द्र की व्यावहारिक समीक्षा से जुड़ी पुस्तकें इस प्रकार हैं—सुमित्रानन्दन पंत, साकेत : एक अध्ययन, कामायनी के अध्ययन की समस्याएँ। डॉ. नगेन्द्र की सबसे बड़ी विशेषता यह है कि वे आजीवन किसी वाद से न जुड़ कर विशुद्ध साहित्यिक निष्ठा के सैद्धान्तिक समीक्षक रहे हैं और उन्होंने संस्कृत साहित्य के विशाल काव्यशास्त्रीय वाङ्मय को हिन्दी में ले आने का जो ऐतिहासिक कार्य किया है—उसके लिए वे सदैव स्मरण किए जाते रहेंगे। उनकी दूसरी विशेषता यह है कि भारत तथा भारतेतर जो भी सैद्धान्तिक चिन्तन प्रचलित था, उसे हिन्दी में रखने का स्वयं कार्य किया या अपने सहयोगियों से कराया। डॉ. सावित्री सिन्हा कृत पाश्चात्य काव्यशास्त्र की परम्परा उन्हीं के द्वारा प्रेरित कृति है। उनके द्वारा स्थापित मान्यताओं को ध्यान में रखकर दिल्ली विश्वविद्यालय के हिन्दी विभाग से सम्बद्ध डॉ. निर्मला जैन, डॉ. सुरेश चन्द्र गुप्त आदि ने जो भी कार्य किया है, उससे हिन्दी का काव्य चिन्तन समृद्ध हुआ है। हिन्दी काव्यशास्त्र की परम्परा तथा स्वयं भी उन्होंने काव्य बिम्ब, नई समीक्षा—नये संदर्भ, भारतीय सौन्दर्यशास्त्र की भूमिका, शैली विज्ञान, मिथक और साहित्य, साहित्य का समाजशास्त्र जैसी पुस्तकों की रचना की।

डॉ. नगेन्द्र का सैद्धान्तिक चिन्तन नितान्त व्यापक है। वे भारतीय काव्यशास्त्र से सम्बद्ध सभी कृतियों की भूमिकाओं द्वारा आधुनिकता के प्रकाश में भारतीय काव्यचिन्तन की मौलिक समस्याएँ रखते हैं। पश्चिमी काव्यशास्त्र का उनका विवेचन बहुत संयत है और उसका उन्होंने गम्भीर अध्ययन किया है। आचार्य शुक्ल की शास्त्रवादी परम्परा, आचार्य हजारी प्रसाद द्विवेदी की सांस्कृतिक समीक्षा तथा आचार्य नन्ददुलारे वाजपेयी की सौष्ठववादी समीक्षा पर वे पूरी तरह से विचार कर चुके थे। अपनी सैद्धान्तिक समीक्षा तथा विशुद्ध व्यावहारिक सहृदयता के प्रकाश में हिन्दी के सुमित्रानन्दन पंत तथा आधुनिक युग के दो महाकाव्यों—साकेत तथा कामायनी—को अपनी व्यावहारिक समीक्षा का आधार बनाया है।

डॉ. नगेन्द्र की व्यावहारिक समीक्षा में उनकी शास्त्रीयता प्रमुख रूप से उभरकर सामने आती है, किन्तु यह शास्त्र दृष्टि हमें पंत की समीक्षा में नहीं दिखाई पड़ती। पंत काव्य का अध्ययन छायावादी उन्मुक्तता, द्विवेदी युगीन या प्रगतिवादी स्थूलता से उत्पन्न सूक्ष्मता का विद्रोह की स्वकेन्द्रीयता या वैयक्तिकता, सौन्दर्यबोध तथा विधान के तन्त्रों

आदि के माध्यम से की है। यहाँ शुक्ल द्वारा छायावादी काव्य की खण्डित विसंगतियों की उपेक्षा करके उन्होंने उसी काल से जुड़े इन सार्थक मूल्यों के प्रकाश में उसकी व्यावहारिक समीक्षा प्रस्तुत की। भारतीय तथा पाश्चात्य काव्य चिन्तन के सारे सिद्धान्तों को पृथक् रखकर पंत की कविता में व्याप्त सौन्दर्य बोध, कल्पना सामर्थ्य तथा सर्जन के विधायक तत्त्व-बिम्बादि की विश्लेषणात्मकता यहाँ उनकी व्यावहारिक समीक्षा के आधार हैं। उनके छायावादी काव्य चिन्तन की सार्थकता से सम्बद्ध स्थूल के प्रति सूक्ष्म का विद्रोह सूत्रवाक्य इसी समीक्षा की देन है। वे कहते हैं कि छायावादी कवि निर्लेपता को कविता की व्यंजकता तक ले जाते हैं इसीलिए प्रकारान्तर भाव से स्थूलता के प्रति सूक्ष्मता के विद्रोह का चिन्तन यहाँ प्रारम्भ हो जाता है। सन् 1938 में प्रकाशित उनकी प्रथम व्यावहारिक समीक्षा—**'सुमित्रानन्दन पंत'** की समीक्षा का आधार छायावादी युग की नई चेतना है और उनके अनुसार इस युग की केन्द्रीय चेतना द्विवेदी युग की स्थूलता के प्रति विद्रोह के रूप में देखी जा सकती है। उन्होंने पंत के काव्य की व्याख्या का आधार पूर्णतः पन्त की कविता का लिया और उस कविता के अन्तर्गत प्राप्त साक्ष्यों के आधार पर वे अपने निजी निष्कर्षों पर पहुँचे हैं। वैचारिक दृष्टि एवं कलात्मक दृष्टिसमन्वय तथा क्रमशः उनका विस्तार पंत की कविता की व्यावहारिक आलोचना का केन्द्रीय आधार है। यद्यपि इस कृति की भूमिका में डॉ. रामकुमार वर्मा ने यह स्वीकार किया है कि उनके युग की व्यावहारिक समीक्षाएँ "केवल भाव जगत से निकली हैं—उनमें विवेक ज्ञान, मनन तथा चिन्तन भी अपेक्षित है।"[1] उन्होंने यह स्वीकार किया है कि इस समीक्षा के अन्तर्गत भाव, ज्ञान, मनन तथा चिन्तन इन सबका समन्वय भी है।

पंत के विषय में इस समीक्षा को पढ़ने पर यह कहीं नहीं ज्ञात होता है कि उनकी समीक्षा का केन्द्रीय आधार वैचारिकता है। नगेन्द्र ने पंत की उस समय प्रचलित छः कृतियों को समीक्षा का आधार बनाया है—'वीणा, ग्रंथि, पल्लव, गुंजन, ज्योत्सना एवं युगान्त और इनमें से पाँच कृतियाँ रोमानियत की स्वच्छन्द कल्पना तथा भावुकता के अतिशय प्रवाह के संयोग से उन्मुक्तता से प्रभावित हैं। डॉ. नगेन्द्र ने इस व्यावहारिक समीक्षा के लिए पाँच आधारों की कल्पना की है—(1) भाव जगत, (2) विचारजगत, (3) कला जगत, (4) भाषा तथा (5) पंत पर बाह्य प्रभाव। बाह्य प्रभाव के रूप में उन्होंने यहाँ रवीन्द्रनाथ ठाकुर तथा अंग्रेजी काव्यधारा के रोमांटिक कवियों का नाम लिया है।

डॉ. नगेन्द्र ने पंत की रचनात्मक कृतियों के योगदान की चर्चा इन शब्दों में की है—"साहित्यिक जागृति का हिन्दी कविता में मंत्र फूकने वाले हैं।" उनके अनुसार पंत की कृतियों की तीन विशिष्टताएँ हैं—

---

1. सुमित्रानन्दन पंत—भूमिका, श्री रामकुमार वर्मा, पृ. ९

1. वस्तुगतता या कविता से कवि व्यक्तित्व की निर्लेपता की व्यंजकता (Subjectivity) तक ले आने का श्रेय पंत को है।
2. 'प्रकृति तथा कल्पना' के संयोग से कविता का रुख उन्होंने एकान्तिकता की ओर किया।
3. अपने सभी विचारों तथा अनुभवों को चिन्तन के ताप में गलाकर उसे ऐसा एकसार तथा तरल बना बना लेते है कि वे बिना प्रयास के भाषा में ढल उठते हैं।

पंत जी भावुकता तथा कल्पना को कविता का केन्द्रीय आधार मानते हैं—किन्तु कोरी भावुकता उन्हें स्वीकार्य नहीं है। उनका भाव जगत कल्पना के साथ-साथ वैचारिकता, सत्यता एवं सुन्दरता से पूरी तरह सम्मिश्रित तथा एकतान मिलता है—भावों की यथातथ्यता तथा उसके पड़ने वाले सौन्दर्यग्राही प्रभावों से पंत की कविता छायावाद के प्रथम चरण में प्रसाद महादेवी एवं निराला से पृथक् स्थान बना लेती है। वे कल्पना दृष्टि, भाषिक नवोन्मेष एवं पंत की वैचारिक पृष्ठभूमि का विवेचनात्मक परिचय देते हैं। पंत की काव्यभाषा की चित्रात्मकता की चर्चा डॉ. नगेन्द्र ने बार-बार की है।

आचार्य रामचन्द्र शुक्ल ने इनके द्वारा लिखित इस सुमित्रानन्दन पंत शीर्षक आलोचनात्मक कृति की चर्चा हिन्दी साहित्य के इतिहास के ''**गद्य साहित्य की वर्तमान गति : तृतीय उत्थान**'' के अन्तर्गत इस प्रकार की है—

"काव्य की छायावाद कही जाने वाली शाखा चले काफी दिन हुए। पर ऐसी कोई समीक्षा पुस्तक देखने में नही आई जिसमें उक्त शाखा की रचना क्रिया (टेकनिक) प्रसार की भिन्न-भिन्न भूमियाँ सोच समझ कर निर्दिष्ट की गई हों। केवल प्रो. नगेन्द्र की **सुमित्रानंदन पंत** पुस्तक ही ठिकाने की मिली।''[1]

आगे पंत के कृतित्व के विकास के संदर्भ में डॉ.नगेन्द्र के चिन्तन में भी परिवर्तन आए किन्तु यह समीक्षा उस देशकाल के अनुक्रम में सर्वथा उपयुक्त है।

छायावादी कविता का प्रारम्भ सन् 1920 में हुआ और यह पुस्तक सन् 1938 में लिखी गई। छायावादी अनुभूतियों एवं कला तथा कल्पनात्मक सर्जना के आन्तरिक गम्भीर अनुभव के बाद लिखी गई यह पहली व्यावहारिक समीक्षा की कृति थी। अन्तः समालोचकों के एक वर्ग के विरोध के बीच हिन्दी की इस कविता की नई कलात्मक, भावात्मक तथा वैचारिक उपलब्धियों को केन्द्र में रखकर उसकी सार्थकता का विवेचन यहाँ पहली बार किया गया।

सन् 1939 में उनकी व्यावहारिक समीक्षा से सम्बन्धित दूसरी पुस्तक 'साकेतः एक अध्ययन' प्रकाशित हुई। साकेत से जुड़ी इस समीक्षात्मक कृति का मूल लक्ष्य उसके प्रभाव

---

1. हिन्दी साहित्य का इतिहास, पृ. 385

व्यंजक संदर्भों की व्याख्या न होकर यह कृति का व्यवस्थित मूल्यांकन है। साकेत के अन्तर्गत डॉ. नगेन्द्र सर्वप्रथम उसकी कथावस्तु का परीक्षण करते हैं। 'साकेत' की कथावस्तु का प्रारम्भ रामकथा के मूल संदर्भ से शुरू होता है किन्तु अष्टम सर्ग के बाद एकाएक 'उर्मिला' का प्रसंग आ जाता है। कथा की केन्द्रीयता प्रारम्भिक स्तर पर राम से शुरू होती है किन्तु उसका समापन अंश उर्मिला की कथा के प्राधान्य से जुड़कर 'लक्ष्मण और उर्मिला' कथा की केन्द्रीयता का रूप ले लेता है। प्रारम्भिक आठ सर्गों में सांकेतिक रूप से उर्मिला का सन्दर्भ है किन्तु नवें सर्ग से उर्मिला ही साकेत महाकाव्य के फलक पर छा जाती है। डॉ. नगेन्द्र 'साकेत' की कथावस्तु की इस विसंगति को समझते हुए कथावस्तु की केन्द्रीयता एवं अंगांगिरस आदि की धुरियों से इससे न जोड़कर अपना पक्ष चरित्रप्रधानता अर्थात् उर्मिला सनातन विरहिणी या उपेक्षिता नारी की ओर कर देते हैं।

साकेत महाकाव्य का मूल सन्दर्भ मानवीय चरित्रों को संगति प्रदान करना है। श्रीरामचरितमानस और साकेत की कैकेयी के प्रसंग नितान्त स्पष्ट हैं। भारतीय स्वाधीनता के साथ जुड़ा नारी जागरण का प्रश्न साकेत में नया मोड़ ले लेता है और कैकेयी न तो मानस की भाँति ग्लानि से गलती है और न उसे कोई कुटिला कहता है। भारतीय स्वाधीनता के इस आन्दोलन में आजादी का युद्ध एवं भारतीय नवजागरण की भूमिकाओं के बीच एक नारी का क्या महत्त्व हो सकता है—साकेत में बराबर इसकी चर्चा मिलती है और डॉ. नगेन्द्र साकेत में 'नारी' के इसी पक्ष को महाकाव्यत्व के सन्दर्भों से जोड़कर देखने की चेष्टा करते है। यही स्थिति कथा नायिका उर्मिला की भी है। भारतीय संस्कृति एवं साहित्य के बीच खोई हुई उर्मिला को मैथिलीशरण गुप्त ने साकेत महाकाव्य के माध्यम से मानवीय बोध का आधार बनाते हुए श्रेष्ठता प्रदान की है। साकेत की कथावस्तु के टूटने के प्रति ध्यान न देते हुए उर्मिला को महाकाव्य की 'नायिका' का पद प्रदान किया है। साकेत की कथावस्तु में चारित्रिक तथा उसकी तंत्रात्मक संगतियों का विधान निश्चित ही विशृंखलित है फिर भी, वह महाकाव्य है और इसीलिए डॉ. नगेन्द्र उसे 'चरित्रप्रधान' काव्य कहते हैं। वे साकेत की विषयवस्तु, घटनाओं एवं पात्रों को मानवीय और विशेष रूप से गाँधीवादी आधार देने की चेष्टा करते हैं और उन रचनात्मक विसंगतियों को इसीलिए वे उपेक्षित कर देते हैं—जो साकेत के रचनात्मक विन्यास को शिथिल या सामान्य बनाते हैं। आलोचक की सर्जक के साथ जुड़ी आत्मीयता तथा सहानुभूति कृति के तटस्थ मूल्यांकन में कभी-कभी अवरोध खड़ी कर देती है—जिसका साक्ष्य 'साकेत : एक अध्ययन' में स्पष्ट रूप से दिखाई देता है।

कतिपय विद्वान् समीक्षक उनकी कृति 'देव और उनकी कविता' (1949) को व्यावहारिक समीक्षा के अन्तर्गत रखना चाहते हैं जो उचित नहीं है, उनका डी.लिट् का शोध प्रबन्ध ''रीतिकाव्य की भूमिका देव और उनकी कविता'' के नाम से स्वीकृत हुआ

था—जिसे उन्होंने दो नामों से प्रकाशित कराया—रीति काव्य की भूमिका सन् 1949 में देव और उनकी कविता से भिन्न काव्यशास्त्रीय ग्रंथ के रूप में प्रकाशित है और फिर दोनों साथ-साथ प्रकाशित हुए। उन्होंने अंग्रेजी भाषा में प्रेमचन्द्र, बिहारी, मैथिलीशरण गुप्त, आचार्य शुक्ल, थ्योरी आफ पोएट्री जैसी पुस्तकें अवश्य लिखी हैं किन्तु उनका उद्देश्य इन कृतियों का गहन व्यावहारिक समीक्षागत विश्लेषण न होकर उनकी लेखन कला तथा रचनात्मक विशेषताओं का परिचय देना मात्र है। अंग्रेजी में लिखी गई व्यावहारिक समीक्षा की उनकी पुस्तक—'सूरदास : ए रिवोल्यूशन' अपेक्षाकृत अधिक गम्भीर है।

अंग्रेजी भाषा के माध्यम से लिखित इन पुस्तकों का मूल लक्ष्य इन कवियों तथा सर्जकों की सृजन कला का सामान्य परिचय देना रहा है।

कामायनी के अध्ययन की समस्या (1962) उनकी व्यावहारिक समीक्षा से जुड़ी तीसरी महत्त्वपूर्ण कृति है। स्थूलता के प्रति सूक्ष्मता का विद्रोह के रूप में प्रस्तुत डॉ. नगेन्द्र की छायावादी मान्यताओं के शीर्ष बिन्दु पर लिखी गई इस कृति के कृतित्व का विवेचन स्वयं में एक प्रश्न चिह्न बन जाता है, क्योंकि कामायनी का महाकाव्यत्व, कामायनी में अङ्गीरस, कामायनी में रूपक तत्त्व एवं कामायनी की दार्शनिक पृष्ठभूमि ये चारों समस्याएँ स्वयं में स्थूलता से जुड़ी हैं—जिन्हें नगेन्द्र जी ने प्रतिक्रिया के आधार के रूप में स्वीकार किया है। इन्हीं की प्रतिक्रिया की सूक्ष्मता 'जीवन की स्वच्छन्दता' वस्तुमयता को तोड़कर अपनी नैसर्गिक चेतना के अनुसार मुक्तता के साथ विचरती है। इस उन्मुक्तता में भी उसके श्रेष्ठतम मानक हैं जो सृजन की दिव्यता को आलोकित करते हैं। पहले अध्याय से जुड़ी कामायनी के अध्ययन-अध्यापन की समस्याएँ डॉ. नगेन्द्र की दृष्टि में पाठलोचन से शुरू होकर वेद में कथा सूत्रों के अन्वेषण, प्रगीतात्मकता एवं प्रतीक-संगति के साथ व्यापक रूपक के विधान द्वारा मन्तन्यों की तलाश तक जाती हैं। उसके पश्चात् उनकी अन्य समस्या है मूल्यांकन की उन कसौटियों की खोज जिनसे उसे दोषमुक्त करार किया जा सके क्योंकि हिन्दी आलोचकों का एक वर्ग निरन्तर कामायनी में व्याप्त उसके दोषों के लिए सजगभाव से निर्देशक के रूप में तत्पर था।

डॉ. नगेन्द्र के द्वारा उठाई गई ये पाँच समस्याएँ उनके पाँच निबन्धों के रूप में हैं और इस रूप में उनकी व्यावहारिक समीक्षा के संदर्भ व्यवस्थित नहीं—सूत्रात्मक एवं अक्रमबद्ध दिखाई पड़ते हैं।

इसी के साथ-साथ इसी संदर्भ से जुड़ी कामायनी तथा अन्य समीक्षात्मक कृतियों की ओर ध्यान आकर्षित करना आवश्यक है। ये कृतियाँ हैं— कामायनी : एक पुनर्विचार—गजानन माधव मुक्तिबोध (1961) तथा कामायनी का पुनर्मूल्यांकन, डॉ. रामस्वरूप चतुर्वेदी (1969)। "गजानन माधव मुक्तिबोध की 'कामायनी' विषयक समस्याओं पर लेख" हंस के नवम्बर 1945, फरवरी 1946 के अंकों में बहुत पहले ही निकल चुके थे।"[1] डॉ. निर्मला

जैन का विचार है कि "वे (मुक्तिबोध) कामायनी को मुख्यतः एक कवि की निजी और भीतरी प्रवृत्तियों के आधार पर निर्मित एक विराट काल्पनिक दृश्य चित्र (फैंटेसी) मानते हैं।"[2]

डॉ. नगेन्द्र वे अपने निबन्धों द्वारा कामायनी से जुड़ी शास्त्रीयता तथा बौद्धिकता की जो समस्याएँ उठाई हैं, उनकी प्रवृत्ति सैद्धान्तिक आरोपों से सम्बद्ध है। आचार्य नगेन्द्र का शास्त्रीय व्यक्तित्व सर्जन की सामयिक एवं स्वच्छन्द सक्रिय गतिविधि को पूरी तरह दबोचे चलता है और एक क्षण के लिए भी इस कृति में कामायनीकार का स्वच्छन्द जीवन्त सक्रिय व्यक्तित्व मुक्त नहीं हो पाता।

कविता कला के अंग के रूप में भावात्मक आस्वादन का विषय बन सकती है किन्तु उसे रूपविधान को ढाँचे में न बाँधकर इसके सृजन की उन्मुक्त प्रक्रिया को पूर्वकल्पिक भावात्मक आधार का विषय बनाया जाए। यह स्वयं में कृतित्व एवं सर्जन की नव्यता तथा मौलिकता का निषेध है। आज तक भारतीय साहित्य की महत्त्वपूर्ण कृतियाँ सृजन के संदर्भों से निर्मित हुई हैं न कि आस्वादन के। सृजन के निजी भावात्मक परिवेश में जो आनन्द मिलता है उसी के सापेक्ष्य में, उसी से जुड़े खोज एवं मानकों की सार्थकताओं के प्रकाश में उसकी व्याख्या समीक्षा है। इसी प्रकार महाकाव्य से जुड़ी समस्या है। उसी के सापेक्ष्य में, उसी की खोज एवं उसकी सार्थकताओं के प्रकाश में उसकी व्याख्या ही समीक्षा है। कवि की काव्य प्रस्तुति की रचनात्मक भंगिमा एवं तंत्रात्मक विधान का अपना निजी कल्पित सूत्र है—आरोपित नहीं। लोंजाइनस के उदात्त तत्त्व की परिभाषा के द्वारा कामायनी के सृजन को बाँधने का प्रयास आरोप है। कामायनी का रूपविधान स्वयं में सांकेतिक तथा गहन अर्थ व्यंजकता से सम्पृक्त है और उसके सूत्र पूरी कृति में बिखरे उनके चिन्तन की सार्थकताओं के मूलाधार हैं। कामायनी की जीवन्त अर्थ प्रक्रिया की व्याप्ति के संदर्भों को विश्लेषित करने के वे ही गतिशील आधार हैं किन्तु नगेन्द्र जी की शास्त्रीय समीक्षा उन्हीं की अपनी अवधारणा की प्रतिलोमता बनकर सामने आती है। डॉ. रामस्वरूप चतुर्वेदी की टिप्पणी इस सम्बन्ध में प्रकारान्तर भाव से उनकी समीक्षक दृष्टि को बहुत साफ-साफ स्पष्ट करती है—

"यह अपने में सचमुच एक विडम्बना है कि समरसता जैसी जीवन दृष्टि का प्रतिपादन करने वाली कृति का एक खण्डित दृष्टि से अध्ययन किया जाए। आधुनिक समीक्षा प्रक्रिया रचना के अर्थ तथा अनुभव को जीवंत और विकासशील बनाये रखने का प्रयत्न है। यह मैं पहले कहा चुका हूँ पर नगेन्द्र कामायनी के अर्थ को पुराने काव्यशास्त्र के साथ नये विराम चिह्नों से बाँध देना चाहते हैं (कामायनी के अध्ययन की समस्याएँ, पृ. 6)। इस माने में उनकी व्याख्या सबसे अधिक रूढ़िवादी है।"[1]

---

1. हिन्दी आलोचना की बीसवीं सदी—डॉ. निर्मला जैन, पृ. 74
2. वही, पृ. 75

डॉ. नगेन्द्र की प्रारम्भिक समीक्षात्मक कृतियाँ—पं. सुमित्रानन्दन पंत तथा साकेत एक अध्ययन—द्विवेदी युगीन व्याख्यात्मक समीक्षा के विकास से सम्बद्ध है। इन समीक्षात्मक कृतियों में शास्त्रीयता की स्थिति आवश्यक है। कामायनी की व्याख्या के सन्दर्भ में डॉ. नन्दकिशोर नवल की टिप्पणी निश्चित ही डॉ. नगेन्द्र के समीक्षा कर्म पर एक असन्तोष है और ठीक भी है। उनकी टिप्पणी है, ''ऐसी स्थिति में कामायनी की रक्षा लोंजाइनस के तर्कों के सहारे नहीं की जा सकती।''[2]

डॉ. नगेन्द्र 'कामायनी के अध्ययन की समस्याएँ' शीर्षक कृति में सैद्धान्तिक आरोपों को प्रसाद की जीवन्त सर्जनात्मक व्यवस्था को फेर कर सैद्धान्तिक समीक्षा में बाँध देते हैं। वे कामायनी की 'रसास्वादन प्रक्रिया' के विश्लेषण के लिए आई.ए. रिचर्ड्स का आधार देते हैं और सम्बद्ध बिम्बविधान को आचार्य नगेन्द्र अभिधार्थ ज्ञान से जोड़ते हैं। वे आलोचकों को उन शैवागम के सूत्रों की तलाश करने की बात भी कहते हैं जो परम्परा में इंगित है। उनके अनुसार कामायनी में ''दर्शन के लिए उलझे हुए सूत्रों में अनुस्यूत आनन्दवाद के मूल सूत्र को पकड़कर कामायनी की दार्शनिक गुत्थी को सुलझाना कामायनी के अध्ययन क्रम की अनिवार्य समस्या है।''[3] डॉ. नगेन्द्र कहते हैं कि, ''ज्यों ही मैं कामायनी का मूल्यांकन करने के लिए प्रवृत्त होता हूँ—मुझे लोंजाइनस की यह उक्ति अनायास ही याद आती है।''[4] कामायनी के अङ्गीरस के लिए संस्कृत के काव्यशास्त्र का आधार लिया गया है—आदि-आदि।

कुल मिलाकर, डॉ. नगेन्द्र की शास्त्रीय समीक्षा का मापदण्ड इतना आवेगपूर्ण एवं उनके शास्त्रीय समीक्षक के व्यक्तित्व का अंग बन चुका है कि वे व्यावहारिक समीक्षा के समय कृति में व्याप्त सर्जनशीलता के सामयिक जीवन्त अनुभव व्यापार को विस्मृत कर जाते हैं। यह सत्य है कि डॉ. नगेन्द्र के व्यक्तित्व के साथ सैद्धान्तिक, शास्त्रीय या रूपात्मक समीक्षा के तत्त्व पूरी तरह से जुड़कर उनकी व्यावहारिक आलोचनात्मक दृष्टि से सम्बद्ध हैं।

□□

1. कामायनी का पुनर्मूल्यांकन—डॉ. रामस्वरूप चतुर्वेदी, पृ. 96
2. हिन्दी आलोचना का विकास—डॉ. नन्दकिशोर नवल, पृ. 196
3. कामायनी के अध्ययन की समस्याएँ, पृ. 11
4. वही, पृ. 16

डॉ. रामविलास शर्मा

प्रगतिवादी लेखकों के साथ जुड़े किन्तु दृष्टि से पर्याप्त रूप से उन्मुक्त डॉ. रामविलास शर्मा समीक्षा के क्षेत्र में यथार्थ तथा विकासवादी मतों के सदैव समर्थक रहे हैं। उन्होंने कला तथा उसकी निष्पत्तियों के लिए भौतिकवादी आधारों की खोज की है और उनकी यह भौतिकवादी दृष्टि व्यावहारिक एवं यथार्थवादी जीवन प्रक्रिया के अंग के रूप में है। हिन्दी जगत इन्हें प्रगतिवादी समीक्षक के रूप में स्वीकार करता है। डॉ. शर्मा ने कलात्मक मानदण्डों में उपयोगिता से जुड़े प्रश्नों को बराबर उभारा और आचार्य शुक्ल जैसे आलोचक की रसवादी विचारधारा को उनके मूल्यबोध का अंग बनाकर प्रस्तुत करने का प्रयास किया। इसी प्रकार, उन्होंने 'प्रेमचन्द्र और उनका युग' तथा 'महावीरप्रसाद और हिन्दी नव जागरण' जैसी कृतियों में समसामयिक जीवन में उभरती नवजागरण की लोक चेतना के स्वरों को भी प्राथमिकता के साथ स्थापित किया।

उनकी व्यावहारिक तथा युगीन समीक्षा से जुड़ी निम्नलिखित कृतियों की बराबर चर्चा की जाती है।

आचार्य रामचन्द्र शुक्ल और हिन्दी आलोचना, निराला, (1962) प्रेमचन्द और और उनका युग (1965), निराला की साहित्य साधना—तीन भाग (1969, 72, 76)। महावीर प्रसाद द्विवेदी और हिन्दी नवजागरण (1977) प्रगतिशील काव्यधारा और केदारनाथ अग्रवाल (1986) जैसी कृतियों के माध्यम से उपन्यासकारों तथा कवियों की उन्होंने न केवल व्यावहारिक समीक्षा लिखी—अपितु नये व्यावहारिक समीक्षात्मक मानों की भी स्थापना की।

डॉ. रामविलास शर्मा का साहित्यिक परिदृश्य केवल हिन्दी और आचार्य रामचन्द्र शुक्ल के इतिहास का हिन्दी साहित्य मात्र ही नहीं है। यह हिन्दी देश की जातीय संस्कृति की संवाहिका है। वे अपने कई ग्रन्थों में हिन्दी के इस जातीय स्वभाव तथा उसके विकास की विभिन्न परिस्थितियों की चर्चा करते हैं। **भाषा और समाज, भारत की भाषा समस्या, परम्परा का मूल्यांकन, भारतीय साहित्य की भूमिका** आदि ग्रन्थों में वे अपने इस मन्तव्य को बार-बार इंगित करते हैं। वे एक स्थल पर कहते हैं कि, "हिन्दी प्रदेश की जनता के सामने हिन्दू संस्कृति का विकल्प 'हिन्दी संस्कृति' है। हिन्दी प्रदेश और भारत देश में कोई अन्तर्विरोध नहीं है। हिन्दी संस्कृति और भारतीय संस्कृति में कोई अन्तर्विरोध

नहीं है।.... यदि भारत बहुजातीय राष्ट्र है तो उसमें से एक जाति हिन्दीभाषी है। इस तथ्य को स्वीकार करना होगा।''[1]

सामाजिक परिवेश तथा परम्परा एवं उससे जुड़ी अपनी संस्कृति की निजता भाषा तथा साहित्य दोनों की प्रकृति एवं स्वरूप का निर्माण करती और इस दृष्टि से साहित्येतिहासिक तथा साहित्यिक परम्परा एवं भाषा व्यवहार का सीधा सम्बन्ध जनजीवन और उसके यथार्थ तथा उनसे जुड़ी विविध समस्याओं से है। किसी सीमित क्षेत्र से, किसी भाषा एवं उसके रचनाकारों को जोड़कर देखने से उत्पन्न विसंगतियाँ हमारे साहित्यिक चिन्तन की दृष्टि में न विकास लाती हैं और न उनकी सामाजिक व्याप्ति का निर्माण कर पाती हैं। हिन्दी के इतिहास ग्रन्थ एवं समीक्षाएँ अभी तक इन्हीं संकीर्णताओं से सम्बद्ध हैं। उनकी यह दृष्टि 'निराला की साहित्य साधना, भाग-1 की भूमिका में' कवि व्यक्तित्व के विवेचन के लिए आदर्श मानक बनकर सामने आती है।

''यह पुस्तक उनके साहित्य की आलोचना नहीं है। उनके पारस्परिक सामाजिक परिवेश से, उस युग की सांस्कृतिक परिस्थितियों से उनके जीवन के बाह्य रूपों के साथ उनके अन्तर्जगत से पाठकों को परिचित कराना मेरा उद्देश्य है।''[2]

''यहाँ आलोचना' तथा 'कवि के जीवन वृत्त' दोनों के बीच अन्तर करते हुए कृतित्व निर्माण की उन शक्तियों से पाठक को, सहृदय आलोचक को परिचित कराना लेखक का लेखन कर्म बनता है; जो आलोचनात्मक संगतियों की व्याख्या कर सके और यह संगति निराला की साहित्य साधना-भाग 2 में देखी जा सकती है। निराला की साहित्य साधना-भाग 2 जो कवि के कृतित्व शक्ति के विश्लेषण से सम्बद्ध है, सन् 1962 में लिखी गई थी और इसके पूर्व सन् 1962 में भी निराला नाम से इनकी एक अन्य समीक्षात्मक कृति प्रकाशित हो चुकी थी। यद्यपि डॉ. शर्मा की कवि के रचनात्मक परिवेश को प्रभावित करने वाली मान्यताएँ यहाँ भी दिखाई पड़ती हैं किन्तु निराला की साहित्य साधना, भाग-2 में सामाजिक, सांस्कृतिक, राजनीतिक, व्यक्तिगत, यथार्थमूलक तथा विस्तृत एवं गहन परिवेश की अवधारणाओं के बीच निराला का जो मूल्यांकन किया गया है—'पाठक, आलोचक तथा कवि' इन तीनों के बीच व्यापक आत्मीय एकतानता दिखाई पड़ती है। हिन्दी की व्यावहारिक समीक्षा और कवि व्यक्तित्व के सर्जनात्मक स्वरूप की विधायिनी जीवन्त परिस्थितियों—का एकात्म सामंजस्य निराला की 'साहित्य साधना, भाग-2' के अतिरिक्त किसी दूसरी कृति में अभी तक नहीं देखा जा सका है।

'विचारधारा, भावबोध तथा कला' के मूलाधार जो स्वयं समीक्षक के शब्दों में 'निराला की रचना प्रक्रिया' के स्रोत हैं को सामाजिक, राजनीतिक, कवि के व्यक्तिगत, व्यावहारिक

1. भारतीय साहित्य की भूमिका, पृ. 372
2. निराला की साहित्य साधना, भाग-1, भूमिका, पृ. 1

संदर्भों से जोड़कर आत्मीय बना देना तथा आत्मीयता के सूत्रों से कृति के समीक्षा संदर्भों को पूरी तरह से बाँध देना आलोचक शर्मा की तटस्थ तथा आत्मीयता भरी संगति का प्रतिफल है। परिवेश, परम्परा, कला तथा भाषा के सम्पूर्ण प्रतिमानों को बड़ी सजीवता के साथ जोड़कर निराला के वैशिष्ट्य को इंगित करना तथा उनके कवि व्यक्तित्व के साथ आत्मीयता जोड़े हुए पाठक को उस आत्मीयता का अभिन्न अंग बना लेना; इनकी आलोचना कला की अपनी विशेषता है।

निराला की साहित्य साधना-भाग 3 में पत्रों के संकलन है—तीन रूपों से जुड़े—निराला के द्वारा लिखे हुए, निराला के लिए लिखे हुए तथा तीसरे वे पत्र जो साहित्यकारों द्वारा परस्पर निराला से सम्बद्ध साहित्यिक प्रकरणों के लिए लिखे गये हैं।

साहित्यिक समीक्षा की दृष्टि से निराला की साहित्य साधना-भाग 2 में समीक्षात्मक ऊर्जा की अभिव्यक्ति अधिक है। भाग 1 तथा भाग 3, भाग दो की आलोच्य भावात्मक सघनता के परिवेश के निर्माण के लिए है।

साहित्यिक समीक्षा की दृष्टि से उनकी दूसरी आलोचनात्मक कृति "आचार्य रामचन्द्र शुक्ल और हिन्दी आलोचना" (1955) ली जा सकती है यह कृति पुनर्मूल्यांकन के रूप में स्वीकार की जा सकती है। डॉ. शर्मा जी—इसी कृति के प्रथम संस्करण की भूमिका में लिखते हैं कि "पिछले वर्षो में शुक्ल जी पर तरह-तरह के आक्षेप पेश किये गए थे। उनसे शुक्ल के बारे में ही नहीं, साहित्य के सहज विकास के बारे में भी भ्रम फैलते हैं। इन्हीं के निराकरण के लिए नवम्बर सन् 1954 में नया पथ में मैंने शुक्ल जी पर एक लेख लिखा था... यह प्रयत्न उन मित्रों के आग्रह का भी फल है।"[1]

आचार्य शुक्ल पर प्रारम्भिक प्रगतिवादी समीक्षकों ने अनेक प्रकार के आरोप लगाए थे। इन आरोपों की डॉ. शर्मा ने एक लम्बी तालिका दी है—द्वितीय संस्करण की भूमिका के प्रथम एवं अन्तिम अध्यायों में जो समस्याएँ रखी गई हैं। उनसे शुक्ल जी की स्थिति विवादों के घेरे में बँधती है और उन घेरों से निकाल कर डॉ. शर्मा शुक्ल जी की स्थिति स्पष्ट करते हैं। उनका अन्तिम लेख "शुक्ल जी का पुनर्मूल्यांकन और वामपंथी अवसरवाद" में एक बार पुनः अपने प्रति लगाए तथा कथित पक्षधरता एवं अवसरवादिता के आरोपों का खण्डन करते हुए आचार्य शुक्ल की पुनप्रतिष्ठा में शर्मा जी ने पर्याप्त परिश्रम किया। उन्होंने इस पुनर्मूल्यांकन के लिए सामाजिक इतिहासधारा तथा युग के साथ समीक्षक शुक्ल के सन्दर्भों को जोड़कर जो साक्ष्य प्रस्तुत किया है, उनसे एक नई समीक्षा दृष्टि बनती है। देश, काल, परिवेश, परम्परा एवं जाति से जुड़कर गहन यथार्थवाद तथा व्यावहारिक उपक्रम एवं लेखक का आधुनिकताबोध ये सभी तत्त्व इसी समीक्षा दृष्टि से सम्बद्ध हैं।

---

1. आचार्य रामचन्द्र शुक्ल और हिन्दी आलोचना (पं.सं.) प्रथम संस्करण की भूमिका, पृ. 26

आचार्य रामचन्द्र शुक्ल को युग के व्यावहारिक यथार्थवाद से जोड़कर उनके लेखन के आधुनिक बोध को तर्कों और प्रमाणों के साथ प्रस्तुत करके आम पाठकों की सहमति का विषय बना देना, आलोचना और पुनर्समीक्षा दोनों के लिए आधारभूत तत्त्व हैं। साहित्य की परख की इस नयी आलोचनात्मक विधा के सशक्त समीक्षक के रूप में डॉ. रामविलास शर्मा को सदैव स्मरण किया जायेगा। महाकवि निराला तथा आचार्य शुक्ल से जुड़ी उनकी समीक्षा रूपात्मक शास्त्रवाद या सिद्धान्तवाद से न जुड़कर उनके द्वारा भोगे जाते हुए रचनाकार के व्यक्तित्व तथा आलोचक डॉ. रामविलास की सहज सहृदयता उन्हें सर्जनात्मक समीक्षा के आवेगों में बाँधे हुए निरन्तर चलती हैं। जैसे दोनों की आत्मीयता एवं उन दोनों के समीक्षक (डा.रामविलास शर्मा) की आत्मीयता जुड़ी हुई साथ-साथ चलती हो।

डॉ. रामविलास शर्मा की शेष कृतियाँ युग एवं सर्जक के मूल्यांकन के व्यापक परिवेश से जुड़ी उनके जीवन, लोक तथा सामाजिक चेतना के यथार्थ को बार-बार मूल्यांकित करती हैं। प्रेमचन्द्र और उनका युग, महावीर प्रसाद द्विवेदी और हिन्दी नवजागरण, प्रगतिशील धारा और केदारनाथ अग्रवाल आदि के द्वारा डॉ. रामविलास शर्मा युग के यथार्थवाद के साथ सर्जनात्मक साहित्य के निर्माण के उन परिस्थितियों के विवध बिन्दुओं को इंगित करते हैं, जिन्हें हमारा समीक्षक प्रायः उपेक्षित कर जाता है। साहित्य को एक ओर कलात्मक चेतना से शर्मा जी जोड़ते हैं किन्तु इसकी ओर उनके विवेचन का उससे भी महत्त्वपूर्ण पक्ष है साहित्य को लोक जीवन एवं उसकी सांस्कृतिक परम्परा से जोड़कर विश्लेषित करने का अनुक्रम और इस परम्परा को जोड़ने पर उनकी दृष्टि में उसकी उपयोगिता इस प्रकार बनती है, "हिन्दी जनता के सर्वांगीण विकास में उसकी सांस्कृतिक परम्परा का ज्ञान महत्त्वपूर्ण प्रेरक शक्ति बन सकता है।"[1]

उनके अनुसार, "हिन्दी जनता की संस्कृति मुख्यतः उसके साहित्य में और साहित्य में भी विशेषतः काव्य में विकसित हुई है।"[2]

डॉ. रामविलास शर्मा साम्यवाद के भौतिक विकास के साथ भारतीय साहित्य को जोड़कर देखने के पक्षपाती नहीं हैं। वे साहित्य के माध्यम से पनपने वाले समाजवादी संदर्भों की इतनी सटीक एवं प्रामाणिक व्याख्या करते हैं कि लगता है कि साहित्य को एक नया संदर्भ दे रहे हों। वे इसे स्पष्ट करते हुए कहते हैं—

"और साहित्य की परम्परा का पूर्ण ज्ञान समाजवादी व्यवस्था में ही सम्भव है। समाजवादी संस्कृति पुरानी संस्कृति से नाता नहीं तोड़ती वरन् उसे आत्मसात् करके आगे बढ़ती है।"[3]

---

1. परम्परा का मूल्यांकन : डॉ. रामविलास शर्मा, पृ. 29
2. वही, पृ. 28
3. वही, पृ. 15

कुल मिलाकर, 'सर्जक और उसकी परम्परा' दोनों डॉ. शर्मा के अनुसार एक व्यवस्था से जुड़कर विकास करते हैं। यदि इन विकास सूत्रों को आगे बढ़ाने वाली जन रुचि, संस्कार, मान्यताओं आदि का विश्लेषण करें तो भारत जैसे सांस्कृतिक परम्पराओं से मंडित देश को वैचारिक तथा भावात्मक एकता में बाँधने तथा सम्पूर्ण देश को एक बनाने में बड़ी मदद मिलेगी।

डॉ.शर्मा साहित्य को किसी कवि की न निजी वैचारिक अभिव्यक्ति मानते हैं न कलात्मक मानकों की आनन्दमयी चेतना। ये सब तत्त्व तो उसके स्वभाव से जुड़े रहते हैं। साहित्य मूलतः अपने युग विशेष के सामाजिक प्रभावों की प्रत्यक्ष एवं अप्रत्यक्ष अभिव्यक्ति होती है जिस पर रूपात्मक समीक्षकों की दृष्टि ही नहीं जाती। इस दृष्टि से उनके द्वारा किए गए कार्य प्रेमचन्द्र (1941) तथा प्रेमचन्द्र और उनका युग (1952) में उनकी यह दृष्टि मुखर होकर सामने आती है। इसी संदर्भ में, भारतेन्दु हरिश्चन्द्र और हिन्दी नव जागरण की समस्याएँ भी देखी जा सकती है। प्रेमचन्द्र शीर्षक कृति उपन्यासकार के वर्णन संदर्भों की ओर न जाकर उपन्यासकार की उस सहानुभति की ओर संकेत करती हैं—जो सनातन हैं भारतीय संस्कृति का मूल उपजीव्य है। एक ओर अंग्रेज हैं, जमींदार और सामन्त है, पूँजीवादी सेठ, साहूकार एवं बनिये हैं—धर्मोपदेशक तथा कर्मकांडी ब्राह्मण हैं। दूसरी ओर सबसे दुर्बल भारतीय कृषक जो सभी के द्वारा नोचा जा रहा है। प्रेमचन्द्र की सहानुभूति इसी दलित कृषक की ओर है और उनकी सम्पूर्ण आत्मीयता उसके साथ लगी है और निरपेक्ष भाव से उसकी मुक्ति तथा विकास के संदर्भों को व्यंग्यों द्वारा, कार्यों द्वारा, प्रतिक्रियाओं और न जाने कितने-कितने रूपों द्वारा साहित्य में बार-बार रखते हैं। मुंशी प्रेमचन्द्र को इस सापेक्ष्य में विश्लेषित करने का उनका यह उपक्रम सर्वथा नया है। भारतीय लोकजीवन के उस यथार्थवाद के दलित रूप को वे सामने लाते हैं जो भारतीय व्यवस्था की रीढ़ है और आगे सम्पूर्ण राष्ट्र की सामाजिक व्यवस्था का सूत्रधार होकर देश को पश्चिमी भौतिक उद्योगवादी व्यवस्था के दबाव से मुक्त करता है।

प्रेमचन्द्र साहित्य के विश्लेषण द्वारा भी रामविलास शर्मा जी साहित्य की समग्रता से जोड़कर सर्जक के व्यंजित दृष्टिकोण के साथ युग संदर्भ के दलित, शोषित, उपेक्षित, पीड़ित, दबे हुए निम्न वर्ग की चर्चा बार-बार करते हैं। प्रेमचन्द्र सम्पूर्ण समाज के परिदृश्य द्वारा न केवल युगीनसमाज के यथार्थ को सामने रखते हैं वरन् युगीन महाजनी सभ्यता में झुलसते किसानों तथा मजदूरों को उनके बीच उभार कर सबके सामने लाते हैं। उभारकर लाए गये इस समाज के प्रति प्रेमचन्द्र की सहानुभूति जुड़ी है इसलिए कि यही **जन हैं**, इन्हीं का जीवन आतंक, गरीबी तथा शोषण में झुलस रहा है और इन्हीं को बचाना है क्योंकि इन्हीं से भावी समाज की जनसंस्कृति का निर्माण होगा। डॉ. रामविलास शर्मा के अनुसार उनकी समीक्षा द्वारा ही उनका निर्माण होगा। डॉ. रामविलास शर्मा उनकी समीक्षा द्वारा उनके इस कार्य को पाठकों एवं आलोचकों के बीच लाते हैं। वे एक स्थल पर कहते हैं—

"अपने युग की निर्धनता, दासता और पीड़ितों की अतिवेदना का जैसा उन्होंने अनुभव किया है, वैसा दूसरे ने नहीं। प्रेमचन्द्र की कृतियों का हमारे सामने यह संदेश है, कि हम जनता में आकर रहें और काम करें। अपनी रचनाओं में जनता-जनता कम चिल्लायें।"[1]

डॉ. शर्मा जी यहाँ प्रेमचन्द्रयुगीन यथार्थ और लोक संकट की सही पकड़ करके उससे मुक्ति दिलाने वाले लेखकों की जिस नस को पकड़ते हैं, वह व्यवहार एवं दिखावे के फैशन से जुड़ा युगीन सन्दर्भ मात्र नहीं है।

डॉ. शर्मा के आलोचना के मानदण्डों में उस सत्य, निष्ठा को विशेष बलवती बताया गया है जो लोक जीवन के यथार्थ का भोगा जाता हुआ कटु सत्य है। इस सत्य से सामाजिक यथार्थ का वह मानवीय वातावरण निर्मित होता है जो भावी साहित्य के लिए प्रेरणास्त्रोत हो सकेगा। यह भी जनवादी आलोचना का ही एक स्वरूप है, जो भावी साहित्य के लिए प्रेरणा स्त्रोत हो सकेगा। यह भी जनवादी आलोचना का ही एक स्वरूप है जो सर्जक की सहमति-असहमति से जुड़कर साहित्यिक रचना का जनजीवन की संपृक्ति से भरा स्वरूप और सामाजिक वातावरण निर्मित करता है।

इसी प्रकार, भारतेन्दु हरिश्चन्द्र पर उनकी दो पुस्तकें प्रकाश में आईं—भारतेन्दु हरिश्चन्द्र (1966) तथा भारतेन्दु युग और हिन्दी भाषा की विकास परम्परा (1975)। भारतेन्दु हरिश्चन्द्र की भाषा, विचारधारा चिन्तन दिशा आदि के विषय में उनका सूत्रवाक्य इस प्रकार है—

"उनके गद्य में अक्सर शहरी नफासत की कमी है। उनमें भदेसपन है 'सियनि सुहावनि टाट पटोरे' का मजा है। जिंदादिली में उनका मुकाबला नहीं।

"नींद से उठने वाली एक नयी जाति का जयघोष उसमें सुनाई देता है।"[2]

यहाँ डॉ. शर्मा न भारतेन्दु हरिश्चन्द्र के व्यक्तित्व एवं कृतित्व को स्पष्ट करना चाहते हैं और न युग के इतिहास तथा साहित्य के मूल्यों को उद्‌घाटित करने का प्रयास करते हैं। "नींद से उठने वाली" अर्थात् हजारों वर्षों की गुलामी एवं आतंकपूर्ण दबाव में सोई तथा खोई हुई तथा एक नई जाति अर्थात् हिन्दी जाति (भारतीय जन जीवन) अपने जागरण का स्वप्न देखकर नये परिवर्तन के आलोक में अपनी आखें खोल रही थी। नव युग के नए प्रभाव के नए जागरण के नाम सन्देश और उसकी हिन्दी के माध्यम से उद्‌घोष, यही भारतेन्दु हरिश्चन्द्र के साहित्य का नव जागरण है।

उन्होंने भारतेन्दु हरिश्चन्द्र तथा उनके नव जागरण के चिन्तन को सर्वोपरि माना—कविता, कहानी, नाटक, गद्य आदि इस जागरण के लिए माध्यम हैं।

---

1. परम्परा का मूल्यांकन : डॉ. रामविलास शर्मा, पृ. 143
2. भारतेन्दु हरिश्चन्द्र, पृ. 105

वे मार्क्सवादी चिन्तन के भौतिकता के वैषम्य से जुड़े आर्थिक द्वन्द्व और उसकी सामाजिक सहमति की दिशाओं से साहित्य के मर्मों को इंगित करने का दम्भ अवश्य भरते हैं किन्तु भारतीय इतिहास की मूल प्रकृति की धाराओं के वेग का आकलन करने में भ्रम उत्पन्न करते हें। भारत का प्रारम्भिक द्वन्द्व-आध्यात्मिक त्यागवाद एवं राजन्य वर्गीय व्यवस्था के बीच था। अध्यात्मिक त्यागवाद राजन्यवर्ग पर हावी था। धीरे-धीरे यह राजन्यवर्ग सामन्तवर्ग में बदला और प्रजा तथा राजा का एक सामाजिक रिश्ता प्रकाश में आया। विदेशी आक्रमणों के बाद सामन्त और प्रजा की दूरी बढ़ती गई और भारतीय त्यागवादी व्यवस्था की गति मंद पड़ गईं। मुगल साम्राज्य तक इस सामाजिक द्वन्द्व को भारतीय जन समाज ने झेला और ईस्ट इण्डिया कम्पनी के शासन तथा उसके बाद 'महारानी विक्टोरिया' के आधिपत्य में समाज की व्यवस्था कई रूपों में आई। पूँजीवादी व्यवस्था, लोलुपता, सामन्तवादी भोगवृत्ति, जमींदारवादी भूमि व्यवस्था, मध्यवर्गीय शिक्षा कर्मी-धर्मी नये समाज का उदय आदि-आदि भारतेन्दु युग के सामाजिक सन्दर्भ थे। इन्हीं के बीच एक शिक्षित वर्ग अपनी प्राचीन भारतीय अस्मिता को जगाने में संकल्पबद्ध हुआ। इन सबका उल्लेख इस लिए किया जा रहा है कि आम जनता किसान, मजदूर, कामगर का एक बहुसंख्यक वर्ग था और उच्च वर्ग धन लोलुप तथा तरह-तरह से इनका शोषक था। जनता पर नियंत्रण, उस युग में सामन्तों एवं जमींदारों के गुमाश्ते, अंग्रेजों के प्रशासक वर्ग, पुलिस तथा सेना आदि एक दम नई व्यवस्था जुड़ी। दूसरी ओर, अंग्रेजी व्यवस्था के माध्यम से सड़कें, नहरें, यातायात, शिक्षा अर्थात् जनता-जनता के बीच वर्तमान दूरी तथा अलगाव को समाप्त करने की चेष्टा एवं शिक्षा के नए संदर्भों के बीच "जयघोष की आवाज" भारतेन्दु को सुनाई पड़ रही थी। देश के प्रबुद्ध नागरिकों ने सुना और जाना कि यह जागरण का नया मंत्र है।

डॉ. शर्मा मार्क्सवादी समीक्षा के माध्यम से जातीय संस्कृति के उन मूल स्वरों को सुनने में सतत प्रयत्नशील दिखाई पड़ते है जो आम जनता की भावात्मक चेतना की सांस्कारिक ध्वनि है। इसी की आम जनता उसकी जातीय सांस्कृतिक चेतना से बचकर उसके दबाए गए स्वरों को, उन दबाने वालों को, उनके विघटन को, उनके आतंक और उनके पतन को स्पष्ट करते हुए विशिष्ट परिस्थितियों में जागृति की मशाल जलाने वाले देश के भाषा सर्जकों के इससे जुड़े योगदान का वे स्मरण करते हैं।

यदि डॉ. रामविलास शर्मा की समीक्षा को मूल सूत्र रूप में कहना चाहें तो कह सकते हैं कि साहित्यिक विश्लेषण द्वारा जातीय संस्कृति के दबाए गए आम आदमी के विघटन की खोज तथा पुनः उस जाति की युगानुरूप सांस्कृतिक धरोहरों की छानबीन करके अवरुद्ध मार्गों की तलाश ही डॉ. रामविलास शर्मा की समीक्षा है। परम्परा का उपयोग भविष्य की संकटमुक्ति के लिए है। यही डॉ. शर्मा की अपनी साहित्य समीक्षा का सार तत्त्व है। परम्परा का बोध तो आचार्य पण्डित हजारी प्रसाद द्विवेदी जी कराते हैं किन्तु उनकी समीक्षा का लक्ष्य अपनी सांसारिक अस्मिता का बोध है। डॉ. शर्मा बोध को नहीं भावी जागृति के युग सन्दर्भ

में परम्परा के सन्दर्भों का मूल्यांकन करके सामान्य दबाई गई जनता का भावी लक्ष्य निर्धारित करते हैं। कृति की व्याख्या मूल्यों से और परम्परा के आवेष्टनों में चिपके उधड़े मूल्यों को जागृति से जोड़ने का प्रयास ही डॉ. रामविलास शर्मा की समीक्षा का मूल सन्दर्भ है।

यही सन्दर्भ उनकी प्रसिद्ध समीक्षा कृति 'महावीर प्रसाद द्विवेदी और हिन्दी नव जागरण' (1977) में भी देखा जा सकता है। वे द्विवेदी जी के महत्त्व का आकलन इस सन्दर्भ में नहीं करते कि उन्होंने हिन्दी भाषा तथा साहित्य को स्तरीय गति दी। वे अपने चिन्तन के ही प्रकाश में आचार्य महावीर प्रसाद द्विवेदी का मूल्यांकन करते हुए बताते हैं कि साहित्येतर विषयों, जिनका सम्बन्ध उस समय की जनाकांक्षा से था और जिसे जानने के लिए भारतवासी उत्सुक थे यथा सम्पत्तिशास्त्र, इतिहास, भूगोल, विज्ञान, ज्योतिष, समाजशास्त्र आदि के लेखन द्वारा उन्होंने नए समाज की रचना का आधार देने का प्रयास किया है। वे आचार्य द्विवेदी का मूल्यांकन इस नवमार्ग के प्रशस्तीकरण के लिए करके उनकी प्रशंसा करते हुए कहते हैं कि—

"इस तरह की तैयारी उनसे पहले किसी सम्पादक या साहित्यकार ने नहीं की थी। परिणाम यह हुआ कि हिन्दी प्रदेश में नवीन सामाजिक चेतना के प्रसार के लिए वह सबसे उपयुक्त व्यक्ति सिद्ध हुए।"[1]

कुल मिलाकर, डॉ. रामविलास शर्मा का व्यक्तित्व हिन्दी समीक्षा की उस नई दिशा का प्रतीक है, जो प्रगतिवादी आलोचना साहित्य की परम्परा के अन्वेषण पर बल देता है। लोक जीवन के निम्नवर्गीय बदलाव के सूत्र निरन्तर परिवर्तित और बढ़ते हुए उसे सबल बनाएँ, यही उनके लेखन का मन्तव्य है। सामाजिक परिवर्तन के कारक इन सूत्रों के रूपों एवं उनकी व्यवस्थाओं में बदलाव आता रहता है किन्तु साहित्यिक चिन्तन की इस मूल दृष्टि में लोक को सशक्त दबावों से मुक्ति दिलाने की चिन्ता उनमें बनी रहती है। साहित्यिक बदलाव की यही चिन्ताधारा अन्त में उस दबी हुई वर्ग की सामाजिक एवं सामूहिक चेतना को स्थापित करके स्वयं में एक व्यापक व्यवस्था बन जाती है। भारतेन्दु युग, द्विवेदी युग, निराला तथा प्रेमचन्द्र युग के इन साहित्यिक चिन्तनों से जुड़े सूत्रों का विश्लेषण करते हुए वर्तमान सामाजिक बदलाव के जिन सन्दर्भों की स्थापनाओं तथा उसके भावी स्वरूप के निर्माण की दिशा को वे इंगित करते हैं, वह उनकी मौलिक चिन्तनधारा का सर्वस्व है। साहित्यिक कला दृष्टि साहित्य की सामाजिक चिन्तनधारा से जुड़कर निरन्तर अपने स्वरूप का विकास करती रहती है और उसके प्रकाश में कलावाद के उन मूल्यों का भी वे खण्डन करते चलते है जिन्हें हम चिरन्तन तथा स्थायी कहते हैं।

□□

---

1. महावीरप्रसाद द्विवेदी और हिन्दी नवजागरण—डॉ. रामविलास शर्मा, पृ. 16

प्रो. रामस्वरूप चतुर्वेदी

आधुनिक साहित्य में समाजवादी या मूल्यवादी समीक्षा के विकास तथा बदलाव की ही भाँति रूपवादी या शास्त्रवादी समीक्षा की प्रकृति एवं ढाँचे में पर्याप्त परिवर्तन हुआ है। इस रूपवादी ढाँचे के नयेपन से जुड़ा 'काव्य भाषा' चिन्तन आज हिन्दी समीक्षा में एक नया परिदृश्य सामने लेकर आया है और उसका अपना सबसे सशक्त पक्ष यही है कि कविता की प्रस्तुति एवं पहचान दोनों का आधार भाषिक संरचना के अतिरिक्त और कुछ भी नहीं है। आधुनिक साहित्य में इस चिन्तन को शीर्ष पर पहुँचाने वाले नये समीक्षकों में प्रो. रामस्वरूप चतुर्वेदी अग्रगण्य हैं। सामान्य रूपात्मक समीक्षा से इनके काव्य चिन्तन का अलगाव इस अर्थ में महत्त्वपूर्ण है कि रचना के भावात्मक आवेगों तथा संदर्भों को वे अपने नये चिन्तन के अनुसार भाषा चिंतन में ही सम्मिलित कर लेते हैं।

उनकी समीक्षात्मक चिन्तादृष्टि के मूल में साहित्य के आधुनिकताबोध की तलाश सबसे बड़ी समस्या रही है। 'हिन्दी नव लेखन' (1960) से इसकी शुरुआत करके उन्होंने अपनी जिज्ञासा का 'बीज सूत्र' हिन्दी समीक्षा के आधुनिकताबोध के अन्वेषण की दिशा से जोड़ा है। अपनी समीक्षात्मक कृति इतिहास और आलोचक दृष्टि (1982) कविता का पक्ष (1994) तक ये बराबर इसी दिशा से जुड़े रहे। 'काव्य भाषा' से जुड़े मूल्यों के अन्वेषण तथा उसकी सैद्धान्तिक निष्पत्तियों की प्रामाणिकता को अन्तिम शीर्ष पर पहुँचाकर उन्होंने हिन्दी नव्यालोचन को एक नई दिशा दी और इसके लिए वे हमेशा याद किए जाएँगे।

प्रो. रामस्वरूप चतुर्वेदी की समीक्षात्मक दृष्टि को तीन भागों में विभक्त किया जा सकता है—नव्यालोचन के लिए प्रतिमानों की तलाश से जुड़ी साहित्य सर्जना और भाषिक संरचना, मध्यकालीन काव्यभाषा तथा भाषा और संवेदना जैसी उनकी कृतियाँ इसी संवर्ग के अन्तर्गत सैद्धान्तिक समीक्षा के रूप में स्वीकृत हैं।

इतिहास और साहित्यिक परम्परा की संवेगात्मक प्रवृत्तियों, जिनसे साहित्यिक मूल्यों का ऐतिहासिक बोध निर्दिष्ट किया जा सकता है, उनसे जुड़ी उनकी कृतियाँ हैं—हिन्दी साहित्य की अधुनातन प्रवृत्तियाँ (1969) भक्ति कविता यात्रा, नई कविताएँ : एक साक्ष्य, हिन्दी साहित्य और संवेदना का विकास, हिन्दी काव्य संवेदना का विकास (1993) मध्यकालीन काव्यभाषा, इतिहास और आलोचक दृष्टि, समकालीन हिन्दी साहित्य : विविध परिदृश्य, तारसप्तक से गद्य कविता तक (1997), विन्यास और विकास (1997), कविता का पक्ष (1994)।

उनकी व्यावहारिक समीक्षा से जुड़ी महत्त्वपूर्ण कृतियाँ इन दोनों परम्पराओं से भिन्न हैं। शरत् के नारी पात्र, अज्ञेय और आधुनिक रचना की समस्या, कामायनी का पुनर्मूल्यांकन (1997) प्रसाद निराला अज्ञेय (1989) कृतियाँ इसी व्यावहारिक समीक्षा श्रेणी में आती हैं।

निष्कर्ष रूप में कहना चाहें तो कह सकते हैं कि—

सैद्धान्तिक समीक्षा के क्षेत्र में मानकों के नये संदर्भों की तलाश और इतिहास तथा व्यावहारिक समीक्षा द्वारा उनकी स्वीकृति इनके चिन्तन तथा व्यवहार का अंग रहा है। कुल मिलकार "**साहित्य के नये सैद्धान्तिक मूल्यों की सजगता के साथ अन्वेषण तथा व्यावहारिक समीक्षा में सार्थकतापूर्वक उनकी प्रस्तुति, यही इनकी आलोचनात्मक प्रक्रिया की मूल दृष्टि है।**" और इस मूल दृष्टि के विकास में ये सन् 1955 से लेकर 2004 अर्थात् 50 वर्षों तक सजग-सक्रिय अडिग एवं तन्मय भाव से लगे रहे। इनकी प्रथम कृति 'शरत् के नारी पात्र' का सन् 1955 में प्रकाशन हुआ तथा अन्तिम कृति आलोचकथा का 2004 में।

उनकी अन्तिम कृति 'आलोचकथा' उनका जीवन परिचय नहीं उनकी सर्जनात्मक अनेकरूपता का देखा हुआ तथा अपने से जुड़कर भोगा हुआ साक्ष्य है और इस साक्ष्य में—"साहित्य की अनेक रूप विधाएँ" आत्म कथा-संस्मरण, रेखाचित्र, जर्नल, आलोचना के विविध रूप एक दूसरे में घुले मिले हैं।[1] उन्होंने इस ग्रंथ के आमुख में भी यही बात स्वीकार की है—"यों आत्मकथा संस्मरण रेखाचित्र जर्नल और स्वयं आलोचना का सहज संगम है, आलोचकथा का सम्पूर्ण गद्य।"[2] इन विविध विधाओं के बीच उनकी इतिहास दृष्टि भी इसी 'संगम' में प्रत्यक्ष साक्ष्य के रूप में वर्तमान है—इसका निषेध सम्भव नहीं है।

कुल मिलाकर, प्रो. रामस्वरूप चतुर्वेदी के लेखन की तीन दृष्टियाँ **इतिहास बोध तथा साहित्यिक सृजन की भावनावर्ती प्रक्रिया, रूपात्मक काव्य भाषा संरचना की सिद्धान्त दृष्टि तथा व्यावहारिक समीक्षा के प्रतिमानों के स्थिरीकरण के संदर्भों के साथ-साथ काव्य रचना प्रक्रिया की विकास यात्रा है।**

और यहाँ संक्षेप में, इन प्रारम्भिक दो बिन्दुओं को केन्द्र में रखते हुए तीसरे पक्ष उनकी व्यावहारिक समीक्षा का मूल्यांकन विशेष रूप से अभीष्ट है।

जैसा कि कहा गया है कि प्रो. रामस्वरूप चतुर्वेदी अपनी व्यावहारिक समीक्षा को अपने सृजन के प्रारम्भिक इन दो पक्षों द्वारा सघन बनाते चलते हैं—प्रथम भाषिक संवेदना

---

1. आलोचकथा—रामस्वरूप चतुर्वेदी, पृ. फ्लैप सामग्री तथा आमुख
2. वही

एवं सर्जन की विकास प्रक्रिया एवं सिद्धान्त और दूसरा सर्जक के मौलिक सृजन संदर्भ। इस मौलिक सृजन संदर्भ में बताया जा चुका है कि उनकी निम्नलिखित कृतियाँ—अज्ञेय और आधुनिक रचना की समस्या (1968), कामायनी की पुनर्मूल्यांकन (1970), भक्ति कविता यात्रा (1976), प्रसाद निराला अज्ञेय (1989), आचार्य रामचन्द्र शुक्ल—आलोचना का अर्थ और अर्थ की आलोचना (2001), तारसप्तक से गद्य कविता (मुक्तिबोध, शमशेर, रघुवीर सहाय) (1997) हैं। प्रो. रामस्वरूप चतुर्वेदी आधुनिक कवियों की कविता यात्रा यानी भारतेन्दु से लेकर रघुवीर सहाय तक के सन्दर्भ में साहित्य के इतिहास विवेचन का एक सूत्र देते हैं—"आलोचना तथा कविता के सहकार होने का" अर्थात्, आलोच्य सिद्धान्त, समसामयिक व्यावहारिकता तथा कविता का सृजन तीनों एक साथ मिले चलते हैं। दूसरे शब्दों में, आलोचना सिद्धान्त तथा व्यवहार का विवेचन एवं कवि कर्म या साहित्य का समसामयिक संदर्भ आधुनिक युग में एक होकर चलते हैं। वे इसे समझाते हुए इस प्रकार के तर्क देते हैं—

"आधुनिक युग में आलोचना और कविता का विकास सहकार में हुआ है जो एक प्रकार से इस समूचे युग की केन्द्रीय विशेषता कही जा सकती है जहाँ वैचारिकता तथा संवेदनशीलता एक दूसरे से घुल मिल गई है। प्रस्तुत विवेचन इस आधुनिक रचना आलोचना वृत्ति को आलोकित करने का एक विनम्र प्रयास है।"[1]

प्रो.चतुर्वेदी यहाँ 'सहकार' शब्द द्वारा आलोचना की विकास यात्रा और कविता की विकास यात्रा को दोनों के चिन्तन पक्षों से जोड़ देने के पक्षपाती हैं और इस प्रकार उनकी कविता यात्रा एवं आलोचना यात्रा—साहित्य की इतिहास यात्रा से अभिन्न हो जाती है। उनके चिन्तन की मूलदृष्टि परम्परा एवं आधुनिकता, इतिहास बोध एवं समसामयिक सृजन तथा समीक्षा की समन्वय दृष्टि से बनती है। काव्यभाषा चिन्तन की दृष्टि से वे आधुनिकता से जुड़ी काव्यभाषा सृजन की शास्त्रवादी या रूपवादी समीक्षा से जुड़े हैं। इतिहास बोध की ग्राह्यता के कारण सामयिक आधुनिकता उनके इस रूपवादी चिन्तन को समकालिक प्रासंगिकता से जोड़ती जाती है। एक ओर वे कबीर, जायसी, सूर, तुलसी तथा मीरा से शुरू करके अपनी कविता यात्रा भारतेन्दु तक ले आते हैं फिर प्रसाद, निराला एवं अज्ञेय से उसे जोड़ देते हैं। इसके आगे, वे पुनः बढ़ते हैं—मुक्तिबोध, शमशेर तथा रघुबीर सहाय तक फिर 'आलोचकथा' में शेष महादेवी वर्मा, विजय देवनारायण साही, जगदीश गुप्त तथा विपिन अग्रवाल तक पहुँचते हैं।"[2] इस "संस्मरण वार्ता" में वर्तमान के भोगे जाते हुए क्षणों के साथ सर्जक तथा आलोचक के सहकार धर्म का उपयोग एवं

1. तारसप्तक से गद्य कविता तक, भूमिका, पृ. 3
2. आलोचकथा—स्मरणवार्ता, पृ. 82 से 154 के बीच

साक्ष्य साथ-साथ है। इसी के साथ वे हिन्दी काव्यभाषा तथा सर्जनात्मक आलोचना पर विचार करते हुए सार्थक सृजन, सम्प्रेषण एवं आस्वादन की समस्याएँ इंगित करते चलते हैं। सृजनबोध, प्रक्रिया, इतिहास दृष्टि एवं आलोच्यकर्म तथा भोगा जाता हुआ वर्तमान—ये सूत्र प्रो. रामस्वरूप की समीक्षा की **समसामयिकता तथा सर्जक की अन्तर्शक्ति की अभिव्यक्ति की मजबूरी** साथ-ही-आलोचक के राजमार्ग (कवि कर्म) के दाएँ-बाएँ चलने की विवशता से सम्बद्ध हैं। कृतित्व, आलोचना तथा कृति का पुनर्संदर्भ उनकी समीक्षा यात्रा का व्यापक विस्तार से जुड़ा एक जीवन्त क्रम है। रचनात्मक चेतना के परिदृश्य में जीवन के बदलते हुए संदर्भों तथा भाषिक सर्जन की आधारभूत व्यवस्था का एक सैद्धान्तिक आवरण निरन्तर उनके विश्लेषण के साथ जुड़ा रहता है।[1]

'प्रसाद निराला तथा अज्ञेय' उनकी इतिहास तथा आलोचना यात्रा के प्रारम्भिक सोपान हैं। प्रसाद के मूल संदर्भ प्रेम को उसकी तथाकथित साहित्य क्षेत्र में प्रचलित—आध्यात्मिक एवं लोकान्वयी प्रेम के अन्तर समाप्त करके उसे जीवन के पलायन से मुक्त करते हुए 'निष्काम कर्म के स्थान पर कर्मश्लेष के साथ रखना प्रस्तावित करने की जीवन दृष्टि को इंगित करना चतुर्वेदी जी की अपनी मान्यता है।[2] छायावाद की कविता को अपने पूर्ववर्ती आलोचकों यथा डॉ. रामविलास शर्मा आदि की भाँति स्पष्ट और व्यापक रूप में 'शक्ति की कविता' के रूप में विवेचित करना एक नई दृष्टि है और उनकी यह दृष्टि क्रमशः प्रसाद, निराला, महादेवी एवं सुमित्रानन्दन पंत तक व्यापक रूप से फैलती चली गई है।

कामायनी में आधुनिकता को इड़ा से जोड़कर कवि प्रसाद वर्तमान सभ्यता की अतिभौतिकता, अति बौद्धिकता तथा अति यांत्रिकता को शमिल करने के लिए 'समरसता' के उपाय के रूप में चर्चा करते हैं और इस प्रकार यह आध्यात्मिक संदर्भों से जुड़ा रहने के बावजूद भी आज के लिए एक सार्थक सामाजिक प्रकरण बन जाता है।

एक ओर प्रसाद की कृति कामायनी को जहाँ डॉ. नगेन्द्र जैसे समीक्षक महाकाव्य मानकर उसकी व्याख्या करते हैं तो अन्य समीक्षक रूपक के रूप में उसे स्वीकार करके प्रस्तुत तथा अप्रस्तुत कर तादात्म्य स्थापित करते हैं। स्वयं शुक्ल जी ने अपने इतिहास में रस दृष्टि पर यहाँ संक्षिप्त रूप में विचार किया है। प्रो. रामस्वरूप चतुर्वेदी ने कामायनी की इस व्याख्या के संदर्भ में डॉ. नगेन्द्र, आचार्य शुक्ल, समीक्षक नन्ददुलारे वाजपेयी, आचार्य हजारी प्रसाद द्विवेदी, गजानन माधव मुक्तिबोध आदि के मतों से नितान्त कृतज्ञता-भाव से

---

1. आलोचकथा—आलोचना कर्म, पृ. 157 (देखें लेखनकर्म और भाषा आलोचना का रास्ता तथा लिखने की समस्या)
2. हिन्दी साहित्य और संवेदना का विकास, पृ. 114

असहमति व्यक्त करते हुए कामायनी को इन समस्त चिन्तनों से मुक्त करने की चेष्टा की है। प्रो. चतुर्वेदी जयशंकर प्रसाद की कृतियों के अध्ययन-अध्यापन से सम्बद्ध स्नातकोत्तर छात्रों के साथ विशेषकवि के अध्येता-अध्यापक के रूप में तीस वर्षों तक अन्तरंगता से जुड़े रहे हैं और उनके सम्पूर्ण निष्कर्ष इसीलिए प्रसाद की रचनादृष्टि तथा सामर्थ्य की सहभागिता के अंग बने दिखाई पड़ते हैं।

'कामायनी' की व्याख्या के लिए प्रो. चतुर्वेदी जो सूत्रवाक्य देते हैं, वह न केवल कामायनी की व्याख्या अपितु समग्र हिन्दी समीक्षा के लिए अर्थ तथा अनुभव की सम्पृक्ति से निर्मित सर्जित व्यक्तित्व जैसा एक रूपाकार बन जाता है। वे बताते हैं कि "कामायनी के विधान की मौलिक विशेषता यह है कि यहाँ पूर्ण रचना का अर्थ एक नहीं है पर रीतिकालीन संश्लिष्ट काव्य की भाँति दो अलग-अलग अर्थ भी नहीं हैं वरन् एक ही अर्थ के दो स्तर अपने तनाव और संश्लेष से एक वृहत्तर अर्थ की सृष्टि करते हैं।" रचना के क्षेत्र में यह अर्थ का अद्वैत है, जो छायावादी काव्य, खास तौर से कामायनी की विशिष्ट रचना प्रक्रिया और उसकी सर्वाधिक महत्त्वपूर्ण उपलब्धि है। रचना में अर्थ का अद्वैत भाव संयोग और अध्यात्म जैसी सृजन प्रक्रियाओं के समानान्तर देखा जा सकता है।"[1]

उनके अनुसार आधुनिक समीक्षा का मानक कृति से व्यंजित अर्थ तथा उससे जुड़ा सजर्क का अनुभूति-व्यापार है। **आधुनिक कृति की समीक्षा में तत्पर होने के पूर्व पूर्ववर्ती मान्यताओं, आग्रहों, मानकों तथा प्रतिमानों को एक क्षण भूलकर अर्थानुभूति के अद्वैत के बीच निर्मित कृति और कृतिकार के बिम्बात्मक व्यक्तित्व की खोज तथा उसके साथ उसकी स्वायत्तता की तलाश अपेक्षित है। उनके अनुसार यही तलाश ही कृति की व्यावहारिक समीक्षा है।** इस प्रकार, प्रो. रामस्वरूप चतुर्वेदी की व्यावहारिक समीक्षा दृष्टि का केन्द्रीय आधार है—कृति की अर्थानुभूति से निर्मित सर्जक का व्यक्तित्व तथा उसकी स्वायत्तता की तलाश और उसी के संदर्भ में उसकी व्याख्या।"

इस समीक्षा सूत्र के संदर्भ में वे कामायनी के 'अर्थ तथा अनुभूति' में व्याप्त केन्द्रीय व्यक्तित्व की खोज करते हुए कहते हैं—"कामायनी की रचना के केन्द्र में मानवीय संस्कृति का विकास उसके मान्य मूल्यों की प्रक्रिया और उसके वर्तमान विभ्रमों का विश्लेषण है।... देवता, स्वर्ग और परलोक प्रधान मध्यकालीन विचारधारा से हटकर मनुष्य की संस्कृति की यह आत्मविश्वासपरक व्याख्या समकालीन राष्ट्रीय संदर्भ में जितनी महत्त्वपूर्ण है उतनी ही महत्त्वपूर्ण संपूर्ण मानवीय संदर्भ में है।"[2]

---

1. कामायनी : पुनर्मूल्यांकन, पृ. 20
2. वही, पृ. 26

कामायनी के पूनर्मूल्यांकन के संदर्भ में व्यावहारिक समीक्षा के तीसरे सूत्र की ओर वे संकेत करते हैं वह है, बिम्बविधान प्रक्रिया। काव्यभाषा और सर्जक की गतिशील जीवन्त अनुभूति के अद्वैत से बिम्ब प्रक्रिया का निर्माण होता है। विधानतत्त्व के रूप में सादृश्य विधान, प्रतीक विधान आदि अर्थ की विकास प्रक्रिया के माध्यम हैं किन्तु बिम्ब अनुभूति के साथ जुड़कर स्वयं अर्थ के विकास की प्रक्रिया बन जाता है। अपनी कृति भाषा संवेदना और सर्जन (1996) में बिम्ब की इस शक्ति की सामर्थ्य का स्पष्टीकरण करते हुए वे कहते हैं कि—

"मानव जीवन और अनुभव अपने में जटिल, संश्लिष्ट तथा गतिशील प्रक्रिया है। इस अनुभूति को खण्डित होने दिये बिना कविता उसकी पुनर्रचना करती है और सर्जन का सूक्ष्मतम रूप यह संश्लिष्ट पुनर्रचना भाषिक संरचना में सबसे अधिक सम्भव होती है—बिम्ब प्रक्रिया से, जो अपनी प्रकृति में अर्थ के द्वन्द्व को परिचालित करती हुई भी अर्थ और अनुभव की ओर उन्मुख है।"[1]

यह काव्यभाषा के विश्लेषण का स्वयं में एक आधार तत्त्व है जो रूपात्मक होते हुए भी डॉ. चतुर्वेदी के अनुसार रूपात्मक नहीं है क्योंकि यहाँ कवि है, कृति में व्याप्त अर्थ तथा अनुभूति है—और इस अनुभूति को विभिन्न ऐन्द्रिक माध्यमों से जोड़कर (न कि भाषिक विधान तंत्र से) सीधे कवि पाठक के लिए संवेद्य बना देता है। डॉ.चतुर्वेदी भले ही इसे अनुभूति एवं अर्थ की अद्वैत प्रक्रिया से जुड़ी सर्जनात्मक निष्पत्ति कहें, किन्तु दृश्य, स्पर्श, घ्राण, स्वाद, श्रव्य चेतना से जुड़कर साक्ष्य पाने वाले भाषिक अर्थ विधान तथा सर्जक की अनुभूति की अद्वैतता 'रूपविधान' के रूप में ही स्वीकार किए जायेंगे भले ही भाषिक निष्पादन के मानक सादृश्य, प्रतीक, मिथक, तर्क, वस्तुपरक होकर समसामयिक अनुभव जगत में पीछे तथा पुराने हो चुके हों, किन्तु उसी का आगामी विकासक्रम बिम्ब विधान से भी जुड़ता है। हाँ, यहाँ इतना अवश्य स्वीकार किया जा सकता है कि वर्तमान संवेदना के रूप में उनकी प्रभावोन्मेष शक्ति एवं विगलन सामर्थ्य अधिक जीवन्त तथा समसामयिक है। अनुभव के संवेदनात्मक स्वरूप को कविता कला के रूप में रूपायित करने के लिए भाषा की सांकेतिक शक्ति का प्रयोग अनिवार्य है और चाहे गद्य की ही कविता क्यों न हो इसको आधार बनाए बिना रचना का स्थापत्य नहीं बनाया जा सकता।

इस प्रकार, किसी कवि की रचनात्मक कृति की व्याख्या के लिए उस कृति के निजी प्रतिमानों की तलाश, कृति में अन्तर्निहित सामाजिक परम्परा, उसके व्यक्तित्व तथा संरचनात्मक तत्त्वों की वर्तमानता की स्थापना के बाद ही उसंका सही विश्लेषण सम्भव है। पूर्व निर्धारित मूल्य तथा मान की सहायता का अर्थ है—कृति की स्वायत्तता तथा वैयक्तिकता

1. भाषा संवेदना और सर्जन, पृ. 128

पर बाह्य मूल्यों का आरोप। इसी परिप्रेक्ष्य में उनकी कृति 'आचार्य रामचन्द्र शुक्ल आलोचना का अर्थ और अर्थ की आलोचना' की व्याख्या अपेक्षित है।

प्रो. रामस्वरूप चतुर्वेदी एक स्थल पर आलोचना संदर्भ को स्पष्ट करते हुए कहते हैं कि—जैसे बैटरी की चार्जिंग उसके उपयोग में होती है, वैसे ही (आलोचना या आलोचक के विश्लेषण द्वारा) रचना में अर्थ की सम्भावनाएँ बढ़ती और प्रशस्त होती हैं। भावक आलोचक के संस्पर्श से रचना में सघन होता है, तीन तत्त्वों के सम्पर्क अर्थात् स्वयं रचना, रचना का अपना देशकाल फिर भावक का अपना देशकाल, इन तीनों की टकराहट से रचना का अर्थ निरन्तर विकासशील होता हुआ बना रहता है।

''पर समूची प्रक्रिया में एक बुनियादी शर्त है कि भावक का अर्थ ऐसा हो जिसे मूल रचना वापस अपने में धारण कर सके, आत्मसात् कर सके। यों व्याख्या-विवेचना मिलकर आलोचकीय सर्जन सम्भव करते हैं जिसे हम सर्जनात्मक आलोचना का नाम देते हैं।''[1]

आचार्य रामचन्द्र शुक्ल की व्याख्या करते हुए प्रो. चतुर्वेदी ने अपने इस विचार-संदर्भ को इस प्रकार रखा है—

''व्याख्या विवेचन में उससे कहीं अधिक, जबकि उसकी वास्तविक निष्पत्ति मूल कृति के अर्थ विस्तारण और संवर्धन में है, हिन्दी आलोचना का अपना विकास क्रम कुछ सार्थकता की ऐसी ही सरणि दरसाता है। इस सार्थकता का एक प्रमाण वहाँ है कि यह आलोचना आगे स्वयं मूल कृति बन जाती है और नई आलोचना सरणि को प्रेरित करती है।''[2]

इस प्रकार, आचार्य शुक्ल की समीक्षात्मक सार्थकता के संदर्भ में विशेष रूप से व्यावहारिक समीक्षा केन्द्र के अन्तर्गत रखकर, वे तीन सूत्रों का संकेत करते हैं—

1. कृति की व्याख्या का मूलकृति में पुनः आत्मासाक्षात्।
2. कृति का अर्थ और उसकी प्रासंगिता का विस्तार एवं समसामयिकता के प्रसंग में उसकी लोकग्राह्यता।
3. आलोचक का वह भावक व्यक्तित्व जो कृति को समग्रतया आत्मसात् करके पुनः अर्थ विस्तारण एवं संवर्धन द्वारा उसे पुनः मूल कृति जैसा बना दे।

इस व्यावहारिक समीक्षा पद्धति को चतुर्वेदी जी ने 'पुनर्रचना' के नाम से पुकारा है—अर्थात्, सर्जक की सर्जनात्मक चित्तासन्नता का दृश्यावलोकन भावक अपनी भावयित्री प्रतिभा से सम्बद्ध करके उसे ज्यों-का-त्यों लोक की दृष्टि के समक्ष प्रत्यक्षतः रखना, आलोचना है। इनकी इस मान्यता के अनुसार सर्जनात्मक समीक्षक श्रेष्ठतम समीक्षक है, वह कृतिकार

1. आलोचकथा—सर्जन और परिवेश, पृ. 13
2. आचार्य रामचन्द्र शुक्ल—प्रो. रामस्वरूप चतुर्वेदी, आमुख, पृ. 9

के समकक्ष है और आचार्य रामचन्द्र शुक्ल के सर्जनात्मक आलोचक का यह व्यक्तित्व—गोस्वामी तुलसीदास, जायसी ग्रंथावली या भ्रमरगीत सार की आलोच्य भूमिकाएँ तथा सूरदास आदि कृतियों में देखा जा सकता है। प्रो. चतुर्वेदी का विचार है कि ''प्रायः अनायास ही उनका व्यावहारिक लेखन समूचे हिन्दी साहित्य के विशिष्ट रचनाकारों का अवगाहन कर लेता है।''[1] उनके इतिहास ग्रंथ द्वारा सर्जनात्मक आलोचक कृतिकार के मन्तव्य को आगे बढ़ाकर उसे कृति से पृथक् नहीं कर सकता अपितु पूरी समीक्षा को पुनः कृति से जोड़कर उसके रचनाफलक को व्यापक बना देता है या उस रचना फलक से जोड़कर उसे पुनः आगे बढ़ाता है।

तुलसी, जायसी तथा सूर एवं हिन्दी साहित्य के इतिहास ग्रंथों में आधुनिक काल के कवियों भारतेन्दु, मैथिलीशरणगुप्त, प्रसाद, पंत, निराला आदि की समीक्षा में आचार्य शुक्ल किस तरह से अपनी भावयित्री प्रतिभा के द्वारा पुनर्सर्जन जैसी स्थिति उत्पन्न करते हैं, वह द्रष्टव्य है। तुलसी के आलोचक आचार्य शुक्ल और गो. तुलसी के सृजन का पुनर्सर्जन जैसे आलोचक का सहज कर्म हो, प्रो. चतुर्वेदी इसकी बराबर चर्चा करते हैं। तुलसी के सन्दर्भ में वे बताते हैं कि 'तुलसी की भावुकता' उनकी कृति का 'हृदय स्थल' तथा श्रेष्ठतम लेखन है।[2] इस हृदय स्थली के प्रासंगिक सन्दर्भ को आचार्य शुक्ल की टिप्पणी के साथ स्पष्ट करते हुए वे कहते हैं—

''मानवीय आचरण, नैतिक मूल्य और आध्यात्मिक अनुभूति की विलक्षण अंतर क्रिया घटित होती है—जब राम के प्रवास काल में अयोध्या और जनकपुर के राजकुलों का यहाँ समागम होता है। इस प्रसंग की व्याख्या में आलोचक (शुक्ल जी) लिखते हैं कि—''उस पुरुष समाज के प्रभाव से चित्रकूट की रमणीकता में पवित्रता भी मिल गई, उस समाज के भीतर नीति, स्नेह, शील, विनय, त्याग आदि के संघर्ष से जो धर्म ज्योति फूटी उससे आसपास का सारा प्रदेश जगमगा उठा। उसकी मधुर स्मृति में आज भी वहाँ की वनस्थली परम पवित्र है। चित्रकूट की उस सभा की कार्यवाही क्या थी—धर्म के एक-एक अंग की पूर्ण और मनोहर अभिव्यक्ति थी। रामचरितमानस में वह सभा एक आध्यात्मिक घटना है।''[3]

आचार्य रामचन्द्र शुक्ल की इस टिप्पणी के प्रति चतुर्वेदी जी का कथन है कि यह जैसे रामचरितमानस के अनुभव को भी नए सिरे से रच जाती हो, यह न अनुभव की पुनरावृत्ति है, न तो तथ्य कथन द्वारा उस अनुभव की संवर्धन प्रक्रिया है जो उसे संश्लिष्टतर बनाता है। **मूल अनुभव में जुड़कर वह समूची रचना को एक नया** आलोक प्रदान करता है।[4]

---

1. आचार्य रामचन्द्र शुक्ल : आलोचना का अर्थ और अर्थ की आलोचना, पृ. 32
2. वही, पृ. 37
3. वही, पृ. 36-37
4. वही, पृ. 37

व्यावहारिक समीक्षा के सन्दर्भ के इसी अनुक्रम को वे जायसी तथा सूर से भी जोड़ते हैं। प्रो. चतुर्वेदी का यह वक्तव्य कि आचार्य शुक्ल में इतिहास और व्यावहारिक आलोचना—दोनों की सम्पृक्त दृष्टि है—उनके इस मानक पर शुक्ल जी की इतिहास कृति खरी नहीं उतरती। छायावाद के कवियों में प्रसाद, पंत तथा निराला के विवेचन को आचार्य शुक्ल इस तरह से नहीं लेते कि पुनर्रचना जैसी हो या उसके समीप पहुँच जाए। इन कवियों तथा कविता के सम्बन्ध में जो टिप्पणियाँ शुक्ल जी ने अपने इतिहास में दी हैं—वह देखने लायक है।

"प्रकृति के नाना रूपों के सौन्दर्य की भावना सदैव स्त्री सौन्दर्य का आरोप करके करना उक्त भावना की संकीर्णता सूचित करता है।"

× × ×

"कामायनी में उन्होंने (प्रसाद जी ने) मले हुए कान में भी कामिनी के कपोलों पर की लज्जा की लाली दिखाई है।"

प्रसाद की आँसू कृति पर टिप्पणी करते हुए वे कहते हैं कि "कहने का तात्पर्य है कि वेदना की कोई एक निर्दिष्ट भूमि न होने से सारी पुस्तक का कोई एक सम्भावित भाव नहीं निष्पन्न होता।"

कामायनी के प्रतीक विधान की तीक्ष्ण समीक्षा में 'कहीं भी कृति के पुनर्सर्जना जैसा रूप उभर कर सामने नहीं आता।'

पंत की कविता पर टिप्पणी देते हुए शुक्ल जी एक स्थल पर कहते हैं—"सवेरा होने पर नक्षत्र भी छिप जाते हैं—उल्लू भी। बस इतने इतने से साधर्म्य को लेकर कवि ने नक्षत्रों को उल्लू बनाया है। कवि को यदि अपने हृदय के नैराश्य और अवसाद की व्यंजना करनी थी—तो नक्षत्रों को बिना उल्लू बनाये भी काम चल सकता था।"

निराला की पंक्तियों पर टिप्पणी देते हुए शुक्ल जी एक स्थल पर कहते हैं—"जहाँ कवि ने अधिक या कुछ पेचीदे अर्थ रखनेका प्रयास किया है—वहाँ पर योजना उस अर्थ को दूसरे तक पहुँचाने में प्रायः असक्त या उदासीन पाई जाती है।"[1]

फिर ऐसी स्थिति में आचार्य शुक्ल का इतिहास अपने में इतिहास की बोधदृष्टि और व्यवहारिक समीक्षा के रूप में कैसे स्वीकार की जा सकती है और व्यवहारिक समीक्षा के सन्दर्भ में उसका सर्जनात्मक रूप स्वयं उपहास का विषय बन जाता है, यह एक विचारणीय प्रश्न है।

कामायनी, अज्ञेय, तारसप्तक के कवियों के द्वारा कतिपय व्यावहारिक समीक्षा के विश्लेषण संदर्भों से प्रो. रामस्वरूप चतुर्वेदी अवश्य सम्बद्ध दिखाई पड़ते हैं जो उन्हें

---

1. हिन्दी साहित्य का इतिहास, पृ. 460, 461, 464, 475, 486

समसामयिक काव्य चिन्तन दृष्टि से जोड़ सकता है और इस कार्य में पर्याप्त सफलता भी मिली है किन्तु आचार्य रामचन्द्र शुक्ल की आलोचनात्मक चिन्तन दृष्टि की व्याख्या पूरी तरह सफल नहीं हो पाई है। शुक्ल जी के आलोचकों ने क्या कहा है, इसकी एक लम्बी तालिका प्रो. चतुर्वेदी अपनी कृति में देते हैं और स्वयं जो कहते हैं—शुक्ल जी के व्यापक मन्तव्यों के साथ उनसे अपनी संगति पूरी तरह वे वे जोड़ नहीं सकते। डॉ. रामस्वरूप चतुर्वेदी की इतिहास और व्यावहारिक समीक्षा संपृक्ति पर टिप्पणी है—

"इस प्रकरण से समझा जा सकता है कि चरण भंग की जिस नई काव्य युक्ति से उस समय के शीर्ष रचनाकार प्रसाद, निराला अपने लेखन में उलझ रहे थे, उसी युक्ति को समझने का प्रयत्न कर रहे थे, आलोचक रामचन्द्र शुक्ल। कवि और आलोचक के बीच सहानुभूति का इससे अधिक 'सर्जनात्मक स्तर' पर साक्ष्य और क्या हो सकता है।"[1]

यहाँ प्रो. रामस्वरूप चतुर्वेदी अपनी सर्जनात्मक समीक्षा के मन्तव्य से या तो न्याय नहीं कर पा रहे हैं या आचार्य शुक्ल से अतिशय आत्मीयता के कारण असर्जनात्मकता की ओर उसे ले जाने का प्रयास कर रहे हैं। 'तुलसी की भावुकता' की काव्यसिद्धि एवं छायावादी कविता के प्रति उनके अन्तर्मन में स्थित संदेह दोनों बिन्दु एक नहीं हैं। 'प्रसाद', पंत, निराला तथा महादेवी की व्याख्याएँ आगे चलकर हुई हिन्दी काव्य परम्परा की नई विकासधारा के अनुक्रम में डॉ. रामविलास शर्मा कृत निराला की साहित्य साधना—खण्ड 2 देखें—जहाँ पुनर्सृजन जैसी स्थिति है। शुक्ल के इतिहास में न आलोचक (भावक) शुक्ल में छायावाद के प्रति तटस्थता है, न समूची काव्यवृत्ति को आलसात् करने की क्षमता और सहृदयता है। इन गुणों के बिना किसी भी आलोचक के आलोच्य कर्म में सर्जनात्मक अन्तर्शक्ति का उदय सम्भव नहीं है। शुक्ल जी की जितनी आत्मीयता एवं अन्तर्वृत्ति की अन्तरंगता तुलसीदास के साथ है—जायसी तथा सूर के साथ नहीं है।

प्रो. रामस्वरूप चतुर्वेदी की व्यावहारिक समीक्षा की तीसरी दृष्टि है, साहित्य की परम्परागत ऐतिहासिक संवेदना दृष्टि और उसका क्रमशः विकास। उन्होंने इस दृष्टि से प्रेरित होकर हिन्दी साहित्य का इतिहास ही नहीं लिखा है—वरन् हिन्दी के ग्यारह प्रसिद्ध हिन्दी कवियों—कबीर, सूर, जायसी, तुलसी, मीरा, प्रसाद, निराला, अज्ञेय, मुक्तिबोध, शमशेर तथा रघुवीर सहाय के अनुक्रम में काव्यकी विकास-यात्रा का भी मूल्यांकन करके इतिहास दृष्टिको व्यावहारिक समीक्षा का आधार दिया है। उनकी चौथी व्यावहारिक समीक्षा दृष्टि है—उन्होंने जैसा कि प्रारम्भ में बताया है कि किसी कृति की समीक्षा के पूर्व आलोचक के लिए कृति या कृतिकार के सम्पूर्ण व्यक्तित्व को एकरूपता प्रदान करके

1. आचार्य रामचन्द्र शुक्ल : आलोचना का अर्थ और अर्थ की आलोचना, पृ. 49

उनका क्रमशः विश्लेषण तथा कृति या कृति के सर्जक व्यक्तित्व की एक रूपाकृति का निर्माण। प्रकारान्तर भाव से यह वह सूत्रबद्धता है—जिससे कृति व्याख्यायित होने पर अपनी रचनात्मकता के स्वरूप का विस्तार दे सकती है। वे अपने इतिहास ग्रंथ हिन्दी साहित्य और संवेदन का विकास (1986) हिन्दी काव्य संवेदना का विकास (1993) दोनों में सूत्र देते हैं—'विरुद्धों का सामंजस्य'। सर जार्ज ग्रियर्सन ने इस मन्तव्य की स्थापना हिन्दी संस्कृति की समन्वयवादी प्रकृति के लिए की है, जिसको आचार्य शुक्ल ने स्वीकारा था। प्रो. चतुर्वेदी इसी को 'हिन्दी साहित्य के इतिहास' की कुंजी के रूप में स्वीकार करके शुक्लजी के 'चित्तवृत्ति के प्रतिबिम्ब' के प्रतिकूल 'विरुद्धों का सामंजस्य' जैसा सूत्र देकर अपना इतिहास लेखन करते हैं। उनके इतिहास ग्रंथ में स्थल-स्थल इस सूत्र का बखूबी उपयोग भी हुआ है।

भक्ति काव्य यात्रा में वे कवि व्यक्तित्व को अपनी व्याख्या की केन्द्रीयता के लिए सूत्र देते हैं—

कबीर—**पुनर्विचार का समय**, जायसी का **पद्मावत—लोक से शिष्ट में संक्रमण, सूर-भक्ति में जीने की चाह**, रामचरितमानस का **स्थापत्य**, मीराबाई—**सीधी अभिव्यक्ति** जैसा सूत्र दिया है। इसी तरह मुक्तिबोध—गद्य का दबाव, शमशेर गद्य की लय, रघुवीर सहाय-गद्य कविता की निष्पत्ति आदि-आदि की केन्द्रीय रचनावृत्ति का उल्लेख तार सप्तक से गद्य कविता तक करते हैं। अज्ञेय के सर्जन के सन्दर्भ में उनके मौन को सबसे मुखर तत्त्व चतुर्वेदी जी ने बताया है जो असाध्यवीणा वादक प्रियंवद की सिद्धि के पर्यवसान के रूप में दिखाई पड़ता है। इसी तरह उन्होंने प्रसाद : समरता और संगीत, निराला-विद्रोह और मुक्त छन्द का प्रवाह, अज्ञेय—कविता में गद्य की सजगता जैसा सूत्र दिया है।

कृति, कृतिकर्त्ता की केन्द्रीय संवेदना के बाद वे उन सूत्रों की व्याख्या के लिए अन्य आधारों की तलाश करते हैं—जैसे 'भक्ति में जीने की चाह' सूर की अपनी निजी सर्जनाकांक्षा एवं मन्तव्य दोनों साथ-साथ हैं। सूर की राधा का वियोग तथा कुरुक्षेत्र में कृष्ण मिलन जीवन में खोने और पाने की गाथा का **सांसारिक रूप** है, व्रजभूमि की विराट प्रकृति के बीच विकसित प्रेम गाथा है। निर्गुण-सगुण की बहस के बीच प्रतिज्ञा, प्रस्तावना, युक्ति और निष्पत्ति का एक व्यापक रूप देखा जाता है। सूर की सबसे बड़ी विशेषता को प्रो. चतुर्वेदी इस प्रकार इंगित करते हैं कि सूर साहित्य या घटनात्मक है या भावात्मक तनाव मुक्त और मुक्तिकर है और अन्त में संगीत और गेय कविता की भावना वृत्ति के अद्वैत से उत्पन्न तनाव मुक्ति की भी वे चर्चा करते हैं और उनके द्वारा सूर के कृतित्व के लिए खोजे गए व्यक्तिगत सूत्र 'जीने की चाह' को वे आचार्य रामचन्द्र शुक्ल से जोड़ देते हैं।

"इन कृष्णोपासक वैष्णव कवियों ने जीवन के प्रति अनुराग जगाया या कम से कम-जीने की चाह बनी रहने दी।"[1]

आचार्य रामचन्द्र शुक्ल की इस टिप्पणी को सूर कविता के वैशिष्ट्य और लोक के पाठक के भावन व्यापार से जोड़ी गई उनकी समीक्षा और समीक्षा की केन्द्रीय चेतना कितनी सार्थकता प्राप्त करती है—यह संशय का विषय है।

इसी तरह 'शमशेर' की 'गद्य की लय' कविता द्रष्टव्य है। भारतीय चिन्तन में सम्पूर्ण सृष्टि लयाधारित है—वायु, प्रकाश, अग्नि, पृथ्वी, जल इनमें मूल का चुम्बकीय गुरुत्वाकर्षण समग्र सृष्टि की व्यवस्था का आधार है। इस लय की पकड़ के लिए भारतीय ऋषियों तथा मनस्वियों ने 'लय' की प्रतीति का अथक अन्वेषण किया है, लय की प्रतीति का हेतु 'संघात्' है। मानव के मुख से निःसृत सम्पूर्ण ध्वनियाँ लयात्मक है, कविता की संघात् प्रक्रिया 'यमाताराजभान सलगम्' है और संगीत की संघात् प्रक्रिया सा रे गा पा ध नी सा। इसी प्रकार विभिन्न स्वर तंत्रियों के संघात् से 'वर्णमालाएँ' मिलती हैं—'अ क ख ग घ' कंठ के संघात् से, इ श य च छ ज झ इनका सम्बन्ध तालु के संघात् से है। तवर्ग दन्त्य एवं प वर्ग ध्वनियाँ ओष्ठ्य हैं।

इस प्रकार, भारतीय आर्य भाषा के उच्चारण की स्थिति समग्रतः लयात्मक है। उसको लिपिबद्ध करके उसका पुनः पाठन मात्र लयात्मक है। सम्पूर्ण भाषा तंत्र लयात्मक है और वह सृष्टि की चुम्बकीय लयात्मक सत्ता का अभिन्न अंग है। 'कविता तथा संगीत' में मुख तंत्रियों या स्वरों के संघात् से एक कृत्रिम लयात्मकता बनती है। गद्य की लय में एक लय है और जब हम गद्य काव्य की लय की चर्चा करते हैं तो कविता की लयात्मक प्रकृति एवं गद्य की लय के अलगाव को पृथक् करना पड़ेगा। भारतीय काव्य चिन्तन के सन्दर्भ में 'वर्णिक छन्द' एवं मात्रिक छन्द के बीच कितना सुस्पष्ट अलगाव है—लेकिन जब हमने इन दोनों को तोड़ा तो प्रसाद, निराला, पंत आदि की कविता में इन दो लयों से भिन्न किन्तु उन्हीं की मिश्रित लयात्मकता काव्य की भाषिक रचना के लिए आधार बन गयी। अज्ञेय ने इस लयात्मकता को और अधिक तोड़ा और प्रत्येक पंक्ति की पुनरावृत्ति के स्थान पर प्रत्येक पंक्ति की एक लय धारा बन गई किन्तु मूल गत्यात्मक अन्विति वही रही। वे पूरी कविता की भावना को डोरी में बाँधे कविता को बढ़ाते जाते हैं। अज्ञेय कहीं-न-कहीं 'पुनरावृत्ति या आवृत्ति' को लयात्मकता के लिए आधार बना लेते हैं—धारावाहिक भावप्रवणता के साथ—

---

1. भक्ति काव्य यात्रा—सूर : भक्ति में जीने की चाह, पृ. 67
   मूल भ्रमरगीतिस्मर—आचार्य रामचन्द्र शुक्ल, भूमिका, पृ.

मैं कवि हूँ
द्रष्टा-उन्मेष्टा
सन्धाता
अर्थवाह
मैं सच सच लिखता हूँ
लिख लिख कर सब
झूठा करता जाता हूँ।
उत्तरार्ध आता है–
तू काव्य
सदा वेष्टित यथार्थ
चिर तनित
भारहीन गुरु
अन्यय
तू छलता है
हर छल में
और विशद, अभ्रान्त
अनूठा होता जाता है।

पूरी कविता का उच्चरित लयात्मक प्रवाह एक है—तुक न हों भले ही न हों, किन्तु शब्दों के समूहों का रख-रखाव परम्परित व्यवस्था से भिन्न है। भाषिक भावनात्मक आवेग के द्वारा कविता का यहाँ निर्धारण लयात्मक विन्यास से पूरी तरह सम्बद्ध है। एक का अन्त उसी लय में 'झूठा करता जाता हूँ' तथा अन्तिम छन्द की वही लय 'अनूठा होता जाता है'' एक है—भले ही तुकान्तता न हो। शमशेर में 'गद्य की लय' कविता एवं भावात्मक संवेग की लय है—दूसरी ओर गद्य की लय में वैचारिकता का उभार सामने आता है। 'काव्य और गद्य' भावात्मक भाषिक एवं संवेदनात्मक अर्थ बोध की परिधि तोड़कर यदि कविता का गद्य वैचारिक समाज के क्षेत्र में तर्क-वितर्क तथा समझ की विश्लेषणात्मक प्रक्रिया का संधान करता है तो वह 'गद्य' है। कविता का सम्बन्ध तात्त्विक रूप से गद्यात्मकता तथा अगद्यात्मकता से नहीं रहता। उसका सम्बन्ध भावात्मक भाषिक संरचना एवं उससे जुड़े संवेगात्मक अर्थबोध से है और यदि यह संवेगात्मक अर्थ बोध का मूलाधार भाव चेतना का संदर्भ समाप्त होगा तो कविता नष्ट हो जाएगी क्योंकि मानव मन की दो चेतनाएँ—'भाव चेतना तथा ज्ञान चेतना'—भिन्न-भिन्न रूपों में हैं। गद्य का सम्वन्ध ज्ञान चेतना से है और कविता को ज्ञान चेतना से जोड़ देने पर उसका अस्तित्व समाप्त हो उठेगा। गद्य की लय कविता कैसे है और गद्य से भिन्न कैसे? इसको डॉ. रामस्वरूप चतुर्वेदी जी ने स्पष्ट नहीं किया है।

निष्कर्ष रूप से कहा जा सकता है कि प्रो. रामस्वरूप चतुर्वेदी की व्यावहारिक समीक्षा कई सूत्रों से सम्बद्ध है, ये इस प्रकार हैं—

1. साहित्य में आधुनिकता बोध की तलाश उनकी समीक्षा का केन्द्रीय बिन्दु है।
2. सर्जन का आधार साहित्य की संवेदना बिन्दु तथा भाषिक संरचना विधान का प्रति युग में परिवर्तन होता रहा है।
3. परम्परा के साथ संवेगात्मक बिन्दुओं में परिवर्तन उसकी पकड़ एवं व्याख्या व्यावहारिक समीक्षा के लिए महत्त्वपूर्ण उपादान है। कविता की विकास यात्रा के मार्ग का प्रशस्तीकरण उनकी समीक्षा दृष्टि से जुड़ा प्रमुख तत्त्व है।
4. व्यावहारिक समीक्षा के लिए कृतिकार एवं कृति की केन्द्रीय संवेदना या कृतित्व की तलाश और उसी के अनुक्रम में उसकी व्याख्या का अनिवार्य तत्त्व है। आलोच्य कृति में सर्जक के बिम्बात्मक व्यक्तित्व की तलाश तथा उसकी व्याख्या का सन्दर्भ यहाँ आलोचना को जीवन्त बनाता है।
5. आलोचना कर्म भावानुभूति एवं अर्थविधान की अद्वैत सम्पृक्ति है। 'भावानुभूति एवं अर्थ रचना' के अद्वैत की तलाश आलोचना कर्म का मूल मन्तव्य है।
6. व्यावहारिक समीक्षा के सन्दर्भ में उनका निष्कर्ष यह है कि सम्पूर्ण समीक्षा की सर्जनात्मक क्षमता से सम्पन्न होकर कृति के मूल अर्थ का विकास करती हुई उसी का अभिन्न अंग बन जाती है।

इस प्रकार, प्रो. रामस्वरूप चतुर्वेदी की समीक्षा को रूपात्मक समीक्षा के रूप में देखना उपयुक्त नहीं है। वह कृति के मूल अर्थ तथा भावात्मक अद्वैत से सघन रूप से सम्बद्ध व्याख्या का सर्जनात्मक रूप है—जो मूल कृति में प्रवेश करके उसे सम्पूर्णता प्रदान करती है।

गजानन माधव मुक्तिबोध

आधुनिक हिन्दी काव्य के प्रख्यात् और बहुचर्चित कवि गजानन माधव मुक्तिबोध एक प्रखर सैद्धान्तिक तथा व्यावहारिक आलोचक भी है। डॉ. निर्मला जैन ने इनके आलोचना कर्म के विषय में इस प्रकार की टिप्पणी है—

"उनके सारे आलोचनात्मक कृतित्व को देखते हुए निःसंकोच कहा जा सकता है कि नये प्रगतिशील कवि आलोचकों में वे सबसे प्रखर और गम्भीर आलोचक थे। किसी कवि में आलोचना की ऐसी चिन्तन शक्ति दुर्लभ ही है।"[1]

गजानन माधव मुक्तिबोध की व्यावहारिक तथा सैद्धान्तिक समीक्षा से जुड़ी कृतियाँ इस प्रकार हैं—कामायनी : एक पुनर्विचार (1961), नई कविता का आत्म संघर्ष (1964), एक साहित्यिक की डायरी (1964), नये साहित्य का सौन्दर्यशास्त्र (1971)।

वे अपनी समीक्षा की शुरुआत व्यावहारिक समीक्षा से करते हैं तथा समापन सैद्धान्तिक समीक्षा से। उनकी व्यावहारिक समीक्षा का आवरण प्रायः सैद्धान्तिकता से पूरी तरह से आक्रान्त दिखाई पड़ता है।

मुक्तिबोध स्वयं भी, आलोचक कर्म के विषय में अपनी कृतियों में बार-बार चर्चा करते हैं। 'नये साहित्य का सौन्दर्यशास्त्र' कृति में 'काव्य की रचना प्रक्रिया' को स्पष्ट करते हुए वे कहते हैं—

"आलोचना की दृष्टि से जो बात सबसे पहले सानने आती है—कवि कर्म और रचना प्रक्रिया की दृष्टि से वह अन्तिम है। रचना प्रक्रिया के प्रवाह में रहकर लेखक, अपने भावों की, शब्दों की तुलना करता है, शब्द साधना करता है, साथ ही, संगति तथा निर्वाह भी साधता चलता है, वह अपने भावों के उत्स को संवलित कर उसका सम्पादन संशोधन करता है, संगति और निर्वाह हेतु। जब उसकी शब्दाभिव्यक्ति, उस के लिए, स्मरणीय हो जाती है तब वह सन्तुष्ट हो जाता है।" इस प्रकार उसकी सन्तुष्टि उसकी सर्जनात्मकता का प्रतिफल है—जो आभ्यन्तर तत्त्व है और बाह्यरूप से उसका अन्तिम तत्त्व है—शब्दाभिव्यक्ति।

पाठक या आलोचक के लिए कवि की अन्तिम निष्पत्ति के रूप में प्रकट यह शब्दाभिव्यक्ति कृति एवं कृतिकार के लिए मुक्तिबोध के शब्दों में एकमात्र माध्यम या 'प्रवेश का सिंहद्वार' है आदि-आदि। वह इसे स्पष्ट करते हुए कहते हैं—

---

1. हिन्दी आलोचना की बीसवीं सदी, पृ. 78

"कलात्मक अभिव्यक्ति के सिंहद्वार में से गुजरकर अर्न्तजगत में विचरण कर चुकने, व्यक्तित्व और भाव सृष्टि का प्रभाव ग्रहण कर चुकने के उपरान्त पाठक, आलोचक अन्तर्जगत के प्रभाव के परिणामस्वरूप ही, सहसा सोचने लगता है **प्रभाव उत्पन्न करने के वे उपादान कौन से हैं—जिन्होंने सफल अभिव्यक्ति की तैयारी की** अथवा **सफलता के मार्ग पर चलते-चलते लेखक ने कौन-सी बाधाएँ उत्पन्न कर दीं। संक्षेप में, वह रूप और शिल्प के सम्बन्ध में सोचने लगता है।**"[1]

उनके निष्कर्ष के अनुसार सृजन एवं समीक्षा दोनों भिन्न एवं विपरीत प्रक्रियाएँ हैं।

'कामायनी : एक पुनर्विचार' के अन्तर्गत वे पुनः आलोच्य कर्म की व्याख्या करते हैं किन्तु यह सन्दर्भ बदला हुआ है। यह प्रश्न है, आलोचक का दायित्व या कर्त्तव्य। वे इस सन्दर्भ में बताते हैं—

"किसी भी साहित्य को तीन प्रकार से देखा जाना चाहिए। एक तो यह कि किन स्रोतों से उसका उद्‌गम होता है—किन वास्तविकताओं के परिणामस्वरूप वह साहित्य उत्पन्न हुआ है।

दूसरे उसका कलात्मक प्रभाव क्या है?

तीसरे, उसकी अन्तः प्रकृति रूप रचना कैसी है?"[2]

उनके लिए, किसी कृति की व्यावहारिक समीक्षा के विवेचन के ये ही आधार हैं। जटिलताएँ तो भिन्न प्रकार से जुड़ी हैं, इन सूत्रों को लेकर नहीं। वे आगे पुनः कहते हैं—

"इसलिए आलोचक का कर्त्तव्य हो जाता है, वह स्वयं उस यथार्थ को लेखक से भी ज्यादा समझे और उस यथार्थ के सम्बन्ध में लेखक जो कुछ कहता है—उसे प्रामाणिक न मान ले।

आलोचक के लिए—लेखक का व्यक्तित्व, यथार्थ प्रस्तुत करने की उसकी पद्धति तथा उसके तत्सम्बन्धित भाव विचार महत्त्वपूर्ण हैं। अन्ततः **वह यथार्थ जिसे कार्य द्वारा प्रस्तुत किया गया है**—उन सबका वैज्ञानिक चित्र उपस्थित करते हुए यह देखना जरूरी हो जाता है कि उसके साहित्य के मूल स्रोत क्या हैं, उसकी क्षमताओं के मूल उद्‌गम क्या हैं तथा उसकी सीमाएँ किन कारणों से निष्पन्न हुई हैं।"[3]

वे स्पष्ट शब्दों में कहते हैं कि कामायनी की व्याख्या के आधार में ही तत्त्व हैं किन्तु "निर्वाह कहाँ तक हो सकेगा यह नितान्त शंकास्पद है।"[4]

---

1. नये साहित्य का सौन्दर्य शास्त्र, पृ. 85-86
2. कामायनी : एक पुनर्विचार, पृ. 22
3. वही, पृ. 21
4. वही, पृ. 22

'नई कविता का आत्मसंघर्ष तथा अन्य निबंध' के अन्तर्गत उन्होंने आधुनिक कवियों की व्याख्या की है। प्रथम हैं, नये कवि शमशेर तथा द्वितीय हैं, छायावादी कवि—सुमित्रानन्दन पंत।[1]

ये दोनों व्याख्याएँ भी उनकी व्यावहारिक समीक्षा के क्षेत्र से ही जुड़ती हैं।

समीक्षा के सन्दर्भ में उनका एक और भी दृष्टिकोण महत्त्वपूर्ण है, वह है—'साहित्यिक तत्त्व' का सम्यक् ज्ञान। साहित्य में अभिव्यक्त जीवन रूपों तथा उनसे सम्बद्ध संवेगात्मक अनुभवों के वास्तविक स्वरूप का ज्ञान जब तक नहीं होगा—रचना संसार की व्यावहारिक वास्तविकता का तब तक चित्रांकन सम्भव नहीं होगा। इसको अपने सूत्रों के माध्यम से वे कहते हैं—

''जब तक वास्तविक जीवन की **संवेदन ज्ञानात्मक** और ज्ञान संवेदनात्मक समीक्षा शक्ति लेखक और समीक्षक दोनों में विकसित और सम्पन्न नहीं होती, तब तक हमारे सारे प्रयत्न अधूरे हैं। जिस लेखक की यह जीवनगत समीक्षा शक्ति बढ़ी हुई होगी, वह अपनी संवेदनाओं के माध्यम से जीवन तथ्यों का सही-सही मूल्यांकन और चित्रण करेगा, उसकी दृष्टि उतनी ही गहरी और विशाल होगी।''[2]

कुल मिलाकर, अपनी कृतियों में व्यवहारिक समीक्षक के लिए जो मानक रखते हैं वे इस प्रकार हैं—

1. सर्जना के प्रभावों को उत्पन्न करने वाले तत्त्वों की पहचान—ये रूप तथा तत्त्व (शिल्प तथा कवि का सर्जित संसार) दोनों से सम्बद्ध हैं।
2. साहित्य के स्रोत का ज्ञान तथा साहित्यिक रचना की निष्पत्ति के वास्तविक कारणों की समझ
3. पाठक तथा आलोचक पर कलात्मक प्रभाव की गहरी छाप
4. उसकी अन्तःप्रकृति (रूप रचना) के स्वरूप की जाँच
5. लोक जगत के वैचारिक एवं भावात्मक ज्ञानात्मक अनुभूति की गहरी समझ

इसी को गजानन माधव मुक्तिबोध—ज्ञानात्मक संवेदन एवं संवेदनात्मक ज्ञान के नाम से पुकारते हैं।

उनकी इन दृष्टियों से कामायनी : एक पुनर्विचार तथा निबन्ध के रूप में लिख गए शमशेर बहादुर सिंह एवं पं. सुमित्रानन्दन पंत की समीक्षाओं पर विचार अपेक्षित है।

कामायनी की समीक्षा के पूर्व वह कवि के सृजन सन्दर्भों की एक भूमिका तैयार करते हें और इस सन्दर्भ के अनुसार किसी कवि के तीन पक्षों की स्थिति पर बल देते हैं—

---

1. नई कविता का आत्म-संघर्ष तथा अन्य निबन्ध, पृ. 56 से 85 तक
2. वही, नवीन समीक्षा का आधार, पृ. 105

कवि का बाह्य संसार जिसका वह भी एक अंग है, दूसरा कवि का आभ्यन्तर पक्ष जिसके साथ उसकी समस्त आत्मानुभूति सम्बद्ध है और कवि का वह तीसरा पक्ष जिसे अन्तश्चेतना के नाम से जाना जाता है। ये सर्जक ही नहीं—मानव जाति के व्यवहार की व्याख्या के तीन पक्ष हैं। इस व्याख्या के पूर्व उन्होंने कामायानी को एक फैन्टेसी ''स्वप्न चित्र या स्वप्निल कल्पना चित्र'' माना है—जिसका आधार कलात्मक बिम्ब शक्ति है। उनके अनुसार इन कल्पनात्मक बिम्बों की रचना जीवनानुभूति के बीच सृजित होकर एक व्यापक चित्रानुभूति के रूप में उभरती है।

कामायनी की कथा, पात्र-मनु, श्रद्धा, इड़ा, मानव पृथ्वी, पर्वत एवं इड़ा लोक प्रतीक विधान तथा रचना का मन्तव्य सभी कुछ कल्पनानिर्मित फैंटेसी 'स्वप्न चित्रों' के रूप में सार्थकता प्राप्त करते हैं। इन सबको मुक्तिबोध फैंटेसी का स्वरूप देते हैं। कामायनी के प्रति संसार को वे इस प्रकार देखते हैं।

'कथा की वास्तविकता' तथा फैंटेसी (स्वप्न चित्र) की 'सम्पूर्ण कल्पनामयता' के बीच कामायनी की जाँच जैसे गजानन माधव मुक्तिबोध से प्रश्न पूछती है कि इतिहास की कथात्मक सत्ता फैंटेसी कितनी है? मनु हैं—श्रद्धा है, इड़ा है, मानव है, आकुलिकिलात हैं, उनके कर्म क्षेत्र हैं—हिमलाय का उत्तुंग शिखर, प्रथम वैदिककालीन घटना है, देव संस्कृति का विनाश है—इड़ा लोक की संस्कृति है, हिमालय की तलछट में मनु—श्रद्धा, मानव का मिलन है। एक ओर आलोचक कहता है कि यह कहानी फैंटेसी (स्वप्न चित्र) है। दूसरी ओर कहता है, ''कहानी कृत्रिम रूप से बढ़ाई जाती है सिर्फ इसलिए कि उसमें प्रसाद के दर्शन का प्रदर्शन हो।'' और दूसरी ओर, इस वैदिक कथा सूत्रों में निर्मित कथा को जिसमें प्रसाद ने प्रतीक विधान की चर्चा की है—उस प्रतीक विधान को पूरी तरह से फैंटेसी मानकर सम्पूर्ण कृति की व्याख्या मार्क्सवादी मानकों पर कर दी जाए यह ज्ञानात्मक संवेदन तथा संवेदनात्मक ज्ञान से जुड़ी व्यापक ज्ञानानुभूति की विरोधिनी वृत्ति है। कवि के रचना संसार के उस कथाधरातल को जो वैदिक साहित्य में अवशेषों के रूप में बिखरा पड़ा है, उसे देखना पहली शर्त है क्योंकि समीक्षक गजानन माधव मुक्तिबोध की व्यावहारिक समीक्षा की पहली शर्त है—

''साहित्य स्रोत का ज्ञान तथा साहित्यिक रचना की निष्पत्ति का वास्तविक कारण''

प्रसाद की कामायनी की कथावस्तु का स्रोत वैदिक यथार्थ है या स्वप्न चित्र है—इस पर ध्यान देना अनिवार्य है। इस सम्बन्ध में प्रो.रामस्वरूप चतुर्वेदी की प्रतिक्रिया इस प्रकार है—

''पुस्तक (कामायनी : एक पुनर्विचार) की एक रोचक विडम्बना यह है कि 'कामायनी को फंतासी के रूप में प्रस्तुत करते हुए भी वह अन्त में मनु के हिमालय जाने को वैसे ही

---

1. कामायनी : एक पुनर्विचार, पृ. 37

स्थूल घटना के रूप में स्वीकार करते हैं जैसा कि दिनकर की समीक्षा में किया गया है।''[1] स्वयं प्रसाद जी कामायानी की भूमिका में कहते हैं कि उनके ऐतिहासिक पात्र यदि प्रतीकात्मक चरित्रों के रूप में देखे जाते हैं तो उन्हें कोई आपत्ति नहीं है। उनके मन में उन कथापात्रों के साथ अपनी जीवनदृष्टि सम्बन्धित है—जो स्वप्न चित्रों से सिद्ध न होकर प्रसाद की अवधारणाओं से सिद्ध हैं। प्रश्न यहाँ यह है कि ये अवधारणाएँ किसे किस रूप में स्वीकार्य हैं?

कामायनी प्रसाद की स्वप्न कल्पना चित्र है—इसकी ओर संकेत करते हुए मुक्तिबोध बताते हैं—

''इस प्रकार, उन्होंने कामायनी की विशाल फैंटेसी का निर्माण किया। इस फैंटेसी के रूपाकार में सामन्तवाद के ध्वंस से लगाकर नये व्यक्तिवाद के जन्म और पूँजीवाद के रुग्ण बालक के बाधाग्रस्त विकास की अस्वस्थताओं, चिन्ताओं, विषमताओं और विभेद तथा पूँजीवाद की सम्पूर्ण ह्रासगत अवस्था तक को प्रतीकात्मक पद्धति से गूँथ दिया है। कामायनी भारतीय औपनिवेशिक रुग्णबाधाग्रस्त पूँजीवादी की कथा, उसके आक्रामक उग्र अहंग्रस्त व्यक्तिवाद का प्रतीकात्मक चित्र है।'' वे निष्कर्ष निकालते हुए अन्त में एक वाक्य और अपनी वैचारिक सहमति के लिए रख देते हैं—

''ह्रासग्रस्त विश्व पूँजीवाद के भीतर भारतीय औपनिवेशिक रुग्ण पूँजीवाद के सामन्ती प्रभाव छायाग्रस्त उग्र व्यक्तिवाद का, कामायनी एक चरित कही जा सकती है।''[2]

मनु के विषय में टिप्पणी देते हुए आलोचक मुक्तिबोध ने कहा है—''मनु जैसा आत्मग्रस्त अहंकारी चरितनायक उपस्थित किया.....मनु समस्या जो वस्तुतः प्रसाद समस्या है—प्रसाद का चिन्तन ही इस समस्या से उत्पन्न है। यही कारण है कि मनु को खड़ा कर, अपने को खड़ा कर रहे हैं.... प्रसाद जी ने अपने जीवन की सारी वासना, वासना की कठोरता, अहंकार की कठोरता, शासन तथा अहंकार भावना की उच्छृंखलता आदि के जो दृश्य उत्पन्न किये हैं—वे वस्तुतः प्रसाद जी की ही कुछ भीतरी प्रवृत्तियों के काल्पनिक चित्र हैं।''[3]

''मनु की दूसरी विशेषता बताते हुए वे पुनः कहते हैं कि, ''नितान्त दुर्गम एवं कठोर व्यक्तिवाद उसमें इस प्रकार मूलबद्ध है कि अपने पराजय के क्षणों में जब आत्म विश्लेषण की ओर उन्मुख होता है तब वह आत्मस्वीकृतियाँ तो करता है—किन्तु उनसे वह सबक नहीं ले पाता।''[4]

---

1. कामायनी का पुनर्मूल्यांकन, पृ. 18
2. कामायनी : एक पुनर्विचार, पृ. 127
3. वही, पृ. 35
4. वही, पृ. 34

मनु के विषय में पुनः एक टिप्पणी है—

"उसकी भावुकता, उसके हृदय का गीलापन, एक भयानक आत्म केन्द्रीय व्यक्तिगत वासनाबद्धता तथा अहंकार से उत्पन्न है। इस आत्ममोह के पीछे उसका भयानक अहंकार (ईगो) बोल रहा है।"[1]

प्रसाद की कथाभूमि, सृजन की मूल संवेदना तथा कथानायक की स्वप्नाश्रित चित्रकथा जैसा काल्पनिक रूप ग्रहण कराते हुए मुक्तिबोध उसे सामाजिकता के प्रकाश में मार्क्सवादी शोषक वर्ग की सामन्तवादी मान्यताओं से जोड़ते हैं या फिर मनोविश्लेषणवाद द्वारा अहन्ताग्रस्त वासनाओं एवं अतृप्ति की कामनाओं से कुंठित अतृप्तचेतना के छायाचित्र के रूप में मनु को प्रसाद की प्रतिकृति बना देते हैं।

यही स्थिति, श्रद्धा तथा इड़ा के सन्दर्भ में भी है। श्रद्धा पर टिप्पणी करते हुए वे कहते हैं—

"श्रद्धावाद—श्रद्धा के चरित्र से उभरकर यह उद्‌घाटित करता है कि हमारा तथाकथित भाववाद-आदर्शवाद अन्ततः जिस प्रकार प्रस्तुत पूँजीवादी विषमताओं के लिए क्षमाप्रार्थी होकर पूँजीवादी व्यक्तिवादियों को सिर्फ नसीहत देता है और बाद में उन्हीं से समझौता कर लेता है। यह रहस्यात्मक आदर्शवाद, वस्तुतः आत्मविरोधों से ग्रस्त पूँजीवाद और व्यक्तिवाद का दार्शनिक डिफेंस है और कुछ नहीं।

श्रद्धावाद घनघोर व्यक्तिवाद है। ह्रासग्रस्त पूँजीवाद का जनता को बरगलाने का एक जबरदस्त साधन है।"[2]

उनके अनुसार 'श्रद्धा' या उसकी विचारधारा अबुद्धिवाद है। आस्थावादी भारतीय समाज रचना जिससे श्रद्धा की चेतना जुड़ी है उसे तोड़कर मुक्तिबोध बुद्धिवाद चाहते हैं। श्रद्धा की भाववादी चेतना के विरुद्ध वे मार्क्सवाद की बात करते हैं "विशुद्ध द्वन्द्वात्मक भौतिकवादी रूप मार्क्स एंजिल्स ने प्रतिष्ठित किया। किन्तु व्यक्तिवादी आत्मवादी विचारकों ने **'सत्य के ज्ञान की प्रक्रिया में'** बुद्धि को मार गिराया।"[3] समग्र सृष्टि के प्रति अनन्य आत्मीयता के मानवीय भाववाद और आस्थावाद को मुक्तिबोध अबुद्धिवाद कहकर पुकारते हैं। उनके विचार से प्रसाद कृत कामायनी की कथा के रूप में निर्मित उनका काव्य मार्क्सवादी बुद्धिवाद के विरुद्ध आस्थावाद एवं आत्मावाद का रूप धारण कर लेता है—जो उनके लिए पीड़ा का विषय है।

'इड़ा या कामायनी के सन्दर्भ में भी इसी प्रकार उनके विचार हैं। वे कहते हैं कि प्रसाद जी ने स्वयं इड़ा के व्यक्तित्व की विशेषताएँ बता दी हैं। वे इस प्रकार हैं—

---

1. कामायनी : एक पुनर्विचार, पृ. 33
2. वही, पृ. 107
3. वही, पृ. 110

1. विचारों की, बुद्धि की, तर्क की प्रधानता
2. प्रकृति पर विजय की प्रवृत्ति जो दो तरह से हुई है—
   (अ) विज्ञान का विकास या विज्ञानवाद का विकास
   (ब) भौतिक सभ्यता की निरन्तर अभिवृद्धि के हेतु कर्म संगठन और कर्त्तव्य की भावना।

"इड़ा का व्यक्तित्व-चरित्र बर्हिमुख, सकर्मक, विज्ञानवादी तथा वैयक्तिक स्वार्थ से नितान्त रहित है। इड़ा स्वप्न द्रष्टा भी है—ऐसी स्वप्न द्रष्टा जो अपनी विधायक बुद्धि और रचनात्मक कार्य द्वारा उस स्वप्न को वास्तवकिता में परिणत कर देती है।"[1]

मुक्तिबोध इड़ा के व्यक्तित्व की व्याख्या के बाद श्रद्धा के साथ उसकी तुलना करते हैं और आस्थावाद तथा बुद्धिवाद के भारतीय तथा पश्चिमी परिवेश के प्रतीक इन दो पात्रों में उन्हें इड़ा का पक्ष श्रेष्ठ इसलिए लगता है कि वह पश्चिमी उद्योगवादी, विज्ञानवादी तथा बुद्धिवादी मान्यताओं के प्रतीकों को मुक्तिबोध के सामने रखती है—"इड़ा का व्यक्तित्व कर्म-प्रधान, निर्माण प्रधान और गत्यात्मक है। इड़ा वैविध्यमय जीवन के उच्चतर विकास और प्रसार में विचरण करती हुई आधुनिक सभ्यता की विषमताओं पर खेद प्रकट करती है, आत्मालोचन करती है। इड़ा की आत्मालोचना में आत्म-भर्त्सना का विष नहीं है। इड़ा के जीवन में व्यापकता है, गत्यात्मकता है। मानव समाज की वर्तमान अवस्था पर खेद और उसके भविष्य के सम्बन्ध में उसके हृदय में चिन्ता है।

किन्तु श्रद्धा का व्यक्तित्व सत्ता भावात्मक, अकर्मक और स्थित्यात्मक है।"[2]

प्रसाद कामायनी के माध्यम से पश्चिमी ज्ञानवादी बौद्धिक तथा अनियंत्रित पूँजीवादी-व्यक्तिवादी व्यवस्था से भारतीय आस्थावाद—श्रद्धावाद को जोड़कर एक लोकहितवादी समाज की रचनाशीलता का स्वप्न देखते हैं। मुक्तिबोध 'फैंटेसी' की जो शक्ल देते हैं स्वयं वही उससे पूरी तरह विचलित हैं, साथ ही, कामायनी की फैंटेसी आलोचक मुक्तिबोध की धारणाओं के अनुसार कृतित्व की जुड़ी सम्भावनाओं के बीच मार्क्सवाद को बाहर से ले आकर प्रसाद की मूल कल्पना पर कलम लगाना उचित नहीं है। कवि कल्पनाचित्र फैंटेसी दो रूपों की है—अनियंत्रित तथा नियंत्रित। 'पंत' कृत बादल राग एक अनियंत्रित फैंटेसी है, राम की शक्तिपूजा में भी फैंटेसी है किन्तु वह नियंत्रित है। प्रसाद अपनी कामायनी की भूमिका में अपने रूपकविधान में स्वप्न चित्रों की भूमिका बताते हैं—मनु, श्रद्धा, इड़ा, मानव, आकुलिकिलात, देव संस्कृति, असुर संस्कृति एवं दोनों के सन्तुलन से बनी मानव संस्कृति। आस्थावादी, भाववादी तथा सन्तुलनवादी भारतीय संस्कृति की सिद्धि मानव संस्कृति है—

---

1. कामायनी : एक पुनर्विचार, पृ. 131
2. वही, 133

प्रसाद कृत कामायनी की संस्कृति है। मार्क्सवाद के स्वैच्छिक आरोप से कामायनी की यह व्याख्या असन्तुलित तथा अधूरी है। यह सत्य है कि कामायनी में छायावादी कवि चेतना के काल्पनिक चित्रात्मक बोध एवं सामाजिक सन्दर्भ अवतरित हुए हैं—फिर भी, काल्पनिक स्वप्न दृष्टि का कवि द्वारा सचेष्ट भाव से कल्पित व्यापार उसकी सचेष्ट सर्जनशीलता का प्रतिफल है—उसकी सचेतनता से पूरी तरह आबद्ध तथा नियंत्रित है। फंतासी के सन्दर्भ में मार्क्सवादी भौतिकवादी सामाजिक संघर्ष और द्वन्दों के बीच यह आलोचना एक निजी विचारधारा हो सकती है, अन्तिम निष्कर्ष नहीं।

कविता के आत्मसंघर्ष तथा अन्य निबन्धों में उन्होंने दो कवियों का विश्लेषण किया है—आधुनिक कवि शमशेर का तथा छायावादी कवि सुमित्रानन्दन पंत का। शमशेर के लिए विवेचन का आधार बनाया—मनोरचना अर्थात् आत्मा का भूगोल अर्थात् काव्य व्यक्तित्व का प्रकृति प्रदत्त रूप एवं दूसरा तत्त्व है—मनस्तत्त्व अर्थात् आत्मा का इतिहास या परम्पराबोध अर्थात् कवि की सर्जनात्मक प्रतिभा एवं परम्परा बोध के प्रति सचेतनता—ये दो आधार हैं। पंत का विश्लेषण करते हुए वे उनकी 'संवेदनशील जागरूकता' तथा ऐतिहासिक अनुभूति पर बल देते हैं। इस ऐतिहासिक अनुभूति की व्याख्या करते हुए मुक्तिबोध कहते हैं कि ऐतिहासिक अनुभूति वह कीमिया है—"जो मनुष्य का सम्बन्ध सूर्य के विस्फोटकारी केन्द्र से स्थापित करती है।"[1] पंत की अन्तर्मुखता की व्याख्या करते हुए वे उसकी तुलना प्रसाद से करते हें तथा यह बताते हैं कि प्रसाद की तुलना में उनकी अन्तर्मुखता क्षीण तथा अस्थायी है और काल के अन्तराल से उनकी कविताओं की संवेदनाभूमि में पुनरावृत्तियाँ आती गईं। इस व्याख्या में भी उनकी तटस्थता कहीं दृष्टिगत नहीं होती।

मूलतः समीक्षा वैयक्तिक ज्ञान, रचनात्मक समझ, सामाजिक प्रतिबद्धताओं एवं निजी धारणाओं से मुक्त कवि की सर्जनात्मक सामर्थ्य तथा मन्तव्यों एवं उसके सृजन से जुड़े परिवेश की सहृदयता भरी तटस्थ व्याख्या है। उस आलोचनात्मक व्याख्या का मूलधर्म कृति की उन सम्भावनाओं एवं अर्थ सन्दर्भों की व्याख्या है जो उस रचना से जुड़कर उसकी अनुभूति तथा अर्थाद्वैत को समृद्ध करते हुए भावी रचनात्मक सामर्थ्य का पथ प्रशस्त करती है। मुक्तिबोध की समीक्षा इस दृष्टि से एकांगी अवश्य है फिर भी कामायनी पर उनके तर्क पुनर्विचार के लिए पाठकों तथा आलोचकों को अवश्य ही प्रेरित करते हैं कि मार्क्सवाद या फ्रायड के मनोविश्लेषणवाद का और कहाँ-कहाँ साहित्य के पुनर्विचार में उपयोग किया जाए?

□□

1. नई कविता का आत्म-संघर्ष तथा अन्य निबन्ध, पृ. 72

डॉ. नामवर सिंह

डॉ.नामवर सिंह आधुनिक हिन्दी समीक्षा की प्रगतिवादी विचारधारा के प्रमुख स्तम्भ हैं। वे सामयिक आलोचना की अनेकानेक समस्याओं को सुलझाने तथा विवादों की समाप्ति के सन्दर्भ में निरन्तर वैचारिक लड़ाई लड़ते रहे हैं। केवल प्रगतिवादी विचारधारा ही नहीं, अन्य समीक्षा धाराओं में आज उन जैसा संघर्षरत, निरन्तर गतिशील, ओजस्वी, स्पष्टवादी तथा अतिरिक्त उत्साही समीक्षक अन्य कोई दूसरा नहीं दिखाई पड़ता।

डॉ. नामवर सिंह ने लेखन कार्य का आरम्भ आदिकालीन साहित्य की गवेषणा तथा समीक्षा से किया था। हिन्दी के विकास में अपभ्रंश का योगदान, (1952) तथा पृथ्वीराज रासो की भाषा (1956) जैसी कृतियाँ प्रारम्भ में प्रकाशित हुईं। हिन्दी आलोचना से सम्बद्ध उनकी पहली कृति बकलम खुद (1951) आई। इसके बाद क्रमशः आधुनिक साहित्य की प्रवृत्तियाँ (1954), छायावाद (1954), इतिहास और आलोचना (1957), कहानी—नई कहानी (1964), कविता के नये प्रतिमान (1968), वाद विवाद संवाद (1972) दूसरी परम्परा की खोज (1982)। आलोचक मुख से (सम्पा. खगेन्द्र ठाकुर)-2005 पुस्तकें प्रकाशित हुईं।

उनकी समीक्षा की सैद्धान्तिक दृष्टि का पूर्ण विकास 'कविता के नये प्रतिमान' कृति में दिखाई पड़ता है तथा व्यावहारिक समीक्षा के व्यापक सन्दर्भ-प्रमाण ''दूसरी परम्परा की खोज'' कृति में देखने को मिलती है। 'इतिहास तथा आलोचना' कृति उनकी 'मार्क्सवादी साहित्य दृष्टि' की समीक्षा तथा उनके वैचारिक संघर्ष के दस्तावेज के रूप में आलोचकों द्वारा स्वीकृत है।

आलोचना तथा आलोचक के विषय में अपनी सम्मति देते हुए डॉ. नामवर सिंह का कथन इस प्रकार है—

''मेरे निकट आलोचक की सम्मति या उसका निष्कर्ष महत्त्वपूर्ण नहीं होता। उस **निष्कर्ष तक पहुँचने की जो प्रक्रिया हैं—जो मूल्य प्रणाली है और उस निष्कर्ष तक पहुँचने के क्रम के आलोक में जिस मेधा का प्रदर्शन करता है—वह कभी-कभी ज्यादा महत्त्वपूर्ण हुआ करती है—इसीलिए किसी प्रवृत्ति का समर्थन भी बहुत महत्त्वपूर्ण नहीं हुआ करता।''**[1]

---

1. आलोचक के मुख से—डॉ. नामवर सिंह, पृ. 95

केवल आलोचक की सम्मति मात्र नहीं वस्तुबोध या विषयबोध के निष्कर्ष तक पहुँचने के लिए आलोचक अर्थात् भावक की भावात्मक तादात्म्य शक्ति या मेधा (प्रज्ञा) से निकले निष्कर्ष डॉ. नामवरसिंह के विचार में अधिक महत्त्वपूर्ण हैं और इस निष्कर्ष तक पहुँचने के लिए वह मूल्यांकन की एक ऐसी प्रणाली या प्रक्रिया का अनुसरण करते हैं—जो उसे उस मूल्यबोध से तादात्म्यीकृत करती है। **इस प्रकार डॉ. नामवरसिंह आलोचक की मेधा (प्रज्ञा) द्वारा एक विशिष्ट प्रणाली द्वारा मूल्य के तादात्म्यीकरण को समीक्षक का प्रारम्भिक मूल्य या मानदण्ड बताते हैं।** उन्हें इस तादात्म्यीकरण या साधारणीकरण शब्द से परहेज नहीं है—क्योंकि 'इतिहास और आलोचना' शीर्षक अपनी कृति में वे इस प्रक्रिया का इसी सन्दर्भ में उल्लेख करते हुए कहते हैं **''भाव और चिन्तन के कारण ऐन्द्रिक बोध में गहराई आती है कि (क्योंकि) इनमें क्रमशः साधारणीकरण की शक्ति अधिक होती है।''**[1] यदि हम इसको कहना चाहें तो इसे इस प्रकार भी कह सकते हैं कि—

भाव और चिन्तक की आलोचनात्मक प्रक्रिया अपनाकर किसी कृति के अन्तर्निहित मूल्यों, उसकी प्रकृति, स्वभाव, सामाजिक एवं परम्परागत संस्कार बोध का तादात्म्य करते हुए कृति या कृतियों के संदर्भ में मेधा (प्रज्ञा) द्वारा आत्मसाक्षात्कृत (साधारणीकृत) मूल्यबोध ही पाठक एवं परम्परा के आलोचक के लिए मानक आधार हैं। ये मानदण्ड या आधार आलोचक की प्रसिद्धि या जनश्रुति या बहुश्रुति के आधार पर नहीं बनते।

अब प्रश्न उठता है कि प्रतिभा सम्पन्न आलोचक द्वारा जो कुछ आत्मसात् किया जाता है—वह क्या है, उसकी संरचना का आधार क्या है? उसकी रचना या निर्मिति कैसे होती है? डॉ. नामवर सिंह 'इतिहास और आलोचना' शीर्षक अपनी कृति में उसे अत्यन्त बेबाक ढंग से प्रस्तुत करते हुए कहते हैं—

वे मूल्यों की गहराई को सृजन का आधार बताते हुए उसे 'मानवीय अनुभूति' के व्यापक संदर्भों से जोड़ते हैं। वे इसे स्पष्ट करते हुए कहते हैं कि—

''अनुभूति की शक्ति केवल तीव्रता में नहीं बल्कि स्थायित्व में होती है और स्थायित्व का आधार व्यापक मानवीयता ही है। जब हम किसी अनुभूति को गहरी कहते हैं तो उसे मानवीय कहते हैं और मानवीयता से व्यापकता खारिज नहीं है।''[2]

इस मूल्य प्रवेश की स्थिति में आलोचक की प्रज्ञा अपनी अनुभव दृष्टि से संस्कारित होकर आगे आती है और ऐसी स्थिति में मूल्य के काल से सम्बद्ध अनुभव की व्याख्या अपेक्षित है। आलोचक की प्रज्ञा स्वयं में सामान्य मिट्टी है और उसे आकार-प्रकार उसकी समझ का विकास, उसमें तर्क-वितर्क आदि समाज से मिलते हैं। सामाजिकता के प्रकाश

---

1. इतिहास और आलोचना, पृ. 14
2. वही, पृ. 12

में ही अनुभूति की 'गहराई और व्यापकता' दोनों आती है और इस सम्बन्ध में उनका निष्कर्ष है कि—

''व्यापक परिवेश में और ऊँचे स्तर पर किसी समस्या को रखने का कार्य वही लेखक कर सकता है जिसका सम्बन्ध अधिक-से-अधिक व्यापक सामाजिक परिवेश से हो और इस सम्बन्ध के विषय में उसकी समझ का स्तर भी काफी ऊँचा हो।''[1]

लेखक का व्यापक परिवेश से रिश्ता, उसकी व्यापक तथा गहन अनुभूति के लिए एक अनिवार्य आधार है और इस व्यापक परिवेश का स्वरूप क्या हो—इसको भी स्पष्ट करते हुए डॉ. नामवर सिंह पुनः कहते हैं कि—

''मूर्त और ठोस रूप से युग सत्य को पहचानना और स्पष्ट रूप से मानव जयवाहिनी का पक्षधर होना।''[2] यही उनके व्यापक परिवेश का मतलब है।

इस क्रम में क्रमशः आगे बढ़ते हुए वे मानव-जयवाहिनी को इंगित करने का प्रयास करते हैं। वे मानव जयवाहिनी का सम्पर्क सूत्र लोकवादी चेतना तथा उससे जुड़े व्यापक जन समुदाय तथा उसकी अज्ञेय शक्ति सत्ता से जोड़ते हुए प्रगतिवादी समाज से सम्बद्ध करते हैं। डॉ. नामवर सिंह नितान्त बेबाक ढंग से कहते हैं कि केवल मार्क्सवादी सिद्धान्तों के अध्ययन से यथार्थ का पूर्ण ज्ञान नहीं आता। उनके द्वारा उद्धृत ये शब्द सर्जकों तथा समीक्षकों के लिए नसीहत का कार्य कर रहे हैं—

''किसी वैज्ञानिक दृष्टि अथवा विवेक के बिना सांसारिक संघर्षों में ठोकर खाने से भी (यथार्थ का पूर्ण ज्ञान) नही हो सकता। वैज्ञानिक सामाजिक दृष्टिकोण के साथ जीवन संग्राम में सक्रिय भाग लेने से ही यथार्थ का पूर्ण और गहरा ज्ञान हो सकता है।''[3] इसलिए वे सर्जक या आलोचक को जहाँ तक (अनुभूति एवं मूल्यबोधक तक) पहुँचने के लिए अपेक्षा करते हैं उसके लिए 'सामाजिक वैज्ञानिक दृष्टिकोण एवं जीवन संग्राम में संक्रिय भागेदारी' ये दो बाते आवश्यक है। और तभी यथार्थ का पूर्ण और गहरा ज्ञान होगा। आजकल बौद्धिक जगत केवल किसी सिद्धान्त से अपने को जोड़कर सैद्धान्तिक या राजनीतिक फतवेबाजी करने लगता है और लेखनी तथा कल्पना के आधार पर समाजवादी, साम्यवादी, पूँजीवादी कितने सिद्धान्तों से अपने को जोड़े हुए अपना जीवन व्यतीत करता है। किन्तु यह उसके अधूरेपन का यथार्थ है क्योंकि अनुभव जगत का 'पूर्ण और गहरा' ज्ञान भोग उस यथार्थ की जीवनशक्ति ही उत्पन्न कर सकती क्योंकि अनुभूति की सघनता का आधार निरीह कल्पना एवं दिवास्वप्न मात्र नहीं है।

---

1. इतिहास और आलोचना, पृ. 13
2. वही, पृ. 26
3. वही, पृ. 30

डॉ. नामवर सिंह आलोचकों तथा सर्जकों के लिए सृजन तथा समीक्षा का जो भी मानक निर्मित करते हैं, उसका अर्थ यहाँ यह न समझना चाहिए कि वे 'सृजन और साम्यवाद' के बीच अपरिहार्य संगति बैठा रहे हैं। साम्यवादी चिन्तन स्वीकार करता है कि गैर साम्यवादी देशों की सामाजिक व्याप्ति के बीच यथार्थ जीवन को शक्ति देने वाले वर्तमान के अनेक प्रगतिशील तत्त्वों को यदि बुद्धिजीवी समाज द्वारा प्राथमिकता देकर आगे नहीं बढ़ाया जाता, या प्रोत्साहित नहीं किया जाता तो निश्चित ही उनसे निरर्थक, समाज विरोधी तथा पिछड़े तत्त्वों का फैलाव होगा और इस फैलाव में प्रगतिवादी शक्तियाँ दबती चली जाएँगी। आलोचकों, कवियों तथा भावकों का कार्य है—ऐसी प्रगतिशील स्थितियों की तलाश तथा साहित्य के माध्यम से उन्हें इस रूप में पाठक एवं आलोचक के सामने लाना ताकि वे प्रतिक्रियावादी शक्तियों पर निरन्तर अपना दबाव बनाए हुए विकसित होती रहें। इसीलिए अपने निष्कर्षों में वे कहते हैं कि अतीत तथा वर्तमान के प्रगतिशील तत्त्वों की सही पहचान इस रूप में हो कि वह आगत भविष्य से भी अपना सम्बन्ध जोड़कर निरन्तर प्रगतिशील संदर्भों का सघन दबाव बनाते चलें—

''सामाजिक यथार्थ का ज्ञान होना ही काफी नहीं है–बल्कि भावी स्वप्न का स्वरूप भी स्पष्ट बनना चाहिए।''

वर्तमान की परीक्षा और भविष्य की कल्पना तथा साहित्यकार में अतीत की महान साहित्यिक परम्पराओं का अन्वेषण—इन तीनों के संयोग से ही कोई नई बात सामने लाई जा सकती हैं।

संक्षेप में, इस विचार सारणि के आलोक में उनकी दो महत्त्वपूर्ण कृतियों की व्याख्या अपेक्षित है—एक है, कविता के नये प्रतिमान एवं द्वितीय है, दूसरी परम्परा की खोज। कविता के नये प्रतिमान : (1968) डॉ. नामवर सिंह की सैद्धान्तिक समीक्षा से जुड़ी साहित्यिक चिन्तन की विविध मान्यताओं का वस्तुपरक विश्लेषण है। दो खण्ड—एक का सम्बन्ध प्रचलित काव्य सिद्धान्तों की चिन्ताधाराओं से है और दूसरा खण्ड नई कविता में प्रचलित विविध सिद्धान्तों यथा काव्यभाषा काव्यबिम्ब, काव्य संरचना, विसंगति तथा विडम्बना आदि समस्याओं पर नए सिरे से विचार है। परिशिष्ट के अन्तर्गत अपने प्रिय कवि गजानन माधव मुक्तिबोध के **'अंधेर में'** शीर्षक कविता का एक क्रम में दो बार विश्लेषण है। यह कृति एक प्रकार से बीसवीं शती के माध्यकालीन दौर सन् 1960-70 तक में उभरकर आई हिन्दी कविता की सैद्धान्तिक समीक्षा से सम्बद्ध समस्याओं पर पुनर्विचार है। उदाहरण के लिए कविता क्या है? शीर्षक निबन्ध में 'कविता की रूप-रचना' की चर्चा मात्र प्रयोगवादी तथा नई कविता के उन्नायकों की बीच हुई बहस का प्रतिफल है—विषय के विवेचक हैं—जगदीश गुप्त, लक्ष्मीकांत वर्मा, डॉ. नगेन्द्र, गिरिजाकुमार माथुर, अज्ञेय, विजय देव नारायण साही, शमशेर आदि। इस चिन्तन का एक अच्छा पक्ष

यह है कि सामयिक सैद्धांतिक समीक्षा के अन्तर्गत कविता को किस रूप में देखा जा रहा है—किन्तु इसका सामान्य पक्ष—कविता की संरचना का वास्तविक स्वरूप क्या है? इधर दृष्टि ही नहीं गई है—शायद एक काल खण्ड अर्थात् 'नई कविता' के चिन्तन के बीच उसे कैसे देखा जा रहा है या फिर साहित्य की सैद्धान्तिकता का मानवीय स्वभाव एवं संस्कारों के परिवर्तन के फलस्वरूप कविता का क्या कोई स्थिर रूप नहीं बनता? यही स्थिति—नई कविता तथा प्रगतिशील साहित्य के प्रतिमानों की भी है। 'रस मीमांसा' के सन्दर्भ में अर्थ मीमांसा की बात कही गई है और डॉ. मनोहर काले की आपत्ति को रस मीमांसा का स्थायी तत्व मान लिया गया है। कुल मिलाकर, कविता के प्रतिमान का पहला भाग सन् 1968 के बीच प्रयोगवादी एवं नई कविता के चिन्तन प्रसंगों को उकेरने का प्रयास है।

भाग 2 का प्रथम निबन्ध 'काव्यभाषा और सृजनशीलता' से जुड़ा है। डॉ. रामस्वरूप चतुर्वेदी तथा तार सप्तक एवं डॉ.देवराज के मतों के बीच 'काव्यात्मक भाषा और 'काव्याभास भाषा' के बीच भेद करना—वे आवश्यक बताते हैं वह इसलिए कि जिनसे छद्मकाव्य से असली कविता को अलग करने में मदद मिले। इस सन्दर्भ में उन्होंने अज्ञेय की प्रसिद्ध कविता असाध्यवीणा के 'मौन' की भी चर्चा की है। काव्यबिम्ब तथा संरचना पर आधुनिक आलोचकों ने थोड़ी-बहुत चर्चा की है किन्तु डॉ. नामवर सिंह नये सिरे से इन दो पक्षों पर विचार करते हैं। यहाँ उन्होंने 'सिद्धान्त व्यवस्था' पर कम व्यवहार व्यवस्था पर अधिक बल दिया है। सामान्य रूप से उनके इस चिन्तन में हिन्दी कविता के सन् 1970 के 'दशक' तक की सैद्धान्तिक अवधारणाओं के व्यावहारिक पक्षों का विवेचन मिलता है। इसी प्रकार, नई कविता में प्रयुक्त मान्यताएँ जो आलोच्य जगत में उभर कर सामने आईं जैसे विसंगति और विडम्बना, जटिलता और तनाव, ईमानदारी और प्रामाणिक अनुभूति, परिवेश और मूल्य आदि सब पर विस्तारपूर्वक विवेचन इस दूसरे खण्ड में मिलता है।

इस कृति में सारी सैद्धान्तिकता **नई कविता के नये प्रतिमानों** की उठाई गई हैं। कविता के नये प्रतिमानों की इस रूप में कोई व्याख्या नहीं है—जैसे ये काव्य चिन्तन के सामयिक सैद्धान्तिक समीक्षात्मक मानदण्ड हों। अज्ञेय, लक्ष्मीकान्त वर्मा, डॉ. रघुवंश, डॉ. रामस्वरूप चतुर्वेदी, गजानन माधव मुक्तिबोध आदि ने नई कविता के प्रतिमानों पर इतना अधिक विवेचन कर रखा है कि डॉ. नामवर सिंह की यह कृति उन्हीं विवेचनों की पुनर्विवेचना मात्र लगती है और स्वयं डॉ. नामवर सिंह ने भूमिका के पूर्व पक्ष में यह स्वीकार भी किया है कि—

तस्मात् सतामत्र न दूषितानि,
मतानि तान्येव तु शोधितानि।

पूर्वप्रतिष्ठापित योजनासु,
पूर्वप्रतिष्ठा फलममनन्ति॥

''इसलिए यहाँ प्राचीन आचार्यों के मतों का खण्डन नहीं बल्कि संशोधन किया गया है। पूर्व प्रतिष्ठित सिद्धान्तों की योजना में भी मूल की प्रतिष्ठा का फल मिलता है।''

इसी क्रम में उनकी 'व्यवहारिक समीक्षा' से सम्बद्ध कृति 'दूसरी परम्परा की खोज' की चर्चा की जा सकती है।—यह कृति प्रकाशित हुई सन् 1985 में और स्थापना है—आठ अध्यायों की। इस अष्टाध्यायी के प्रत्येक अध्याय का प्रस्थान बिन्दु आचार्य द्विवेदी की कोई-न-कोई कृति है। हिन्दी साहित्य के समसामयिक काल में लिखी गई सर्जनात्मक समीक्षा के सन्दर्भ में इस कृति को सरणिबद्ध करना अनिवार्य है।

इस सर्जनात्मक समीक्षा के कई प्रयोग बीसवीं शती के उत्तरार्ध में मिलते हैं। डॉ. रामस्वरूप चतुर्वेदी कृत—आचार्य रामचन्द्र शुक्ल : आलोचना का अर्थ और अर्थ की आलोचना, डॉ. रामविलास शर्मा कृत निराला की साहित्य साधना-भाग 2, प्रेमचन्द्र और उनका युग तथा आचार्य रामचन्द्र शुक्ल और हिन्दी आलोचना आदि कृतियाँ इसी समीक्षा परम्परा से जुड़ती हैं। जैसा कि पूर्व में कहा जा चुका है—सर्जनात्मक समीक्षा कृति के अन्तर्गत समीक्षक के व्यक्तित्व को उभारती हुई मूलकृति (समीक्ष्य कृति) तथा कृतिकार के सापेक्ष्य में ऐसे नये मूल्यों का अन्वेषण करती है—जो कृति एवं कृती से निकलते हैं और निष्कर्ष के रूप में ये मूल्य पुनः मूलकृति या कृती से जुड़कर उसके व्यक्तित्व के सम्बद्ध पक्षों को समृद्ध करते हुए उसी के अनिवार्य अंग बन जाते हैं अर्थात् कृति या कृती का वह मूल्यांकन जो अन्ततया सर्जना और सर्जक के व्यक्तित्व में स्वयं विलीन होकर या स्वयं को खोकर एक नया अर्थ दे दे। डॉ. नामवर सिंह की आलोचनात्मक कृति ''दूसरी परम्परा की खोज'' सर्जनात्मक समीक्षा का श्रेष्ठतम मानदण्ड है। फ्लैप में यह भी स्पष्ट रूप से इंगित है—

''आलोचना कितनी सर्जनात्मक हो सकती है, इस कृति की प्रच्छन्न भाषा शैली जैसे उसका प्रीतिकर उदाहरण हो।''

यहाँ सर्जनात्मकता केवल 'भाषा शैली' तक ही नहीं जुड़ी है— मूल समस्या है, आचार्य हजारी प्रसाद द्विवेदी की विविध कृतियों एवं उनकी सर्जना सम्पन्न अन्तरंगता और समाधान खोजने की बेचैनी फिर समाधान मिल जाने पर द्वन्द्वों एवं विकल्पों के बीच अर्ह्य तथा अर्ह्य को प्रस्तावित करने के प्रति निर्णात्मक प्रश्न और निर्णय के बाद निर्मुक्त व्यक्तित्व और द्वन्द्वातीत आनन्दित मन। इस कृति में एक साथ यह सब कुछ दिखता है।

आचार्य द्विवेदी के इस व्यक्तित्व को उनसे जुड़े सम्बन्ध सूत्रों, उनकी कृतियों, उनकी मान्यताओं, परम्परा बोध तथा सांस्कृतिक विरासत सबको एक ही बिन्दु के विविध सूत्रों में जोड़कर उन्हें आलोचक अपनी कथनी के रूप में रखता है—सर्जनात्मक समीक्षा के कल्पनाप्रवण अन्वेषी तथा रागात्मक भाषा में बाँधकर प्रीतिकर प्रवहमयता स्वयं अर्थोन्मेष को खोलकर सामने खड़े हो जाने का प्रकरण ये सारी विशेषताएँ, एक साथ यहाँ सर्वत्र देखने को मिलती

हैं। वे आचार्य द्विवेदी की सर्जनात्मक दृष्टि को न समन्वयवादिता का अंग स्वीकारते हैं, न अतिवादियों की आवेगपूर्ण विचारधारा को मान्यता देते हैं, उनके अनुसार दोनों से भिन्न यहाँ ''सन्तुलित दृष्टि सत्यान्वेषी दृष्टि है। एक ओर यह दृष्टि जहाँ सत्य का प्रयास करती है वहीं दूसरी ओर वह सदा अपने को सुधारने तथा शुद्ध करने में प्रस्तुत रही है।''[1]

इस प्रकार, हिन्दी आलोचकों द्वारा खोजे गए सामान्यवादी आचार्य द्विवेदी या आवेगपूर्ण विचारधारा वाले द्विवेदी जी के स्थान पर वे एक अन्य द्विवेदी जी को पाठकों के सामने रखते हैं—'सन्तुलित एवं सत्यान्वेषी' दृष्टि वाले आचार्य जी! प्रारम्भ के दो पक्षों से तीसरा पक्ष अधिक प्रखर और सर्जनात्मक समीक्षा के रूप में द्विवेदी जी के व्यक्तित्व-विश्लेषण को अधिक गरिमामय एवं प्रभावी बनाकर सामने खड़ा कर देता है।

'दूसरी परम्परा की खोज' की भाषा और प्रयोग तर्क तथा भावना से जुड़कर पाठक को उनके अनुभवों से सम्पृक्त करते चलते हैं—उपन्यास, कहानी, संस्मरण की भाँति जैसे इस समीक्षा में भाषिक प्रयोग एवं अर्थ रचना के सूत्र बुद्धिजगत से अधिक भाव जगत से जुड़े हों। तुलसी और द्विवेदी जी, द्विवेदी जी और तुलसीदास, कैसे परस्पर व्यक्तित्व की छाया से घुल-मिलकर चलते हैं। इसका उदाहरण देखें—

''तुलसी गुसाईं भयो मोंड़े दिन भूलि गयो।' लेकिन निभी नहीं **जलते अंगारे को आँचल में कैसे बाँधा जा सकता है**। ''द्विवेदी जी के इस वाक्य में तुलसी नहीं द्विवेजी जी स्वयं आसन्न हैं।'' तुलसी के इस सन्दर्भ पर डॉ. नामवर सिंह की टिप्पणी देखें—

''जो द्विवेदी जी को निकट से जानता है, वही जानता है कि तुलसीदास की यह जीवन कथा बहुत कुछ हजारी प्रसाद द्विवेदी की ही आत्मकथा है। बचपन की बड़ी दरिद्रता, जवानी में काशी के पण्डितों का वही घृणित विरोध और अन्त में थोड़े दिनों की महन्ती भी वैसी है।''[2] निराला की सरोजस्मृति का **ब्राह्मण समाज में ज्यों अछूत** तुलना-सन्दर्भ तुलसी का, विवेच्य विषय द्विवेदी जी का और समसामयिक समान भावदृष्टि। डॉ. नामवर सिंह निराला के इस अर्थ संकेत और तुलसी की काशीवासियों की गहन उपेक्षा को द्विवेदी जी के व्यक्तित्व तथा जीवन से जोड़कर उनके व्यक्तित्व के अर्थ संदर्भ को ही प्राणवान नहीं बनाते, व्यावहारिक समीक्षा शैली तथा भाषा को पाठक के जीवन अनुभव का अमिट अंग बना देते हैं। इस सन्दर्भ में एक नये पं. हजारी प्रसाद द्विवेदी का उदय होता है जो सर्जनात्मक समीक्षा से ही सम्भव है।

डॉ. नामवर सिंह की इस समीक्षा पद्धति से जुड़ी कृति की तीसरी विशेषता है अध्यायों को कृतियों से जोड़कर उनके प्रासंगिक सन्दर्भों से मूल विषयवस्तु को पाठक के हृदय में ज्यों-का-त्यों उतार देना। 'चारुचन्द्र लेख' किन परिस्थितियों में लिखा गया इसे नामवर सिंह सीधे न कहकर चन्द्रगुप्त विशिष्ट चाणक्य के कथन द्वारा इंगित करते हैं—

---

1. दूसरी परम्परा की खोज, पृ. 20
2. वही, पृ. 22

प्रसाद के चाणक्य ने भी तो कभी कुछ ऐसा ही कहा था—"आनन्द समुद्र में शान्तिद्वीप का अधिवासी ब्राह्मण मैं, चन्द्र, सूर्य नक्षत्र मेरे द्वीप थे। अनन्त आकाश वितान था, शस्य श्यामला कोमला विश्वम्भरा मेरी शय्या थी, बौद्धिक विनोद कर्म का सन्तोष धन था। उस अपनी ब्राह्मण की जन्मभूमि छोड़कर कहाँ आ गया? सौहार्द्र के स्थान पर कुचक्र, फूलों के प्रतिनिधि कांटें प्रेम के स्थान में भय-ज्ञानामृत के परिवर्तन से कुमंत्रणा।"[1]

एक ओर 'चारु चन्द्र लेख' उपन्यास का लेखन दूसरी ओर चित्त में काशी छोड़ने का अवसाद। सारे-के-सारे विरोधियों के कुचक्र कि द्विवेदी जी पूर्व अध्यक्ष शुक्ल जी के विरोधी हैं। चौतरफे आक्रमण के बीच एक सर्जक, एक चिन्तक, एक सत्यान्वेषी अन्वेषक आलोचक का क्या व्यक्तित्व है? ऐसा साफ-सुथरा नामवर सिंह का आलोचक व्यक्तित्व आलोच्य विषयवस्तु के स्वरूप को धुले हुए निर्मल नक्षत्र-सा चमका देता है। यही इस सर्जनात्मक आलोचक का धर्म-मर्म है। प्रतिभा, अन्वेषण दृष्टि एवं सर्जनात्मक पैठ से सन्तुलित आलोचक की पहचान आलोचना क्षेत्र में डॉ. नामवर सिंह के पूर्व नहीं मिलती। स्मरण को समेटे आलोचना और कृतियों की विषय सार्थकता को आवेष्टित किए समीक्षा कौशल सर्वत्र सामने आकर अपनी पहचान कराने के लिए दोनों आतुर दिखाई पड़ते हैं।

डॉ. नामवर सिंह ने स्वयं इस आलोचनात्मक कृति में अन्वेषणात्मक वृत्ति का उपयोग किया है। शायद सत्यान्वेषी सर्जक की सार्थकता की सिद्धि के लिए आलोचक की भी सत्यान्वेषी दृष्टि सहायक हो सके, हुई भी है। कबीर आदि सन्दर्भों में इसे भलीभाँति देखा जा सकता है। काशी की अध्ययन परम्परा के विरुद्ध शान्ति निकेतन, पश्चिमी बंगाल के कबीर की पहचान, हरिऔध, श्यामसुन्दर दास, पीताम्बर दत्त वर्थवाल तथा आचार्य रामचन्द्र शुक्ल के विपरीत एकदम एक दूसरे के विरुद्ध दूसरे छोर पर समानान्तर खड़ी है। एक रेखा के ठीक सामने ऐसी बड़ी विरोधी रेखा खींच देना जिससे पहले की सारी रेखाएँ अस्तित्वहीन हो उठें। द्विवेदी के कबीर से जोड़कर इस दृष्टि की स्थापना के द्वारा आलोचक के अन्वेषण साक्ष्य उनकी कृति को अनुसंधानात्मक समीक्षा की ओर न ले जाकर सर्जनात्मक समीक्षा की ओर ले जाते हैं। आगमात्मक-निगमात्मक पद्धतियों से निष्कर्षों के विरुद्ध ललित्यबोध से जुड़ी आत्मप्रज्ञात्मक समझ से पूरी कृति भरी पड़ी है। डॉ. नामवर सिंह इससे जुड़े अर्थबोध को यों समझते हैं, "जब धरती ओर आसमान जलते रहते हैं तो तब भी यह हजरत न जाने कहाँ से अपना रस खींचते रहते हैं और मौज में आठों याम मस्त रहते हैं।" आकस्मिक नहीं है कि, शिरीष को देखकर द्विवेदी जी को कबीर याद आ जाते हैं और वे बोल उठते हैं—"कबीर बहुत कुछ इसी शिरीष के समान ही थे मस्त और बेपरवाह पर सरस और मादक।"[1]

---

1. दूसरी परम्परा की खोज, पृ. 31

इस समीक्षा की प्रक्रिया का प्रारम्भ अनुसंधान से होता है किन्तु निष्कर्षीकरण सर्जनात्मक सामर्थ्य से।

इसमें कोई दो मत नहीं कि साहित्य की कक्षा में पढ़ाए जाने वाले महाकवि कबीर को, काशी के पण्डित, कवि न मानकर भी साहित्य की उच्च शिक्षा के अन्तर्गत अध्यापन का विषय बनाए हुए थे। इस विडम्बना को यदि शान्ति निकेतन की परम्परा से जोड़कर द्विवेदी जी ने तोड़ा न होता तो आज भी हम कबीर को कवि न मानते, भारतीय आध्यात्मिक कविता को कविता न मानते। समग्र मायात्मक तृष्णाक्षय से उत्पन्न आत्मानन्द को 'शान्तिरस' न स्वीकारते। आचार्य अभिनव गुप्त का शान्तिरस चिन्तन आज भी हिन्दी साहित्य में हाशिए पर होता। कितनी बड़ी विडम्बना है?

द्विवेदी जी के साक्ष्यों से ही द्विवेदी जी के व्यक्तित्व की पकड़ और व्याख्या एक कौतूहल के साथ उठती और फिर चलती रहती है। सृजन के सन्दर्भ के साथ समीक्षा और समीक्षा सन्दर्भ के समय सृजन प्रतिपद प्रतिपल आलोच्य विषय को भास्वर करके परम्परित व्याख्याओं से उसे भिन्न या पृथक् कर देता है और उसमें कभी-कभी द्विवेदी जी का वह व्यक्तित्व उभरता है जो है तो ठीक आँखो के सामने लेकिन आलोचक उसे देखता नहीं देखकर भी गौण मान लेता है। डॉ. नामवर सिंह, आचार्य द्विवेदी के इस व्यक्तित्व की ओर संकेत करते हुए कहते हैं,

"आत्म समीक्षा के रूप में द्विवेदी जी की जिस कृति दृष्टि का परिचय मिलता है उसमें विशेष रूप से उल्लेखनीय है, उनकी क्रीड़ाशीलता। वे साहित्य के बारे में बात करते हुए भी साहित्य रचना करते हैं—उनके हाथों शास्त्र भी साहित्य बन जाता है और समीक्षा भी सर्जना।"[2]

"शास्त्र का साहित्य बन जाना और समीक्षा का सर्जना" यह आचार्य द्विवेदी जी रचनात्मक प्रतिभा का विलक्षण धर्म है और इससे पाठकों को जोड़ने के लिए जो साक्ष्य और जो तर्क डॉ. नामवर सिंह दे रहे हैं, वे भी अपने आप में द्विवेदी जी जैसे व्युत्पन्नता तथा प्रतिभा सामर्थ्य का विलक्षण दृष्टान्त हैं। सर्जनात्मक और विश्लेषणात्मक सूत्रों से जुड़ती परस्पर आचार्य हजारीप्रसाद द्विवेदी एवं डॉ. नामवर सिंह के बीच की पारस्परिक आत्मलयता आलोचक एवं आलोच्य के बीच स्थित विषयवस्तु की दूरी समाप्त कर देती है। इस दृष्टि से, हिन्दी की सर्जनात्मक समीक्षा से जुड़ी **'दूसरी परम्परा की खोज'** अपने आप में एक बेजोड़ कृति है।

□□

1. दूसरी परम्परा की खोज, पृ. 50
2. वही, पृ. 106

डॉ. बच्चन सिंह

हिन्दी साहित्य की अनेक विधाओं से जुड़े, समकालीन समीक्षा के भारतीय तथा पाश्चात्य मानदण्डों के सैद्धान्तिक चिन्तक एवं सामयिक काव्य के समर्थ समीक्षक डॉ. बच्चन सिंह ने अपनी व्यावहारिक समीक्षा की शुरुआत महाकवि निराला से की। क्रान्तिकारी कवि निराला (1947) की भूमिका का अध्ययन करने से यह ज्ञात होता है कि कितनी तत्परता तथा आत्मीयता के साथ उन्होंने निराला की समीक्षा के लेखन को उनके वाराणसी के भव्य समारोह एवं तथा आतिथ्य से जोड़ा था। उनकी दूसरी व्यावहारिक समीक्षा से जुड़ी अपने समय की विख्यात कृति **बिहारी का नया मूल्यांकन** (1958) उसके बाद प्रकाश में आई। रीतिकालीन और बिहारी दोनों से जुड़ी आचार्य रामचन्द्र शुक्ल की आरोपबद्धता को सशक्त ढंग से तोड़ने की यह चेष्टा ही नहीं है, अपितु बिहारी की हिन्दी साहित्य की रीतिकालीन परम्परा में उचित स्थान दिलाने का यहाँ एक संकल्प भी है। रीतिकालीन कवियों की प्रेम व्यंजना (1958) इसी शृंखला की उनकी तीसरी कृति है। आचार्य रामचन्द्र शुक्ल का इतिहास पढ़ते हुए (1989) तथा उनकी सबसे महत्त्वपूर्ण कृति 'हिन्दी साहित्य के इतिहास की भूमिका' के रूप में है और अपने मतों की पुष्टि के लिए उन्होंने 'हिन्दी साहित्य का दूसरा इतिहास (1998) लिखा। सैद्धान्तिक समीक्षा के क्षेत्र मे इधर उनका प्रयास निरन्तर चलता रहा है। हिन्दी आलोचना के बीज शब्द साहित्य का समाजशास्त्र और रूपवाद (1984), भारतीय और पाश्चात्य काव्यशास्त्र का तुलनात्मक अध्ययन (1987), आलोचक और आलोचना (1990), जैसी कृतियाँ आज अपनी मान्यताओं के कारण हिन्दी की व्यावहारिक तथा सैद्धान्तिक समीक्षा क्षेत्र में विशेष स्थान रखती हैं। इसी सन्दर्भ में 'अँधेरे में : इतिहास रचना और संवेदना' के सम्पादक के रूप में आना तथा गजानन माधव मुक्तिबोध की प्रसिद्ध कृति 'अँधेरे में' से जुड़े वैचारिक लेखों का सम्पादन भी इन्हें व्यावहारिक समीक्षा से जोड़ता है।

सैद्धान्तिक तथा व्यावहारिक समीक्षा के सन्दर्भ में उनके मानदण्ड नितान्त स्पष्ट एवं सर्वाधिक प्रासंगिक हैं। उनका अपना मत है कि आज वैश्वीकरण की मान्यताओं के प्रकाश में किसी साहित्यिक समीक्षा सिद्धान्त को मात्र एक क्षेत्र, एक भाषा एवं एक चिन्तन तक सीमित कर देना और उसे अन्तिम तथा एकमात्र मानदण्ड के रूप में स्वीकृति प्रदान करना, असम्भव है। उनके अनुसार—"बीसवीं शताब्दी के दूसरे छोर पर पहुँचकर पूरब, पश्चिम, उत्तर, दक्षिण के विचार एक दूसरे को छूते, काटते, ठेलते अन्तर्क्रियात्मक सूत्रों मे बँध गये

हैं। उनकी टकराहट से विचारों के नये स्फुलिंग पैदा होने लगे हैं। साहित्यिक आलोचना भी इसी प्रक्रिया से गुजर रही है।''

दूसरी बात इससे भी महत्त्वपूर्ण है—''आलोचना प्रणाली कोई भी हो, मुकम्मल नहीं हो सकती है। किसी में एक प्रकार का बौनापन है तो किसी में दूसरे प्रकार की एकांगिता।''

इन दोनों दृष्टियों का आज अपना सापेक्षिक महत्त्व है और उनके सापेक्षिक महत्त्व को ध्यान में रखते हुए उन्होंने आज की समीक्षात्मक व्यवस्था के विषय में एक संगत टिप्पणी इस प्रकार दी है—

''आज की आलोचना के लिए सबसे जरूरी है, आधुनिक मानवीय स्थिति (ह्युमन सिचुएशन) के सन्दर्भ में संरचना का विश्लेषण और मूल्यांकन। पुरानी आलोचना पद्धतियाँ, जिस सीमा तक हमारी सहायता कर सकती हैं, उस सीमा तक किंचित् परिवर्तन के साथ वे हमें ग्राह्य हैं।''[1]

हिन्दी की व्यावहारिक समीक्षा के अन्तर्गत स्वीकृत आज की सर्जनात्मक समीक्षा के अतिवाद को वे अस्वीकार करते हैं। उनके अनुसार—

''इधर हिन्दी समीक्षा के क्षेत्र में सर्जनात्मक समीक्षा के नाम पर जो कूड़ा कर्कट इकट्ठा किया जा रहा है वह वाग्जाल का अद्भूत नमूना है। एक ओर अकादमी आलोचना की निन्दा, दूसरी ओर विदेशी नामों की भरमार से पंडिताई की धाक जमाने की ख्वाहिश। एक ओर धंधई आलोचना की शिकायत, दूसरी ओर अर्थहीन वाक्यों को हवा में उछाल कर पुलकित होने का अहसास। ऐसे आलोचक साहित्य के चारों ओर ''चमचमाता वाक्‌जाल'' बिछाने में माहिर हैं।''[2]

इस प्रकार, कुल मिलकार, उनकी समीक्षा पद्धति को उन्हीं की मान्यताओं के प्रकाश में रखकर विवेच्य विषय को आगे बढ़ाया जा सकता है। आधार है, कृति में अभिव्यक्त मानवीय स्थिति के सन्दर्भ में भाषिक संरचना का विश्लेषण और मूल्यांकन। इस प्रकार, सर्जक की भाषिक संरचना, कृति का विश्लेषणात्मक माध्यम और अभिव्यक्ति, मानवीय स्थिति, संवेदनाएँ तथा स्वरूप तथा उनका केन्द्रीय आधार इनका विश्लेषण तथा मूल्यांकन समीक्षा का व्यवहार पक्ष है। उनकी प्रमुख कृतियों का विश्लेषण इन्हीं मानदण्डों पर अपेक्षित है।

सन् 1947 में लिखित 'क्रान्तिकारी कवि निराला' के विश्लेषण का आधार उसमें अभिव्यक्त मानवीय परिस्थिति तथा भाषिक संरचनात्मक विश्लेषण दोनों स्थितियाँ दृष्टान्त हैं। निराला के जीवन का कृतित्व के क्रम में विश्लेषण का सन्दर्भ निराला की सर्जनात्मक

---

1. आलोचक और आलोचना, भूमिका भाग
2. हिन्दी साहित्य का दूसरा इतिहास, पृ. 514

क्रमबद्धता के विकास में सोपान हैं जिनके माध्यम से उनकी कृतियों की क्रमबद्धता तथा सर्जनात्मक प्रौढ़ता को विश्लेषण तथा सर्जनात्मक विकास के इतिहास का आधार बनाया जाता है। 'क्रान्तिकाल, प्रौढ़ सृष्टि, अवसाद तथा श्रान्ति' की ये चार दशाएँ उनके जीवन क्रम, उनके सामाजिक सन्दर्भ, सृजन परिवेश, तथा कृतित्व के लिए आधार बन सकती हैं। **'क्रान्तिकारी कवि निराला'** के नयेपन को यहाँ उनकी क्रान्तिकारिता से जोड़कर देखा गया है और हिन्दी काव्य रचना के इतिहास में उनकी रचनात्मक चेतना की नवोन्मुखता की व्याख्या इसी के माध्यम से की गई है। इसी के अन्तर्गत उनकी व्यंग्यात्मक कृतियाँ भी हैं।

मतवाला काल की रचनाएँ—परिमल और कुछ छूटी हुई रचनाएँ तथा अनामिका को एक साथ जोड़कर निराला के सृजन का प्रथम सोपान बताया गया है। इसके बाद 'निराला की गीति' रचना ली गई और इन गीतों के रचनात्मक आधारों की चर्चा है। प्रौढ़तर कृतियाँ तुलसीदास, सरोज स्मृति, राम की शक्ति पूजा आदि निराला के रचना सृजन के मानदण्ड के रूप में विश्लेषित तथा परीक्षित की गई हैं। ये सम्पूर्ण रचनाएँ विभाजन के अनुसार 1930 से 35 के बीच की हैं किन्तु वह पुनः सन् 1935 से 38 के बीच की बताते हैं।[1] मध्यकालीन सांस्कृतिक दृष्टि, देश काल प्रभाव, परिवारिक जीवन की व्यंजनाएँ, रूढ़ियों का विरोध, आदर्शों की स्थापना जैसे मानवीय मूल्य निराला के सृजन से सम्बद्ध होकर बार-बार विश्लेषण के लिए आधार बनते हैं। 'जीवनानुभूति' जिसे डॉ. बच्चन सिंह कृतित्व की समीक्षा का आधार बताते हैं, उसकी स्थिति यहाँ पूरी तरह से विवेचन के दायरे में है किन्तु संरचनात्मक विश्लेषण का आधार पक्ष कमजोर पड़ जाता है। यही समीक्षक उनकी अणिमा, बेला, नये पत्ते, अर्चना, आराधना और गीतगुंज तथा सान्ध्य काकली का विवेचन क्रमशः करता चलता है।

निराला की कविताओं के सर्जनात्मक विश्लेषण के लिए आधार के रूप में भाषा-जातीय जीवन, ध्वनि, बिम्ब और सर्जन को लेते हैं। सर्जना की समग्रता के लिए मात्र यही विश्लेषण पर्याप्त नहीं है। फिर भी, आलोचक अपनी सीमाओं में कवि के संरचनात्मक विश्लेषण के भाषिक आधारों की बराबर व्याख्या करता चलता है। भाषा तथा अर्थरचना, भाषा तथा संगीत, भाषा का नादात्मक सन्दर्भ साथ ही, भाषा एवं नाद के बीच स्थित स्पन्दन तथा उसके मूल में चेतना, नाद तथा स्वरस्पन्दन का अद्वैत इस संदर्भ में भारतीय चिन्तन की अपनी मान्यताएँ हैं। निराला अपने गीतों में इस नादात्मक अद्वैतभाव की भारतीय मान्यताओं के प्रकाश में बार-बार चर्चा करते हैं।

---

1. क्रान्तिकारी कवि निराला, पृ. 70

मौन मधु हो जाए
भाषा मूकता की आड़ में
मन तरलता की बाढ़ में
जल बिन्दु-सा खो जाए।

'भाषिक मौन' का चिन्तन भारतीय अस्मिता से जुड़ा 'मौन-नाद' की योजना को अंकित करता है। ध्वनि रचना और मनः दशाओं एवं संवेदनात्मक जीवन की विविधताओं का जो दृश्य निराला साहित्य में मिलता है, शायद ही कोई छायावादी कवि उस ओर आकर्षित हुआ हो। ध्वनि, बिम्ब और सर्जना के विविध सन्दर्भों द्वारा निराला की रचना प्रक्रिया की प्रौढ़ता तथा काव्य रूप के विविध पक्षों की व्याख्या द्वारा आलोचक डॉ. बच्चन सिंह जैसे निराला की समग्रता को उधेड़ना चाह रहे हैं—किन्तु निराला साहित्य की सर्जनात्मक व्याप्ति के लिए यह अंश नितान्त कम पड़ता है।

उपसंहार के अन्तर्गत रूढ़िबद्ध परम्परित काव्य सिद्धान्तों का निराला के प्रति तिरस्कार का भाव एवं उनकी काव्यगत भावना पर बौद्धिक अनुशासन की स्थापना को उन्होंने उनके रचनात्मक व्यक्तित्व की मूल विशेषता सिद्ध की है और जैसा कि प्रारम्भ में कहा गया है—आलोचना की प्रारम्भिक कृति होते हुए भी निराला के कवि व्यक्तित्व की समग्रता के अधिकांश पक्षों को यहाँ सन्तुलित ढंग से विश्लेषित किया गया है।

डॉ. बच्चन सिंह की व्यावहारिक समीक्षा से जुड़ी उनकी अन्य कृति 'बिहारी का नया मूल्यांकन' विशेष महत्त्वपूर्ण है। बिहारी उनकी दृष्टि में रीतिकाल की काव्य चेतना के अभिजात्य स्वच्छन्द धारा के कवि हैं। हिन्दी साहित्य में 'देव तथा बिहारी' की बढ़ाचढ़ी के निर्णयात्मक मूल्यांकन तथा श्रृंगार परम्परा के काव्य सर्जक के विवाद से बिहारी को ऊपर उठाकर एक कवि के रूप में देखने की चेष्टा उन्होंने की है। सौन्दर्य चेतना तथा प्रेम के कवि के रूप में परम्परा से हटकर डॉ. बच्चन सिंह ने उनका जो भी मूल्यांकन किया है—निस्सन्देह आज की उनकी वही दृष्टि आलोचकों को स्वीकार्य है। उनकी प्रेम चित्रांकन की शैली, यथार्थ के प्रति सजगता, प्रेम के मनोविज्ञान के प्रति गहरी दृष्टि, मध्यकालीन समाज की विसंगतियों को उजागर करने का व्यंग्य भरा कौतूहल आदि उनकी अपनी विशेषताएँ हैं। अपने समाज के यथार्थ यथा, कथावाचकों, ज्योतिषियों, वैद्यों तथा रसिकों के यथार्थ, कल्पनाशक्ति तथा उनकी संसक्तिरहित कवि दृष्टि आदि के अनेक दृष्टान्तों द्वारा वे उन्हें 'क्लैसिक कवि' के रूप में स्थापित करते हैं। डॉ. बच्चन सिंह ने बिहारी की रचनाकला से जुड़ी उनकी 'कल्पना की समाहार शक्ति' तथा 'भाषा की समास शक्ति' के तत्त्वों को साथ-साथ रखकर अपने पूववर्ती बिहारी काव्य के समीक्षकों से सर्वथा भिन्न एक नई दृष्टि का मानक रखा है। यहाँ 'नये मूल्यांकन' का अर्थ बिहारी को परम्परावाद से मुक्त करके, उनके साहित्य में उन नये मानकों की तलाश तथा विश्लेषण

करना उनका लक्ष्य है ताकि परम्परा के रीतिवाद तथा शास्त्रवाद से मुक्त करके 'क्लैसिक कवि' के रूप में उन्हें प्रतिष्ठित किया जा सके।

इसमें सन्देह नहीं कि अपने इस विश्लेषण में वे सर्वथा खरे उतरे हैं।

इस सन्दर्भ में उनकी तीसरी पुस्तक—'अँधेरे में : इतिहास, संरचना और संवेदना' शीर्षक उनकी संकलनात्मक कृति का भी स्मरण करना आवश्यक होगा। सन् 1994 में उन्होंने समसामयिक समीक्षकों की लेखकीय सहायता से तैयार अपनी कृति के तीन पक्षों इतिहास, संरचना तथा संवेदनाओं की समस्याओं को एक ऐतिहासिक दस्तावेज के रूप में रखने की चेष्टा की है और डॉ. नामवर सिंह जिनके सबसे प्रिय कवि मुक्तिबोध हैं, से लेकर प्रो. रामस्वरूप चतुर्वेदी, नन्द किशोर नवल, विश्वनाथ त्रिपाठी एवं स्वयं को साथ 21वीं शती उत्तरार्ध के प्रसिद्ध हिन्दी आलोचकों के दृष्टिकोण का एक ऐतिहासिक रूप अँधेरे में : विश्लेषण का साक्ष्य दिया है। यद्यपि अपने इतिहासों में डॉ. बच्चन सिंह ने मुक्ति की कविता के दिवास्वप्न चित्रों एवं बिम्बों की चर्चा अवश्य की है किन्तु विशेष विस्तारपूर्व—''अँधेरे में : नये मार्क्सवादी सौन्दर्य शास्त्र की तलाश'' उनकी ''अनिवार्य आत्मसम्भवा परक अभिव्यक्ति'' के द्वारा उन मान्यताओं की स्थापना की है, जिनका झुकाव प्रगतिवादिता के प्रति है। वे युगीन कवियों, लघुमानव, युग पुरुष महात्मा गाँधी आदि के बाद 'स्वप्न के एक टुकड़े' की चर्चा करते हैं—जिनमें उनका विश्वचेतस् आत्मसम्भवा के साथ स्थापित होकर शैली के रूप में 'नए मार्क्सवादी एस्थेटिक्स' बनकर सामने आता है। यह चिन्तन के रूप में आने वाले समय के एक व्यापक सत्य से जुड़े व्यक्तिसत्य की बात है और डॉ. बच्चन सिंह के विचार से शायद यही मुक्तिबोध की 'प्रगतिवादिता की तलाश' है।

□□

विजय देव नारायण साही

अपने तर्कों की अकाट्य प्रस्तुति, विचार मंथन से निकली गहरी समझ तथा तार्किकता की निष्ठा के अप्रतिम समालोचक विजयदेव नारायण साही आधुनिक हिन्दी समीक्षा के नव चिन्तक एवं विश्लेषक हैं। उनकी सैद्धान्तिक समीक्षा की कृतियाँ अधिक नहीं हैं। उनकी महत्त्वपूर्ण कृतियाँ—छठाँ दशक (1987), "साहत्यि क्यों", "वर्धमान और पतनशील साहित्य" और "साहित्यकार का दायित्व" हैं। समकालिकता, वर्तमान सामाजिक सन्तुलन एवं साहित्य की सत्ता 'राजनीति और साहित्य, जनवादी आन्दोलन और साहित्य की भूमिका आदि जैसे प्रश्नों को लेकर उन्होंने अपने सैद्धान्तिक लेखन का परिदृश्य बढ़ाया है। व्यावहारिक समीक्षा के क्षेत्र में उनकी एकमात्र कृति 'जायसी' अपने आप में एक ऐतिहासिक दस्तावेज है। उन्होंने पृथक् रूप से नये कवियों में शमशेर बहादुर सिंह की काव्य संरचना पर चर्चा की है—विषय है—**शमशेर की काव्यनुभूति की बनावट** (1964), (इलाहाबाद की विवेचना गोष्ठी में पठित) इसी के साथ **लघु मानव के बहाने हिन्दी कविता पर एक बहस** समीक्षा का एक बहुचर्चित तथा अतिख्यात निबन्ध भी है जिसमें उन्होंने नयी कविता के सैद्धान्तिक समीक्षक लक्ष्मीकान्त वर्मा के लेख 'लघुमानव' का बड़ा ही गम्भीर विश्लेषण परिमल गोष्ठी में प्रस्तुत किया था। इस लम्बे चिन्तन प्रधान लेख में उन्होंने आलोचना के दायित्व (प्रकारात्मक भाव से) आलोचक के दायित्व पर निम्नलिखित प्रकार से टिप्पणी की है—

"मेरी समझ में आलोचना का काम साहित्यिक कृति की संवेदना को जबरदस्ती खींचकर पाठक तक पहुँचाना नहीं है। आलोचना सिर्फ इतना कर सकती है कि पाठक के जो भी वैचारिक या धारणात्मक पूर्वग्रह, जाने या अनजाने, अपनी उपस्थिति या अनुपस्थिति के कारण पाठक को उस ओर उन्मुख होने में रोक रहे हों, जहाँ से काव्य का प्रभाव प्रवाहित हो रहा है उन्हें विनष्ट करके पाठक को एक उचित तत्परता की अवस्था में छोड़ दे। यंत्र जगत की एक स्थूल उपमा के द्वारा हम यों कह सकते हैं कि रेडियो की सुई की उचित लहर मानकर लाकर लगा भर देना आलोचक का काम है—बाकी ट्राँसमीटर से तो रेडियो सेट स्वयं पकड़ेगा।"[1]

श्री विजय देव नारायण साही एक सशक्त नये कवि भी हैं और उनकी दो काव्य कृतियाँ 'मछलीघर' और 'साखी' इनके काव्य साक्ष्य की जीवन्तता के प्रतीक हैं। एक कवि या समीक्षक

---

1. छठवाँ दशक, पृ. 260, लघु मानव के बहाने हिन्दी कविता पर बहस

या आलोचक अपने सर्जनात्मक काल तथा परिवेश के रचनात्मक, संघातात्मक एवं विध्वंसात्मक तत्त्वों को किस प्रकार देख रहा है, अपनी समसामयिक आधुनिकता के परिवेश में उसे किस प्रकार भोग रहा है और अपने चिन्तन की संगति में अपने परिवेश से उपजने वाले इन तत्त्वों के आघातों को कैसे झेल रहा है; इन सब भोगे हुए वैयक्तिक अनुभव यथार्थ के प्रकाश में किया गया उसका चिन्तन केवल प्रतिक्रिया मात्र नहीं है। उनके अनुसार सार्वजनीन मानवसमूह का समाज संवेदनाओं का समकालिक स्वरूप भी है। उनके द्वारा लिखित 'छठवाँ दशक' इस सन्दर्भ में सामाजिक प्रतिबद्धताओं का एक दस्तावेज भी है। इस सन्दर्भ में, यह भी स्मरणीय है कि श्री साही डॉ. राममनोहर लोहिया के पर्याप्त समीप तथा उनकी समाजवादी विचारधारा के गहन चिन्तक तथा राजनीतिक पार्टी के सदस्य भी रहे हैं और उन्होंने जीवन तथा समाज सत्य को इसी रूप में भोगा है। उनकी इस समझ के लिए साक्ष्य उनकी दो कृतियाँ हैं—साहित्य क्यों? और लोकतंत्र की कसौटियाँ या उनके लेखों में साहित्यकार और उसका परिवेश, जनवादी साहित्य—1, 2 आदि और इन्हें साक्ष्य के रूप के देखा जा सकता है। श्री केशवचन्द्र वर्मा के शब्दों में—

"उनकी कृतियाँ साहित्य को जिस धरातल से देखती हैं उसमें मानव समाज की सम्पूर्णता की समग्र पहचान विशिष्ट ढंग से होती है।"[1]

साहित्य के साथ, उनकी वैचारिक, सामाजिक एवं चिन्तनगत प्रतिबद्धता श्री साही की समीक्षात्मक दृष्टि के साथ निरन्तर जुड़ी चलती है।

व्यावहारिक समीक्षा के क्षेत्र में उनकी सबसे बड़ी विशेषता कृति के गहनतम सार्थक संदर्भों की साक्ष्यों के साथ तलाश है तथा साथ ही उसकी प्रासंगिकता की ओर संकेत तथा लोक ग्राह्यता के लिए इस प्रकार का वातावरण निर्मित करना जिससे उनका आलोचना कर्म कृति के साथ बेबाक एवं शुद्ध स्वरूप को जोड़कर उसकी आन्तरिक एवं बाह्य सर्जनात्मक शक्ति तथा अनुभूति व्यापार को वृहत्तर आयाम दे सके। उनकी व्यावहारिक समीक्षात्मक कृति 'जायसी' इस तथ्य का बड़ा ही महत्त्वपूर्ण साक्ष्य है। जायसी के समीक्षात्मक परिप्रेक्ष्य में डॉ. निर्मला जैन की इस प्रकार की टिप्पणी है—

"उन्होंने जायसी को न शोधार्थी की दृष्टि से देखा न निपट आलोचक की। उन्होंने अपने कवि हृदय की संवेदना के सहारे उनके काव्यत्व की गहराई की थाह ली और आग्रह किया कि जायसी की परख 'सूफी' नहीं कवि के रूप में की जानी चाहिए।"[2]

अनुसंधानपरक तथ्यों के प्रकाश में इतिहास की गर्दगुबारी को साफ करके कृति को उसके मूलरूप में ले आकर रखना यह बड़ा महत्त्वपूर्ण कार्य है। भारतीय इतिहास परम्परा

---

1. परिमल : स्मृतियाँ और दस्तावेज—श्री केशवचन्द्र वर्मा, पृ. 66
2. हिन्दी आलोचना की बीसवीं सदी, पृ. 86

में प्रक्षेप को जोड़कर कृति का वर्चस्व दिखाने, कृतिकार के वैचारिक चिन्तन के रूप को परिवर्तित करने, अपनी किसी विशिष्ट विचारधारा से जोड़ने, कृति की विराटता को महत्त्वपूर्ण सिद्ध करने आदि-आदि न जाने कितने कारण गिनाए गए हैं—'महाभारत' का रूप-विस्तार प्रक्षेप के कारण ही हुआ है। श्रीरामचरितमानस में लवकुश काण्ड जोड़कर सीता निवार्सन की कथा सम्बद्ध की गई आदि-आदि। प्रक्षेप की परम्परा कृति के मूलरूप को पूर्णतया विनष्ट करके उसमें नया अर्थ तथा नयी दृष्टि जोड़ देती है। डॉ. माताप्रसाद गुप्त ने बीसलदेव रासो एवं पृथ्वीराज रासो के प्रकरण में भी इस तथ्य को इंगित किया है और इन कार्यों से सर्जनात्मक कृति की व्यावहारिक समीक्षा का रूप परिवर्तित हो उठता है। जायसी के पद्मावत पर सूफ़ीवाद का प्रक्षेप और उसके लिए बाद में जोड़ी गयी 'तन चितउर'' वाली पंक्ति का रूपकविधान भी साही ने पाठालोचन के प्रसिद्ध विद्वान डॉ. माताप्रसाद गुप्त द्वारा अन्वेषित हिजरी सन् 1007 की प्रति को आधार बनाया। इस रूपक की प्रक्षिप्तता ने जायसी के सूफीवाद के प्रवाद को बढ़ाने में कितना सहयोग दिया, इस विषय में साही जी कहते हैं—

"इस छन्द को प्रामाणिक मान लेने के कारण जायसी के रूपक निर्वाह के विषय में शुक्ल जी और उनके पीछे के आलोचकों ने कितना बड़ा वितंडावाद खड़ा किया है। लेकिन डॉ. गुप्त ने एक कदम आगे बढ़कर यह प्रश्न नहीं पूछा कि यदि रूपक कथित अथवा अकथित धराशायी हो जाता है तो पद्मावत का सूफी मत का ग्रंथ मानने का क्या औचित्य रह जाता है।"

इसी सन्दर्भ में साही जी जायसी तथा खुसरो के मतों की पुनः चर्चा करके खुसरो के इस्लाम समर्थन के मत की स्वीकृति न देकर जायसी के पद्मावत में इंगित इस्लाम की सत्ता शक्ति से उत्पन्न खूनी संघर्ष पर व्यंग्य करते हैं—

"इसके (खुसरो के वर्णन के) विपरीत जायसी मुट्ठी से उड़ती हुई राख की तरह इस पृथ्वी विजय को झूठा देखते हैं जो जायसी के इस्लाम और अलाउद्दीन में गम्भीर अन्तर की अनुभूति प्रस्तुत करता है।"

'खुसरो तथा जायसी' दोनों इस भयंकर घटना का निष्कर्ष भिन्न-भिन्न रूपों में निकालते हैं। खुसरो का दृष्टिकोण इस्लामी विजय के गौरव से जुड़ा है—किन्तु जायसी के पद्मावत का समापन संहार एवं विनाश के विप्लव से जुड़ी मानवीय करुणा, पीड़ा एवं संहार के संत्रास की मुक्ति से सम्बद्ध है।

नाना प्रकार के प्रक्षेपों के बीच जिस कवि को अब तक जोड़कर ग्रियर्सन, शुक्ल जी, डॉ. भगवतशरण अग्रवाल जैसे समीक्षक घूम रहे थे, सूफी मतवादों के बीच विवेचित करते हुए उनके विषय में विवेक सम्मत समीक्षा का निर्मल मार्ग खोल देना ही साही जी की विलक्षण आलोचक प्रतिभा का महत्त्वपूर्ण योगदान है। जायसी कवि पहले हैं और जो भी हों, वह

बाद में। भक्ति साहित्य की इस समीक्षा दृष्टि की एक नई दिशा निर्मित करने में उनका महत्त्वपूर्ण योगदान है। तुलसी, सूर, कबीर आदि कवि पहले, सर्जक हैं—अद्भुत तथा कल्पना शक्ति द्वारा सृजनात्मक प्रतिभा को आध्यात्मिक चैतन्य से जोड़कर रचना करते हैं और इस रचना में मानवीय उदात्त मूल्यों के रक्षक राम या कृष्ण सामाजिक परिवेश से जुड़े एक यथार्थ की भाँति मनुष्य पहले हैं, अपने जीवनकाल तक हैं—ईश्वर बाद में।

जायसी के माध्यम से एक नई दृष्टि देने वाले सर्जक कवि की इस समीक्षा के सन्दर्भ 'जायसी' में पदेन-पदेन दृष्टिगत होते हैं और साही जी के विश्लेषण का प्रतिफल है कि भक्ति साहित्य लोक जीवन के बीच पूरी तरह से आदर्श निष्ठा से सम्पृक्त लौकिक साहित्य जैसा सामने आता है, किन्तु समय-समय पर उसके आदर्श की चमक हमें आध्यात्मिकता के सन्दर्भों को समझने, जानने तथा व्यवहार में ले आने की विवेक भरी भंगिमा प्रदान करती है। कवि के मूल सन्दर्भ का सही अन्वेषण तथा उसके निष्कर्षों की प्रामाणिकता कृति के सम्पूर्ण अर्थ सन्दर्भ को दूसरा स्वरूप प्रदान कर देती है। वह प्रत्येक रूप में स्वीकार्य तथा प्रामाणिक है। हिन्दी साहित्य के अन्तर्गत में उनके दो निबन्धों की सामयिक सन्दर्भ में बराबर चर्चा रही है। एक है, **शमशेर की काव्यानुभूति की बनावट**। यह लेख 1964 का छपा है। छठवें दशक का दूसरा लेख है—**लघु मानव के बहाने आधुनिक कविता पर बहस**। यह लेख अपूर्ण ही रहा। वस्तुतः लक्ष्मीकान्त वर्मा की सामयिक व्यक्तिवादी चेतना से सम्पृक्त 'लघु मानव' की अवधारणा परिमल की गोष्ठियों में बराबर चर्चा का विषय बनी रही। लक्ष्मीकान्त वर्मा के 'लघु मानव' की अवधारणा को साही जी कैसे देखते, समझते एवं साहित्य से जोड़ते हैं, यह सब कुछ लक्ष्मीकांत वर्मा से हटकर है।

लक्ष्मीकांत वर्मा 'नये प्रतिमान पुराने निकष' में लघु मानव की स्थापना करते हैं और बताते हैं कि आज के नितान्त यथार्थवादी युग में वैयक्तिक निजता मनुष्य को अपने घेरे में घेरती बौना बनाती जा रही है। 'लघु मानव' का सम्बन्ध इस बौनेपन से नहीं वरन् अहन्ताग्रस्त उस निजता के योग से जुड़े व्यक्ति के अहम् से है—जहाँ अन्य की सत्ता नहीं है और इस सन्दर्भ में सम्पूर्ण सामाजिकता का परिवेश वह सीमित करता रहा है। आधुनिक कवि भाग 15 में स्वयं अपनी भूमिका में इस लघु मानव की चर्चा करते हुए लक्ष्मीकांत वर्मा कहते हैं—

"प्रतिबद्धता बहु से एक की ओर उन्मुख होने वाली दृष्टि है....। लघुमानव की कल्पना इस निर्माल्य (विशिष्ट मानववाद) के संस्कार के प्रति खुला विद्रोह करती है।"[1]

कुल मिलाकर, नितान्त व्यक्तिवाद से गढ़ा हुआ आज का अहंवादी मध्य वर्ग इसका प्रतीक है। डॉ. जगदीश गुप्त इस लघु मानव पर टिप्पणी करते हुए कहते हैं कि—

---

1. आधुनिक कवि—लक्ष्मीकान्त वर्मा पृ. 5, भूमिका, हिन्दी साहित्य सम्मेलन

"तर्क के लिए यह कहना कि little man का तात्पर्य Small man नहीं है—अथवा लघु और छोटा समानार्थी शब्द नहीं हैं, व्यर्थ का वाग्जाल खड़ा करना है, जिस पर कोई भी समझदार आदमी आग्रह नहीं करेगा। स्थिति यह है कि इसी Little man का अनुवाद एक आदमी 'लघु मानव' के रूप में करता है तो दूसरा 'होटे आदमी' के रूप में।"[1] छठें दशक में प्रचलित इस 'लघु मानव' शब्द की अवधारणा और साहित्य में उसकी स्थिति पर अत्यन्त व्यापक रूप से परिमल की गोष्ठी में साही जी ने अपने विचारों को रखा था जो 'नई कविता' में प्रथम बार अपूर्ण रूप में प्रकाशित, फिर वही ज्यों-का-त्यों 'छठवाँ दशक' में प्रकाशित हुआ। उन्होंने हिन्दी साहित्य के तीसरे दशक से हिन्दी काव्य में मानव की अवधारणा की छानबीन शुरू की। उनके अनुसार भारतीय मनुष्य की दो पहचान है—'किसानी और आध्यात्मिकता', लेकिन दोनों हिन्दी काव्य की अवधारणा बनने से दूर रहे हैं। साही जी कहते हैं—"किसानी और दर्शन की हिन्दी के किसी कवियों में इन दोनों की गन्ध नहीं आती। कुल मिलाकर, हिन्दुस्तान नाम के देश की यही पूँजी है। इन दोनों गन्धों से जब राज गोपालाचारी और फिराक गोरखपुरी तक अछूते नहीं बचते तो हिन्दी बेचारी क्या खाकर अछूती रह जाएगी जो अभी दिल्ली की जुबान नहीं बन पाई है।"[2] अब आज जब हम इक्कीसवीं शती के 'हिन्दुस्तानी मानव' की बात कहें तो एक सार्वभौम विशेषण और लग जाता है वह है, 'मतदाता' का। लोकतंत्र ने किसान तथा अध्यात्म मंडित भारतीय को 'मतदाता' से अभिषिक्त किया है। लघु मानव योरोपीय पूँजीवादी, व्यक्तिवादी, अहन्ताग्रस्त समाज का कोई चित्र होगा जो भारतीय 'मध्य वर्ग' की दस प्रतिशत जनता के बीच एकाध प्रतिशत हो सकता है। भारतीय अतीत, समसामयिक तथा आगत भारतीय की तार्किक परिकल्पना तथा स्थापना के साहित्यिक मानदण्डों से सम्पृक्त ऐसा तेजभरा चिन्तन हिन्दी में कम मिलता है।

'शमशेर की काव्यानुभूति की बनावट' विषय पर चर्चा करते हुए वे पुनः काव्य प्रचलन एवं प्रयोगों के सापेक्षिक सैद्धान्तिक संदर्भों को सामने रखते हैं—

"चेतना के जो तत्त्व काव्यानुभूति में आवश्यक अंग दिखते थे, उनमें से कुछ अनुपयोगी या असार्थक दिखने लगे, कुछ अन्य जो पहले अनावश्यक या विरोधी लगते थे—काव्यानुभूति के केन्द्र में आ गए और कुल मिलाकर काव्यानुभूति और जीवन की काव्येतर अनुभूतियों में जो रिश्ता दिखता था, वह रिश्ता भी बदल गया। इसलिए मैं शमशेर के काव्य में अनुभूति की इस बनावट की ओर आपका ध्यान आकृष्ट करूँगा।"[3] साही

---

1. नई कविता : सैद्धान्तिक पक्ष—डॉ. जगदीश गुप्त
2. नई कविता : सैद्धान्तिक पक्ष—डॉ. जगदीश गुप्त, पृ. 200
3. छठवाँ दशक, पृ. 159

जी ने शमशेर की कविताओं के विविध उदाहरणों द्वारा 'प्रचलन के, अप्रचलन के नये एवं पुराने संदर्भों को कविता की सक्रिय प्रयोगवत्ता के रूपों को प्रगट होने की स्थितियों तथा उसके कारणों पर विचार किया है। इस सन्दर्भ में जीवन के वे प्रसंग जो सौन्दर्य, आनन्द, रोमांच, प्रेम के मोटिफ़ आदि-आदि विभिन्न रूपों में साहित्य में व्याप्त है, उन पर चर्चा करके अपने पूर्व स्वीकृत मानकों को सिद्ध करने पर वे बल देते हैं। साही का इस सम्बन्ध में निष्कर्ष यह है कि—

"इसीलिए शायद आपको लगे कि काव्यानुभूति की बनावट की इस विवेचना में मैंने शमशेर की कविता के रेशे-रेशे बिखेर कर रख दिए और कविता की इहलीला समाप्त हो गई। आखिरकार साहित्य विश्लेषण कविता की जगह तो नहीं ले सकता।"[1]

"कविता के रेशे-रेशे को बिखेर कर रख देना" जैसे समीक्षा मानक के लिए जिस प्रतिभा, अध्ययन की व्यापकता, खुली दृष्टि, रचना के छिपे संदर्भों की खोज करके आम पाठक के साक्षात्कार का विषय बनाने, विषयवस्तु तथा वस्तु को इतिहास और परिवेश के साथ जोड़कर रचना संदर्भ की व्याख्या प्रस्तुत करने का जो कौशल साही जी ने दिखाया है, वह साही जी की विलक्षण आलोचना सामर्थ्य का उदाहरण है।

□□

---

1. छठवाँ दशक, पृ. 219, (इलाहाबाद की विवेचना गोष्ठी में पठित सन् 1962)